建设工程法规

主　编　罗武德
副主编　黄　鹭　李　梅　唐开军
　　　　韩　伟　黄筱叙　陈　聪
　　　　张位华　邹贤春

北京理工大学出版社
BEIJING INSTITUTE OF TECHNOLOGY PRESS

内 容 提 要

本书的主要特点：形式新颖；坚持产教融合，校企双元开发，着力体现"职业"特点；去粗取精，结构编排合理，重点突出；学科交叉融合。本书选择了近年来的建造师、造价师、监理工程师等执业资格考试的相衔接课程内容真题，便于学生理解、掌握对应的建设工程法律法规知识，并能运用所学知识解决学习、生活和工作过程中遇到的纠纷，践行社会主义核心价值观。

本书结构合理、知识全面，既适合高等院校土建类、工程经济类专业学生学习使用，也可作为岗位培训教材或相关从业人员的参考书。

版权专有　侵权必究

图书在版编目（CIP）数据

建设工程法规 / 罗武德主编 . -- 北京：北京理工
大学出版社，2025.1.
ISBN 978-7-5763-4770-8

Ⅰ . D922.297

中国国家版本馆 CIP 数据核字第 2025ZS8997 号

责任编辑：封　雪　　　　　文案编辑：毛慧佳
责任校对：刘亚男　　　　　责任印制：王美丽

出版发行 / 北京理工大学出版社有限责任公司
社　　址 / 北京市丰台区四合庄路 6 号
邮　　编 / 100070
电　　话 / （010）68914026（教材售后服务热线）
　　　　　　（010）63726648（课件资源服务热线）
网　　址 / http : //www.bitpress.com.cn
版 印 次 / 2025 年 1 月第 1 版第 1 次印刷
印　　刷 / 河北鑫彩博图印刷有限公司
开　　本 / 787 mm × 1092 mm　1/16
印　　张 / 20
字　　数 / 511 千字
定　　价 / 89.00 元

图书出现印装质量问题，请拨打售后服务热线，负责调换

前　言

　　本书全面贯彻党的教育方针，以立德树人为根本出发点，紧密结合高等院校土建类专业的人才培养目标和建筑行业岗位能力要求。本书是由教学实践经验丰富的院校教师、企业和行业专家共同编写的，融入新技术、新工艺、新规范和未来工程技术发展等内容，有企业真实项目、典型任务、代表案例等内容，不断融入素养元素、技术革新、学习方法、技能大赛、身边榜样、职业发展路径等内容，注重让学生掌握知识、提升能力。

　　全书共分为 8 个工作手册，主要内容包括建设工程基本法律知识，施工许可法律制度，建设工程发包与承包法律制度，建设工程合同和劳动合同法律制度，建设工程质量法律制度，建设工程安全生产法律制度，建设工程施工环境保护、节约能源和文物保护制度，解决建设工程纠纷法律制度。每个工作手册都基于工作实际岗位需求设置了若干有针对性的工程案例，并安排了互为匹配的巩固训练。本书重点选择了近十年的建造师、造价师、监理工程师等执业资格考试的相衔接课程内容的真题，便于学生理解、掌握对应的建设工程法律法规知识，并能运用所学知识解决学习、生活和工作过程中遇到的法律纠纷，培育和践行社会主义核心价值观。

　　本书的主要特点如下。

　　（1）形式新颖。本书符合职业教育的教学需求，有利于教师与学生使用，由浅入深，由易到难，图文并茂，活灵活现，可以提高师生在教学过程中的"职业"意识。

　　（2）坚持产教融合，校企双元开发，着力体现"职业"特点。本书根据职业教学对接职业标准和岗位能力要求，配套丰富多样的辅助习题；同时，为紧跟工程建设领域行业发展动态，我们还邀请企业专家共同编写相关内容，符合学生的认知规律。

　　（3）去粗取精，结构编排合理，重点突出。本书以"问题提出—基本概述—建设工程法规及相关知识—典型工程案例—章节总结—证书习题"为主线重构课程内容。

　　（4）创新教材呈现形式，配备数字化二维码资源。学生可以通过扫描书中的二维码获取更多拓展知识，包括法律条文、合同文本、案例资料、授课课件及习题等教学素材，学生可动手、动脑参与整个教学过程，培养创新精神和创新能力。

　　（5）学科交叉融合。本书注重不同学科之间的融合交叉，使学生能够从多个角度和层面理解知识点，提高综合素质，引导学生争做"复兴表率、强国先锋"，把个人的职业理想同国家前途、民族命运紧紧结合在一起。

本书由贵州职业技术学院罗武德担任主编，贵州职业技术学院黄鹭、李梅、唐开军、韩伟，贵州建设职业技术学院黄筱叙，贵阳职业技术学院陈聪，贵州省交通规划勘察设计研究院股份有限公司张位华，贵州弧度装饰工程有限公司邹贤春担任副主编。本书由罗武德审核并统稿。

为了方便教学，本书还配套了电子课件等资料，任课教师可以发邮件至 350062570@qq.com 索取。

编者在本书的编写过程中参阅了大量相关文献资料，得到了北京和欣运达科技有限公司、贵州建工集团有限公司、贵州航投建设工程有限公司等合作企业的大力支持及专家们中肯的意见和建议，贵州贵达律师事务所主任刘文俊对教材提出了宝贵的修改意见，并得到了江苏建筑职业技术学院陆文莺、贵州省职教名师胡蓉、李莉娅等教师的亲自指导。另外，贵州贵达律师事务所刘文俊对本书提出了宝贵的修改意见。在此，编者对相关人士表示衷心的感谢。

由于编者水平有限，书中难免存在疏漏之处，恳请广大读者提出宝贵意见。

编　者

2025 年 1 月

目　录

工作手册1　建设工程基本法律知识

中国土木工程
詹天佑奖

"天眼"倾尽全力的
科学巨匠——南仁东

🎯 学习目标

通过学习，了解法律基础知识，掌握法律体系的构成、法的形式及效力层级；掌握建设工程法人制度与代理制度；掌握建设工程物权制度与债权制度；了解建设工程知识产权制度；掌握建设工程担保与保险制度；熟悉建设工程法律责任制度。

🎯 学习要求

职业能力目标	知识要点	权重
掌握法律体系的构成、法的形式及效力层级	法律体系基本框架，建设法律、行政法规和相关法律的关系	20%
掌握建设工程法人制度与代理制度	法人应具备的条件，代理的法律特征和主要种类，代理人和被代理人的权利、义务及法律责任	15%
掌握建设工程物权制度与债权制度	物权的设立、变更、转让、消灭和保护，建设工程债的发生根据	20%
了解建设工程知识产权制度	知识产权的法律特征，知识产权侵权的法律责任	10%
掌握建设工程担保与保险制度	担保与担保合同的规定，保险与保险索赔的规定	15%
熟悉建设工程法律责任制度	法律责任的基本种类和特征，民事责任、行政责任、刑事责任的承担方式	20%

🎯 案例导入

➤ 案例简介

某市为了响应国家相关环保政策，制定了一项地方性法规，要求所有建设工程项目在设计和施工过程中必须达到更高的环保标准，否则将不予验收和投入使用。这一地方性法规的出台，使该市的建设工程项目在环保方面的要求远远超过了国家相关法律法规的规定。

一家在该市承接建设工程项目的建筑公司，按照国家法律法规的要求进行了设计和施工，但在项目验收时，因未达到地方性法规规定的更高环保标准而被拒绝验收。该公司认为，地方性法规的环保标准超出了国家法律法规的规定，增加了企业的经济负担和技术难度，违反了建设工程法的效力等级原则。

案例评析

➤ 问题

1. 该地方性法规的环保标准条款是否有效？
2. 简述建设工程法的形式及效力等级原则。

1.1　建设工程法律体系

1.1.1　法律体系的基本框架

法律体系是指一个国家全部现行法律规范分类组合为不同的法律部门而形成的内部和谐一致、有机联系的统一整体。根据所调整的社会关系性质不同，可以划分为不同的部门法（又称为法律部门）。简单地说，法律体系就是部门法体系。中国特色社会主义法律体系的构成见表1-1。

中国特色社会主义
法律体系

表 1-1　中国特色社会主义法律体系的构成

法律部门（7个部门）	宪法相关法、民法与商法、行政法、经济法、社会法、刑法、诉讼与非诉讼程序法
法律规范（3个层次）	法律、行政法规、地方性法规

中国特色社会主义法律体系，是以宪法为统帅，以宪法相关法、民法与商法、行政法、经济法、社会法、刑法、诉讼与非诉讼程序法等多个法律部门为主干，由法律、行政法规、地方性法规与自治条例、单行条例等层次构成的法律规范。

1. 宪法及宪法相关法

宪法是国家的根本大法，在国家的法律体系中具有最高的权威和最强的效力，是制定其他法律的依据，表现形式为《中华人民共和国宪法》（以下简称《宪法》）。

宪法相关法，是指那些直接保障宪法实施、加强宪法监督、补充宪法规定的法律规范。

《宪法》

宪法相关法具体包括政府组织法、选举法、地方自治立法等多类，如《中华人民共和国全国人民代表大会组织法》《中华人民共和国全国人民代表大会和地方各级人民代表大会选举法》（以下简称《立法法》）《中华人民共和国民族区域自治法》《中华人民共和国监察法》《中华人民共和国立法法》《中华人民共和国国旗法》《中华人民共和国国家赔偿法》（以下简称《国家赔偿法》）等。

2. 民法与商法

民法是我国法律体系中的重要组成部分，是调整平等主体的自然人、法人之间及非法人组织之间的人身关系和财产关系的法律规范的总称。民法规定了民事权利及其他合法权益受法律保护，确立了平等、自愿、公平、诚信、守法和公序良俗、绿色原则等基本原则。民法部门既包括形式上的民法，即《中华人民共和国民法典》（以下简称《民法典》），也包括单行民事法律和其他法律法规中的民事法律规范。

《民法典》

商法是调整平等主体之间商事关系的法律规范的总称，是与民法并列且互为补充的部门法。商法遵循民法基本原则，同时具有调整行为的营利性特征，又具有商主体严格法定等原则。其主要包括《中华人民共和国招标投标法》（以下简称《招标投标法》）《中华人民共和国公司法》《中华人民共和国保险法》《中华人民共和国合伙企业法》《中华人民共和国海商法》《中华人民共和国票据法》等。

> 🔗 **知识链接**
>
> 　　2020 年 5 月 28 日，第十三届全国人大三次会议表决通过了中华人民共和国历史上首部《民法典》，并于 2021 年 1 月 1 日起施行。《民法典》共 7 编、1 260 条，各编依次为总则、物权、合同、人格权、婚姻家庭、继承、侵权责任，以及附则。
>
> 　　《民法典》的颁布，对于完善中国特色社会主义法治体系、推进国家治理体系和治理能力现代化、推进全面依法治国、维护好最广大人民的根本利益、促进社会公平正义具有重要意义。

3. 行政法

行政法是调整行政关系的法律规范的总称。它主要调整行政组织、职权，行使职权的方式、程序及对行使行政职权的监督等行政关系。行政法由规范行政主体和行政权设定的行政组织法、规范行政权行使的行政行为法、规范行政权运行程序的行政程序法、规范行政权监督的行政监督法和行政救济法等部分组成，如《中华人民共和国行政处罚法》《中华人民共和国行政复议法》（以下简称《行政复议法》）《中华人民共和国行政诉讼法》（以下简称《行政诉讼法》）《中华人民共和国行政许可法》（以下简称《行政许可法》），规范建设工程活动的行政法主要包括《中华人民共和国建筑法》（以下简称《建筑法》）、《中华人民共和国城乡规划法》（以下简称《城乡规划法》）、《中华人民共和国城市房地产管理法》（以下简称《房地产管理法》）、《中华人民共和国环境保护法》（以下简称《环境保护法》）等。

4. 经济法

经济法是调整国家进行宏观调控和市场规制过程中发生的社会关系的法律规范的总称。经济法的调整对象是指经济法所干预、管理和调控的具有社会公共性的经济关系。其通过法律规范保障政府监督、规范市场主体，制定市场活动规则，维护市场健康运行，促进生产力的发展，引导、推进和保障社会主义市场经济体制的建立与完善。经济法主要包括《中华人民共和国土地管理法》（以下简称《土地管理法》）《中华人民共和国政府采购法》《中华人民共和国统计法》《中华人民共和国反垄断法》《中华人民共和国税收征收管理法》等。

5. 社会法

社会法是规范劳动关系、社会保障、特殊群体权益保障、社会组织等方面的法律规范的总和。社会法又称为劳动与社会保障法，旨在保障社会的特殊群体和弱势群体的权益。例如，《中华人民共和国社会保险法》（以下简称《社会保险法》）规定，国家建立基本养老保险、基本医疗保险、工伤保险、失业保险、生育保险等社会保险制度，保障公民在年老、疾病、工伤、失业、生育等情况下依法从国家和社会获得物质帮助的权利。这一法律部门主要包括《中华人民共和国劳动法》（以下简称《劳动法》）《中华人民共和国劳动合同法》（以下简称《劳动合同法》）、《中华人民共和国社会保险法》《中华人民共和国安全生产法》（以下简称《安全生产法》）《中华人民共和国残疾人保障法》（以下简称《残疾人保障法》）、《妇女权益保障法》《中华人民共和国未成年人保护法》（以下简称《未成年人保护法》）等。

6. 刑法

刑法是规定犯罪和刑罚的法律，是维护社会秩序、保障公民权益的重要法律。刑法规定了各种犯罪行为的定义、构成要素、刑罚处罚方式和适用范围，旨在维护社会秩序、保护公民权益、惩罚犯罪行为。狭义的刑法仅指刑法典，在我国即《中华人民共和国刑法》（以下简称《刑法》）；广义的刑法是指一切刑事法律规范的总称，包括刑法典、单行刑法和附属刑法等。

7. 诉讼与非诉讼程序法

诉讼与非诉讼程序法是指规范诉讼与非诉讼程序的法律规范总称。诉讼程序法是人民法院和一切诉讼参与人进行诉讼活动必须遵守的行为准则。它主要包括《中华人民共和国民事诉讼法》（以下简称《民事诉讼法》）、《中华人民共和国刑事诉讼法》（以下简称《行政诉讼法》）。

非诉讼程序法是诉讼程序以外的解决争议的方法，也称为非诉讼程序法。非诉讼程序法的目的在于解决民事权利义务争议，避免纠纷和冲突的发生，维护社会的和谐稳定。它主要包括《中华人民共和国仲裁法》（以下简称《仲裁法》）、《中华人民共和国人民调解法》（以下简称《人民调解法》）等。

1.1.2 法的形式和效力层级

法的形式又称为法律渊源，包括宪法、法律、行政法规、地方性法规、行政规章和国际条约等。法的效力等级是指不同类型的法律文件在法律效力上的层次和优先级。在法律体系中，不同形式的法律文件具有不同的法律效力等级。

1. 宪法

宪法是由国家最高权力机关全国人民代表大会制定并颁布的根本大法，具有最高的法律效力。一切法律、行政法规、地方性法规、行政规章等都不得与宪法相抵触。宪法通过确定国家的基本制度、政府组织形式和公民的基本权利，为国家的政治、经济、文化和社会发展提供了根本的法律保障。

宪法是建筑立法的基础和依据，规定了国家对建筑业的基本政策和原则，对建筑业活动进行规范和调整，是建设工程法规的最高形式。

2. 法律

法律是指由全国人民代表大会及其常务委员会制定并颁布具有普遍约束力的规范性文件，即狭义的法律，一般均以"法"字相称。法律的效力仅次于宪法。

建设法律旨在调整国家各项建设活动中所发生的各种社会关系的法律规范的总称，如《建筑法》《城乡规划法》《招标投标法》《房地产管理法》《土地管理法》等。

3. 行政法规

行政法规是指由国家最高行政机关国务院根据宪法和法律，按照法定程序制定的有关行使行政权力，履行行政职责的规范性文件的总称。行政法规是将法律内容具体化的一种主要形式，对法律细化和补充，效力低于宪法和法律。现行建设行政法规主要包括《建设工程质量管理条例》《建设工程安全生产管理条例》《中华人民共和国招标投标法实施条例》（以下简称《招标投标法实施条例》）《建设工程勘察设计管理条例》等。

4. 地方性法规

地方性法规是指由有立法权的地方权力机关结合本地区实际情况制定的规范性文件的总称。地方性法规包括省、自治区、直辖市人民代表大会及其常务委员会制定的地方性法规、较大的市的人民代表大会及其常务委员会制定的地方性法规，以及经济特区所在地的省、市人民代表大会及其常务委员会制定的经济特区法规。地方性法规的效力仅限于本行政区域，其效力等级低于宪法、法律和行政法规。

5. 行政规章

行政规章包括部门规章和地方政府规章，是国务院各部委与各省、自治区、直辖市的人民政府和省、自治区的人民政府所在地的市，以及设区市的人民政府根据宪法、法律和行政法规等制定并公布的规范性文件的总称。

部门规章由国务院所属各部门制定，效力低于法律、行政法规，如住房和城乡建设部发布的《建筑工程施工许可管理办法》《建筑业企业资质管理办法》等。地方政府规章由省、自治区、直辖市和较大的市的人民政府制定，效力低于法律、行政法规及上级或同级地方性法规，如《湖南省建设工程造价管理办法》等。

6. 国际公约、国际惯例和国际标准

国际公约、国际惯例和国际标准都是国际法的重要渊源，是我国加强国际合作和共同发展的法律基础。国际公约是指两个或两个以上的国家或国际组织之间，就政治、经济、贸易、法律、科技等领域的具体事项所签订的具有法律约束力的文件；国际惯例是指在国际交往中逐渐形成并被广泛接受的习惯做法或行为准则；国际标准是指由国际标准化组织（ISO）等国际组织或一些国家或地区制定的，旨在规定相关产品、服务或过程的统一要求和规范的文件。在从事建筑业活动时，除遵守国内法外，还必须遵守有关的国际条约、国际惯例和国际标准，如《建筑业安全卫生公约》。法的形式及效力等级见表1-2。

表1-2　法的形式及效力等级

法的形式	制定机关	法的名称	效力等级
宪法	全国人民代表大会	《宪法》	最高
法律	全国人大及常务委员会	《××法》	仅次于宪法

续表

法的形式	制定机关	法的名称	效力等级
行政法规	国务院	《××条例》	低于宪法和法律
地方性法规	省、自治区、直辖市及省、自治区人民政府所在地的市和经国务院批准的较大的市的人民代表大会及其常务委员会	《××省/自治区/市××条例》	只在本行政区域内有效，其效力低于法律和行政法规
部门规章	国务院各部、委	《××办法/规定》	低于法律和行政法规
地方政府规章	省、自治区、直辖市及省、自治区人民政府所在地的市和经国务院批准的较大的市人民政府	《××省/市××办法/规定》	低于法律和行政法规，低于同级或上级地方性法规
国际公约	国家缔结的协议		具有法律效力

 知识链接

在法的形式及效力等级中，上位法优于下位法，即下位法与上位法冲突时，以上位法为据，不再适用下位法。特别法优于一般法，即同一机关制定的法的形式中，特别规定与一般规定不一致的，适用特别规定。新法优于旧法，即同一机关制定的法的形式中，新的规定与旧的规定不一致的，适用新的规定。另外，部门规章之间、部门规章与地方政府规章之间具有同等效力，在各自的权限范围内施行。

1.1.3 建设法律、行政法规和相关法律的关系

1. 建设法的概念

建设法是指由国家权力机关或其授权的行政机关制定，旨在调整国家行政管理机关、法人、法人以外的其他组织、公民在建设活动中产生的社会关系的法律规范的总称。建设法主要是由工程建设特定活动或行业行为规范内容构成，主体包括建设法律和建设行政法规。建设法律、行政法规与所有的法律部门都有一定的关系，其中与行政法规、民法与商法、社会法等尤为关键。

《建筑法》

2. 建设法律、行政法规与行政法的关系

建设法律、行政法规在调整建设活动中产生的社会关系时，会形成行政监督管理关系。这种行政监督管理关系是由国家行政机关或其正式授权的有关机构对建设活动的组织、监督、协调等形成的。

建设活动与国家、社会发展及公民的工作、生活和生命财产安全等有着直接的关系。因此，国家需要对建设活动的各个阶段依法进行监督管理，包括立项、资金筹集、勘察、设计、施工、验收等。这种行政监督管理关系是行政法律关系的重要组成部分。

3. 建设法律、行政法规与民商法的关系

建设法律、行政法规在调整建设活动中产生的社会关系，会形成民事商事法律关系。一方面，民商法为建设法律、行政法规提供了重要的法律基础。例如《招标投标法》《民法典》等民商法内容，在建设法律、行政法规中也有所体现。另一方面，建设法律、行政法规也补充和完善了民商法的内容，特别是在建设活动这一特定领域，对民商法的应用进行了具体规定和调整。在建设活动中，民事主体需要遵守民商法的规定，同时，也要遵守建设法律、行政法规的特别规定。

建设民事商事法律关系具有以下特点。

（1）建设民事商事法律关系是主体之间的民事商事权利和民事商事义务关系。

（2）建设民事商事关系是平等主体之间的关系。

（3）建设民事商事关系主要是财产关系。

（4）建设民事商事关系的保障措施具有补偿性和财产性。

4. 建设法律、行政法规与社会法的关系

建设法律、行政法规在调整建设活动中产生的社会关系，会形成社会法律关系。建设法律、行政法规与社会法的关系主要体现在提供劳动保护和建立劳动关系两个方面。例如，在建设活动中，施工单位应做好员工的劳动保护工作，建设单位也要提供相应的保障。这是社会法的基本要求，也是建设法律、行政法规中规定的重要内容。另外，建设单位、施工单位、监理单位、勘察设计单位都会与自己的员工建立劳动关系，这些劳动关系应遵循社会法的相关规定，如劳动者权益保护、劳动安全卫生保障等。

🎯 案例应用1-1

▶案例简介

国家环保部门出台了一项部门规章，规定在全国范围内，工业企业只需要按照国家标准安装环保设备，并未要求必须通过地方部门的检测。某省为了加强环境保护，制定了一项新的地方性法规，规定所有在该省范围内运营的工业企业必须安装特定的环保设备并通过相关部门的检测才能继续生产。此时，该省的一家工业企业面临是否需要按照新的地方性法规进行设备安装和检测的问题。

▶案例评析

当部门规章和地方性法规有冲突地方时，原则上是遵循着下位法必须服从上位法的规定，但是部门规章和地方性法规不存在法律级别效力之分，部门规章和地方性法规没有谁高谁低，那么这个时候就本着其他的原则来处理这个问题。

按照职权标准解决规章冲突。如果宪法、组织法明确将某一职权专门或主要授予某一行政机关，那么该机关在此职权范围内制定的规章应当被优先适用。另外，在部门规章和地方政府规章的冲突中，如果冲突的事项是有关中央权力的，应当优先适用部门规章；反之，如果冲突的事项是有关地方权力的，则应当优先适用地方性法规。

> **知识链接**
>
> 　　部门规章与地方性法规发生冲突无法判断时，由最高人民法院送请国务院裁决，国务院认为应当适用地方性法规的，应当决定在该地方适用地方性法规的规定；认为应当适用部门规章的，应当提请全国人民代表大会常务委员会裁决。
>
> 　　法律依据：《立法法》第一百零六条规定，地方性法规、规章之间不一致时，由有关机关依照下列规定的权限作出裁决：
>
> 　　（1）同一机关制定的新的一般规定与旧的特别规定不一致时，由制定机关裁决。
>
> 　　（2）地方性法规与部门规章之间对同一事项的规定不一致，不能确定如何适用时，由国务院提出意见，国务院认为应当适用地方性法规的，应当决定在该地方适用地方性法规的规定；认为应当适用部门规章的，应当提请全国人民代表大会常务委员会裁决。
>
> 　　（3）部门规章之间、部门规章与地方政府规章之间对同一事项的规定不一致时，由国务院裁决。
>
> 　　根据授权制定的法规与法律规定不一致，不能确定如何适用时，由全国人民代表大会常务委员会裁决。

1.2　建设工程法人制度

1.2.1　法人应具备的条件

1. 法人概述

　　法人是具有民事权利能力和民事行为能力，依法独立享有民事权利和承担民事义务的组织。法人成立具备以下条件。

《民法典》第一编
第三章法人

　　（1）依法成立。法人不能自然产生，它的产生必须经过法定的程序。法人的设立目的和方式必须符合法律的规定，设立法人必须经过政府主管机关的批准或核准登记。

　　（2）有必要的财产或经费。有必要的财产或经费是法人进行民事活动的物质基础。它要求法人的财产或经费必须与法人的经营范围或设立目的相适应，否则将不能被批准设立或核准登记。

　　（3）有自己的名称、组织机构和经营场所。法人的名称是法人相互区别的标志和法人进行活动时使用的代号。法人的组织机构是指对内管理法人事务、对外代表法人进行民事活动的机构。法人的场所则是法人进行业务活动的所在地，也是确定法律管辖的依据。

　　（4）能够独立承担民事责任。法人必须能够以自己的财产或经费承担在民事活动中的债务，在民事活动中给其他主体造成损失时能够承担赔偿责任。

2. 法人的分类

　　根据《民法典》的规定，法人主要可分为营利法人、非营利法人和特别法人三大类。

（1）营利法人：以取得营利并将营利分配给其成员为设立目的的法人，如公司和其他企业法人等。

（2）非营利法人：为公益目的或其他非营利目的成立，不向其成员分配利润的法人，如事业单位、社会团体、基金会等。

（3）特别法人：由法律规定的具有特殊性质和职能的法人，包括机关法人、农村集体经济组织法人、城镇农村的合作经济组织法人、基层群众性自治组织法人等。

3. 法定代表人

法定代表人是指能够代表法人行使民事权利、承担民事义务的主要负责人。

（1）法定代表人不一定是法人的最高领导人。

（2）法定代表人享有的权利和承担的义务具有特殊性。

（3）法定代表人的变更并非意味着法人的变更。

1.2.2　法人在建设工程中的地位及作用

1. 法人在建设工程中的地位

根据《民法典》第五十七条的规定，法人是具有民事权利能力和民事行为能力，依法独立享有民事权利和承担民事义务的组织。法人在建设工程中的地位主要体现在其作为独立的民事主体和责任主体，能够独立地承担民事权利和义务，并对建设工程的全过程负责。

（1）法人是建设工程中的主要参与者和组织者。大多数建设活动的主体，如施工单位、勘察设计单位、监理单位等，都是具有法人资格的组织。法人在建设工程中扮演着核心角色，负责项目的发起、策划、组织、融资和建设等全过程。他们与其他参与方（如承包商、供应商等）签订合同，明确各自的权利和义务，确保工程建设的顺利进行。

（2）法人在建设工程中承担着重要的法律责任。由于法人是独立的民事主体，其行为受到法律的约束和规范。法人在建设工程中的行为必须符合相关法律法规的规定，一旦违反法律法规，法人需要承担相应的法律责任。同时，法人的合法权益也受到法律的保护，如知识产权、商业秘密等。

（3）法人在建设工程中与其他主体存在广泛的合同关系。法人与业主、承包商、供应商等参与方通过合同约定各方的权利和义务，形成了一种法律上的契约关系。这些合同是维护各方权益的重要保障，通过合同条款明确工作范围、质量要求、价格条款、支付方式等细节，确保各方的权益得到有效保障。

2. 法人在建设工程中的作用

法人在建设工程中的作用主要体现在以下两方面。

（1）法人是建设工程的基本主体。法人在建设工程中发挥着重要的作用，是建设工程的基本主体。通过法人的独立地位、责任能力和组织形式等方面的优势，能够有效地保障工程的质量、安全和进度等方面，实现工程目标。

（2）确立了建设领域国有企业的所有权和经营权的分离。通过法人的组织形式和治理结构，国有企业能够实现所有权和经营权的分离，从而更好适应市场经济的要求。这种分离不仅有助于提高企业的经营效率和灵活性，也有助于实现国有资产的保值增值。同时，法人的破产制度等规定也为国有企业的风险控制提供了法律保障。

1.2.3 企业在建设工程中的地位和作用

1. 企业在建设工程中的地位

企业在建设工程中的地位非常重要，既是投资主体和实施主体，也是责任主体和创新主体。企业在工程建设中发挥着重要的作用，对工程的质量、安全和进度等方面具有重要的影响。同时，企业也需要不断提高自身的管理和技术水平，推动工程建设行业的创新发展。

（1）企业是建设工程的投资主体和实施主体。在建设工程中，企业通过投资和实施工程建设，成为工程的重要投资者和实施者。企业的投资是工程建设的重要资金来源，企业的实施则是实现工程目标的重要保障。

（2）企业是建设工程的责任主体。在建设工程中，企业需要承担工程的质量、安全和环保等方面的责任，确保工程符合国家法律法规和相关标准。同时，企业还需要承担工程的质量保修和维护责任。

（3）企业也是建设工程的创新主体。在工程建设中，企业需要不断引进新技术、新工艺和新材料等，推动工程建设行业的创新发展。通过技术创新和技术积累，企业可以通过提高工程建设效率和质量，降低工程成本来增强自身的市场竞争力。

2. 企业在建设工程中的作用

企业通过发挥自身的作用，可以提高工程建设的质量和效率，推动行业的进步和发展，同时，也能实现自身的经济利益和社会价值。企业在建设工程中的作用主要有以下几个方面。

（1）投资和融资。企业是建设工程的资金提供者，通过投资和融资为工程建设提供必要的资金保障。企业的投资和融资活动是工程建设得以顺利进行的关键，没有企业的资金支持，很多工程项目可能无法启动。

（2）管理和组织。企业负责工程的建设和管理、组织和协调各方面的资源。企业的管理水平直接影响工程的质量、安全和进度。企业通过科学的管理和组织，能够确保工程按照预定的计划和质量要求顺利实施。

（3）市场主体和竞争。企业在建设工程中扮演市场竞争者的角色。通过市场竞争，企业能够提高工程建设的质量和效率，推动整个行业的进步和发展。同时，企业也需要遵守市场规则和法律法规，维护市场的公平竞争。

（4）社会责任和环保。企业作为社会的一员，需要承担社会责任，遵守环保法规，保护环境。企业的建设工程项目要尽可能减少对周边居民的影响，采取必要的环保措施。同时，企业也可以通过环保和社会责任实践来提升自身的社会形象和市场竞争力。

（5）质量、成本和进度控制。在建设工程中，企业需要控制好质量、成本和进度，确保工程按时按质完成，并尽可能地降低成本。通过科学的管理和控制，企业能够有效地平衡质量、成本和进度之间的关系，使工程项目顺利完成。

🎯 案例应用1-2

➤案例简介

某建筑公司的项目经理王某以个人名义进行借款，并以项目部印章在担保人处私自用印（不具有书面授权）并称用于项目实际建设，后出借人赵某将款项转至王某私人账户。因王某到期未还款，赵某要求王某及设立项目部的"法人公司"承担连带还款责任。借款提供证据：

借条、转账记录；项目经理王某提供证据：借款支出流水。

法院认定，王某的借款行为不构成表见代理或职务行为，项目部作为公司的分支机构，未经公司授权，对外保证无效。出借人诉请"法人公司"承担还款责任的前提系"法人公司"的法定代表人向出借人进行借款，并用于公司生产经营，与本案例不符合。故"法人公司"不需承担连带还款责任。

最高人民法院关
于适用《民法典》
有关担保制度
的解释

▶**案例评析**

最高人民法院关于适用《民法典》有关担保制度的解释第十一条规定，公司的分支机构未经公司股东（大）会或者董事会决议以自己的名义对外提供担保，相对人请求公司或者其分支机构承担担保责任的，人民法院不予支持，但是相对人不知道且不应当知道分支机构对外提供担保未经公司决议程序的除外。在本案例中，出借人无法提供相应的审查证明材料，未有进行公司决议类文件的形式审查，存在过错。除非有建筑施工企业的明确授权，项目部或项目经理无权对外借款。行为人以建筑施工企业或项目部的名义向第三人借款，第三人能够举证证明其有合理理由相信行为人有代理权限，且款项直接汇入建筑企业银行账户或确实用于该建设项目的，应当由建筑施工企业承担相应的合同责任。

1.3 建设工程代理制度

1.3.1 代理的法律特征和主要种类

1. 代理的概念

代理是指代理人以被代理人的名义，在代理权限内与第三人实施民事行为，其法律后果直接由被代理人承受的民事法律制度。除法律规定必须由本人实施的行为外，民事主体可以通过代理人实施民事法律行为。代理人在代理权限内，以被代理人名义实施的民事法律行为，被代理人要承担民事责任。

《民法典》第一编
第七章代理

🔗 **知识链接**

《民法典》第一百六十二条规定，代理人在代理权限内，以被代理人名义实施的民事法律行为，对被代理人发生效力。

2. 代理的法律特征

代理具有以下法律特征。

（1）代理人在代理权限内实施代理行为。代理人只能在其被授予的权限范围内进行代理活动，超出此范围的代理行为不被视为有效，但在授权范围内可有独立的意思表示。

（2）代理人一般应以被代理人的名义实施代理行为。代理人的行为代表了被代理人，因此必须以被代理人的名义进行，也是代理行为与行纪行为、代办行为的根本区别。

（3）代理行为必须是具有法律意义的行为。不具有民事法律意义，不能产生民事权利义务的行为不属于代理，如代人整理资料就不属于代理行为。

（4）代理行为的法律后果归属于被代理人。如果代理人在代理权限内，按照被代理人的指示行事，则所产生的法律后果应由被代理人承担。例如，在签订合同时，如果代理人代被代理人签订合同，那么该合同对被代理人产生法律效力。

3. 代理的主要种类

代理的种类可以根据不同标准进行划分。按照代理权来源的不同，代理可分为以下三种类型。

（1）委托代理：基于被代理人的委托而发生的代理关系，是最重要的代理种类，适用于有完全民事行为能力人有代理需要的情形。这种代理可以通过书面形式或口头形式来实现。如果法律规定必须采用书面形式的，则应当采用书面形式。

（2）法定代理：依法律的规定发生代理权的代理，适用于无民事行为能力和限制民事行为能力人需要代理人的情形，如未成年人的父母或其他监护人。

（3）指定代理：按照人民法院或有关单位的指定发生代理权的代理，适用于有义务担任无民事行为能力和限制民事行为能力人的监护人有争议的情形。

4. 无权代理与表见代理

无权代理和表见代理是代理制度中的两个重要概念，它们在代理行为和法律后果方面存在一定的差异。

无权代理是指代理人没有代理权、超越代理权或代理权终止后所从事的无权代理行为。在这种情况下，由于代理人没有代理权，被代理人也不追认其代理行为，所以该代理行为自始无效。被代理人的追认可以溯及既往，使无权代理成为有效代理。

 知识链接

《民法典》第一百七十一条规定，行为人没有代理权、超越代理权或者代理权终止后，仍然实施代理行为，未经被代理人追认的，对被代理人不发生效力。

相对人可以催告被代理人自收到通知之日起三十日内予以追认。被代理人未作表示的，视为拒绝追认。行为人实施的行为被追认前，善意相对人有撤销的权利。撤销应当以通知的方式作出。

行为人实施的行为未被追认的，善意相对人有权请求行为人履行债务或者就其受到的损害请求行为人赔偿。但是，赔偿的范围不得超过被代理人追认时相对人所能获得的利益。

相对人知道或者应当知道行为人无权代理的，相对人和行为人按照各自的过错承担责任。

《民法典》第一百七十二条规定，行为人没有代理权、超越代理权或者代理权终止后，仍然实施代理行为，相对人有理由相信行为人有代理权的，代理行为有效。

表见代理是指善意相对人有正当理由相信无权代理人具有代理权，从而与其为法律行为。在这种情况下，由于相对人有正当理由相信无权代理人具有代理权，所以该法律行为的效果直接由被代理人承担。表见代理产生有权代理的法律后果，因此，该法律行为自始有效。

💡**重要提示**

　　无权代理的代理行为自始无效，除非被代理人追认；而表见代理的代理行为自始有效，产生有权代理的法律后果。另外，适用表见代理的前提是相对人有正当理由相信无权代理人具有代理权，而适用无权代理的前提则是代理人没有代理权、超越代理权或代理权终止后所从事的无权代理行为。

1.3.2　建设工程代理行为的设立和终止

1. 建设工程代理行为的设立

　　建设工程代理行为多为民事法律行为的代理，通常是通过被代理人的委托而产生的。代理人按照被代理人的指示和授权范围，代表被代理人进行相应的民事活动。建设工程代理行为的设立应当依法进行，符合法律规定和双方约定。

　　（1）不得委托代理的建设工程活动。《民法典》第一百六十一条规定，民事主体可以通过代理人实施民事法律行为。依照法律规定、当事人约定或者民事法律行为的性质，应当由本人亲自实施的民事法律行为，不得代理。例如，建设工程的承包活动不得委托代理，必须由承包人自行完成。

　　（2）一般代理行为无法定的资格要求。一般的代理行为可以由自然人、法人担任代理人，对其资格并无法定的严格要求。某些建设工程中的代理，代理人必须具备法定资格，如建设工程施工项目的招标代理、委托监理等。

　　（3）可以被委托为诉讼代理人的人员。律师、基层法律服务工作者；当事人的近亲属或工作人员；当事人所在社区、单位及有关社会团体推荐的公民。

　　（4）民事法律行为的委托代理。建设工程代理行为多为民事法律行为的委托代理，可以用书面形式，也可以用口头形式；但法律规定用书面形式的应当用书面形式，书面委托的委托授权不明的，被代理人应当向第三人承担民事责任，代理人负连带责任。如代签工程建设合同就必须采用书面形式。

2. 建设工程代理行为的终止

　　《民法典》第一百七十三条规定，有下列情形之一的，委托代理终止。

　　（1）代理期间届满或者代理事务完成。

　　（2）被代理人取消委托或者代理人辞去委托。

　　（3）代理人丧失民事行为能力。

　　（4）代理人或者被代理人死亡。

　　（5）作为代理人或者被代理人的法人、非法人组织终止。

　　建设工程代理行为的终止，主要是第（1）（2）（5）三种情况。需要注意的是，在建设工程代理行为中，如果代理人无权代理或超出代理权范围进行代理行为，则该代理行为无效，代理关系也会终止。另外，如果建设工程代理行为涉及违法行为或严重违约行为，也可能导致代理关系的终止。

　　《民法典》第一百七十五条规定，有下列情形之一的，法定代理终止。

　　（1）被代理人取得或者恢复完全民事行为能力。

（2）代理人丧失民事行为能力。

（3）代理人或者被代理人死亡。

（4）法律规定的其他情形。

1.3.3　代理人和被代理人的权利、义务及法律责任

从农民工到大国
工匠的逆袭
——巨晓林

1. 代理人的权利、义务

（1）代理权：代理人有权在代理范围内，代表被代理人进行民事活动。

（2）履行职责的义务：代理人有义务按照代理合同的约定，合法、合规、高效地进行代理行为，维护被代理人的合法权益。

（3）报告工作的义务：代理人有义务向被代理人报告工作进展情况，及时沟通信息，确保代理行为的顺利进行。

（4）保密义务：代理人有义务对代理过程中接触到的商业机密、技术秘密等信息进行保密，不得擅自泄露或利用相关信息。

（5）赔偿损失的义务：如果代理人在代理过程中存在过错或违法行为，导致被代理人遭受损失，代理人应当承担相应的赔偿责任。

2. 被代理人的权利、义务

（1）委托项目的知情权：被代理人有权了解委托项目的具体情况，包括项目规模、工程要求、招标程序等。

（2）代理人的选择权：被代理人有权选择合适的代理人，并与其签订代理合同。

（3）追偿权：如果代理人因疏忽或过失给被代理人造成损失，被代理人有权向代理人追偿。

（4）撤销权：被代理人可以行使撤销权，撤销代理人的违法或不当代理行为。

（5）监督代理人的义务：被代理人有义务监督代理人的代理行为，确保其合法、合规、高效地进行。

（6）遵守法律法规的义务：被代理人有义务遵守相关法律法规，确保代理行为合法、合规。

（7）支付代理费用的义务：被代理人有义务按照代理合同的约定支付代理费用。

3. 代理人和被代理人的法律责任

（1）代理人和被代理人之间负连带责任。委托书授权不明确，代理人应当向第三人承担民事责任；同时，被代理人也应当承担连带责任。这是因为授权不明的责任在被代理人，由此给第三人造成损失的，应由被代理人承担主要责任。代理人根据被代理人的授权实施代理行为，如果被代理人授权不明确，代理人应当让被代理人明确，如被代理人不明确授权，代理人应当拒绝代理。

代理人知道被委托代理的事项违法仍然进行代理活动的，或者被代理人知道代理人的代理行为违法不表示反对的，由被代理人和代理人负连带责任。

（2）代理人不履行代理职责，损害被代理人利益的责任。如果代理人不履行代理职责，给被代理人造成损害，代理人应当承担民事责任。如果代理人和第三人串通，损害被代理人的利益，由代理人和第三人负连带责任。

（3）无权代理造成损害的责任。行为人没有代理权、超越代理权或代理权终止后，仍然实施代理行为，未经被代理人追认的，对被代理人不发生效力，由行为人承担法律责任。如果本

人知道他人以本人的名义实施民事行为而不作否认表示的，视为同意。另外，如果第三人知道行为人没有代理权、超越代理权或者代理权已终止，还与行为人实施民事行为给他人造成损害的，由第三人和行为人负连带责任。

> 《民法典》第一百六十四条规定，代理人不履行或者不完全履行职责，造成被代理人损害的，应当承担民事责任。代理人和相对人恶意串通，损害被代理人合法权益的，代理人和相对人应当承担连带责任。

🎯 案例应用1-3

➤案例简介

A 建筑公司（以下简称"A 公司"）与 B 工程公司（以下简称"B 公司"）签订了一份建设工程合同。合同规定，B 公司负责为 A 公司建设一座商业大楼，合同金额高达数千万元。为了顺利推进项目，A 公司任命了项目经理李某，负责与 B 公司的日常沟通和协调。

在项目建设过程中，李某以 A 公司的名义与 B 公司签订了一系列补充协议，涉及工程变更、材料替换等内容。然而，这些补充协议并未得到 A 公司的正式授权或事后确认。后来，由于工程质量和进度问题，双方产生了纠纷。B 公司声称，这些补充协议是项目经理李某代表 A 公司签订的，应视为有效。而 A 公司则坚称，李某未经授权擅自签订协议，这些协议应属无效。

➤案例评析

项目经理李某的行为可能构成表见代理。表见代理是指代理人虽无代理权，但因被代理人的行为造成了第三人相信其有代理权的假象，并与代理人进行了法律行为。在这种情况下，为了保护善意第三人的利益，法律规定被代理人应对代理人的行为承担法律后果。

具体到本案例，如果项目经理李某在签订补充协议时，向 B 公司出示了 A 公司的相关证件或文件，使 B 公司有理由相信李某具有代理权，那么李某的行为可能构成表见代理。在这种情况下，A 公司需要承担因李某的行为而产生的法律后果，包括支付额外的工程款、赔偿损失等。建设工程领域中的表见代理问题具有一定的复杂性。为了避免类似纠纷的发生，企业在选择代理人时，应谨慎审查其资格和权限，并确保代理人在行使代理权时遵守法律规定和公司制度。

1.4　建设工程物权制度与债权制度

1.4.1　物权的法律特征和主要种类

1. 物权的概念

物权是指权利人依法对特定的物享有直接支配和排他的权利，包括所有权、用益物权和担保物权。物主要包括动产和不动产，相应，物权包括动产物权和不动产物权。

2. 物权的法律特征

物权的法律特征主要包括以下几项。

（1）支配性。物权的支配性是指物权人可以直接支配物的权利，不需要他人的意思和行为的介入。物权的支配性是物权区别于债权、知识产权等其他民事权利的最本质特征。物权的支配性使物权人可以在法律规定的范围内自由行使权利，不受他人的干涉和限制。

《民法典》第二编
物权

（2）绝对性。物权的绝对性是指物权具有对世效力和排他效力，它不依赖他人意志或行为而成立，也不受他人意志或行为的限制。

（3）财产性。物权的财产性是指物权具有直接体现财产利益的权利。物权人对物的支配和利用，直接体现为经济利益和财产利益。物权的存在和行使可以使物权人获得实际的经济利益，也可以使物权人利用自己的物权获得其他财产利益。

（4）排他性。物权具有排他性，可以排除他人对于物权人行使物权的干涉。物权人通过享有物权，可以独占性地支配其标的物，从而排除他人对于其行使权利的干涉。

3. 物权的种类

物权的种类包括所有权、用益物权和担保物权三种。物权的种类及表现形式见表1-3。

表 1-3　物权的种类及表现形式

种类	表现形式	示例
所有权	占有权、使用权、收益权、处分权	自己的财产
用益物权	占有权、使用权、收益权	土地承包经营权、建设用地使用权、宅基地使用权、居住权、地役权
担保物权	优先受偿权	抵押权、质权、留置权

（1）所有权。所有权是指所有权人依法对自己的物（不动产或动产），所享有占有、使用、收益和处分的权利。所有权是物权体系的核心，是最完整、最充分的物权。

（2）用益物权。用益物权是指用益物权人对他人所有的物，享有占有、使用和收益的权利。通过直接支配他人之物而行使的他物权，是所有权权能分离出来的权能。常见的用益物权包括土地承包经营权、建设用地使用权、宅基地使用权、居住权、地役权等。

（3）担保物权。担保物权是指债权人所享有的为确保债权实现，在债务人或第三人所有的物或权利之上设定的，就债务人不履行到期债务或发生当事人约定的实现担保物权的情形，优先受偿的其他物权。担保物权包括抵押权、质权和留置权。担保物权以主债权的存在为前提，随主债权的消灭而消灭，必须按照法定程序和条件进行。

1.4.2　土地所有权、建设用地使用权和地役权

1. 土地所有权

土地所有权是指土地所有者在法律规定的范围内，对其拥有的土地享有的占有、使用、收

益和处分的权利，是一定社会形态下土地所有制的法律表现。在我国，土地所有权可分为国家土地所有权和集体土地所有权，自然人不能成为土地所有权的主体。

国家土地所有权是指国家对国有土地享有的占有、使用、收益和处分的权利。国家土地所有权的客体包括城市、农村和城市郊区的土地；集体土地所有权是指集体经济组织在法律规定的范围内，对其拥有的土地享有的占有、使用、收益和处分的权利，集体土地所有权的客体包括农村和城市郊区的土地，以及其他法律规定属于集体所有的土地。

土地所有权的行使必须符合国家法律的有关规定，任何单位和个人不得侵犯他人的土地所有权。同时，国家为了公共利益的需要，可以依法对集体所有的土地实行征收或征用并给予补偿。

2. 建设用地使用权

建设用地使用权是指自然人、法人或非法人组织依法对国家所有的土地享有的建造并保有建筑物、构筑物及其附属设施的权利。建设用地使用权人对国家所有的土地依法享有占有、使用和收益的权利，是用益物权中的一项重要权利。

> **知识链接**
>
> 《民法典》第三百四十四条规定，建设用地使用权人依法对国家所有的土地享有占有、使用和收益的权利，有权利用该土地建造建筑物、构筑物及其附属设施。
>
> 《民法典》第三百五十三条规定，建设用地使用权人有权将建设用地使用权转让、互换、出资、赠与或者抵押，但是法律另有规定的除外。

3. 地役权

地役权是指按照合同约定，利用他人的不动产，提高自己的不动产效益的权利。在地役权法律关系中，为自己不动产的便利而使用他人不动产的一方当事人称为地役权人，也称为需役地人，将自己的不动产提供给他人使用的一方当事人称为供役地人。因使用他人不动产而获得便利的不动产为需役地，为他人不动产的便利而供使用的不动产为供役地，即他人的不动产为供役地，自己的不动产为需役地。地役权人可以是不动产的所有人、建设用地使用权人、土地承包经营权人、宅基地使用权人、承租人等。

1.4.3　物权的设立、变更、转让、消灭和保护

1. 不动产物权的设立、变更、转让、消灭

（1）登记生效。《民法典》中规定，不动产物权的设立、变更、转让和消灭，经依法登记，发生效力；未经登记，不发生效力，但是法律另有规定的除外。依法属于国家所有的自然资源，所有权可以不登记。

（2）登记与合同效力的关系。

1）登记转移物权，除法律另有规定或当事人另有约定外，自合同成立时生效。

2）未登记不转移物权，但不影响合同效力；拒绝登记承担相应的违约责任。

知识链接

《民法典》中关于登记机构的相关规定：

第二百一十二条　登记机构应当履行下列职责：

（一）查验申请人提供的权属证明和其他必要材料；

（二）就有关登记事项询问申请人；

（三）如实、及时登记有关事项；

（四）法律、行政法规规定的其他职责。

申请登记的不动产的有关情况需要进一步证明的，登记机构可以要求申请人补充材料，必要时可以实地查看。

第二百一十三条　登记机构不得有下列行为：

（一）要求对不动产进行评估；

（二）以年检等名义进行重复登记；

（三）超出登记职责范围的其他行为。

2. 动产物权的设立和转让

《民法典》中规定，动产物权的设立和转让，自交付时发生效力，但是法律另有规定的除外。

（1）船舶、航空器和机动车等的物权的设立、变更、转让和消灭，未经登记，不得对抗善意第三人。

（2）动产物权设立和转让前，权利人已经占有该动产的，物权自民事法律行为生效时发生效力。

（3）动产物权设立和转让前，第三人占有该动产的，负有交付义务的人可以通过转让请求第三人返还原物的权利代替交付。

（4）动产物权转让时，当事人又约定由出让人继续占有该动产的，物权自该约定生效时发生效力。

3. 物权的保护

物权的保护是指通过法律规定的方式和程序保障物权人在法律许可的范围内对其财产行使占有、使用、收益、处分权利的制度。

（1）物权受到侵害的，权利人可以通过和解、调解、仲裁、诉讼等途径解决。

（2）侵害物权造成权利人损害的，权利人既可以请求损害赔偿，也可以请求承担其他民事责任。

（3）侵害物权的，除承担民事责任外，违反行政管理规定的，依法承担行政责任，构成犯罪的，依法追究刑事责任。

1.4.4　债的基本法律关系

债是按照合同约定或依照法律规定，在当事人之间产生的特定的权利和义务关系。债权为请求特定人为特定行为作为或不作为的权利。

债权与物权不同，物权是绝对权，而债权是相对权。

（1）债的主体。债的主体指的是发生债的关系的双方当事人，包括债权人和债务人。

（2）债的内容。债的内容是指当事人之间的权利与义务关系，具体来说，即债权人享有的权利和债务人负担的义务。债权人有权请求债务人为或不为一定行为，而债务人有义务为此行为或不行为。

（3）债的客体。债的客体是债务人的行为，包括作为和不作为。这些行为应当是特定性的，以满足债权人的权利要求。

1.4.5　建设工程债的发生根据

建设工程债的发生包括合同、侵权、无因管理和不当得利。

1. 合同

合同产生的债被称为合同之债，是指因订立合同而产生的债权债务关系。它是债发生的最主要、最普遍的依据。合同之债的特点包括以下几项。

《民法典》第三编
合同

（1）它是由双方当事人的法律行为引起的。

（2）合同之债的成立需要双方当事人的意思表示一致。这意味着双方当事人在订立合同时，必须自由地表达其意思，并且双方的意思必须达到一致。如果一方使用欺诈、胁迫等手段或乘人之危，使对方在违背真实意思的情况下订立合同，那么这个合同就是无效的，不能产生合同之债。

（3）合同之债中的债权债务是相互对应的。

（4）合同之债具有任意性；这意味着合同之债的产生、形式、内容等《民法典》合同编上的规定，多属于任意性规范，可以由合同双方当事人自由约定。当事人的自由约定可以排除《民法典》合同编上的任意规范。

2. 侵权

侵权是指侵权人实施侵权行为，侵害了被侵权人的人身、财产权益，造成损害的，构成侵权责任。侵权行为一经发生，即在侵权行为人和被侵权人之间形成债的关系。例如，建筑物、构筑物或其他设施倒塌造成他人损害的，产生侵权之债，由建设单位与施工单位承担连带责任。

《民法典》第七编
侵权责任

3. 无因管理

无因管理是指管理人没有法定或约定的义务，也未受本人委托，为避免他人利益受损，自愿管理他人事务的事实行为；简而言之，就是对于其他人的财产进行管理。无因管理在行为人和受益人之间形成了债的关系。

4. 不当得利

不当得利是指无法律依据或合同依据，一方取得利益，而另一方因此利益受到损害。在得利者与受害者之间形成债的关系。根据《民法典》的规定，得利人没有法律根据取得不当利益的，受损失的人可以要求得利人返还取得的利益。

不当得利和无因管理之债的表现形式与法律责任见表1-4。

表 1-4　不当得利和无因管理之债的表现形式与法律责任

发生根据	共同点	表现形式	法律责任
不当得利	1. 无合同依据； 2. 无法律根据	损人利己	返还
无因管理		损己利人	1. 管理费用； 2. 直接损失

1.4.6　建设工程债的常见种类

建设工程债可分为施工合同之债、买卖合同之债、侵权之债。

1. 施工合同之债

施工合同之债是指在建筑施工过程中，建设单位和施工单位之间因施工合同的履行而产生的债权债务关系。施工合同之债的发生和履行都受到相关法律法规和合同约定的约束。如果发生争议，当事人可以通过协商、调解、仲裁或诉讼等方式解决。

具体来说，施工合同之债主要包括以下两个方面。

（1）完成施工任务的债务。建设单位作为债权人，要求施工单位按照合同约定的时间、质量、安全等要求完成施工任务。施工单位作为债务人，有义务按照合同要求完成施工任务，确保工程质量和安全。

（2）支付工程款的债务。施工单位作为债权人，有权要求建设单位按照合同约定的时间和方式支付工程款。建设单位作为债务人，有义务按照合同要求支付工程款，确保施工单位的合法权益。

2. 买卖合同之债

买卖合同之债是指在买卖合同中，出卖人和买受人之间因合同的履行而产生的债权债务关系。在建设工程活动中，会产生大量的买卖合同，主要是材料设备买卖。具体来说，买卖合同之债主要包括以下两个方面。

（1）转移标的物所有权的债务。出卖人作为债务人，有义务按照合同约定的时间、地点、方式等要求，将标的物的所有权转移给买受人。买受人作为债权人，有权要求出卖人按照合同要求转移标的物的所有权。

（2）支付价款的债务。买受人作为债务人，有义务按照合同约定的时间、地点、方式等要求，向出卖人支付价款。出卖人作为债权人，有权要求买受人按照合同要求支付价款。

需要注意的是，买卖合同之债同样是一种典型的合同之债，其发生和履行都受到相关法律法规和合同约定的约束。在买卖合同中，双方当事人应当明确约定标的物、数量、质量、价格、履行方式等基本条款，并在严格遵守合同约定，确保合同的顺利履行。

3. 侵权之债

侵权之债是指在建设工程活动中，因侵权行为而产生的债权债务关系。这种债权债务关系通常发生在建设工程的各个阶段，如设计、施工、监理等过程中，由于一方或多方的过错或不当行为，导致另一方遭受损失或损害，从而产生侵权之债。例如，在施工中，建筑物上坠落的砖块给他人造成损害。施工单位的施工活动，如施工噪声、废水排放等，也有可能对施工地点附近居民产生侵权之债。

建设工程侵权之债的主要特点包括以下几项。

(1) 侵权行为是债发生的原因。在建设工程活动中，如果一方或多方违反了相关的法律法规、合同约定或行业规范，导致另一方遭受损失或损害，就构成了侵权行为，从而产生了侵权之债。

(2) 侵权行为的主体可以是建设单位、施工单位、设计单位、监理单位等参与建设工程的各方。这些主体在建设工程活动中都应当遵守相关的法律法规和合同约定，确保工程质量和安全，如果违反了这些规定，就可能会产生侵权之债。

(3) 侵权之债的损害赔偿是主要的救济方式。当侵权行为导致另一方遭受损失或损害时，受害方有权要求侵权方承担相应的损害赔偿责任，包括财产赔偿、人身损害赔偿等。

知识链接

侵权责任与违约责任的区别如下。

(1) 产生基础不同：侵权责任是基于行为人没有履行法律上规定的或认可的应尽的义务而产生的责任，而违约责任则是基于合同产生的违反合同的责任。违约责任的成立以有效的合同关系为基础，又以债务的存在为前提，且只能在合同当事人之间产生。

(2) 归责原则不同：在侵权责任中，过错责任是重点，极少采用无过错责任。而在违约责任中，归责原则以严格责任为主，过错责任为辅。在合同之诉中，只要受害人具有轻微过失，违约当事人的赔偿责任就可以减轻；但在侵权之诉中，只有在受害人具有重大过失时，侵权人的赔偿责任才可以减轻。

(3) 举证责任不同：在侵权责任中，通常实行"谁主张谁举证"的原则，即受害人必须就其主张举证。而在违约责任中，受害人不负举证责任，而违约方必须证明违约是由法定事由引起的，否则将承担违约赔偿责任。

(4) 责任构成要件和免责条件不同：在违约责任中，行为人只要实施了违约行为且不具有有效的抗辩事由，就应承担违约责任。而在侵权责任中，责任的构成要件和免责条件因具体的侵权行为类型而有所不同。

案例应用1-4

➤案例简介

A公司是一家从事建筑工程的企业，其在外滩办公的某进出口公司被置换到虹口区重新建造新的办公大楼。A公司委托B公司代建该办公大楼，并与B公司签订了施工合同。合同约定了工程的开工日期、竣工日期、工程质量标准等。然而，在施工过程中，由于B公司的疏忽，导致工程主体结构存在偏移。该缺陷在竣工后被发现，经过多次鉴定和争议，最终确认工程主体结构质量不合格。

经过法院审理，认为B公司因疏忽导致工程主体结构存在质量缺陷，应当承担相应的侵权责任和违约责任。因此，法院判决B公司赔偿A公司因工程质量问题而造成的经济损失和声誉损失并承担本案的诉讼费用。

▶**案例评析**

根据《民法典》的规定，因建设工程质量不合格造成损害的，发包人、承包人、勘察人、设计人、施工人等应当承担连带责任。在本案例中，B公司作为承包人，因疏忽导致工程主体结构存在质量缺陷，应当承担相应的侵权责任。

根据施工合同的约定，B公司应当按照合同约定的质量标准完成工程。由于B公司的疏忽导致工程主体结构质量不合格，违反了合同约定，应当承担合同约定的违约责任。

本案例提醒人们在进行建设工程时，应注重工程质量和安全，避免因疏忽而导致工程质量问题和侵权行为的发生。同时，也提醒人们在签订合同时，应明确约定合同内容、质量标准、违约责任等，以便在发生纠纷时能够及时采取合法途径维护自己的权益。

1.5　建设工程知识产权制度

1.5.1　知识产权的法律特征

知识产权是指公民、法人或其他组织对创造性地劳动所完成的智力成果依法享有的专有权利。知识产权是一种无形财产权，它与有形财产相同，都受到国家法律的保护，都具有价值和使用价值。我国有关知识产权保护的法律，主要有《中华人民共和国著作权法》（以下简称《著作权法》）《中华人民共和国专利法》（以下简称《专利法》）、《中华人民共和国商标法》（以下简称《商标法》）等。

根据《民法典》的规定，知识产权是权利人依法就下列客体享有的专有的权利：作品、发明、实用新型、外观设计、商标、地理标志、商业秘密、集成电路布图设计、植物新品种及法律规定的其他客体。

知识产权的法律特征主要包括以下几项。

（1）人身权和财产权的双重属性。人身权是指与民事主体的人身不可分离的，不具有直接财产内容的民事权利，例如，图书作者的署名权即人身权；而财产权是指民事主体所享有的具有一定物质内容并直接体现为经济利益的权利，例如，获得稿费报酬的权利即财产权。

在《民法典》对民事权利的分类中，其他的民事权利都只有财产权或人身权的单一属性，只有知识产权具有人身权和财产权的双重属性。

（2）专有性。专有性即绝对排他性，是指知识产权为权利人所独占，权利人垄断这种专有权利并受到法律保护，未经权利人许可或放弃，他人不得行使这一权利。

（3）地域性。地域性是指空间效力受地域限制，知识产权只在被确认和保护的国家领域内有效。

（4）期限性。期限性是指知识产权仅在规定期限内受保护，一旦超过这一期限，这一权利就自行消失，开始进入公有领域。

1.5.2　建设工程知识产权的常见种类

在建设工程活动中，知识产权引领着工程建设领域的技术进步，知识产权法律制度保护着相关权利人的利益。建设工程知识产权的常见种类包括专利权、商标权、著作权、计算机软件的法律保护。专利权的保护期及授予条件见表 1-5。

表 1-5　专利权的保护期及授予条件

专利权	概念	保护期（自申请日起算）	授予条件
发明	对产品、方法或改进提出的新技术方案	20 年	1. 新颖性； 2. 创造性； 3. 实用性
实用新型	对产品的形状、构造或者结合提出的新技术方案	10 年	
外观设计	对产品的形状、图案或色彩、形状、图案的结合作出的新设计	15 年	1. 新颖性； 2. 富有美感； 3. 适合工业应用

1. 专利权

（1）专利权的概念。专利权是一种由国家专利法授予的独占性权利，它允许专利权人在一定时间内对其发明创造成果享有独占、使用、处分和收益的权利。这种权利具有时间性、地域性和排他性。

（2）专利权的保护对象。

1）发明。发明是指对产品、方法或者其改进所提出的新的技术方案。

《专利法》

2）实用新型。实用新型是指对产品的形状、构造或其结合所提出的适于实用的新的技术方案。

3）外观设计。外观设计是指对产品的形状、图案或其结合及色彩与形状、图案的结合所作出的富有美感并适于工业应用的新设计。

（3）授予专利权的条件。授予专利权的条件是指在申请专利时，发明创造需要满足一定的要求才能获得专利权的批准。根据《专利法》的规定，授予专利权的发明和实用新型应当具备新颖性、创造性和实用性。

1）新颖性。新颖性是指发明或实用新型在申请日以前没有同样的发明或实用新型在国内外出版物上公开发表过、在国内公开使用过或以其他方式为公众所知，也没有同样的发明或实用新型由他人向国务院专利行政部门提出过申请并且记载在申请日以后公告的专利申请文件或者公告的专利文件中。简而言之，就是要保证发明创造是独一无二的，没有被他人公开或使用过。

2）创造性。创造性是指发明或实用新型与现有技术相比，具有突出的实质性的特点和显著的进步，该实用新型具有实质性特点和进步。这意味着发明创造不仅要与现有技术有所不同，还要具备实质性的创新点，能够解决现有技术存在的问题或带来更好的效果。

3）实用性。实用性是指发明或实用新型能够制造或使用，并且能够产生积极效果。也就是说，发明创造必须是可操作的、可实现的，并且在实际应用中能够产生积极的效果或价值。

除上述三个基本条件外，专利申请还需要符合相关法律法规中的其他规定，如格式要求、申请文件的完整性等。同时，专利申请还需要经过国务院专利行政部门的审查和批准，才能最终获得专利权。

（4）专利权人的权利和期限、终止、无效。根据《专利法》的规定，专利权通常具有一个固定的保护期限，发明专利权的期限为 20 年，实用新型专利权的期限为 10 年，外观设计专利权的期限为 15 年，均自申请日起计算。在保护期限内，专利权人可以独家利用其发明创造，并从中获取经济利益。同时，专利权也可以被转让、许可他人使用等，从而实现其商业价值。

有下列情形之一的，专利权在期限届满前终止。

1）没有按照规定缴纳年费的。

2）专利权人以书面声明放弃其专利权的。

专利权在期限届满前终止的，由国务院专利行政部门登记和公告。

（5）专利的申请和审批。专利权的申请和授权流程通常包括以下步骤。

1）专利申请：首先，申请人需要向国家知识产权局（或其他专利局）提交专利申请。专利申请应包含详细的描述、权利要求、图纸和说明书等，以充分公开和描述发明创造的内容。

2）授权流程如下。

①受理阶段：专利局收到专利申请后，会进行初步审查，确认申请是否符合受理条件。如果符合，专利局会确定申请日，给予申请号，并发出受理通知书，通知申请人。

②初步审查阶段：在受理阶段后，专利局会对专利申请进行初步审查。初步审查主要检查申请文件是否齐备、格式是否符合要求，以及是否明显不符合专利法规定的情形。如果初步审查合格，专利局会发出初审合格通知书，进入公布阶段。

③公布阶段：发明专利申请从发出初审合格通知书起进入公布阶段。在这个阶段，专利申请会被公开，供公众查阅。如果申请人没有提出提前公开的要求，申请日起满 18 个月后进入公开准备程序。公布后，申请人获得临时保护的权利。

④实质审查阶段：对于发明专利申请，如果申请人已经提出实质审查请求并已生效，专利申请将进入实质审查阶段。实质审查是对专利申请的新颖性、创造性和实用性深入地评估。如果实质审查合格，专利局会发出授权通知书，进入授权阶段。

⑤授权阶段：在实质审查合格后，专利局会授予专利权，并颁发专利证书。此时，申请人成为专利权人，享有专利权的独占使用权。

2. 商标权

（1）商标与商标专用权的概念。商标是商品的生产者、经营者或服务的提供者，为了标明自己、区别他人在自己的商品或服务上使用的专用标志。商标的基本功能在于标识商品或服务的来源，使消费者能够通过商标区分不同的商品或服务提供者。

《商标法》

商标专用权又称为商标权，是指商标使用人依法对所使用的商标享有的专用权利。它是商标注册人依法支配其注册商标并禁止他人侵害的权利，是知识产权的一种。

总体来说，商标是商品或服务的标识，而商标专用权则是商标使用人依法享有的权益，用于保护其商标不被他人非法使用或侵害。

（2）商标专用权的内容及保护对象。商标专用权的内容是指商标注册人依法享有的权利，主要包括以下几个方面。

1）专有使用权：这是商标专用权的核心内容，是指商标注册人有权在其注册的商品或服务上使用其注册商标，并享有该商标带来的商业利益。其他单位和个人未经许可不得在同一种商品或服务上使用与注册商标相同或近似的商标。

2）禁止权：商标注册人有权禁止其他单位和个人未经许可擅自在与其核准商品或服务项目相同或类似的商品或服务上使用与注册商标相同或近似的商标。这是为了保护商标注册人的商业利益和市场地位，防止他人通过混淆或误导消费者来侵占其市场份额。

3）转让权：商标注册人有权将其注册商标转让给他人。转让可以通过合同形式进行，也可以通过继承等方式实现。

4）许可使用权：商标注册人有权将其注册商标许可给他人使用。被许可人需要支付一定的使用费用，并应遵守商标注册人的使用规定。

5）续展权：商标注册人在其注册商标有效期届满前，有权向商标局申请续展注册，以延长其专用权的保护期限。

（3）商标注册的申请、审查和批准。自然人、法人或其他组织均可作为商标注册申请人。申请人可以向国家知识产权局商标局直接提交申请，也可以委托依法设立的商标代理机构办理。商标审查分为形式审查和实质审查两个阶段，商标注册人自核准注册之日起享有商标专用权，受法律保护。

（4）注册商标的续展、转让和使用许可。注册商标的有效期为10年，自核准注册之日起计算。但是，注册商标可以无数次提出续展申请，其理论上的有效期是无限的。

3. 著作权

《著作权法》

（1）著作权的概念。著作权也称为版权，是指作者及其他权利人对文学、艺术和科学作品享有的专有权利。这些权利包括人身权和财产权两个方面。在建设工程活动中，著作权的概念同样适用。

（2）建设工程活动中常见的著作权作品。

1）文字作品。文字作品包括施工单位编制的投标文件、工作报告、招标文件等。这些文件通常包含原创性的文字内容，如技术方案、施工组织设计、项目管理计划等。

2）建筑作品。建筑作品通常包括建筑设计图纸、建筑模型、建筑外观和内部装饰等。

3）图形作品。图形作品包括工程设计图、产品设计图、地图、示意图等。这些图形作品通常用于描述和规划工程项目的各个方面，如结构、布局、设备配置等。

（3）著作权主体。著作权的主体也称为著作权人，是指依法对创作作品享有著作权的人。

1）根据不同的标准，著作权主体可分为以下几类。

①根据著作权取得方式的不同可分为原始主体和继受主体。

②以著作权人所具有的国籍为标准可分为国内主体和外国主体。

③根据主体享有著作权的完整程度不同分为完整主体和部分主体。

在建设工程活动中，常见的著作权主体可能包括设计师、建筑师、工程师等人员，以及相关的法人或其他组织。

2）著作权的保护期。《著作权法》规定如下。

①作者的署名权、修改权、保护作品完整权的保护期为永久。

②自然人的作品，其发表权等权利的保护期限为50年。

③出版者有权许可或禁止他人使用其出版的图书、期刊的版式设计。权利的保护期为10年，截止于使用该版式设计的图书、期刊首次出版后第10年的12月31日。

4. 计算机软件著作权

（1）计算机软件著作权的概念。计算机软件著作权是指软件的开发者或其他权利人依据有关著作权法律的规定，对于软件作品所享有的各项专有权利。这是一种民事权利，具有民事权利的共同特征。

（2）软件著作权的归属。一般情况下，软件著作权属于软件开发者，《计算机软件保护条例》另有规定的除外。如无相反证明，在软件上署名的自然人、法人或其他组织为开发者。

（3）软件著作权的限制。软件著作权的限制主要包括保护期限的限制和保护地域性的限制两个方面。

1）保护期限的限制：软件著作权保护期满，该软件就进入了公有领域，任何人均可自由地使用和复制该软件，软件权利人无权再限制他人使用和收取任何报酬。

2）保护地域性的限制：软件著作权只在授予其权利的国家或地区有效。因此，软件著作权人需要在不同的国家或地区分别申请著作权保护。

（4）计算机软件著作权的保护期限。根据《计算机软件保护条例》规定，自然人的软件著作权，保护期为自然人终生及其死亡后50年，截止于自然人死亡后第50年的12月31日。法人或其他组织的软件著作权。保护期为50年，截止于软件首次发表后第50年的12月31日。如果软件自开发完成之日起50年内未发表的，将不再受到保护。

1.5.3 建设工程知识产权的保护

建设工程知识产权受到损害的情况包括违约和侵权两种，可以寻求的保护途径包括民法保护、行政法保护和刑法保护。

1. 建设工程专利权的保护

根据《专利法》规定，发明或实用新型专利权的保护范围以其权利要求的内容为准，说明书及附图可以用于解释权利要求的内容。外观设计以表示在图片或照片中的该产品的外观设计为准，简要说明可以用于解释图片或照片所表示的该产品的外观设计。

2. 建设工程商标权的保护

有下列行为之一的，即属于侵犯商标权。

（1）未经商标注册人的许可，在同一种商品或类似商品上使用与其注册商标相同或近似的商标的。

（2）销售侵犯注册商标专用权的商品的。

（3）伪造、擅自制造他人注册商标标识的或销售伪造、擅自制造的注册商标标识的。

（4）未经商标注册人同意，更换其注册商标并将该更换商标的商品投入市场的。

（5）给他人的注册商标专用权造成其他损害的。

3. 建设工程著作权的保护

建设工程著作权的保护主要是民法保护。如果侵权行为同时损害公共利益的，可以由著作权行政管理部门责令停止侵权行为，没收违法所得，没收、销毁侵权复制品，并可处以罚款；情节严重的，著作权行政管理部门还可以没收主要用于制作侵权复制品的材料、工具、设备等；构成犯罪的，依法追究刑事责任。

1.5.4 建设工程知识产权侵权的法律责任

1. 建设工程知识产权侵权的民事责任

根据《民法典》的规定，民事责任主要涉及停止侵害、排除妨碍、消除危险、返还财产、恢复原状、赔偿损失、赔礼道歉和消除影响、恢复名誉等。以上承担侵权民事责任的方式，可以单独适用，也可以合并适用。其中，赔偿损失是最主要的民事责任，其数额确定有以下四种方法。

（1）按照权利人因被侵权所受到的实际损失确定。

（2）按照侵权人因侵权所获得的利益确定。

（3）参照该知识产权许可使用费的倍数合理确定。

（4）由人民法院根据专利权的类型、侵权行为的性质和情节等因素确定。

2. 建设工程知识产权侵权的行政责任

（1）侵犯建设工程专利权的行政责任。侵犯建设工程专利权的行政责任主要是假冒专利，除依法承担民事责任外，应当由专利主管部门责令改正并予公告，没收违法所得，可以并处违法所得4倍以下的罚款；没有违法所得的，可以处20万元以下的罚款。

对于未经专利权人许可，实施其专利这一侵权行为，引起纠纷的，专利权人或利害关系人可以请求专利主管部门处理；专利主管部门处理时，认定侵权行为成立的，可以责令侵权人立即停止侵权行为。

（2）侵犯建设工程商标权的行政责任。侵犯建设工程商标权的行政责任主要包括使用注册商标违法的行政责任；使用未注册商标违法的行政责任。

（3）侵犯建设工程著作权的行政责任。根据《著作权法》的规定，如果侵权行为同时损害公共利益，可以由著作权行政管理部门责令停止侵权行为，没收违法所得，没收、销毁侵权复制品，并可处以罚款；情节严重的，著作权行政管理部门还可以没收主要用于制作侵权复制品的材料、工具、设备等；构成犯罪的，依法追究刑事责任。

3. 建设工程知识产权侵权的刑事责任

（1）侵犯商标权的刑事责任。侵犯商标权的刑事责任主要包括假冒注册商标罪；销售假冒注册商标的商品罪；非法制造；销售非法制造的注册商标标识罪。

（2）侵犯专利权的刑事责任。假冒他人专利，情节严重的，处3年以下有期徒刑或拘役，并处或单处罚金。

（3）侵犯著作权的刑事责任。侵犯著作权的刑事责任主要包括侵犯著作权罪；销售侵权复制品罪。

🎯 案例应用1-5

➤案例简介

某科技有限公司（以下简称"甲公司"）向国家知识产权局提出"三维排水联结扣装置"发明专利的申请，经国家知识产权局公告授权。××年×月，甲公司发现某铁路建设有限公司（以下简称"乙公司"）在某铁路施工场所中使用了与甲公司发明相同的三维排水联结扣产品。乙公司未经甲公司许可使用甲公司享有发明专利权的产品，其行为涉嫌构成发明专利侵权，原告请求法院判令乙公司停止侵权并赔偿损失。

经审理，法院认定，乙公司在工程施工过程中使用了涉嫌侵犯"三维排水联结扣装置"发明专利权的产品，并且无法提供该产品的合法来源，应当承担赔偿责任。

➤案例评析

根据《专利法》的规定：发明和实用新型专利权被授予后，除另有规定的外，任何单位或个人未经专利权人许可，都不得实施其专利，即不得为生产经营目的制造、使用、许诺销售、销售、进口其专利产品，或者使用其专利方法及使用、许诺销售、销售、进口依照该专利方法直接获得的产品。在本案例中，乙公司未经许可，使用他人发明专利权的产品，并且无法提供该产品的合法来源，应当承担赔偿责任。

在建设工程领域，特别是施工阶段，随着知识产权权利人的法律意识越来越强，近年来，关于工程施工领域的专利诉讼越来越多，引起施工单位和业主的关注。

1.6　建设工程担保与保险制度

1.6.1　建设工程担保与担保合同的规定

担保是指当事人根据法律规定或双方约定，为促使债务人履行债务实现债权人权利的法律制度。在建设工程领域，担保制度是保障合同履行、控制风险的重要手段。

《民法典》中就法定的担保方式作出了明确的规定，主要可分为保证、抵押、质押、留置及定金 5 种。担保合同是主合同的从合同，主合同无效，担保合同无效。

最高人民法院关于适用《民法典》有关担保制度的解释

1.6.2　建设工程保证担保的方式和责任

保证是指第三人与债权人约定，当债务人不履行债务时，第三人按照约定履行债务或承担责任的行为。这里的第三人即保证人，包括具有代为清偿债务能力的法人、其他组织或公民。在建设工程活动中，保证是最为常用的一种担保方式。

银行出具的保证通常称为保函，其他保证人出具的书面保证一般称为保证书。

1. 保证的基本法律规定

（1）保证合同。保证合同由保证人与债权人签订。保证合同的内容一般包括被保证的主债权种类、数额；债务人履行债务的期限；保证的方式；保证担保的范围；保证的期间；双方认为需要约定的其他事项。

（2）保证方式。《民法典》第六百八十六条规定，保证的方式包括一般保证和连带责任保证。当事人在保证合同中约定保证人和债务人对债务承担连带责任的，为连带责任保证。当事人在保证合同中对保证方式没有约定或约定不明确的，按照一般保证承担保证责任。

连带责任保证的债务人不履行到期债务或发生当事人约定的情形时，债权人可以请求债务人履行债务，也可以请求保证人在其保证范围内承担保证责任。

☀**重要提示**

一般保证的保证人在主合同纠纷未经审核或仲裁，并就债务人财产依法强制执行仍不能履行债务前，有权拒绝向债权人承担保证责任。但是有下列情形之一的除外。

（1）债务人下落不明，且无财产可供执行。

（2）人民法院已经受理债务人破产案件。

（3）债权人有证据证明债务人的财产不足以履行全部债务或丧失履行债务能力。

（4）保证人书面表示放弃本款规定的权利。

（3）保证人资格。保证人应符合法律规定的资格和债权人的认可，需要具备且满足一定的

资质条件，主要包括以下内容。

1）与债权债务无直接关系。

2）具有完全的民事权利能力和行为能力。

3）有能力履行担保义务。

4）资信良好，没有明显的违约和失信记录。

（4）法律规定不能作为保证人的单位和组织。

1）机关法人不得作为保证人，但经国务院批准为使用外国政府或国际经济组织贷款进行转贷的除外。

2）学校、幼儿园、医院等以公益为目的的事业单位、社会团体不得作为保证人。

3）企业法人的分支机构、职能部门不得作为保证人。如果企业分支机构经法人授权，可在授权范围内提供保证。

（5）保证责任。

1）保证范围：保证担保的范围包括主债权及利息、违约金、损害赔偿金和实现债权的费用。保证合同另有约定的，按照约定。

2）保证期间债权转让：保证期间，债权人转让全部或部分债权，未通知保证人的，该转让对保证人不发生效力。保证人与债权人约定禁止债权转让，债权人未经保证人书面同意转让债权的，保证人对受让人不再承担保证责任。

3）保证期间债务转让：债权人未经保证人书面同意，允许债务人转移全部或部分债务，保证人对未经其同意转移的债务不再承担保证责任，但是债权人和保证人另有约定的除外。第三人加入债务的，保证人的保证责任不受影响。

4）保证期间债权变更：债权人和债务人未经保证人书面同意，协商变更主债权债务合同内容，减轻债务的，保证人仍对变更后的债务承担保证责任；加重债务的，保证人对加重的部分不承担保证责任。

5）保证期限：债权人与保证人可以约定保证期间，但是约定的保证期间早于主债务履行期限或与主债务履行期限同时届满的，视为没有约定；没有约定或约定不明确的，保证期间为主债务履行期限届满之日起6个月。债权人与债务人对主债务履行期限没有约定或者约定不明确的，保证期间自债权人请求债务人履行债务的宽限期届满之日起计算。

2. 建设工程常用的担保种类

（1）施工投标保证金。施工投标保证金是指在工程施工招投标活动中，投标人为了确保其投标行为的诚信和责任，按照招标文件的要求，向招标人提交一定形式、一定金额的担保金。

（2）施工合同履约保证金。施工合同履约保证金是指在工程合同签订之前，由承包人向发包人交纳的一定金额的保证金，以确保承包人能够按照合同约定的要求和质量标准完成工程施工，并在合同到期或依法解除时予以退还。

知识链接

《招标投标法》第四十条第二款规定，招标文件要求中标人提交履约保证金的，中标人应当提交。《招标投标法实施条例》中则进一步规定，招标文件要求中标人提交履约保证金的，中标人应当按照招标文件的要求提交。履约保证金不得超过中标合同金额的10%。

（3）工程款支付担保。工程款支付担保是指为保证业主按照合同约定履行支付工程款的义务，由担保人为业主向承包人提供的保证业主支付工程款的担保。这种担保通常是为了解决承包商在工程建设过程中可能面临的资金压力，确保他们能够及时获得应得的款项，从而维持工程的正常进行。

工程款支付担保的形式主要包括银行保函、担保公司担保、保险公司担保等。这些担保方式各有特点，但都能为承包人提供一定的资金保障，降低他们在工程建设过程中的风险。

（4）预付款担保。预付款担保是一种在工程领域常见的担保方式，主要用于确保承包商在收到业主支付的预付款后，能够按照合同约定的方式使用这笔款项并保证工程的顺利进行。这种担保机制的主要目的是降低业主的风险，防止承包商滥用预付款或因财务问题导致工程无法完成。

预付款担保通常由承包商向业主提供，可以采取银行保函、担保公司担保、保险公司担保等形式。担保的额度一般与业主支付的预付款金额相等，以确保在承包商出现违约情况时，业主能够得到相应的赔偿。

1.6.3 抵押权、质押权、留置权、定金的规定

1. 抵押权

抵押权是指债务人或第三人不转移财产的占有，而将财产作为债权担保的标的，作为债权履行的担保，当债务人不履行债务时，债权人有权依照法律的规定，以法律规定的程序处分该财产，并因处分所得的价值优先受偿的权利。

2. 质押权

质押权是指以担保债权的履行为目的，而由债权人占有债务人或第三人交付的物或者权利，当债务人不履行债务的时候债权人有权依法处分标的物，并以处分标的物所得的价款优先受偿的权利，提供质押物的人称为质押人，债权人称为质押权人。

3. 留置权

留置权是指债权人按照合同的约定占有债务人的动产，债务人不按照合同约定的期限履行债务的，债权人有权依照法律规定留置财产，以该财产折价或以拍卖、变卖该财产的价款优先受偿。

4. 定金

定金是指合同当事人为了确保合同的履行，依据法律规定或当事人双方的约定，由当事人一方在合同订立时或订立后履行前，按照合同标的额的一定比例（不超过 20%），预先支付给对方当事人的金钱或其替代物。

在建筑工程合同中，定金的作用是促使承包商履行合同义务，保障业主或开发商的权益。同时，定金也是一种履约保证，能够促使双方认真履行合同，避免产生不必要的纠纷和损失。

1.6.4 保险的概念与保险合同的分类

1. 保险的概念

保险是指投保人根据合同约定，向保险人支付保险费，保险人对于合同约定的可能发生的事故因其发生所造成的财产损失承担赔偿保险金责任，或者被保险人死亡、伤残、疾病，或者达到合同约定的年龄、期限等条件时承担给付保险金责任的商业保险行为。保险具有损失发

生、发生与否、发生时间、发生后果的不确定性。

（1）保险合同当事人：投保人和保险人。

（2）保险合同关系人：被保险人和受益人。

2. 保险合同的分类

保险合同可分为以下几项。

（1）财产保险合同：建设工程一切险和安装工程一切险。

（2）人身保险合同：工伤保险、建筑意外伤害保险。注：人身保险的保险费，不得用诉讼方式要求投保人支付。

如果一个建设工程项目同时由多家保险公司承保，则应当按照约定的比例分别向不同的保险公司提出索赔要求。

1.6.5　建设工程保险的主要种类和投保权益

建设工程活动由于其法律关系的复杂性和风险的多样性，往往涉及众多的保险险种，以确保在项目实施过程中可能出现的各种情况都能够得到妥善应对。建设工程保险的主要种类包括建筑工程一切险、安装工程一切险、工伤保险和建筑意外伤害保险。

1. 建筑工程一切险

建筑工程一切险是承保各类民用、工业和公用事业建筑工程项目在建造过程中因自然灾害或意外事故而引起的一切损失的险种，还加保第三者责任险。该险种主要适用于民用、工业和公用事业建筑工程项目，包括各类房屋建筑、道路、桥梁、水坝等。

（1）投保人和被保险人。投保人和被保险人一般为发包人和承包商或分包商等参与施工的各方。投保人应当投保建设工程保险，支付保险费用。

（2）承保范围。承保范围包括因洪水、地震、暴风雨、山崩、冻灾等自然灾害和意外事故（如爆炸、空中飞行物体的坠落、火灾等）造成的经济损失。该险种还承保盗窃、工人或技术人员缺乏经验、过失、恶意行为所造成的经济损失。

（3）保险期限。建设工程保险的保险期限通常为工程开工或材料、设备运抵工地之时起始，至工程所有人对部分或全部工程签发完工验收证书或验收合格，或工程所有人实际占用或使用或接收该部分或全部工程之时终止，以先发生者为准。

2. 安装工程一切险

安装工程一切险是针对各种设备、装置的安装工程的综合性保险，主要承保在安装工程过程中因自然灾害和意外事故导致的损失。该险种适用于各种工业和民用设备的安装工程，包括电气、通风、给水排水及设备安装等工作内容。

（1）投保人和被保险人。在投保安装工程一切险时，被保险人一般为承包商或安装公司，业主也可以作为被保险人。

（2）承保范围。与建筑工程一切险相似，不同之处在于以下几项。

1）保险期内一般应包括1个试车考核期。

2）试车考核期的保险责任一般不超过3个月，否则应另加收保险费。

3）对旧机器设备不负考核期的保险责任，也不承担其维修期的保险责任。

（3）保险期限。安装工程一切险的保险期限通常自投保工程动工或首批投保项目运至工程现场之日起开始生效，到安装完毕验收通过或保险单开列的终止日期终止。

3. 工伤保险和建筑意外伤害保险

（1）工伤保险。工伤保险是由国家法律规定的一种社会保险制度，适用于所有劳动者，包括建筑工人。工伤保险属于强制保险，建筑施工企业应当依法为职工缴纳工伤保险费。

（2）建筑意外伤害保险。建筑意外伤害保险不属于强制保险，鼓励企业为从事危险作业的职工办理意外伤害保险，支付保险费。

🎯 案例应用1-6

▶案例简介

某建筑公司（以下简称"A公司"）与一家房地产开发公司（以下简称"B公司"）签订了一份建设工程合同。合同中约定，A公司为B公司建造一座商业大厦，合同金额高达数亿元。为了确保工程的顺利进行，A公司向一家保险公司（以下简称"C公司"）投保了建筑工程一切险，并为B公司提供了履约担保。

在施工过程中，一场突发的洪水灾害，导致工程遭受了重大损失。A公司立即向C公司提出了索赔请求，要求C公司承担保险责任，赔偿工程损失。同时，B公司也向A公司提出了索赔要求，认为A公司未能按照合同约定完成工程，要求A公司承担违约责任。

经过法院审理，认为C公司应对因洪水灾害造成的损失承担保险赔偿责任，赔偿A公司相应的损失。同时，法院认为A公司未能完成工程是由于不可抗力因素导致的，根据合同约定和法律规定，A公司可以免除部分或全部的担保责任。因此，B公司的索赔请求被驳回。

▶案例评析

根据A公司与C公司签订的保险合同可知，C公司应对因自然灾害等不可抗力因素造成的损失承担保险责任。在本案例中，洪水灾害属于不可抗力因素，因此，C公司应承担相应的保险赔偿责任。

A公司为B公司提供了履约担保，如果A公司未能按照合同约定完成工程，B公司有权要求A公司承担担保责任。然而，在本案例中，A公司未能完成工程是由于不可抗力因素导致的，根据合同约定和法律规定，A公司可以免除部分或全部的担保责任。

本案例提醒人们在建设工程中要重视担保与保险的作用。通过投保建筑工程一切险等保险，可以在不可抗力因素导致损失时得到相应的赔偿，减轻经济负担。同时，提供履约担保可以增强合同双方的信任度，确保工程的顺利进行。另外，在签订合同时，应明确约定担保和保险的责任范围、免责条款等内容，以避免可能的纠纷和损失。

1.7 建设工程法律责任制度

1.7.1 法律责任的基本种类和特征

法律责任有广义和狭义之分。广义的法律责任是指任何组织和个人负有遵守法律、自觉维护法律尊严的义务；狭义的法律责任是指因违反了法律义务、契约义务或不当行使法律权利，而由行为人承担的不利后果。根据违法行为的性质和内容，法律责任的基本种类可分为民事责任、行政责任、刑事责任等。

法律责任的基本特征具体如下。

（1）法律责任是因违反法律上的义务（包括违约等）而形成的法律后果，以法律义务存在为前提。

（2）法律责任即承担不利的后果。

（3）法律责任的认定和追究，由国家专门机关依法定程序进行。

（4）法律责任的实现由国家强制力作保障。

1.7.2　建设工程民事责任的种类及承担方式

1. 建设工程民事责任的种类

《民法典》

民事责任是指民事法律关系的主体由于违反民事法律、违约或由于民法规定所应承担的民事法律责任。建设工程民事责任作为整个民事责任的一部分，其适用要受到民事责任的一般规定的制约。

在建设工程领域，因违法而承担的民事责任包括以下两类。

（1）违约责任。违约责任是指合同当事人一方不履行合同义务或者履行合同义务不符合约定时，依照法律规定或者合同的约定所应承担的民事法律责任。建设工程常见的违约责任包括工期延误、工程质量不合格、拖欠工程款，不按合同约定履行义务的其他情况。

（2）侵权责任。侵权责任是指行为人实施侵权行为侵害他人的民事权益造成损害所应承担的民事法律责任。从侵权行为发生的原因来看，建设工程领域侵权行为主要集中在以下几项。

1）安全防护措施不当或缺失导致侵权。

2）施工方法不当导致侵权。

3）未遵守与第三人有关的规定导致侵权。

4）施工质量缺陷导致侵权。此类侵权行为多表现为工程质量缺陷导致人员伤亡或财产损失。

5）追讨合法债权方式不当导致侵权。

> 🔗 **知识链接**
>
> 《民法典》第一千二百五十二条规定，建筑物、构筑物或者其他设施倒塌、塌陷造成他人损害的，由建设单位与施工单位承担连带责任，但是建设单位与施工单位能够证明不存在质量缺陷的除外。建设单位、施工单位赔偿后，有其他责任人的，有权向其他责任人追偿。
>
> 因所有人、管理人、使用人或者第三人的原因，建筑物、构筑物或者其他设施倒塌、塌陷造成他人损害的，由所有人、管理人、使用人或者第三人承担侵权责任。
>
> 《民法典》第一千二百五十八条规定，在公共场所或者道路上挖掘、修缮安装地下设施等造成他人损害，施工人不能证明已经设置明显标志和采取安全措施的，应当承担侵权责任。

2. 建设工程民事责任的承担方式

根据《民法典》的规定，民事责任的承担方式包括10种，即停止侵害；排除妨碍；消除危险；返还财产；恢复原状；修理、重作、更换；继续履行；赔偿损失；支付违约金；消除影响、恢复名誉；赔礼道歉。

其中，建设工程民事责任的主要承担方式如下。

（1）返还财产：当建设工程施工合同无效或被撤销后，应当返还财产，一般采取折价返还的方式，即承包人已经施工完成的工程，发包人按照"折价返还"的规定支付工程价款。

返还财产主要有以下两种方式。

1）参照无效合同中的约定价款。

2）按当地市场价、定额量据实结算。

（2）修理：质量不合格或竣工验收不合格。如施工合同的承包人对施工中出现质量问题的建设工程或竣工验收不合格的建设工程，应当负责返修。

（3）赔偿损失：合同当事人由于不履行合同义务或履行合同义务不符合约定，给对方造成财产上的损失时，由违约方依法或按照合同约定应承担的损害赔偿责任。

（4）支付违约金：违约方按照合同约定或法定（赔偿损失）向对方支付一定金额。

1.7.3 建设工程行政责任的种类及承担方式

行政责任是指违反有关行政管理的法律法规规定，但尚未构成犯罪的行为，依法应承担的行政法律后果。建设工程行政责任包括行政处罚和行政处分两类。

1. 行政处罚

行政处罚是指行政机关对违反相关法律法规的行为而应承担的行政责任。行政处罚的具体内容因违反相关法律、法规和规章的程度与情节而有所不同。一般来说，行政处罚的实施是为了纠正和制止违反法律法规的行为，维护公共利益和社会秩序，维护公民、法人和其他组织的合法权益。

《行政处罚法》

在建设工程领域，行政处罚的种类主要有警告、罚款、没收违法所得、责令停业停产、责令停止执业、降低资质等级、吊销资质证书（同时吊销营业执照）、吊销执业资格证书或其他许可证、执照等。

（1）警告：对违法当事人发出警告，指出其违法行为及可能产生的后果，责令其立即改正或限期改正。

（2）罚款：对违法当事人处以一定数额的罚款，罚款数额根据违法行为的性质、情节和后果等因素确定。

（3）没收违法所得：没收违法当事人通过违法行为获得的非法收入和财产。没收违法建筑物、构筑物和其他设施，对于违法建设的建筑物、构筑物和其他设施，行政机关可以依法予以拆除或没收。

（4）责令停业停产：对于存在严重违法行为的企业，行政机关可以责令其停业整顿，整改后经复查符合要求方可恢复营业。

（5）责令停止执业：对于存在违法行为的注册建筑师、勘察设计工程师等专业技术人员的执业资格，行政机关可以责令其停止执业业务，情节严重的可以吊销其执业资格证书。

（6）降低资质等级：对于存在违法行为的建筑企业或其他相关企业，行政机关可以降低其资质等级。

（7）吊销资质证书（同时吊销营业执照）：对于存在严重违法行为的建筑企业或其他相关企业，行政机关可以吊销其资质证书，同时吊销其营业执照，使其停止经营活动。

（8）行政拘留：对于违法行为严重且拒不改正的当事人，行政机关可以依法予以行政拘留。

2. 行政处分

行政处分是指国家行政机关、企事业单位对所属的国家工作人员违法失职行为尚不构成犯罪，依据法律、法规所规定的权限而给予的一种纪律惩戒。行政处分的承担方式包括警告、记过、记大过、降级、撤职、开除等。

《公职人员政务处分法》

在建设工程质量管理方面，国家行政机关工作人员在建设工程质量监督管理工作中玩忽职守、滥用职权、徇私舞弊，构成犯罪的，依法追究刑事责任；尚不构成犯罪的，依法给予行政处分。

1.7.4　建设工程刑事责任的种类及承担方式

刑事责任是指犯罪主体因违反刑法的规定，实施了犯罪行为时所应承担的法律责任。在建设工程领域中，涉及刑事责任的违法行为包括重大安全事故罪、重大责任事故罪、假冒注册商标罪、侵犯专利权的刑事责任等。建设工程领域的刑事责任见表1-6。

表 1-6　建设工程领域的刑事责任

种类	典型情况
重大安全事故罪	建设单位、设计单位、施工单位、工程监理单位违反国家规定，造成重大安全事故
重大责任事故罪	1. 生产作业中违反有关安全管理的规定。 2. 强令他人违章冒险作业。 3. 明知存在重大事故隐患而不排除
重大劳动安全事故罪	1. 安全生产设施不符合国家规定。 2. 安全生产条件不符合国家规定
串通投标罪	投标人之间或投标人与招标人相互串通，损害招标人或者其他投标人利益

1. 建设工程刑事责任的种类

（1）工程重大安全事故罪。工程重大安全事故罪是指建设单位、设计单位、施工单位、工程监理单位违反国家规定，降低工程质量标准，造成重大安全事故的行为。

《刑法》

根据《刑法》第一百三十七条的规定，对直接责任人员，处五年以下有期徒刑或者拘役，并处罚金；后果特别严重的，处五年以上十年以下有期徒刑，并处罚金。

（2）重大责任事故罪。重大责任事故罪是指在生产作业中违反有关安全管理的规定，包括强令他人违章冒险作业、明知存在重大事故隐患而不排除，因而发生重大伤亡事故或造成其他严重后果的行为。

根据《刑法》第一百三十四条第一款的规定，犯重大事故责任罪的，处三年以下有期徒刑或者拘役；情节特别恶劣的，处三年以上七年以下有期徒刑。根据《刑法》第一百三十四条第二款的规定，强令他人违章冒险作业，因而发生重大伤亡事故或者造成其他严重后果的，处五年以下有期徒刑或者拘役；情节特别恶劣的，处五年以上有期徒刑。

（3）重大劳动安全事故罪。重大劳动安全事故罪是指安全生产设施或者安全生产条件不符合国家规定，因而发生重大伤亡事故或者造成其他严重后果的行为。

根据《刑法》第一百三十五条的规定，对直接负责的主管人员和其他直接责任人员，处三年以下有期徒刑或者拘役。情节特别恶劣的，处三年以上七年以下有期徒刑。例如，建筑企业不按规定进行施工，导致建筑质量不符合标准；矿山企业不按规定进行开采，导致矿难事故；工厂的安全设施陈旧或者不完备，导致工人伤亡等。这些行为都可能构成重大劳动安全事故罪。

（4）串通投标罪。串通投标罪是指投标者相互串通投标报价，损害招标人或者其他投标人利益，或者投标者与招标者串通投标，损害国家、集体、公民的合法权益，情节严重的行为。

根据《刑法》第二百二十三条的规定，犯串通投标罪的，处三年以下有期徒刑或者拘役，并处或者单处罚金。

2. 建设工程刑事责任的承担方式

刑事责任的承担方式是刑事处罚。根据《刑法》第三十二条的规定，刑罚可分为主刑和附加刑两类。建设工程刑事责任的承担方式见表1-7。

表1-7　建设工程刑事责任的承担方式

刑罚	具体内容
主刑	管制、拘役、有期徒刑、无期徒刑、死刑
附加刑	罚金、剥夺政治权利、没收财产、驱逐出境

（1）主刑。主刑包括管制、拘役、有期徒刑、无期徒刑和死刑5种。

1）管制：对犯罪人不予关押，但限制其一定自由，由公安机关执行和群众监督改造。

2）拘役：短期剥夺犯罪人自由，就近实行劳动改造。

3）有期徒刑：剥夺犯罪人一定期限的自由，实行强制劳动改造。

4）无期徒刑：剥夺犯罪人终身自由，实行强制劳动改造。

5）死刑：剥夺犯罪人生命的刑罚方法，包括立即执行和缓期执行两种。

☀ 重要提示

主刑独立适用原则：主刑只能独立适用，不能附加适用，即一个罪行对应一个主刑。

对于数罪并罚的案件，可以在判决中同时适用两个或两个以上的主刑。数罪并罚的前提是犯罪人犯有数个独立的罪行，每个罪行都有其独立的主刑，这并不违反"主刑只能独立适用"的原则。

（2）附加刑。附加刑包括罚金、剥夺政治权利、没收财产和驱逐出境四种。

1）罚金：强制犯罪人向国家缴纳一定数额金钱的刑罚方法。

2）剥夺政治权利：剥夺犯罪人参加国家管理和政治活动权利的刑罚方法。

3）没收财产：将犯罪人所有财产的一部分或者全部强制无偿地收归国有的刑罚方法。

4）驱逐出境：是指强迫犯罪的外国人离开中国国（边）境的刑罚方法。

案例应用1-7

➤案例简介

被告人王某（××县××镇个体建筑工匠）在没有资质承建工业厂房的情况下，超越承建范围，与某搪瓷制品有限公司法定代表人李某签订协议，承建该公司的球磨车间。在施工过程中，被告人王某违反规章制度，没有按照规定要求的施工图施工，且没有采取有效的安全防范措施，冒险作业，留下事故隐患。施工人员砌筑完球磨车间西墙后，在墙身顶部浇筑天沟时，墙身全部采用五斗一盖砌筑，且中间没有立柱或砖墩加固，天沟模板没有落地支撑，致使墙身失稳倒塌，造成高某被墙体压住而死亡、沈某等3人轻伤、韩某轻微伤的重大伤亡事故。

县人民法院审理认为，被告人王某在无建筑资质的情况下承建工业厂房，超越承建范围，且在施工过程中违章作业，造成一起1人死亡4人受伤的重大伤亡事故，其行为已构成重大责任事故罪。法院同时考虑到被告人王某在案发后认罪态度较好，且已对各受害人的经济损失作出了赔偿，确有悔罪表现等情节，依法作出如下判决：被告人王某犯重大责任事故罪，判处有期徒刑1年，缓刑1年。

➤案例评析

《刑法》第一百三十四条规定，在生产、作业中违反有关安全管理的规定，因而发生重大伤亡事故或者造成其他严重后果的，处三年以下有期徒刑或者拘役；情节特别恶劣的，处三年以上七年以下有期徒刑。强令他人违章冒险作业，或者明知存在重大事故隐患而不排除，仍冒险组织作业，因而发生重大伤亡事故或者造成其他严重后果的，处五年以下有期徒刑或者拘役；情节特别恶劣的，处五年以上有期徒刑。

重大责任事故罪的成立以行为人在生产、作业过程中违反规章制度或者强令工人违章冒险作业，发生了"重大伤亡事故"或者造成了"其他严重后果"为必备条件。在本案例中，被告人王某在无建筑资质的情况下承建工业厂房，超越承建范围，且在施工过程中违章作业，造成一起1人死亡4人受伤的重大伤亡事故，其行为已构成重大责任事故罪，依法应受到刑事追究。同时，本案例也警示人们，在农村个人建房及个体工商业主建厂房时，无资质、超越承建范围、违章施工建房的现象仍时有发生，应当杜绝和远离无资质建房，避免因一时贪图小利造成无可挽回的损失。同时，有关部门要重视安全生产，加大对这方面的管理力度，从源头上遏制这类事故的发生。

小结

建设工程法律体系广泛涉及多个法律法规和规章制度，这些法规对建设工程的各个方面进行了详细规定，如质量管理、安全生产、勘察设计管理、施工许可、工程监理等。它明确了建设工程的定义、范围、主体、程序和管理等方面的规定。这些法律旨在规范建设工程活动，确保工程质量和安全，并保护各方主体的合法权益。

建设工程基本法律制度涵盖了法人制度、代理制度、物权制度与债权制度、知识产权制度、担保与保险制度等多个方面。这些制度相互补充、相互支持，共同构成了建设工程活动的法律框架，是确保建设工程活动有序、高效进行的重要基石。建设工程法律体系和法律制度在维护市场秩序、保障工程质量与安全、保护各方权益等方面发挥着重要的作用。它详细规定了建设行为的标准和要求，明确了违法行为的处罚措施，为建设工程活动的顺利开展提供了有力保障。

巩固训练

一、单项选择题

1. 根据法的效力等级，《建设工程质量管理条例》属于（   ）。
   A. 法律   B. 部门规章   C. 行政法规   D. 单行条例

2. 下列关于法的形式说法，正确的是（   ）。
   A. 宪法由全国人民代表大会常务委员会制定或修改
   B. 地方性法规的效力高于行政法规
   C. 地方政府规章的效力低于同级地方性法规
   D. 部门规章的效力高于地方性法规

3. 下列主体中属于法人的是（   ）。
   A. 某施工企业项目部   B. 某施工企业分公司
   C. 某大学建筑学院   D. 某乡人民政府

4. 物权变更自登记时发生法律效力的是（   ）。
   A. 船舶所有权   B. 土地抵押权
   C. 机动车所有权   D. 地役权

5. 某施工企业的项目经理李某在工程施工过程中订立材料采购合同，承担该合同付款责任的是（   ）。
   A. 李某   B. 施工企业
   C. 李某所属施工企业项目经理部   D. 施工企业法定代表人

6. 关于建设工程代理行为的终止，下列说法正确的是（   ）。
   A. 建设工程代理行为中，委托人不能单方解除合同，必须取得对方同意
   B. 在建设工程活动中，任何一方的法人终止，代理关系均随之终止
   C. 委托代理中，被代理人有权单方取消委托，但代理人不能单方辞去委托
   D. 法律规定委托代理当事人任何一方取消委托代理时，必须对方同意为前提，并已通知对方时，代理权即行消灭

7. 根据《民法典》，下列关于代理的说法中正确的是（   ）。
   A. 代理人在授权范围内实施代理行为的法律后果由被代理人承担
   B. 代理人可以超越代理权实施代理行为
   C. 被代理人对代理人的一切行为承担民事责任
   D. 代理是代理人以自己的名义实施民事法律行为

8. 下列事项中属于专利权保护对象的是（   ）。
   A. 施工企业的名称标志   B. 施工企业编制的投标文件
   C. 施工企业编制的施工方案   D. 施工企业发明的新技术

9. 下列知识产权保护期说法错误的是（   ）。
   A. 发明专利保护期为提出申请后 20 年
   B. 注册商标保护期为核准后 10 年

C. 著作权保护期为作品发表后 50 年

D. 计算机软件归属于法人的，保护期为首次发表后 50 年

10. 建筑物倒塌造成他人损害的，由（　　）承担连带责任。

A. 所有人和建设单位　　　　　　　　　B. 使用人和建设单位

C. 建设单位和施工企业　　　　　　　　D. 管理人和施工企业

11. 某企业以可以依法转让的股份作为担保向某银行贷款，确保按期还贷。此担保方式属于（　　）担保。

A. 保证　　　　　　B. 质押　　　　　　C. 抵押　　　　　　D. 留置

12. 甲建设单位与乙设计单位签订设计合同，约定设计费用 200 万元，甲按约定向乙支付了定金 50 万元。如果乙在规定时期内不履行设计合同，应该返还（　　）万元给甲。

A. 50　　　　　　　B. 80　　　　　　　C. 90　　　　　　　D. 100

13. 下列关于抵押的说法，正确的是（　　）。

A. 当事人可以在抵押合同中约定抵押担保的范围

B. 抵押人没有义务妥善保管抵押物并保证其价值不变

C. 转让抵押物的价款只需高于担保债权即可

D. 抵押权可以与其担保的债权分离而单独转让

14. 下列责任种类中，属于行政处罚的是（　　）。

A. 管制　　　　　　B. 赔偿损失　　　　C. 返还财产　　　　D. 罚款

15. 施工企业发生的下列事故中，可构成工程重大安全事故罪的是（　　）。

A. 劳务作业人员王某在施工中不慎从楼上坠亡

B. 施工企业对裸露地面的钢筋未采取防护和警示措施，造成路人李某摔成重伤

C. 施工企业工程施工质量不符合标准，造成建筑倒塌，砸死砸伤多人

D. 劳务作业人员张某在工地食堂下毒，致使劳务作业人员集中中毒

二、多项选择题

1. 下列关于工程建设中债的说法中正确的有（　　）。

A. 监理单位要求存在重大安全隐患的工程暂停施工构成侵权之债

B. 投标人给招标人巨额贿赂骗取中标构成不当得利之债

C. 劳务人员按照规定维修施工工具构成无因管理之债

D. 施工中的建筑物上坠落的砖块造成他人损害构成侵权之债

E. 施工企业向设备商租赁起重机械构成合同之债

2. 下列关于知识产权法律特征的说法中正确的有（　　）。

A. 具有财产权和人身权双重属性　　　　B. 效力不受地域限制

C. 仅在法律规定的期限内受到法律保护　D. 不存在排他性

E. 是权利人对其创造的智力成果依法享有的权利

3. 下列责任中属于行政处罚的有（　　）。

A. 罚金　　　　　　　　　　　　　　　B. 责令停产停业

C. 暂扣或者吊销执照　　　　　　　　　D. 行政拘留

E. 赔偿损失

4. 下列关于项目经理部及其行为法律后果的说法中正确的有（　　　）。

    A. 其行为的法律后果由项目经理承担

    B. 不具备法人资格

    C. 是施工企业为完成某项工程建设任务而设立的组织

    D. 其行为的法律后果由项目经理部承担

    E. 其行为的法律后果由企业法人承担

5. 下列属于代理的法律特征的有（　　　）。

    A. 代理人实施代理行为时不具有独立进行意思表示的权利

    B. 代理人一般应当以被代理人的名义实施代理行为

    C. 代理行为可以是法律行为，也可以是事实行为

    D. 代理行为的法律后果归属于被代理人承担

    E. 代理人必须在代理权限范围内实施代理行为

三、简答题

1. 什么是建设法律？简述建设法律、行政法规和相关法律的关系。

2. 什么是建设工程法人制度？法人应当具备什么条件？

3. 代理的法律特征是什么？简述代理人和被代理人的权利、义务及法律责任。

4. 物权的种类有哪些？建设工程债的发生根据包括哪些？

5. 建设工程知识产权的常见种类有哪些？简述建设工程知识产权侵权的法律责任。

6. 建设工程保证担保的方式是什么？简述抵押权、质权、留置权的相关规定。

7. 什么是建设工程法律责任？法律责任的基本特征有哪些？

四、案例分析题

案例简介

    某建筑公司与市政府签订了一份城市基础设施建设合同，约定由某建筑公司负责某条道路工程的建设。合同中明确了工程的质量标准、工期、付款方式等。然而，在施工过程中，某建筑公司管理不善，导致工程进度严重滞后，且存在严重的质量问题。

    市政府多次要求整改，但某建筑公司一直未能采取有效措施解决问题。最终，市政府决定终止合同，并要求某建筑公司承担违约责任。同时，市政府还将此事上报给了省级住房城乡建设主管部门，请求对该公司进行行政处罚。

问题

案例评析

    请结合所学知识对本案例中某建筑公司所涉及的法律责任进行分析。

工作手册2 施工许可法律制度

中国建筑工程
装饰奖

国家速滑馆项目

🎯 学习目标

通过学习，掌握建设项目施工许可证制度，并按照相关要求开展项目管理活动；熟悉企业资质的法定条件和等级，理解企业资质管理的相关规定和要求；熟悉建设工程专业技术人员的执业资格准入管理制度，建造师考试及相关执业管理制度。

🎯 学习要求

职业能力目标	知识要点	权重
开展建设工程项目施工许可管理工作	施工许可证和开工报告的适用范围与申请主体及批准条件；建设项目延期的许可管理制度	20%
依照法律法规要求进行企业资质管理	企业资质的法定条件和等级；禁止无资质或超越资质承揽工程的规定；禁止企业借资质承揽工程的管理	50%
建造师按照相关法律法规要求执业	建设工程专业技术人员执业资格准入制度、建造师考试、执业范围、基本权利和义务的相关规定	30%

🎯 案例导入

案例评析

▶案例简介

某县行政审批局收到县综合行政执法局的函：其辖区内某建设项目工程投资额 120 万元，建筑面积约为 350 m²，某有限公司为建设单位，在工程建设过程中涉嫌未领取施工许可证违法建设。县综合行政执法局拟对该公司立案查处，在行政处罚尚未结束前，建议暂停办理相关建设许可手续。

▶问题

该有限公司的行为是否违法？应当受到何种处罚？

2.1　建设工程施工许可制度

2.1.1　施工许可证和开工报告的适用范围

建筑工程开工建设实行行政施工许可审批制度，以建设工程施工许可或开工报告制度的形式实现。

建设工程施工许可制度是有关行政部门对建设工程进行有效管理的方式，其内涵是由国家授权的有关行政主管部门，在建设工程开工之前对其是否符合法定的开工条件进行审核，对符合条件的建设工程允许其开工建设的法定制度。

1. 建设工程施工许可证制度的意义

（1）有利于有关行政职能部门加强对建筑活动的监督管理。建设工程施工是社会生产活动的重要部分，相关行政职能部门应该对其加强管理，保证建设活动符合相关法律、法规的要求，便于了解和掌握所辖范围内有关建设工程的数量、规模及施工队伍等基本情况，建设工程施工许可证制度是对其进行有效管理的重要手段。

（2）有利于维护建筑市场秩序。建设工程施工涉及项目相关各方的工程项目管理活动，通过建设工程施工许可证制度，可以使项目有关各方按照相关要求开展相应工作，协调各方管理工作步骤，从而较好地维护建筑市场秩序。

（3）有利于保证建筑工程的质量和安全。建设工程施工许可证制度可以保证建设工程符合工程开工所需的必要条件，保证建设工程的质量安全，避免建设工程盲目开工而给建设方、施工方或第三方造成损失或导致国家财产的浪费，使建设工程在开工后能够顺利实施。

《建筑工程施工许可管理办法》

建筑工程施工许可证由国务院住房城乡建设主管部门制定格式，由各省、自治区、直辖市人民政府住房城乡建设主管部门统一印制。施工许可证可分为正本和副本。正本和副本具有同等法律效力。复印的施工许可证无效。

2. 建设工程施工许可的范围

依据《建筑法》第七条的规定，建筑工程开工前，建设单位应当按照国家有关规定向工程所在地县级以上人民政府住房城乡建设主管部门申请领取施工许可证。

依据《建筑工程施工许可管理办法》第二条的规定，在中华人民共和国境内从事各类房屋建筑及其附属设施的建造、装修装饰和与其配套的线路、管道、设备的安装，以及城镇市政基础设施工程的施工，建设单位在开工前应当依照本办法的规定，向工程所在地的县级以上地方人民政府住房城乡建设主管部门（以下简称"发证机关"）申请领取施工许可证。

《建筑法》

3. 不需办理施工许可证的建设工程

（1）按照国务院规定的权限和程序批准开工报告的建筑工程，不再领取施工许可证。

（2）限额以下的小型工程。根据《建筑法》的规定，国务院住房城乡建设主管部门确定的限额以下的小型工程，可以不申请办理施工许可证。依据《建筑工程施工许可管理办法》第二条的规定，工程投资额在 30 万元以下或者建筑面积在 300 m² 以下的建筑工程，可以不申请办理施工许可证。省、自治区、直辖市人民政府住房城乡建设主管部门可以根据当地的实际情况，对限额进行调整，并报国务院住房城乡建设主管部门备案。

（3）抢险救灾工程。根据《建筑法》的规定，抢险救灾及其他临时性房屋建筑和农民自建低层住宅的建筑活动，不适用本法。

4. 不重复办理施工许可证的建设工程

根据《建筑法》规定，按照国务院规定的权限和程序批准开工报告的建筑工程，不再领取施工许可证。此规定为规避同一建设工程的开工由不同行政主管部门重复审批而出现管理混乱。这有两层含义：一是实行开工报告批准制度的建设工程，必须符合国务院的规定，其他任何部门的规定无效；二是开工报告与施工许可证不要重复办理。

💡**重要提示**

国务院规定的开工报告制度，不同于建设监理中的开工报告。《建筑法》第七条、第十一条中的开工报告是指建设单位按照程序和要求住房城乡向建设管理职能部门申请的建筑工程施工开工报告，其与施工单位向建设监理单位申请的开工报告不同。前者具有行政管理的性质，即"民对公"——建设单位向行政管理单位报告；后者是根据《建设工程监理规范》（GB/T 50319—2013）的规定，"民对民"——施工单位向建设监理单位报告，属于非行政性质的管理形式。

承包商即施工单位在工程开工前应按照合同的约定向监理工程师提交开工报告，经总监理工程师审定通过后，即可开工。

---

5. 另行规定的建设工程

军队房屋建筑工程具有自身属性的特殊性。根据《建筑法》的规定，军用房屋建筑工程建筑活动的具体管理办法，由国务院、中央军事委员会依据本法制定。据此，军用房屋建筑工程是否实行施工许可，由国务院、中央军事委员会另行规定。

2.1.2　申请主体、法定批准条件和申请程序

1. 建设工程施工许可证的申请主体

根据《建筑法》第七条规定，建筑工程开工前，建设单位应当按照国家有关规定向工程所在地县级以上人民政府住房城乡建设主管部门申请领取施工许可证。据此可知建设单位是建设工程施工许可证的申请主体。建设单位（又称业主或项目法人）是建设项目的投资者，如果建设项目是政府投资，则建设单位为该建设项目的管理单位或使用单位，其为施工单位进场和开工做好各项前期准备工作。

2. 建设工程施工许可证的法定批准条件

《建筑法》第八条对建设工程施工许可证的法定批准条件作出了明确的规定，主要包括以下内容。

（1）已经办理该建筑工程用地批准手续。

（2）依法应当办理建设工程规划许可证的，已经取得建设工程规划许可证。

（3）需要拆迁的，其拆迁进度符合施工要求。

（4）已经确定建筑施工企业。

（5）有满足施工需要的资金安排、施工图纸及技术资料。

（6）有保证工程质量和安全的具体措施。

住房城乡建设主管部门应当自收到申请之日起七日内，对符合条件的申请颁发施工许可证。

3. 建设工程施工许可证的申请程序

建设工程施工许可证的申请必须按照一定程序进行申请，保证许可证申请符合要求。建设单位在自查符合许可证申领条件的情况下，按照以下程序进行申请。

（1）建设单位向发证机关领取《建筑工程施工许可证申请表》。

（2）建设单位持加盖单位及法定代表人印鉴的《建筑工程施工许可证申请表》，并附符合申领条件的相关证明文件，向发证机关提出申请。

（3）发证机关在收到建设单位报送的《建筑工程施工许可证申请表》和所附证明文件后，对于符合条件的，应当自收到申请之日起七日内颁发施工许可证；对于证明文件不齐全或者失效的，应当当场或者五日内一次告知建设单位需要补正的全部内容，审批时间可以自证明文件补正齐全后作相应顺延；对于不符合条件的，应当自收到申请之日起七日内书面通知建设单位，并说明理由。

建设工程施工许可证所载明的工程名称、地点、规模等具体内容，应符合依法签订的施工承包合同中相应条款所约定的内容，且不能伪造和涂改。施工许可证应当放置在施工现场备查，并按规定在施工现场公开。

 知识链接

《建筑工程施工许可管理办法》第四条规定，建设单位申请领取施工许可证，应当具备下列条件并提交相应的证明文件。

（1）依法应当办理用地批准手续的，已经办理该建筑工程用地批准手续。

（2）依法应当办理建设工程规划许可证的，已经取得建设工程规划许可证。

（3）施工场地已经基本具备施工条件，需要征收房屋的，其进度符合施工要求。

（4）已经确定施工企业。按照规定应当招标的工程没有招标，应当公开招标的工程没有公开招标，或者肢解发包工程，以及将工程发包给不具备相应资质条件的企业的，所确定的施工企业无效。

（5）有满足施工需要的资金安排、施工图纸及技术资料，建设单位应当提供建设资金已经落实承诺书，施工图设计文件已按规定审查合格。

（6）有保证工程质量和安全的具体措施。施工企业编制的施工组织设计中有根据建筑工程特点制定的相应质量、安全技术措施。建立工程质量安全责任制并落实到人。专业性较强的工程项目编制了专项质量、安全施工组织设计并按照规定办理了工程质量、安全监督手续。

县级以上地方人民政府住房城乡建设主管部门不得违反法律法规规定，增设办理施工许可证的其他条件。

2.1.3　延期开工、核验和重新办理批准的规定

1. 建设工程延期开工的规定

根据《建筑法》第九条规定，建设单位应当自领取施工许可证之日起三个月内开工。因故不能按期开工的，应当向发证机关申请延期；延期以两次为限，每次不超过三个月。既不开工又不申请延期或者超过延期时限的，施工许可证自行废止。

2. 建设工程施工许可证核验的规定

在建的建筑工程因故中止施工的，建设单位应当自中止施工之日起一个月内向发证机关报告，报告内容包括中止施工的时间、原因、在施部位、维修管理措施等，并按照规定做好建筑工程的维护管理工作。建设工程中止施工的原因很复杂，如地震、洪水或战争等不可抗力，以及宏观调控压缩基建规模、停建缓建建设工程等，在建设工程中止施工过程中，建设单位除应及时按照规定的时限向发证机关报告外，还应该做好建设工程的维护管理工作，避免建设工程在中止施工期间遭受不必要的损失，也可为快速恢复施工提供保障。

建筑工程恢复施工时，应当向发证机关报告；中止施工满一年的工程恢复施工前，建设单位应当报发证机关核验施工许可证。经发证机关核验满足恢复施工条件的，可允许继续施工，施工许可证继续有效，若经核验建设工程不符合恢复施工条件，应当收回其施工许可证，不允许恢复施工，待条件具备后，由建设单位重新申领施工许可证。

3. 建设工程施工许可证重新办理批准的规定

根据《建筑法》规定，按照国务院有关规定批准开工报告的建筑工程，因故不能按期开工或中止施工的，应当及时向批准机关报告情况。因故不能按期开工超过六个月的，应当重新办理开工报告的批准手续。

《建设工程质量
管理条例》

2.1.4　违法行为应承担的法律责任

建设工程施工许可制度的违约行为主要包括未经许可擅自开工、规避办理施工许可证和骗取和伪造施工许可证等，按照《建筑法》《建设工程质量管理条例》《建筑工程施工许可管理办法》等的规定承担相应责任。

1. 未经许可擅自开工应承担的法律责任

《建筑法》第六十四条规定，未取得施工许可证或者开工报告未经批准擅自施工的，责令改正，对不符合开工条件的责令停止施工，可以处以罚款。此条款中规定可以处以罚款，但是对款项的金额并没有作出具体规定，在实践过程中可以参考《建设工程质量管理条例》第五十七条规定执行，即建设单位未取得施工许可证或者开工报告未经批准，擅自施工的，责令停止施工，限期改正，处工程合同价款1%以上2%以下的罚款。《建筑工程施工许可管理办法》第十二条说明处罚是由具有管辖权的施工许可证的发证机关作出。

2. 规避办理施工许可证应承担的法律责任

《建筑工程施工许可管理办法》第十二条规定，对于未取得施工许可证或者为规避办理施工许可证将工程项目分解后擅自施工的，由有管辖权的发证机关责令停止施工，限期改正，对建设单位处工程合同价款1%以上2%以下罚款；对施工单位处3万元以下罚款。

3. 骗取和伪造施工许可证应承担的法律责任

《建筑工程施工许可管理办法》第十三条规定，建设单位采用欺骗、贿赂等不正当手段取

得施工许可证的，由原发证机关撤销施工许可证，责令停止施工，并处 1 万元以上 3 万元以下罚款；构成犯罪的，依法追究刑事责任；第十四条规定，建设单位隐瞒有关情况或者提供虚假材料申请施工许可证的，发证机关不予受理或者不予许可，并处 1 万元以上 3 万元以下罚款；构成犯罪的，依法追究刑事责任。建设单位伪造或者涂改施工许可证的，由发证机关责令停止施工，并处 1 万元以上 3 万元以下罚款；构成犯罪的，依法追究刑事责任。

《建筑工程施工许可管理办法》第十五条规定，在对相关单位进行相应处罚时，对单位直接负责的主管人员和其他直接责任人员处单位罚款数额 5% 以上 10% 以下罚款。单位及相关责任人受到处罚的，作为不良行为记录予以通报。法律法规在对单位进行处罚的同时对相关责任人进行处罚，有利于规范相关人员在施工许可制度实施过程中的行为，提升责任人的工作质量。

🎯 案例应用2-1

➤案例简介

某镇为改善当地的经济环境，大力发展西红柿产业。在镇政府的倡导下，某西红柿深加工厂决定投资 1 200 万元建设西红柿深加工生产分厂，计划用地 35 亩，用于西红柿的储存和加工。经镇政府土地管理科批准，颁发了《建设工程用地许可证》和《建设工程规划类许可证》。在工程建设过程中，该镇所属县建设局在巡视过程中发现了此项违规建设，责令立即停工并限期拆除非法建筑，返还农业用地。

➤问题

在该项目建设中，西红柿加工厂有何过错，该如何处理？

➤案例评析

《建筑法》第七条规定，建筑工程开工前，建设单位应当按照国家有关规定向工程所在地县级以上人民政府住房城乡建设主管部门申请领取施工许可证。该加工厂未取得施工许可证，却擅自开工建设厂房和蔬菜储存库，属于违反施工许可法律规定的行为。《建筑法》第六十四条规定，违反本法规定，未取得施工许可证或者开工报告未经批准擅自施工的，责令改正，对不符合开工条件的责令停止施工，可以处以罚款。《建设工程质量管理条例》第五十七条规定，违反本条例规定，建设单位未取得施工许可证或者开工报告未经批准，擅自施工的，责令停止施工，限期改正，处工程合同价款 1% 以上 2% 以下的罚款。据此，县建设局应当责令其停工并限期拆除非法建筑、返还农业用地，还可以根据具体情况处以工程合同价款 1% 以上 2% 以下的罚款。

镇政府土地管理科颁发《建设工程用地许可证》和《建设工程规划类许可证》是属于越权行为，应当依据《城乡规划法》对有关机构和责任人作出相应的处罚。

2.2　施工企业从业资格制度

2.2.1　企业资质的法定条件和等级

1. 从事建筑工程活动的资格管理

建筑工程的种类较多，其建设规模、建设标准和技术要求等方面的情况也较复杂。从事建筑设计、勘察、施工及监理等活动相关企业的自身情况不尽相同。为使建筑工程情况与相应企业水平相适应，保证工程项目优质、安全进行，将建筑工程相关企业按照经济条件、技术条件等划分等级，并在其等级范围内承接建筑工程项目。

《建筑法》第十三条规定，从事建筑活动的建筑施工企业、勘察单位、设计单位和工程监理单位，按照其拥有的注册资本、专业技术人员、技术装备和已完成的建筑工程业绩等资质条件，划分为不同的资质等级，经资质审查合格，取得相应等级的资质证书后，方可在其资质等级许可的范围内从事建筑活动。从事建筑活动的企业在其资质等级范围内承揽工程，是实现工程项目建设目标控制的重要手段之一。

在涉及国家、人民生命财产安全的重点专业技术领域，为保证工作质量，实行专业技术人员职业资格制度，包括注册建筑师、注册结构工程师、注册监理工程师、注册工程造价师和注册建造师等，并对其工作成果负责。

2. 建筑工程活动从业者

建筑工程活动从业者包括两层含义，一是以组织形式存在的建筑工程活动的经济组织，如建筑施工企业、勘察单位、设计单位和工程监理单位等；二是以个人形式的相关从业人员，如通过国家任职资格考试、考核，由建设行政主管部门注册并颁发资格证书的注册建筑师、注册结构工程师、注册监理工程师、注册工程造价师、注册建造师，以及法律、法规规定的其他人员。

（1）建筑工程活动从业经济组织。

1）资质条件。《建筑法》第十二条规定，从事建筑活动的建筑施工企业、勘察单位、设计单位和工程监理单位，应当具备下列条件。

①符合国家规定的注册资本。

②与其从事的建筑活动相适应的具有法定执业资格的专业技术人员。

③有从事相关建筑活动所应有的技术装备。

④法律、行政法规规定的其他条件。

《建筑业企业资质管理规定》对企业的资质条件作出了进一步的规定。

①有符合规定的企业净资产。企业净资产是指企业的资产总额减去负债以后的净额。净资产是属于企业所有并可以自由支配的资产。此处企业资产是指企业拥有或控制的能以货币计量的经济资源，包括各种财产、债权和其他权利。按照权利与义务相一致、利益与风险相一致原则，要求企业具有一定可支配的资产，具备基本承担责任的能力。

②有符合规定的主要人员。工程建设活动通常专业性、技术性比较强，有的项目安全风险

《建筑业企业资质
管理规定》

比较大。因此，建筑业企业应当拥有注册建造师及其他注册人员、工程技术人员、施工现场管理人员和技术工人，从组织措施方面保证其能胜任相应的工程项目建设任务。

③有符合规定的已完成工程业绩。工程业绩是企业具备承担相应工程项目建设任务在技术经验、管理水平等方面的体现。

④有符合规定的技术装备。施工单位必须使用与其从事施工活动相适应的技术装备，这是保证施工企业能全面履行合同义务的必要条件。但是，许多大中型机械设备都可以采用租赁或融资租赁的方式取得，因此，《建筑业企业资质管理规定》中对施工企业的技术装备条件并没有作出详细要求。

2）施工企业资质分类和等级。建筑施工企业资质可分为以下几个序列和级别。

①施工总承包（含特级、一级、二级、三级）。

②专业承包（含一级、二级、三级）。

③劳务分包（不分类别与等级）。

建筑工程施工总承包一级、二级、三级的资质标准见表2-1。

表 2-1　建筑工程施工总承包一级、二级、三级的资质标准

标准项目＼资质级别	企业资产	企业主要人员	企业工程业绩	承接业务范围
一级资质	净资产1亿元以上	（1）建筑工程、机电工程专业一级注册建造师合计不少于12人，其中建筑工程专业一级注册建造师不少于9人。 （2）技术负责人具有10年以上从事工程施工技术管理工作经历，且具有结构专业高级职称；建筑工程相关专业中级以上职称人员不少于30人，且结构、给水排水、暖通、电气等专业齐全。 （3）持有岗位证书的施工现场管理人员不少于50人，且施工员、质量员、安全员、机械员、造价员、劳务员等人员齐全。 （4）经考核或培训合格的中级工以上技术工人不少于150人	近5年承担过下列4类中的2类工程的施工总承包或主体工程承包，工程质量合格。 （1）地上25层以上的民用建筑工程1项或地上18～24层的民用建筑工程两项。 （2）高度100 m以上的构筑物工程1项或高度80～100 m（不含）的构筑物工程两项。 （3）建筑面积3万 m^2 以上的单体工业、民用建筑工程1项或建筑面积2万～3万 m^2（不含）的单体工业、民用建筑工程两项。 （4）钢筋混凝土结构单跨30 m以上（或钢结构单跨36 m以上）的建筑工程1项或钢筋混凝土结构单跨27～30 m（不含）［或钢结构单跨30～36 m（不含）］的建筑工程两项	可承担单项合同额3 000万元以上的下列建筑工程的施工： （1）高度200 m以下的工业、民用建筑工程。 （2）高度240 m以下的构筑物工程

续表

资质级别　标准项目	企业资产	企业主要人员	企业工程业绩	承接业务范围
二级资质	净资产 4 000 万元以上	（1）建筑工程、机电工程专业注册建造师合计不少于 12 人，其中建筑工程专业注册建造师不少于 9 人。 （2）技术负责人具有 8 年以上从事工程施工技术管理工作经历，且具有结构专业高级职称或建筑工程专业一级注册建造师执业资格；建筑工程相关专业中级以上职称人员不少于 15 人，且结构、给水排水、暖通、电气等专业齐全。 （3）持有岗位证书的施工现场管理人员不少于 30 人，且施工员、质量员、安全员、机械员、造价员、劳务员等人员齐全。 （4）经考核或培训合格的中级工以上技术工人不少于 75 人	近 5 年承担过下列 4 类中的 2 类工程的施工总承包或主体工程承包，工程质量合格。 （1）地上 12 层以上的民用建筑工程 1 项或地上 8～11 层的民用建筑工程两项。 （2）高度 50 m 以上的构筑物工程 1 项或高度 35～50 m（不含）的构筑物工程两项。 （3）建筑面积 1 万 m² 以上的单体工业、民用建筑工程 1 项或建筑面积 0.6 万～1 万 m²（不含）的单体工业、民用建筑工程两项。 （4）钢筋混凝土结构单跨 21 m 以上（或钢结构单跨 24 m 以上）的建筑工程 1 项或钢筋混凝土结构单跨 18～21 m（不含）［或钢结构单跨 21～24 m（不含）］的建筑工程两项	可承担下列建筑工程的施工： （1）高度 100 m 以下的工业、民用建筑工程。 （2）高度 120 m 以下的构筑物工程。 （3）建筑面积 4 万 m² 以下的单体工业、民用建筑工程。 （4）单跨跨度 39 m 以下的建筑工程
三级资质	净资产 800 万元以上	（1）建筑工程、机电工程专业注册建造师合计不少于 5 人，其中建筑工程专业注册建造师不少于 4 人。 （2）技术负责人具有 5 年以上从事工程施工技术管理工作经历，且具有结构专业中级以上职称或建筑工程专业注册建造师执业资格；建筑工程相关专业中级以上职称人员不少于 6 人，且结构、给水排水、电气等专业齐全。 （3）持有岗位证书的施工现场管理人员不少于 15 人，且施工员、质量员、安全员、机械员、造价员、劳务员等人员齐全。 （4）经考核或培训合格的中级工以上技术工人不少于 30 人。 （5）技术负责人（或注册建造师）主持完成过本类别资质二级以上标准要求的工程业绩不少于 2 项	—	可承担下列建筑工程的施工： （1）高度 50 m 以下的工业、民用建筑工程。 （2）高度 70 m 以下的构筑物工程。 （3）建筑面积 1.2 万 m² 以下的单体工业、民用建筑工程。 （4）单跨跨度 27 m 以下的建筑工程

（2）从事建筑活动的专业技术人员。从事建筑活动的专业技术人员，应当依法取得相应的执业资格证书并在执业资格证书许可的范围内从事建筑活动。

2.2.2 禁止无资质或越级承揽工程的规定

施工单位的资质等级，是施工单位资金数量、人员素质、工程业绩、技术装备、管理水平等综合能力的体现，能较好地反映施工单位从事某项施工活动的资格和能力。因此，将施工单位的资质等级与其所从事、承揽的业务相对应，是国家对建筑市场准入管理的重要方式。

1. 禁止无资质承揽工程的规定

《建筑法》规定，承包建筑工程的单位应当持有依法取得的资质证书，并在其资质等级许可的业务范围内承揽工程。禁止总承包单位将工程分包给不具备相应资质条件的单位。

《建筑业企业资质管理规定》规定，企业应当按照其拥有的资产、主要人员、已完成的工程业绩和技术装备等条件申请建筑业企业资质，经审查合格，取得建筑业企业资质证书后，方可在资质许可的范围内从事建筑施工活动。

《房屋建筑和市政基础设施工程施工分包管理办法》

《建设工程安全生产管理条例》中进一步规定，施工单位从事建设工程的新建、扩建、改建和拆除等活动，应当具备国家规定的注册资本、专业技术人员、技术装备和安全生产等条件，依法取得相应等级的资质证书，并在其资质等级许可的范围内承揽工程。

《房屋建筑和市政基础设施工程施工分包管理办法》规定，分包工程承包人必须具有相应的资质，并在其资质等级许可的范围内承揽业务。严禁个人承揽分包工程业务。值得强调的是，无资质承包主体签订的专业分包合同或者劳务分包合同都是无效合同。工程项目的发包人和承包人均应按照相关要求开展工程建设活动，避免法律纠纷风险。但是，当作为无资质的"实际施工人"的利益受到侵害时，其可以向合同相对方（转包方或违法分包方）主张权利，甚至可以向建设工程项目的发包方主张权利。

《建设工程安全生产管理条例》

2. 禁止越级承揽工程的规定

施工单位必须在其资质允许范围内承揽业务，禁止超越资质等级承揽工程。

《建筑法》规定，承包建筑工程的单位应当持有依法取得的资质证书，并在其资质等级许可的业务范围内承揽工程。禁止建筑施工企业超越本企业资质等级许可的业务范围承揽工程。这表明施工单位首先应取得相应的资质证书，然后在资质等级许可的业务范围承揽相应的工程，超越资质等级承揽工程是属于违法行为。

在工程业务承揽中，联合体承包是一种常见的工程项目承揽形式。《建筑法》第十七条规定，对于大型建筑工程或者结构复杂的建筑工程，可以由两个以上的承包单位联合共同承包。说明法律允许联合体承包形式，因为这样能优势互补，增加中标机会并可降低承包风险。但是，为避免施工单位通过联合体承包之名行"资质挂靠"之实，《建筑法》也规定对于联合体的资质按照资质等级低的单位的业务许可范围承揽工程。

2.2.3 禁止以他企业或他企业以本企业名义承揽工程的规定

根据《建筑法》规定，禁止建筑施工企业以任何形式用其他建筑施工企业的名义承揽工程。禁止建筑施工企业以任何形式允许其他单位或者个人使用本企业的资质证书、营业执照，以本企业的名义承揽工程。因此，在建筑工程市场活动中，将自身资质出借给其他企业承揽工程业务，或者借用其他企业的资质承揽工程业务均是违法行为。《建设工程质量管理条例》也规定，禁止施工单位超越本单位资质等级许可的业务范围或者以其他施工单位的名义承揽工程。禁止施工单位允许其他单位或者个人以本单位的名义承揽工程。

在工程实践中，分包工程禁止以他企业或他企业以本企业名义承揽工程重点关注领域，因为工程分包活动通常由总包单位或者建设单位实施，且通常在关注度较高的项目施工总承包招投标完成后，具有一定的"隐蔽性"。《房屋建筑和市政基础设施工程施工分包管理办法》作出更具体的规定，分包工程发包人没有将其承包的工程进行分包，在施工现场所设项目管理机构的项目负责人、技术负责人、项目核算负责人、质量管理人员、安全管理人员不是工程承包人本单位人员的，视同允许他人以本企业名义承揽工程。

2.2.4　违法行为应承担的法律责任

施工企业在资质申请、应用等方面的资质违法行为应承担的主要法律责任如下。

1. 企业申请办理资质违法行为应承担的法律责任

《建筑法》第六十五条规定，以欺骗手段取得资质证书的，吊销资质证书，处以罚款；构成犯罪的，依法追究刑事责任。

《建筑业企业资质管理规定》规定，申请企业隐瞒有关真实情况或者提供虚假材料申请建筑业企业资质的，资质许可机关不予许可，并给予警告，申请企业在 1 年内不得再次申请建筑业企业资质。企业以欺骗、贿赂等不正当手段取得建筑业企业资质的，由原资质许可机关予以撤销；由县级以上地方人民政府住房城乡建设主管部门或者其他有关部门给予警告，并处 3 万元的罚款；申请企业 3 年内不得再次申请建筑业企业资质。

企业未按照本规定及时办理建筑业企业资质证书变更手续的，由县级以上地方人民政府住房城乡建设主管部门责令限期办理；逾期不办理的，可处 1 000 元以上 1 万元以下罚款。

根据《建设工程质量管理条例》第六十条规定，施工单位以欺骗手段取得资质证书承揽工程的，吊销资质证书，责令停止违法行为，处工程合同价款 2% 以上 4% 以下的罚款，可以责令停业整顿，降低资质等级；情节严重的，吊销资质证书；有违法所得的，予以没收。

2. 无资质承揽工程应承担的法律责任

《建筑法》第六十五条规定，发包单位将工程发包给不具有相应资质条件的承包单位的，或者违反本法规定将建筑工程肢解发包的，责令改正，处以罚款。对于施工单位未取得资质证书承揽工程的，予以取缔，并处罚款；有违法所得的，予以没收。

《建设工程质量管理条例》中进一步规定，建设单位将建设工程发包给不具有相应资质等级的勘察、设计、施工单位或者委托给不具有相应资质等级的工程监理单位的，责令改正，处 50 万元以上 100 万元以下的罚款。未取得资质证书承揽工程的，予以取缔，对施工单位处工程合同价款 2% 以上 4% 以下的罚款；有违法所得的，予以没收。

3. 超越资质等级承揽工程应承担的法律责任

《建筑法》第六十五条规定，施工单位超越本单位资质等级承揽工程的，责令停止违法行为，处以罚款，可以责令停业整顿，降低资质等级；情节严重的，吊销资质证书；有违法所得的，予以没收。

《建设工程质量管理条例》中进一步规定，勘察、设计、施工、工程监理单位超越本单位资质等级承揽工程的，责令停止违法行为，对勘察、设计单位或者工程监理单位处合同约定的勘察费、设计费或者监理酬金 1 倍以上 2 倍以下的罚款；对施工单位处工程合同价款 2% 以上 4% 以下的罚款，可以责令停业整顿，降低资质等级；情节严重的，吊销资质证书；有违法所得的，予以没收。

随着我国建筑市场的进一步开放，外资建筑企业进入国内市场参与建筑市场发承包活动。《外商投资建筑业企业管理规定》中规定，外资建筑业企业超越资质许可的业务范围承包工程的，处工程合同价款 2% 以上 4% 以下的罚款；可以责令停业整顿，降低资质等级；情节严重的，吊销资质证书；有违法所得的，予以没收。

《外商投资建筑业
企业管理规定》

4. 允许其他单位或者个人以本单位名义承揽工程应承担的法律责任

根据《建筑法》第六十六条规定，建筑施工企业转让、出借资质证书或者以其他方式允许他人以本企业的名义承揽工程的，责令改正，没收违法所得，并处罚款，可以责令停业整顿，降低资质等级；情节严重的，吊销资质证书。对因该项承揽工程不符合规定的质量标准造成的损失，建筑施工企业与使用本企业名义的单位或者个人承担连带赔偿责任。

《建设工程质量管理条例》进一步规定，勘察、设计、施工、工程监理单位允许其他单位或者个人以本单位名义承揽工程的，责令改正，没收违法所得，对勘察、设计单位和工程监理单位处合同约定的勘察费、设计费和监理酬金 1 倍以上 2 倍以下的罚款；对施工单位处工程合同价款 2% 以上 4% 以下的罚款；可以责令停业整顿，降低资质等级；情节严重的，吊销资质证书。

5. 违法分包工程行为应承担的法律责任

《建筑法》第六十七条规定，承包单位将承包的工程转包的，或者违反本法规定进行分包的，责令改正，没收违法所得，并处罚款，可以责令停业整顿，降低资质等级；情节严重的，吊销资质证书。

承包单位将承包的工程转包的，或者违反本法规定进行分包的，对因转包工程或者违法分包的工程不符合规定的质量标准造成的损失，与接受转包或者分包的单位承担连带赔偿责任。

《建设工程质量管理条例》中进一步规定，承包单位将承包的工程转包或者违法分包的，责令改正，没收违法所得，对勘察、设计单位处合同约定的勘察费、设计费 25% 以上 50% 以下的罚款；对施工单位处工程合同价款 0.5% 以上 1% 以下的罚款；可以责令停业整顿，降低资质等级；情节严重的，吊销资质证书。

工程监理单位转让工程监理业务的，责令改正，没收违法所得，处合同约定的监理酬金 25% 以上 50% 以下的罚款；可以责令停业整顿，降低资质等级；情节严重的，吊销资质证书。

6. 以欺骗手段取得资质证书承揽工程应承担的法律责任

《建设工程质量管理条例》规定，以欺骗手段取得资质证书承揽工程的，吊销资质证书；对施工单位处工程合同价款 2% 以上 4% 以下的罚款，可以责令停业整顿，降低资质等级；情节严重的，吊销资质证书；有违法所得的，予以没收。

案例应用2-2

> **案例简介**

某工业园区配套职工餐饮中心工程项目由 A 公司总承包。由于该项目土石方工程体量较大，该公司将工程项目的土石方工程分包给 B 公司。B 公司由于管理人员不足，将土石方工程交由非本公司的郭某，由郭某组织人员负责土石方的开挖、装卸和运输，实行项目单独核算、自负盈亏。

▶问题

1. 本案例中的 B 公司有何违法行为？
2. 相关部门当依法对 B 公司作何处理？

▶案例评析

1. 本案中的 B 公司以分包方式承接了土石方工程，却允许非本公司的郭某负责该土石方工程开挖、装卸和运输，并将现场全权交由郭某负责，其技术、质量、安全管理及核算人员均由郭某自行组织而非该分包公司的人员。按照《房屋建筑和市政基础设施工程施工分包管理办法》第十五条第二款的规定，应视同允许他人以本企业名义承揽工程。

2.《建设工程质量管理条例》第六十一条规定，勘察、设计、施工、工程监理单位允许其他单位或者个人以本单位名义承揽工程的，责令改正，没收违法所得，对勘察、设计单位和工程监理单位处合同约定的勘察费、设计费和监理酬金 1 倍以上 2 倍以下的罚款；对施工单位处工程合同价款 2% 以上 4% 以下的罚款；可以责令停业整顿，降低资质等级；情节严重的，吊销资质证书。据此，应当对 B 公司作出相应的处罚。

2.3　建造师注册执业制度

建筑工程活动的专业性和技术性，要求从事建筑工程主要活动的人员必须具备相应的知识和能力。注册执业制度是实现这一目标的重要手段。所谓执业注册制度，是指对具有一定专业学历和资历并从事特定专业技术活动的专业技术人员，通过考试和注册确定其执业的技术资格，获得相应文件签字权的一种制度。

2.3.1　建设工程专业人员执业资格的准入管理

《建筑法》第十四条规定，从事建筑活动的专业技术人员，应当依法取得相应的执业资格证书，并在执业资格证书许可的范围内从事建筑活动。这主要是由于建设工程的技术要求比较复杂，建设工程的质量、安全生产和使用直接关系到人身安全及公共财产安全，责任极为重大。从组织保障的层面保证工程项目建设活动顺利进行，建立起必要的个人执业资格制度。建筑工程相关专业技术人员必须在依法取得相应执业资格证书并完成注册后，方可在其执业资格证书许可的范围内从事建设工程活动。

《建造师执业资格制度暂行规定》的施行标志着我国建造师制度的建立和建造师工作的正式启动，也标志着我国建筑工程活动向标准化、规范化更进一步。依据规定，建造师可分为一级建造师和二级建造师。

《建造师执业资格
制度暂行规定》

2.3.2　建造师考试、注册和继续教育的规定

1. 注册建造师制度

注册建造师是指通过考核认定或考试合格取得中华人民共和国建造师资格证书，并按照规

定注册，取得中华人民共和国建造师注册证书和执业印章，担任施工单位项目负责人及从事相关活动的专业技术人员。未取得注册证书和执业印章的，不得担任大中型建设工程项目的施工单位项目负责人，不得以注册建造师的名义从事相关活动。

2. 建造师考试的相关规定

依据《建造师执业资格制度暂行规定》的要求，一级建造师执业资格实行统一大纲、统一命题、统一组织的考试制度，由人事部、建设部（现在的人力资源和社会保障部、住房和城乡建设部，下同）共同组织实施，原则上每年举行一次考试。一级建造师执业资格考试设《建设工程经济》《建设工程法规及相关知识》《建设工程项目管理》和《专业工程管理与实务》4个科目。《专业工程管理与实务》科目分为房屋建筑、公路、铁路、民航机场、港口与航道、水利水电、电力、矿山、冶炼、石油化工、市政公用、通信与广电、机电安装和装饰装修14个专业类别，考生在报名时可根据实际工作需要选择其一。取得一级建造师执业资格证书的人员，也可根据实际工作需要，选择《专业工程管理与实务》科目的相应专业，报名参加考试。考试合格后核发国家统一印制的相应专业合格证明。该证明作为注册时增加执业专业类别的依据。一级建造师考试成绩实行2年为一个周期的滚动管理办法，参加全部4个科目考试的人员必须在连续的两个考试年度内通过全部科目。

二级建造师执业资格实行全国统一大纲，各省、自治区、直辖市命题并组织考试的制度。二级建造师执业资格考试设《建设工程施工管理》《建设工程法规及相关知识》《专业工程管理与实务》3个科目。

一级建造师报考条件如下。

（1）凡遵守国家法律、行政法规，具备下列条件之一者，可以申请参加一级建造师执业资格考试。

1）取得工程类或工程经济类专业大学专科学历，从事建设工程项目施工管理工作满4年。

2）取得工学门类、管理科学与工程类专业大学本科学历，从事建设工程项目施工管理工作满3年。

3）取得工学门类、管理科学与工程类专业硕士学位，从事建设工程项目施工管理工作满2年。

4）取得工学门类、管理科学与工程类专业博士学位，从事建设工程项目施工管理工作满1年。

（2）符合《建造师执业资格制度暂行规定》有关报名条件，于2003年12月31日前取得建设部颁发的《建筑业企业一级项目经理资质证书》并符合下列条件之一的人员，可免试《建设工程经济》和《建设工程项目管理》2个科目，只参加《建设工程法规及相关知识》和《专业工程管理与实务》2个科目的考试。

1）受聘担任工程或工程经济类高级专业技术职务。

2）具有工程类或工程经济类大学专科以上学历并从事建设项目施工管理工作满20年。

（3）已取得一级建造师执业资格证书的人员，也可根据实际工作需要，选择《专业工程管理与实务》科目的相应专业，报名参加考试。考试合格后核发国家统一印制的相应专业合格证明。该证明作为注册时增加执业专业类别的依据。

二级建造师报考条件如下。

凡遵守国家法律、行政法规，并具备下列条件之一者，可以申请参加二级建造师执业资格考试。

（1）取得工程类或工程经济类中等专科以上学历并从事建设工程项目施工管理工作满2年，可以申请参加二级建造师三个科目的考试。

（2）取得建筑施工二级项目经理资质及以上证书，符合报名条件并满足下列条件之一可以免考相应科目。

1）取得二级项目经理资质证书，并具有中级及以上技术职称，从事建设项目施工管理工作满15年，可免《建设工程施工管理》考试。

2）取得一级项目经理资质证书，并具有中级及以上技术职称；或取得一级项目经理资质证书，从事建设项目施工管理工作满15年，可免《建设工程施工管理》和《建设工程法规及相关知识》考试。

3）已取得某一个专业二级建造师执业资格的人员，可根据工作实际需要选择另一个《专业工程管理与实务》科目的考试。考试合格后核发相应专业合格证明。该证明作为注册时增加执业专业类别的依据。

3. 应试人员违纪违规行为处理

根据《专业技术人员资格考试违纪违规行为处理规定》规定，应试人员有提供虚假证明材料或者以其他不正当手段取得相应资格证书或者成绩证明等严重违纪违规行为的，由证书签发机构宣布证书或者成绩证明无效。

应试人员在考试过程中有下列违纪违规行为之一的，给予其当次该科目考试成绩无效的处理。

（1）携带通信工具、规定以外的电子用品或者与考试内容相关的资料进入座位，经提醒仍不改正的。

（2）经提醒仍不按规定书写、填涂本人身份和考试信息的。

（3）在试卷、答题纸、答题卡规定以外位置标注本人信息或者其他特殊标记的。

《专业技术人员资格
考试违纪违规行为
处理规定》

（4）未在规定座位参加考试，或者未经考试工作人员允许擅自离开座位或者考场，经提醒仍不改正的。

（5）未用规定的纸、笔作答，或者试卷前后作答笔迹不一致的。

（6）在考试开始信号发出前答题，或者在考试结束信号发出后继续答题的。

（7）将试卷、答题卡、答题纸带出考场的。

（8）故意损坏试卷、答题纸、答题卡、电子化系统设施的。

（9）未按规定使用考试系统，经提醒仍不改正的。

（10）其他应当给予当次该科目考试成绩无效处理的违纪违规行为。

应试人员在考试过程中有下列严重违纪违规行为之一的，给予其当次全部科目考试成绩无效的处理，并将其违纪违规行为记入专业技术人员资格考试诚信档案库，记录期限为五年。

（1）抄袭、协助他人抄袭试题答案或者与考试内容相关资料的。

（2）互相传递试卷、答题纸、答题卡、草稿纸等的。

（3）持伪造证件参加考试的。

（4）本人离开考场后，在考试结束前，传播考试试题及答案的。

（5）使用禁止带入考场的通信工具、规定以外的电子用品的。

（6）其他应当给予当次全部科目考试成绩无效处理的严重违纪违规行为。

应试人员在考试过程中有下列特别严重违纪违规行为之一的，给予其当次全部科目考试成绩无效的处理，并将其违纪违规行为记入专业技术人员资格考试诚信档案库，长期记录。

（1）串通作弊或者参与有组织作弊的。

（2）代替他人或者让他人代替自己参加考试的。

（3）其他情节特别严重、影响恶劣的违纪违规行为。

4. 建造师的初始注册

根据《注册建造师管理规定》规定，建造师的初始注册条件。

（1）经考核认定或考试合格取得资格证书。

（2）受聘于一个相关单位。

（3）达到继续教育要求。

（4）没有本规定第十五条所列情形，即申请人有下列情形之一的，不予注册。

《注册建造师管理规定》

1）不具有完全民事行为能力的。

2）申请在两个或者两个以上单位注册的。

3）未达到注册建造师继续教育要求的。

4）受到刑事处罚，刑事处罚尚未执行完毕的。

5）因执业活动受到刑事处罚，自刑事处罚执行完毕之日起至申请注册之日止不满5年的。

6）因前项规定以外的原因受到刑事处罚，自处罚决定之日起至申请注册之日止不满3年的。

7）被吊销注册证书，自处罚决定之日起至申请注册之日止不满2年的。

8）在申请注册之日前3年内担任项目经理期间，所负责项目发生过重大质量和安全事故的。

9）申请人的聘用单位不符合注册单位要求的。

10）年龄超过65周岁的。

11）法律、法规规定不予注册的其他情形。

建造师初始注册时应该提交的资料。

（1）注册建造师初始注册申请表。

（2）资格证书、学历证书和身份证明复印件。

（3）申请人与聘用单位签订的聘用劳动合同复印件或其他有效证明文件。

（4）逾期申请初始注册的应当提供达到继续教育要求的证明材料。

5. 注册建造师的延续注册和变更注册

根据《注册建造师管理规定》规定，注册证书和执业印章是注册建造师的执业凭证，由注册建造师本人保管、使用。注册证书与执业印章有效期为3年。注册有效期满需继续执业的，应当在注册有效期届满30日前，按照规定申请延续注册，延续注册的，有效期为3年。

申请延续注册的注册建造师，应当提交下列材料。

（1）注册建造师延续注册申请表。

（2）原注册证书。

（3）申请人与聘用单位签订的聘用劳动合同复印件或其他有效证明文件。

（4）申请人注册有效期内达到继续教育要求的证明材料。

在注册有效期内，注册建造师变更执业单位，应当与原聘用单位解除劳动关系，并按照规定办理变更注册手续，变更注册后仍延续原注册有效期。

申请变更注册的，应当提交下列材料。

（1）注册建造师变更注册申请表。

（2）注册证书和执业印章。

（3）申请人与新聘用单位签订的聘用合同复印件或有效证明文件。

（4）工作调动证明（与原聘用单位解除聘用合同或聘用合同到期的证明文件、退休人员的退休证明）。

6. 注册建造师的继续教育

注册建造师应主动学习更新专业知识，适应建筑行业发展需求，进一步提高注册建造师职业素质，提高建设工程项目管理水平，保证工程质量安全，促进建筑行业发展。《注册建造师继续教育管理暂行办法》规定，注册建造师应通过继续教育，掌握工程建设有关法律法规、标准规范，增强

《注册建造师继续
教育管理暂行办法》

职业道德和诚信守法意识，熟悉工程建设项目管理新方法、新技术，总结工作中的经验教训，不断提高综合素质和执业能力。同时，注册建造师按规定参加继续教育，是申请初始注册、延续注册、增项注册和重新注册的必要条件。

（1）注册建造师继续教育学时的相关规定。注册一个专业的建造师在每一注册有效期内应参加继续教育不少于 120 学时，其中必修课 60 学时，选修课 60 学时。注册两个及以上专业的，每增加一个专业还应参加所增加专业 60 学时的继续教育，其中必修课 30 学时，选修课 30 学时。

（2）注册建造师在每一注册有效期内从事以下工作并取得相应证明的，可充抵继续教育选修课部分学时。每一注册有效期内，充抵继续教育选修课学时累计不得超过 60 学时。

1）参加全国建造师执业资格考试大纲编写及命题工作，每次计 20 学时。

2）从事注册建造师继续教育教材编写工作，每次计 20 学时。

3）在公开发行的省部级期刊上发表有关建设工程项目管理的学术论文的，第一作者每篇计 10 学时；公开出版 5 万字以上专著、教材的，第一和第二作者每人计 20 学时。

4）参加建造师继续教育授课工作的按授课学时计算。

一级注册建造师继续教育学时的充抵认定，由各专业牵头部门负责；二级注册建造师继续教育学时的充抵认定，由各省级住房城乡建设主管部门负责。

2.3.3　建造师的受聘单位和执业岗位范围

1. 建造师的受聘单位规定

《注册建造师管理规定》规定，取得资格证书的人员应当受聘于一个具有建设工程勘察、设计、施工、监理、招标代理、造价咨询等一项或者多项资质的单位，经注册后方可从事相应的执业活动。担任施工单位项目负责人的，应当受聘并注册于一个具有施工资质的企业。

建造师可以在建筑工程领域相关单位执业，建造师既可以在施工单位担任建设工程施工项目的项目经理，也可以在勘察、设计、监理、招标代理、造价咨询等单位或具有多项上述资质的单位执业。

2. 建造师的执业岗位范围

《建造师执业资格制度暂行规定》规定，建造师的执业范围如下。

（1）担任建设工程项目施工的项目经理。

《注册建造师执业管
理办法（试行）》

（2）从事其他施工活动的管理工作。

（3）法律、行政法规或国务院住房城乡建设主管部门规定的其他业务。

按照建设部颁布的《建筑业企业资质等级标准》，一级建造师可以担任特级、一级建筑业企业资质的建设工程项目施工的项目经理；二级建造师可以担任二级及以下建筑业企业资质的建设工程项目施工的项目经理。

《注册建造师管理规定》规定，注册建造师可以从事建设工程项目总承包管理或施工管理，建设工程项目管理服务，建设工程技术经济咨询，以及法律、行政法规和国务院住房城乡建设主管部门规定的其他业务。

根据《注册建造师执业管理办法（试行）》规定，二级注册建造师可以承担中、小型工程施工项目负责人。各专业大、中、小型工程分类标准按《注册建造师执业工程规模标准（试行）》（建市〔2007〕171 号）执行，房屋建筑工程大、中、小型工程规模划分标准见表 2-2。

《注册建造师执业工程规模标准》

表 2-2　房屋建筑工程大、中、小型工程规模划分标准

序号	工程类别	项目名称	单位	规模			备注
				大型	中型	小型	
1	一般房屋建筑工程	工业、民用与公共建筑工程	层	≥25	5～25	<5	建筑物层数
			m	≥100	15～100	<15	建筑物高度
			m	≥30	15～30	<15	单跨跨度
			m²	≥30 000	3 000～30 000	<3 000	单体建筑面积
		住宅小区或建筑群体工程	m²	≥100 000	3 000～100 000	<3 000	建筑群建筑面积
		其他一般房屋建筑工程	万元	≥3 000	300～3 000	<300	单项工程合同额
2	高耸构筑物工程	冷却塔及附属工程	m²	>3 500	2 000～3 500	<2 000	淋水面积
		高耸构筑物工程	m	≥120	25～120	<25	构筑物高度
		其他高耸构筑物工程	万元	≥3 000	300～3 000	<300	单项工程合同额
3	地基与基础工程	房屋建筑地基与基础工程	层	≥25	5～25	<5	建筑物层数
		构筑物地基与基础工程	m	≥100	25～100	<25	构筑物高度
		基坑围护工程	m	≥8	3～8	<3	基坑深度
		软弱地基处理工程	m	≥13	4～13	<4	地基处理深度
		其他地基与基础工程	万元	≥1 000	100～1 000	<100	单项工程合同额
4	土石方工程	挖方或填方工程	万 m³	≥60	15～60	<15	土石方量
		其他挖方或填方工程	万元	≥3 000	300～3 000	<300	单项工程合同额

续表

序号	工程类别	项目名称	单位	规模			备注
				大型	中型	小型	
5	园林古建筑工程	仿古建筑工程、园林建筑工程	m²	≥800	200～800	<200	单体建筑面积
		国家级重点文物保护单位的古建筑修缮工程	m²	≥200	<200	无	修缮建筑面积
		省级重点文物保护单位的古建筑修缮工程	m²	≥300	100～300	<100	修缮建筑面积
		其他园林古建筑工程	万元	≥1 000	200～1 000	<200	单项工程合同额
6	钢结构工程	钢结构建筑物或构筑物工程（包括轻钢结构工程）	m	≥30	10～30	<10	钢结构跨度
			t	≥1 000	100～1 000	<100	总质量
		网架结构的制作安装工程	m²	≥20 000	3 000～20 000	<3 000	单体建筑面积
			m	≥70	10～70	<10	网架工程边长
		其他钢结构工程	t	≥300	50～300	<50	总质量
			m²	≥6 000	200～6 000	<200	单体建筑面积
			万元	≥3 000	300～3 000	<300	单项工程合同额
7	建筑防水工程	各类房屋建筑防水工程	万元	≥200	50～200	<50	单项工程合同额
8	防腐保温工程	各类防腐保温工程	万元	≥200	50～200	<50	单项工程合同额
9	附着升降脚手架	各类附着升降脚手架设计、制作、安装工程	m	≥80	15～80	<15	高度
10	金属门窗工程	铝合金、塑钢等金属门窗工程	层	≥25	5～25	<5	建筑物层数
			m	≥80	15～80	<15	建筑物高度
			m²	≥8 000	1 000～8 000	<1 000	单体建筑面积
			万元	≥500	100～500	<100	单项工程合同额
11	预应力工程	各类房屋建筑预应力工程	m	≥30	10～30	<10	跨度
			万元	≥800	100～800	<100	单项工程合同额
12	爆破与拆除工程	大爆破工程	级	≥C	D～C	<D	爆破等级
		复杂环境深孔爆破、拆除爆破及城市控制爆破及其他爆破与拆除工程	级	≥B	D～B	<D	爆破等级
		机械和人工拆除工程	万元	≥500	200～500	<200	单项工程合同额

序号	工程类别	项目名称	单位	规模			备注
				大型	中型	小型	
13	体育场地设施工程	高尔夫球场、室内外迷你高尔夫球场和练习场工程	公顷	≥55	25～55	<25	单项工程占地面积
			万元	≥3 200	300～3 200	<300	单项工程合同额
			洞	≥18	9～18	<9	洞数
		体育场田径场地设施工程	万人	≥2	0.5～2	<0.5	容纳人数
			万元	≥1 000	300～1 000	<300	单项工程合同额
		体育馆（包括游泳馆、冬季项目馆）设施工程	人	≥5 000	300～5 000	<300	容纳人数
		合成面层网球、篮球、排球场地设施工程	m^2	≥7 000	2 000～7 000	<2 000	建筑面积
		其他体育场地设施工程	万元	≥800	150～800	<150	单项工程合同额
14	特种专业工程	建筑物纠偏和平移等工程	万元	≥500	100～500	<100	单项工程合同额
		结构补强、特殊设备的起重吊装、特种防雷技术等工程	万元	≥200	50～200	<50	单项工程合同额

注册建造师不得同时担任两个及以上建设工程施工项目负责人。注册建造师担任施工项目负责人期间原则上不得更换，在其承建的建设工程项目竣工验收或移交项目手续办结前，原则上不得变更注册至另一企业。

2.3.4　建造师的基本权利和义务

1. 建造师的基本权利

《建造师执业资格制度暂行规定》规定，建造师经注册后，有权以建造师名义担任建设工程项目施工的项目经理及从事其他施工活动的管理。

《注册建造师管理规定》中进一步规定，注册建造师享有下列权利。

（1）使用注册建造师名称。

（2）在规定范围内从事执业活动。

（3）在本人执业活动中形成的文件上签字并加盖执业印章。

（4）保管和使用本人注册证书、执业印章。

（5）对本人执业活动进行解释和辩护。

（6）接受继续教育。

（7）获得相应的劳动报酬。

（8）对侵犯本人权利的行为进行申诉。

建设工程施工活动中形成的有关工程施工管理文件，应当由注册建造师签字并加盖执业印章。施工单位签署质量合格的文件上，必须有注册建造师的签字盖章。

《注册建造师执业管理办法（试行）》规定，注册建造师注册证书和执业印章由本人保管，任何单位（发证机关除外）和个人不得扣押注册建造师注册证书或执业印章。

2. 建造师的基本义务

建造师在享有权利的同时应履行其基本的义务。根据《建造师执业资格制度暂行规定》规定，建造师在工作中，必须严格遵守法律、行政法规和行业管理的各项规定，恪守职业道德。建造师必须接受继续教育，更新知识，不断提高业务水平。

《注册建造师管理规定》规定，注册建造师应当履行下列义务。

（1）遵守法律、法规和有关管理规定，恪守职业道德。

（2）执行技术标准、规范和规程。

（3）保证执业成果的质量，并承担相应责任。

（4）接受继续教育，努力提高执业水准。

（5）保守在执业中知悉的国家秘密和他人的商业、技术等秘密。

（6）与当事人有利害关系的，应当主动回避。

（7）协助注册管理机构完成相关工作。

同时，该规定还明确指出，注册建造师不能有以下行为。

（1）不履行注册建造师义务。

（2）在执业过程中，索贿、受贿或者谋取合同约定费用外的其他利益。

（3）在执业过程中实施商业贿赂。

（4）签署有虚假记载等不合格的文件。

（5）允许他人以自己的名义从事执业活动。

（6）同时在两个或者两个以上单位受聘或者执业。

（7）涂改、倒卖、出租、出借或以其他形式非法转让资格证书、注册证书和执业印章。

（8）超出执业范围和聘用单位业务范围内从事执业活动。

（9）法律、法规、规章禁止的其他行为。

《注册建造师执业管理办法（试行）》规定，注册建造师不得有下列行为。

（1）不按设计图纸施工。

（2）使用不合格建筑材料。

（3）使用不合格设备、建筑构配件。

（4）违反工程质量、安全、环保和用工方面的规定。

（5）在执业过程中，索贿、行贿、受贿或者谋取合同约定费用外的其他不法利益。

（6）签署弄虚作假或在不合格文件上签章。

（7）以他人名义或允许他人以自己的名义从事执业活动。

（8）同时在两个或者两个以上企业受聘并执业。

（9）超出执业范围和聘用企业业务范围从事执业活动。

（10）未变更注册单位，而在另一家企业从事执业活动。

（11）所负责工程办理竣工验收或移交手续前，变更注册到另一企业。

（12）伪造、涂改、倒卖、出租、出借或以其他形式非法转让资格证书、注册证书和执业印章。

（13）不履行注册建造师义务和法律、法规、规章禁止的其他行为。

注册建造师在担任建设工程项目负责人的执业过程中，应当独立、自主地完成建设工程施工管理文件的成果签章，无正当理由不得拒绝在相关工作文件上签字并加盖执业印章。同时，在执业过程中，注册建造师还应对担任施工负责人的建设工程项目发生质量、安全、环境事故时应按照程序及时向企业报告并做好事故现场保护工作，不得有意隐瞒。

2.3.5　违法行为应承担的法律责任

1. 建造师注册违法行为应承担的法律责任

根据《注册建造师管理规定》规定，隐瞒有关情况或者提供虚假材料申请注册的，建设主管部门不予受理或者不予注册，并给予警告，申请人1年内不得再次申请注册。以欺骗、贿赂等不正当手段取得注册证书的，由注册机关撤销其注册，3年内不得再次申请注册，并由县级以上地方人民政府建设主管部门处以罚款。其中没有违法所得的，处以1万元以下的罚款；有违法所得的，处以违法所得3倍以下且不超过3万元的罚款。

聘用单位为申请人提供虚假注册材料的，由县级以上地方人民政府建设主管部门或者其他有关部门给予警告，责令限期改正；逾期未改正的，可处以1万元以上3万元以下的罚款。

2. 建造师继续教育违法行为应承担的法律责任

根据《注册建造师继续教育管理暂行办法》规定，注册建造师应按规定参加继续教育，接受培训测试，不参加继续教育或继续教育不合格的不予注册。对于采取弄虚作假等手段取得《注册建造师继续教育证书》的，一经发现，立即取消其继续教育记录，并记入不良信用记录，对社会公布。

3. 无证或未办理变更注册执业应承担的法律责任

根据《注册建造师管理规定》第三十五条规定，未取得注册证书和执业印章，担任大中型建设工程项目施工单位项目负责人，或以注册建造师的名义从事相关活动的，其所签署的工程文件无效，由县级以上地方人民政府建设主管部门或者其他有关部门给予警告，责令停止违法活动，并可处以1万元以上3万元以下的罚款。

未办理变更注册而继续执业的，由县级以上地方人民政府建设主管部门或者其他有关部门责令限期改正；逾期不改正的，可处以5000元以下的罚款。

4. 建造师执业活动中违法行为应承担的法律责任

《注册建造师管理规定》第三十七条规定，注册建造师在执业活动中有以下行为之一的，由县级以上地方人民政府建设主管部门或者其他有关部门给予警告，责令改正，没有违法所得的，处以1万元以下的罚款；有违法所得的，处以违法所得3倍以下且不超过3万元的罚款。

（1）不履行注册建造师义务。

（2）在执业过程中，索贿、受贿或者谋取合同约定费用外的其他利益。

（3）在执业过程中实施商业贿赂。

（4）签署有虚假记载等不合格的文件。

（5）允许他人以自己的名义从事执业活动。

（6）同时在两个或者两个以上单位受聘或者执业。

（7）涂改、倒卖、出租、出借或以其他形式非法转让资格证书、注册证书和执业印章。

（8）超出执业范围和聘用单位业务范围内从事执业活动。

（9）法律、法规、规章禁止的其他行为。

5. 未提供注册建造师信用档案信息应承担的法律责任

《注册建造师管理规定》规定，注册建造师及其聘用单位应当按照要求，向注册机关提供真实、准确、完整的注册建造师信用档案信息。注册建造师或者其聘用单位未按照要求提供注册建造师信用档案信息的，由县级以上地方人民政府建设主管部门或者其他有关部门责令限期改正；逾期未改正的，可处以 1 000 元以上 1 万元以下的罚款。

6. 注册执业人员未执行法律法规及因过错造成质量事故应承担的法律责任

《建筑工程施工转包违法分包等违法行为认定查处管理办法》的规定，对注册执业人员未执行法律法规的，根据《建设工程安全生产管理条例》第五十八条的规定，责令其停止执业 3 个月以上 1 年以下；情节严重的，吊销执业资格证书，5 年内不予注册；造成重大安全事故的，终身不予注册；构成犯罪的，依照刑法有关规定追究刑事责任。对注册执业人员违反法律法规规定，因过错造成质量事故的，根据《建设工程质量管理条例》第七十二条的规定，责令停止执业 1 年；造成重大质量事故的，吊销执业资格证书，5 年内不予注册；情节特别恶劣的，终身不予注册。

注册执业人员未执行法律法规，在认定有转包行为的项目中担任施工单位项目负责人的，吊销其执业资格证书，5 年内不予注册，且不得再担任施工单位项目负责人。对认定有挂靠行为的个人，不得再担任该项目施工单位项目负责人；有执业资格证书的吊销其执业资格证书，5 年内不予执业资格注册；造成重大质量安全事故的，吊销其执业资格证书，终身不予注册。

7. 政府主管部门及其工作人员违法行为应承担的法律责任

相关法律法规对政府主管部门及其工作人员在建造师注册、执业过程中的责任、义务作出明确规定。根据《注册建造师管理规定》的规定，县级以上人民政府建设主管部门及其工作人员，在注册建造师管理工作中，有下列情形之一的，由其上级行政机关或者监察机关责令改正，对直接负责的主管人员和其他直接责任人员依法给予处分；构成犯罪的，依法追究刑事责任。

（1）对不符合法定条件的申请人准予注册的。

（2）对符合法定条件的申请人不予注册或者不在法定期限内作出准予注册决定的。

（3）对符合法定条件的申请不予受理或者未在法定期限内初审完毕的。

（4）利用职务上的便利，收受他人财物或者其他好处的。

（5）不依法履行监督管理职责或者监督不力，造成严重后果的。

🎯 案例应用2-3

➤案例简介

某建筑施工单位在 2024 年二级建造师注册过程中连续发生了 3 次违规行为：一是该公司黄某在申请二级建造师注册时，隐瞒其已在另一个施工单位注册的事实，并提供虚假材料进行注册；二是该公司周某在申请二级建造师注册时，未能按照《注册建造师继续教育管理暂行办法》相关规定完成建造师继续教育内容和学时；三是该公司赵某在申请二级建造师注册时，提供虚假年龄证明材料，其实际年龄已 66 周岁。

➤问题

本案例中 3 名当事人的行为合理吗？应当如何处理？

➤案例评析

（1）根据《注册建造师管理规定》第三十三条的规定，隐瞒有关情况或者提供虚假材料申请注册的，建设主管部门不予受理或者不予注册，并给予警告，申请人 1 年内不得再次申请注册。本案例中的黄某、赵某等人隐瞒事实、提供虚假材料申请二级建造师注册的行为，均为违法行为，应当不予注册，给予警告，并在 1 年内不得再次申请注册。

（2）根据《注册建造师继续教育管理暂行办法》第二十六条的规定，注册建造师应按规定参加继续教育，接受培训测试，不参加继续教育或继续教育不合格的不予注册。据此，本案例中的周某未能完成建造师继续教育内容，按规定不能予以注册。

小结

建设工程施工许可或者开工报告制度是建筑工程开工建设实行行政施工许可审批制度实现的主要形式。《建筑法》对必须实行建设工程施工许可的范围作出规定，《建筑工程施工许可管理办法》作出进一步规定，建设工程施工许可证的申请主体是建设单位。建设工程施工许可证或者开工报告应与施工单位向项目监理单位申请的开工报告区别开，两者本质不同。建筑工程活动从业者包括经济组织形式的企业和以个人形式的自然人，法律法规对两者在建设工程活动中资质或者资格均有相关规定，企业和个人均应该按照相关规定在允许的范围内从事相关活动。注册建造师制度是规范建筑市场，提升建筑工程建设质量、安全管理效果的重要手段，个人从业者必须参加建造师考试，成绩合格并完成注册后，才能以注册建造师身份执业。注册建造师应按照相关要求积极参加继续教育，不断学习并提升水平，适应建筑行业发展。建筑行业企业和个人在建筑工程建设活动中均应该遵纪守法，促进建筑行业健康发展，如有违法行为均会受到相关法律法规的处罚。

巩固训练

一、单项选择题

1. 《建筑法》规定，开工报告制度是指（　　）。
   A. 建设单位对施工企业开工条件的确认
   B. 政府主管部门的一种行政审批制度
   C. 监理单位对施工企业开工准备工作的确认
   D. 政府主管部门对施工企业开工条件的确认

2. 《建筑工程施工许可管理办法》规定，对于未取得施工许可证且不符合开工条件的项目责令停止施工，应对（　　）处以罚款。
   A. 勘察单位　　　　　　　　　　　　　B. 建设单位和施工企业
   C. 设计单位　　　　　　　　　　　　　D. 建设单位和监理单位

3. 《建筑法》及相关法规规定，建设单位应当办理施工许可证的工程是（　　）。
   A. 国务院批准开工报告的工程　　　　　B. 城镇市政基础设施工程
   C. 建筑面积 200 m² 以上的工程　　　　 D. 工程投资额在 20 万元以上的工程

4. 某建设单位领取施工许可证后因故 4 个月未能开工，又未申请延期，该施工许可证（　　）。
   A. 自行废止　　　　B. 重新核验　　　　C. 继续有效　　　　D. 自行延期

5. 根据《建筑法》的规定，下列情形中符合施工许可证办理和报告制度的是（　　）。
   A. 某工程因故延期开工，向发证机关报告后施工许可证自动延期
   B. 某工程因地震中断施工，1 年后向发证机关报告

C. 某工程因洪水中止施工，1个月内向发证机关报告，2个月后自行恢复施工

D. 某工程因政府宏观调控停建，1个月内向发证机关报告，1年后恢复施工前报发证机关核验施工许可证

6. 若建筑施工企业出借资质证书允许他人以本企业的名义承揽工程，对于情节严重的，其可能受到的最严重的行政处罚是（　　）。

A. 吊销资质证书　　　　　　　　　B. 责令改正，没收违法所得

C. 降低资质等级　　　　　　　　　D. 处以罚款

7. 根据《注册建造师继续教育管理暂行办法》的规定，注册建造师继续教育不合格的，应给予的处理是（　　）。

A. 撤销注册　　　　　　　　　　　B. 处1万元以上罚款

C. 3年内不得再次申请注册　　　　　D. 不予注册

8. 根据《建筑业企业资质管理规定》的规定，施工企业隐瞒相关情况或提供虚假材料申请建筑业企业资质的，不予受理并给予警告，申请人在（　　）年内不得再次申请。

A. 4　　　　　　　B. 3　　　　　　　C. 2　　　　　　　D. 1

9. 根据《注册建造师管理规定》的规定，不予注册的情形是（　　）。

A. 申请人的年龄达到60周岁

B. 申请人因执业活动受到刑事处罚，自刑罚执行完毕之日起至申请注册之日止不满5年

C. 申请人被吊销注册证书，自处罚决定之日起至申请注册之日止不满5年

D. 申请人申请注册之日5年前担任项目经理期间，所负责项目发生过重大质量和安全事故

10. 下列关于注册建造师延续注册的说法中正确的是（　　）。

A. 延续注册有效期为3年

B. 延续注册申请应当在注册有效期满前3个月内提出

C. 申请延续注册只需要提供原注册证书

D. 延续注册执业期间不能申请变更注册

二、多项选择题

1. 2024年1月15日，某建设单位为其工程领取了施工许可证，因未能按期开工，建设单位于2024年3月10日、5月10日两次向发证机关报告了工程准备的进展情况，直到2024年7月1日开工建设。请问，下列关于该工程施工许可证的说法中正确的有（　　）。

A. 该工程施工许可证自行废止

B. 延期开工未超过6个月，施工许可证继续有效

C. 应当在2024年4月15日前申请延期

D. 2024年7月1日开工之前，需要重新申领施工许可证

E. 不能按时开工，应当在1个月内报告

2. 根据《建筑工程施工许可管理办法》的规定，下列建设工程中不需要办理施工许可证的有（　　）。

A. 抢险救灾及其他临时性房屋建筑

B. 农民自建低层住宅

C. 按照国务院规定的权限和程序批准开工报告的建筑工程

D. 工程投资额在 20 万元以下的建筑工程

E. 建筑面积在 500 m² 以下的建筑工程

3. 下列关于建筑业企业资质证书的申请和延续的说法中正确的有 （　　　）。

A. 企业首次申请或增项申请资质，应当申请最低等级资质

B. 申请人以书面形式承诺符合审批条件的，行政审批机关依据申请人的承诺直接作出行政批准决定

C. 建筑企业只能申请一项建筑企业资质

D. 建筑业企业资质证书有效期届满前 6 个月，企业应当向原资质许可机关提出延续申请

E. 企业按规定提出延续申请后，资质许可机关未在资质证书有效期届满前作出是否准予延续决定的，视为准予延续

4. 县级以上人民政府建设主管部门及相关工作人员在注册建造师管理工作中，有 （　　　） 情形之一的，由其上级行政机关或者监察机关责令改正，对直接负责的主管人员和其他直接责任人员依法给予处分；构成犯罪的，依法追究刑事责任。

A. 对不符合法定条件的申请人准予注册的

B. 对符合法定条件的申请人不予注册或者不在法定期限内作出准予注册决定的

C. 利用职务上的便利，收受他人财物或者其他好处的

D. 不依法履行监督管理职责或者监督不力，造成严重后果的

E. 对符合法定条件的申请不予受理或者未在法定期限内复审完毕的

三、简答题

1. 简述建设工程施工许可的范围。

2. 建设工程施工许可证的法定批准条件是什么？

3. 未经许可擅自开工应承担什么样的法律责任？

4. 违法分包工程行为应承担什么样的法律责任？

5. 建造师注册违法行为应承担什么样的法律责任？

四、案例分析题

➤案例简介

某乡镇投资企业（甲方）与具有维修和承建小型非生产性建筑工程资质证书的施工单位（乙方）订立了建筑工程承包合同。合同中规定：乙方为甲方建设三层框架结构的厂房，项目总造价为 89.9 万元；承包方式为包工包料。开工半年以来，甲方共付给乙方工程款 108 万元，项目未能按期竣工，而且部分工程质量经检验不符合相关标准的要求。

案例评析

➤问题

1. 本案例中的乙方有何违法行为？

2. 本案例中的违法行为应当承担哪些法律责任？

工作手册 3　建设工程发包与承包法律制度

工程总承包金
钥匙奖

世界屋脊上的明珠
——布达拉宫

🎯 学习目标

通过学习，掌握建设工程招标投标制度，建设工程法定招标的范围、招标方式和交易场所，招标基本程序违法行为及相应的法律责任等内容；掌握建设工程承包制度，建设工程总承包、共同承包、分包的规定，违法行为应承担的法律责任等内容；熟悉建筑市场信用体系建设。

🎯 学习要求

职业能力目标	知识要点	权重
掌握建设工程招标投标制度	建设工程法定招标的范围、招标方式和交易场所，招标基本程序和禁止肢解发包、限制排斥投标人的规定，投标人、投标文件的法定要求和投标保证金，禁止串通投标和其他不正当竞争行为的规定，联合体投标的规定，中标的法定要求和招标投标投诉处理，违法行为应承担的法律责任	45%
掌握建设工程承包制度	建设工程总承包的规定，建设工程共同承包的规定，建设工程分包的规定，违法行为应承担的法律责任	35%
熟悉建筑市场信用体系建设	建筑市场诚信行为信息的分类，建筑市场施工单位不良行为记录认定标准，建筑市场诚信行为的公布和奖惩机制，建筑市场主体诚信评价的基本规定	20%

🎯 案例导入

▶案例简介

甲电信公司因建办公楼与乙建筑承包公司签订了工程总承包合同。随后，经甲同意，乙分别与丙建筑设计院和丁建筑公司签订了工程勘察设计合同及工程施工合同。勘察设计合同约定由丙方对甲方的办公楼及其附属工程提供的设计图纸进行施工，工程竣工时依据国家有关验收规定及设计图纸进行质量验收。合同签订后，丙按时将设计文件和有关资料交付给丁，丁依据设计图纸进行质量验收。该工程竣工后，甲会同有关质量监督部门对工程进行验收，发现工程存在严重质量问题，是由于设计不符合规范所致。原来丙未对现场进行仔细勘察即自行进行设计，导致设计不合理，给甲带来了重大损失。丙以与甲没有合同关系为由拒绝承担责任，乙又以自己不是设计人为由推卸责任，甲遂以丙为被告向法院起诉。

案例评析

> **问题**

1. 乙建筑承包公司是否需要承担法律责任？
2. 丙设计院和丁建筑公司是否需要承担连带责任？

3.1　建设工程招标投标制度

3.1.1　建设工程法定招标的范围、招标方式和交易场所

1. 建设工程法定招标的范围

根据《招标投标法》第三条第一款的规定，在中华人民共和国境内进行下列工程建设项目包括项目的勘察、设计、施工、监理以及与工程建设有关的重要设备、材料等的采购，必须进行招标。

《招标投标法》

（1）大型基础设施、公用事业等关系社会公共利益、公众安全的项目。
（2）全部或者部分使用国有资金投资或者国家融资的项目。
（3）使用国际组织或者外国政府贷款、援助资金的项目。

> 🔗 **知识链接**
>
> 大型基础设施、公用事业等关系社会公共利益、公众安全的项目包括以下几项。
> （1）煤炭、石油、天然气、电力、新能源等能源项目。
> （2）铁路、公路、管道、水运、航空及其他交通运输业等交通运输项目。
> （3）邮政、电信枢纽、通信、信息网络等邮电通信项目。
> （4）防洪、灌溉、排涝、引（供）水、滩涂治理、水土保持、水利枢纽等水利项目。
> （5）道路、桥梁、地铁和轻轨交通、污水排放处理、垃圾处理、地下管道、公共停车场等城市设施项目。
> （6）生态环境保护项目和其他基础设施项目。

2. 建设工程必须招标的规模标准

（1）必须招标的建设工程项目。《必须招标的工程项目规定》第五条规定，必须招标的规模标准如下。

1）施工单项合同估算价在 400 万元以上。

2）重要设备、材料等货物的采购，单项合同估算价在 200 万元以上。

3）勘察、设计、监理等服务的采购，单项合同估算价在 100 万元以上。同一项目中可以合并进行的勘察、设计、施工、监理，以及与工程建设有关的重要设备、材料等的采购，合同估算价合计达到前款规定标准的，必须招标。建设工程必须招标的范围及规模标准见表 3-1。

《必须招标的工程
项目规定》

表 3-1 建设工程必须招标的范围及规模标准

范围	规模标准
1. 大型基础设施、公用事业等。 2. 全部或者部分使用国有资金投资或者国家融资。 3. 使用国际组织或者外国政府贷款、援助资金	1. 施工≥400 万元。 2. 重要设备、材料≥200 万元。 3. 勘察、设计、监理≥100 万元
注：范围和规模标准需同时满足	

（2）可以不进行招标的建设工程项目。《招标投标法》规定，涉及国家安全、国家秘密、抢险救灾或者利用扶贫资金实行以工代赈、需要使用农民工等特殊情况，不适宜进行招标的项目，按照国家有关规定可以不进行招标。《招标投标法实施条例》还规定，除《招标投标法》规定可以不进行招标的特殊情况外，有下列情形之一的，可以不进行招标。

《招标投标法
实施条例》

1）需要采用不可替代的专利或者专有技术。

2）采购人依法能够自行建设、生产或者提供。

3）已通过招标方式选定的特许经营项目投资人依法能够自行建设、生产或者提供。

4）需要向原中标人采购工程、货物或者服务，否则将影响施工或者功能配套要求。

5）国家规定的其他特殊情形。

另外，对于依法必须招标的具体范围和规模标准以外的建设工程项目，可以不进行招标，采用直接发包的方式。

3. 建设工程招标方式

建设工程招标方式有公开招标和邀请招标两种。

（1）公开招标。公开招标是指招标人以招标公告的方式邀请不特定的法人或者其他组织投标。一般项目都要进行公开招标。

（2）邀请招标。邀请招标是指招标人以投标邀请书的方式邀请特定的法人或者其他组织投标。招标人采用邀请招标方式的，应当向三个以上具备承担招标项目的能力、资信良好的特定的法人或者其他组织发出投标邀请书。

根据《招标投标法》的规定，可以进行邀请招标的有以下几项。

（1）涉及国家安全、国家秘密或者抢险救灾，适宜招标但不宜公开招标的。

（2）项目技术复杂或有特殊要求，或者受自然地域环境限制，只有少量潜在投标人可供选择的。

（3）采用公开招标方式的费用占项目合同金额的比例过大的。

以上情况，招标人可以选择邀请招标方式。这种方式有利于招标人选择到具有特定技术或经验的投标方，确保项目的顺利进行。但需要注意的是，邀请招标仍然需要遵循相关法律法规和程序，确保招标的公正、公平和透明。

知识链接

总承包招标与两阶段招标。

（1）总承包招标：根据《招标投标法实施条例》的规定，招标人可以依法对工程及与工程建设有关的货物服务全部或者部分实行总承包招标。以暂估价形式包括在总承包范围内的工程、货物、服务属于依法必须进行招标的项目范围且达到国家规定规模标准的，应当依法进行招标。

（2）两阶段招标：先根据投标人提交的技术建议确定技术标准和要求，编制招标文件；再根据招标文件进行招标。

4. 建设工程招标投标交易场所

建设工程招标投标交易场所是指依据法律法依规开展工程招标投标活动的场所，主要集中发布工程招标文件、收取投标保证金、组织评标、公示中标结果等。依法必须招标项目的招标公告和公示信息在"中国招标投标公共服务平台"或者项目所在地省级电子招标投标公共服务平台发布，为招标人、评标委员会和监督机构提供更为规范、透明的招标投标流程。

根据《招标投标法实施条例》规定，设区的市级以上地方人民政府可以根据实际需要，建立统一规范的招标投标交易场所，为招标投标活动提供服务。同时，这些交易场所不得与行政监督部门存在隶属关系，也不能以营利为目的。任何单位和个人如果认为招标人或其招标代理机构在招标公告和公示信息发布活动中存在违法违规行为，都可以依法向有关行政监督部门投诉、举报。

招标投标交易场所的建设具有以下几个特点。

（1）公平公正与透明化。通过使用招标交易平台，建筑企业可以更清晰地了解项目信息，确保公正竞争。招标交易平台定期发布已发布和正在审核的招标文件，同时，监督和处罚那些不遵守招标规则的企业、及时公布招标结果和合同执行情况。建筑企业就能更好地了解市场需求，更好地参与建设工程竞争。

（2）高信息质量和效率。招标流程包括投标、审核证明文件、公示中标结果等环节，整个过程都是通过电子化的方式进行的。极大提高了信息的准确性和效率。建筑企业在平台获取的信息都是准确和公正有保障的。另外，建筑企业可以通过使用在线投标平台来更快、更有效地找到合适的项目，并提升自己在竞争中的优势。

（3）降低招标成本。目前，很多招标交易平台都更新了信息技术系统，建筑企业可以在线完成整个招标流程。利用招标投标交易场所，建筑企业能够降低招标成本和经营成本，节约人力和物力资源，提高经济效益，进一步提高建筑企业的竞争力。

（4）提高风险控制的能力。招标交易平台利用信息技术，监控和控制建筑工程招标和投标过程中的风险，使整个过程更加可靠和安全。招标交易平台通常会遵循严格的监管规定和安全机制，这些规定可以有效地规范企业的行为；同时，其还提供了不正常行为预警系统，帮助提高企业应对风险的能力。

3.1.2 招标基本程序和禁止肢解发包、限制、排斥投标人的规定

1. 招标基本程序

根据《招标投标法》的规定，招标投标活动应当遵循公开、公平、公正和诚实信用的原则。建设工程招标的基本程序主要包括履行项目审批手续、委托招标代理机构、编制招标文件

及标底、发布招标公告或投标邀请书、资格审查、开标、评标、中标和签订合同，以及终止招标等。

（1）履行项目审批手续。按照国家有关规定需要履行项目审批、核准手续的依法必须进行招标的项目，其招标范围、招标方式、招标组织形式应当报项目审批、核准部门审批、核准。

（2）委托招标代理机构。招标人可以自行办理招标事宜，也可以委托招标代理机构代为办理招标事宜。招标人自行办理招标事宜，应当具有编制招标文件和组织评标的能力。招标人不具备自行招标能力的，必须委托具备相应资质的招标代理机构代为办理招标事宜。

招标代理机构是依法设立、从事招标代理业务并提供相关服务的社会中介组织。招标代理机构在其资格许可和招标人委托的范围内开展招标代理业务，任何单位和个人不得非法干预。招标代理机构不得在所代理的招标项目中投标或者代理投标，也不得为所代理的招标项目的投标人提供咨询。

设立招标代理机构的条件以下。

1）有从事招标代理业务的营业场所和相应资金。

2）有能够编制招标文件和组织评标的相应专业力量。

3）有符合该法定条件、可以作为评标委员会成员人选的技术、经济等方面的专家库。

从事工程建设项目招标代理业务的招标代理机构，其资格由国务院或者省、自治区、直辖市人民政府的住房城乡建设主管部门认定。

（3）编制招标文件及标底。

1）依法必须进行招标的项目，自招标文件开始发出之日起至投标人提交投标文件截止之日止，最短不得少于20日。

2）招标人可以对已发出的资格预审文件或者招标文件进行必要的澄清或者修改。

3）招标人应当在招标文件中载明。投标有效期从提交投标文件的截止之日起算。

4）招标人可以自行决定是否编制标底。

5）招标人设有最高投标限价，应当在招标文件中明确最高投标限价或者最高投标限价的计算方法。

6）招标人不得规定最低投标限价。

7）招标文件不得含有倾向或者排斥潜在投标人的其他内容。

（4）发布招标公告或投标邀请书。《招标投标法》《招标投标法实施条例》规定如下。

1）招标人采用公开招标方式的，应当发布招标公告。招标公告应当载明招标人的名称和地址、招标项目的性质、数量、实施地点与时间，以及获取招标文件的办法等事项。

2）招标人采用邀请招标方式的，应当向3个以上具备承担招标项目的能力、资信良好的特定的法人或者其他组织发出投标邀请书。

3）招标人不得向他人透露已获取招标文件的潜在投标人的名称、数量，以及可能影响公平竞争的有关招标投标的其他情况。招标人设有标底的，标底必须保密。招标人根据招标项目的具体情况，可以组织潜在投标人踏勘项目现场。

4）资格预审文件或者招标文件的发售期不得少于5日。招标人发售资格预审文件、招标文件收取的费用应当限于补偿印刷、邮寄的成本支出，不得以营利为目的。

（5）资格审查。资格审查可分为资格预审和资格后审。具体要求如下。

1）招标人采用资格预审办法对潜在投标人进行资格审查的，应当发布资格预审公告、编制资格预审文件。招标人应当合理确定提交资格预审申请文件的时间。依法必须进行招标的项目提交资格预审申请文件的时间，自资格预审文件停止发售之日起不得少于 5 日。

2）资格预审结束后，招标人应当及时向资格预审申请人发出资格预审结果通知书。未通过资格预审的申请人不具有投标资格。通过资格预审的申请人少于 3 个的，应当重新招标。

3）潜在投标人或者其他利害关系人对资格预审文件有异议的，应当在提交资格预审申请文件截止时间 2 日前提出。招标人应当自收到异议之日起 3 日内作出答复；作出答复前，应当暂停招标投标活动。

（6）开标。

1）开标应当在招标文件确定的提交投标文件截止时间的同一时间公开进行，开标地点应当为招标文件中预先确定的地点。

2）开标由招标人主持，邀请所有投标人参加。

3）开标时，由投标人或者其推选的代表检查投标文件的密封情况，也可以由招标人委托的公证机构检查并公证；经确认无误后，由工作人员当众拆封，宣读投标人名称、投标价格和投标文件的其他主要内容。招标人在招标文件要求提交投标文件的截止时间前收到的所有投标文件，开标时都应当当众予以拆封、宣读。开标过程应当记录，并存档备查。

4）投标人少于 3 个的，不得开标；招标人应当重新招标。投标人对开标有异议的，应当在开标现场提出，招标人应当当场作出答复，并制作记录。

（7）评标。

1）评标由招标人依法组建的评标委员会负责。评标委员会由招标人的代表和有关技术、经济等方面的专家组成，成员人数为 5 人以上单数，其中技术、经济等方面的专家不得少于成员总数的 2/3。

2）招标项目设有标底的，招标人应当在开标时公布。标底只能作为评标的参考，不得以投标报价是否接近标底作为中标条件，也不得以投标报价超过标底上下浮动范围作为否决投标的条件。

3）评标完成后，评标委员会应当向招标人提交书面评标报告和中标候选人名单。中标候选人应当不超过 3 个，并标明排序。评标报告应当由评标委员会全体成员签字。对评标结果有不同意见的评标委员会成员应当以书面形式说明其不同意见和理由，评标报告应当注明该不同意见。评标委员会成员拒绝在评标报告上签字又不书面说明其不同意见和理由的，视为同意评标结果。

> **知识链接**
>
> 有下列情形之一的，评标委员会应当否决其投标。
> （1）投标文件未经投标单位盖章和单位负责人签字。
> （2）投标联合体没有提交共同投标协议。
> （3）投标人不符合国家或者招标文件规定的资格条件。
> （4）同一投标人提交两个以上不同的投标文件或者投标报价，但招标文件要求提交备选投标的除外。
> （5）投标报价低于成本或者高于招标文件设定的最高投标限价。
> （6）投标文件没有对招标文件的实质性要求和条件作出响应。
> （7）投标人有串通投标、弄虚作假、行贿等违法行为。

（8）中标与签订合同。

1）招标人根据评标委员会提出的书面评标报告和推荐的中标候选人确定中标人。招标人也可以授权评标委员会直接确定中标人。

2）招标人和中标人应当自中标通知书发出之日起 30 日内，按照招标文件和中标人的投标文件订立书面合同。招标投标时间要求见表 3-2。

表 3-2　招标投标时间要求

程序	时间要求
发出招标文件	提交投标文件截止时间 20 日前
资格预审文件或者招标文件	发售期不得少于 5 日
潜在投标人对资格预审文件有异议	自收到异议之日起 3 日内作出答复
签订书面合同	自中标通知书发出之日起 30 日内

（9）终止招标。《招标投标法实施条例》第三十一条规定："招标人终止招标的，应当及时发布公告，或者以书面形式通知被邀请的或者已经获取资格预审文件、招标文件的潜在投标人。已经发售资格预审文件、招标文件或者已经收取投标保证金的，招标人应当及时退还所收取的资格预审文件、招标文件的费用，以及所收取的投标保证金及银行同期存款利息。"

2. 禁止肢解发包的规定

《建设工程质量管理条例》第七十八条规定，"肢解发包"是指"建设单位将应当由一个承包单位完成的建设工程分解成若干部分发包给不同的承包单位的行为"。肢解发包属于建设单位的违法发包。

《建筑法》第二十四条规定，提倡对建筑工程实行总承包，禁止将建筑工程肢解发包。这意味着建筑工程的发包单位可以将建筑工程的勘察、设计、施工、设备采购等一项或多项工作发包给一个工程总承包单位，但不允许将本应由一个承包单位完成的整个建筑工程肢解成若干部分发包给多个承包单位。

《建设工程质量管理条例》

3. 限制、排斥投标人的规定

《招标投标法实施条例》第三十二条规定，招标人不得以不合理的条件限制、排斥潜在投标人或者投标人。招标人有下列行为之一的，属于以不合理条件限制，排斥潜在投标人或者投标人。

（1）就同一招标项目向潜在投标人或者投标人有差别的项目信息。

（2）设定的资格、技术、商务条件与招标项目的具体特点和实际需要不相适应或者与合同履行无关。

（3）依法必须进行招标的项目以特定行政区域或者特定行业的业绩、奖项作为加分条件或者中标条件。

（4）对潜在投标人或者投标人采取不同的资格审查或者评标标准。

（5）限定或者指定特定的专利、商标、品牌、原产地或者供应商。

（6）依法必须进行招标的项目非法限定潜在投标人的所有制形式或者组织形式。

（7）以其他不合理条件限制、排斥潜在投标人或者投标人。

3.1.3 投标人、投标文件的法定要求和投标保证金

1. 投标人

（1）资质要求。投标人需要具备承担招标项目的能力，包括具备相应的资质等级和资质证书。对于建设工程投标，投标人应当具备法律法规规定的资质等级，这是其参与投标的基本条件。

（2）独立性要求。投标人应为独立的法人实体，具备独立承担民事责任的能力。这意味着投标人应该是自主经营、自负盈亏的经济实体，具有独立的决策权和财务管理权。

（3）经验要求。投标人通常需要具备承担过类似建设项目的相关工作经验，并有良好的工作业绩和履约记录。这是为了确保投标人具备足够的实力和经验，能够顺利完成招标项目。

（4）财务稳定性要求。投标人需要具有稳定的财务状况，包括足够的注册资本、良好的财务状况和盈利能力等。这是为了确保投标人有足够的经济实力来承担项目的风险。

（5）诚信要求。投标人需要具有良好的商业信誉和诚信记录。这包括在过往的招标投标活动中遵守法律法规、履行合同义务、无违法违规行为等。诚信是投标人参与招标投标活动的基本要求。

2. 投标文件

（1）基本内容要求。投标文件必须包含投标人的基本信息，如名称、地址、法定代表人或负责人的姓名和联系方式等。此外，还需要提供有关投标人的资质证明，如相关营业执照、许可证书、技术资格证书等，以证明其具备从事招标项目所需的资质和能力。

（2）遵循招标文件要求。投标文件必须严格遵循招标文件的要求进行编制，包括格式、内容、页码等。投标人需要按照招标文件的规定，提供完整的投标文件，包括投标书、投标报价、技术方案、商务方案等。

（3）真实性、准确性和完整性。投标文件中的所有信息必须真实、准确、完整，不得有虚假记载、误导性陈述或重大遗漏。投标人需要对所提交的文件负责，并承担因文件不真实、不准确或不完整而导致的一切后果。

（4）保密要求。如果招标文件中涉及商业机密或其他需要保密的信息，投标人需要按照招标文件的要求进行保密处理，不得泄露给无关人员或机构。

（5）合法合规性。投标文件必须符合国家法律法规和政策规定，不得存在违法违规的内容。投标人需要确保其投标文件的合法性和合规性，避免因违反法律法规而导致投标无效或被取消。

3. 投标保证金

投标保证金是指在招标投标活动中，投标人随投标文件一同递交给招标人的一定形式、一定金额的投标责任担保。其主要保证投标人在递交投标文件后不得撤销投标文件，中标后不得无正当理由不与招标人订立合同，在签订合同时不得向招标人提出附加条件，或者不按照招标文件要求提交履约保证金；否则，招标人有权不予返还其递交的投标保证金。

投标保证金的形式可以选择现金、现金支票、银行汇票、保兑支票、银行保函或招标人认可的其他方式。对于投标保证金的额度，一般规定是不得超过投标总价的2%，但具体的规定可能会因地区和行业的不同而有所差异。例如，在工程建设项目中，勘察设计项目招标的保证金数额一般不超过勘察设计费投标报价的2%，且最多不超过10万元；而针对货物采购与施工活动，投标保证金一般不得超过投标总价的2%，但最高不得超过80万元。投标保证金的相关规定见表3-3。

表 3-3 投标保证金的相关规定

形式	现金、现金支票、银行汇票、保兑支票、银行保函或招标人认可的其他方式
金额	1. 勘察设计项目：不超过勘察设计费投标报价的 2%，且最多不超过 10 万元人民币。 2. 货物采购与施工：不得超过投标总价的 2%，但最高不得超过 80 万元人民币
有效期	与投标有效期一致
退还	1. 招标人终止招标，已经收取投标保证金的，应及时退还投标保证金及银行同期存款利息。 2. 投标人撤回已提交的投标文件，招标人已收取投标保证金的，应当自收到投标人书面撤回通知之日起 5 日内退还。 3. 招标人最迟应当在书面合同签订后 5 日内向中标人和未中标的投标人退还投标保证金及银行同期存款利息。 4. 投标截止后投标人撤销投标文件的，有权不予返还投标保证金

表 3-3 中的规定都是保护招标人的权益，确保投标人在投标过程中的诚信和履约能力。同时，投标保证金也是一种有效的风险控制手段，能够防止投标人恶意竞争或随意撤销投标，从而保障招标活动的顺利进行。

3.1.4 禁止串通投标和其他不正当竞争行为的规定

在建设工程招标投标活动中，投标人的不正当竞争行为主要包括投标人相互串通投标、招标人与投标人串通投标、投标人以行贿手段谋取中标、投标人以低于成本的报价竞标、投标人以他人名义投标或者以其他方式弄虚作假骗取中标。

1. 禁止投标人相互串通投标

根据《招标投标法》第三十二条的规定，投标人不得相互串通投标报价，不得排挤其他投标人的公平竞争，损害招标人或者其他投标人的合法权益。

有下列情形之一的，属于投标人相互串通投标。

（1）投标人之间协商投标报价等投标文件的实质性内容。

（2）投标人之间约定中标人。

（3）投标人之间约定部分投标人放弃投标或者中标。

（4）属于同一集团、协会、商会等组织成员的投标人按照该组织要求协同投标。

（5）投标人之间为谋取中标或者排斥特定投标人而采取的其他联合行动。

💡重要提示

有下列情形之一的，视为投标人相互串通投标。

（1）不同投标人的投标文件由同一单位或者个人编制。

（2）不同投标人委托同一单位或者个人办理投标事宜。

（3）不同投标人的投标文件载明的项目管理成员为同一人。

（4）不同投标人的投标文件异常一致或者投标报价呈规律性差异。

（5）不同投标人的投标文件相互混装。

（6）不同投标人的投标保证金从同一单位或者个人的账户转出。

2. 禁止招标人与投标人串通投标

投标者和招标者不得相互勾结，以排挤竞争对手的公平竞争。投标人不得与招标人串通投标，损害国家利益、社会公共利益或者他人的合法权益。

有下列情形之一的，属于招标人与投标人串通投标。

（1）招标人在开标前开启投标文件并将有关信息泄露给其他投标人。

（2）招标人直接或者间接向投标人泄露标底、评标委员会成员等信息。

（3）招标人明示或者暗示投标人压低或者抬高投标报价。

（4）招标人授意投标人撤换、修改投标文件。

（5）招标人明示或者暗示投标人为特定投标人中标提供方便。

（6）招标人与投标人为谋求特定投标人中标而采取的其他串通行为。

根据《招标投标法》第五十三条规定，投标人相互串通投标或者与招标人串通投标的，投标人以向招标人或者评标委员会成员行贿的手段谋取中标的，中标无效，处中标项目金额千分之五以上千分之十以下的罚款，对单位直接负责的主管人员和其他直接责任人员处单位罚款数额百分之五以上百分之十以下的罚款；有违法所得的，并处没收违法所得；情节严重的，取消其一年至二年内参加依法必须进行招标的项目的投标资格并予以公告，直至由工商行政管理机关吊销营业执照；构成犯罪的，依法追究刑事责任。给他人造成损失的，依法承担赔偿责任。"

3. 禁止投标人以贿赂手段谋取中标

根据《中华人民共和国反不正当竞争法》（以下简称《反不正当竞争法》）第八条规定，经营者不得采用财物或者其他手段进行贿赂以销售或者购买商品。在账外暗中给予对方单位或者个人回扣的，以行贿论处；对方单位或者个人在账外暗中收受回扣的，以受贿论处。

《反不正当竞争法》

根据《招标投标法》第三十二条第三款规定，禁止投标人以向招标人或者评标委员会成员行贿的手段谋取中标。

投标人以行贿手段谋取中标是一种严重的违法行为，其法律后果是中标无效，有关责任人和单位要承担相应的行政责任或刑事责任，给他人造成损失的还应承担民事赔偿责任。

4. 禁止投标人以低于成本的报价竞标

低于成本的报价竞标属于不正当竞争行为，极易导致中标后出现偷工减料的行为，影响建设工程整体质量。

《反不正当竞争法》第十一条规定，经营者不得以排挤竞争对手为目的，以低于成本的价格销售商品。

《招标投标法》第三十三条规定，投标人不得以低于成本的报价竞标，也不得以他人名义投标或者以其他方式弄虚作假，骗取中标。

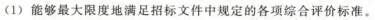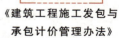
《建筑工程施工发包与承包计价管理办法》

中标人的投标应当符合下列条件之一。

（1）能够最大限度地满足招标文件中规定的各项综合评价标准。

（2）能够满足招标文件的实质性要求，并且经评审的投标价格最低；但是投标价格低于成本的除外。

《建筑工程施工发包与承包计价管理办法》中也有相关规定，对于投标报价低于工程成本或者高于最高投标限价总价的，评标委员会应当否决投标人的投标。

5. 禁止投标人以他人名义投标或者以其他方式弄虚作假骗取中标

《反不正当竞争法》第五条规定，经营者不得采用下列不正当手段从事市场交易，损害竞争对手。

（1）假冒他人的注册商标。

（2）擅自使用知名商品特有的名称、包装、装潢，或者使用与知名商品近似的名称、包装、装潢，造成和他人的知名商品相混淆，使购买者误认为是该知名商品。

（3）擅自使用他人的企业名称或者姓名，引人误认为是他人的商品。

（4）在商品上伪造或者冒用认证标志、名优标志等质量标志，伪造产地，对商品质量作引人误解的虚假表示。

《招标投标法实施条例》进一步规定，投标人有下列情形之一的，属于《招标投标法》第三十三条规定的以其他方式弄虚作假的行为。

（1）使用伪造、变造的许可证件。

（2）提供虚假的财务状况或者业绩。

（3）提供虚假的项目负责人或者主要技术人员简历、劳动关系证明。

（4）提供虚假的信用状况。

（5）其他弄虚作假的行为。

3.1.5　联合体投标的规定

1. 联合投标的概念

联合体投标是指两个以上法人或者其他组织组成一个联合体，以一个投标人的身份共同投标的行为。联合体投标是一种特殊的投标人组织形式，在大型或结构复杂的建设项目中尤为常见。

2. 联合体投标的资质

（1）资质类别及等级。联合体成员应该具备与项目要求相应的资质类别，并且资质等级要符合项目要求。例如，如果项目要求投标人具备建筑工程施工总承包资质，那么参与联合体投标的企业就必须具备这一资质。

（2）主体资质要求。通常，联合体中至少应有一家企业具备项目所需的主体资质。主体资质是指该企业具备独立承担项目施工任务的能力，能够承担主要的技术和管理责任。招标文件可能会对主体资质提出具体要求，如主体资质企业的出资比例、在联合体中的地位等。

（3）业绩要求。根据项目的特点和招标文件的规定，联合体成员应当具备一定数量和质量的相关业绩。这些业绩可以是参与过类似项目的施工经验，也可以是相应技术、产品的研发和应用实例。

> 🔗 **知识链接**
>
> 《招标投标法》第三十一条规定，两个以上法人或者其他组织可以组成一个联合体，以一个投标人的身份共同投标。
>
> 联合体各方均应当具备承担招标项目的相应能力；国家有关规定或者招标文件对投标人资格条件有规定的，联合体各方均应当具备规定的相应资格条件。由同一专业的单位组成的联合体，按照资质等级较低的单位确定资质等级。

联合体各方应当签订共同投标协议，明确约定各方拟承担的工作和责任，并将共同投标协议连同投标文件一并提交招标人。联合体中标的，联合体各方应当共同与招标人签订合同，就中标项目向招标人承担连带责任。

招标人不得强制投标人组成联合体共同投标，不得限制投标人之间的竞争。

3.1.6 中标的法定要求和招标投标投诉处理

1. 中标的法定要求

（1）公示中标候选人。依法必须进行招标的项目，招标人应当自收到评标报告之日起3日内公示中标候选人，公示期不得少于3日。投标人或其他利害关系人对评标结果有异议的，应当在中标候选人公示期间提出。

（2）确定中标人。招标人根据评标委员会提出的书面评标报告和推荐的中标候选人确定中标人。招标人也可以授权评标委员会直接确定中标人。中标人的投标应当符合招标文件中的各项综合评价标准或实质性要求，并且经评审的投标价格最低（但投标价格低于成本的除外）。

（3）中标通知书和报告。中标人确定后，招标人应当向中标人发出中标通知书，并同时将中标结果通知所有未中标的投标人。依法必须进行招标的项目，招标人应当自确定中标人之日起15日内，向有关行政监督部门提交招标投标情况的书面报告。

（4）履约保证金。根据《招标投标法》第四十六条第二款规定，招标文件要求中标人提交履约保证金的，中标人应当提交。履约保证金不得超过中标合同金额的10％，损失超过履约保证金数额的，还应当对超过部分予以赔偿。引导承包企业以银行保函或担保公司保函的形式，向建设单位提供履约担保。

2. 招标投标投诉处理

（1）投诉的提出。投标人或其他利害关系人认为招标投标活动不符合法律、行政法规规定的，可以自知道或应当知道之日起10日内向有关行政监督部门投诉。投诉应当有明确的请求和必要的证明材料。

（2）投诉的处理。行政监督部门应当自收到投诉之日起3个工作日内决定是否受理投诉，并自受理投诉之日起30个工作日内作出书面处理决定；需要检验、检测、鉴定、专家评审的，所需时间不计算在内。投诉人捏造事实、伪造材料或者以非法手段取得证明材料进行投诉的，行政监督部门应当予以驳回。

3.1.7 违法行为应承担的法律责任

违法行为应承担的法律责任包括招标人违法行为应承担的法律责任、招标代理机构违法行为应承担法律责任、投标人违法行为应承担的法律责任、评标委员会成员违法行为应承担的法律责任、中标人违法行为应承担的法律责任、政府主管部门和国家工作人员违法行为应承担的法律责任。

1. 招标人违法行为应承担的法律责任

《招标投标法》第四十九条：违反本法规定，必须进行招标的项目而不招标的，将必须进行招标的项目化整为零或者以其他任何方式规避招标的，责令限期改正，可以处项目合同金额千分之五以上千分之十以下的罚款；对全部或者部分使用国有资金的项目，可以暂停项目执行或者暂停资金拨付；对单位直接负责的主管人员和其他直接责任人员依法给予处分。

《招标投标法》第五十一条：招标人以不合理的条件限制或者排斥潜在投标人的，对潜在投标人实行歧视待遇的，强制要求投标人组成联合体共同投标的，或者限制投标人之间竞争的，责令改正，可以处一万元以上五万元以下的罚款。

《招标投标法》第五十二条：依法必须进行招标的项目的招标人向他人透露已获取招标文件的潜在投标人的名称、数量或者可能影响公平竞争的有关招标投标的其他情况的，或者泄露标底的，给予警告，可以并处一万元以上十万元以下的罚款；对单位直接负责的主管人员和其他直接责任人员依法给予处分；构成犯罪的，依法追究刑事责任。

《招标投标法》第五十五条：依法必须进行招标的项目，招标人违反本法规定，与投标人就投标价格、投标方案等实质性内容进行谈判的，给予警告，对单位直接负责的主管人员和其他直接责任人员依法给予处分。

2. 招标代理机构违法行为应承担法律责任

《招标投标法》第五十条：招标代理机构违反本法规定，泄露应当保密的与招标投标活动有关的情况和资料的，或者与招标人、投标人串通损害国家利益、社会公共利益或者他人合法权益的，处五万元以上二十五万元以下的罚款；对单位直接负责的主管人员和其他直接责任人员处单位罚款数额百分之五以上百分之十以下的罚款；有违法所得的，并处没收违法所得；情节严重的，禁止其一年至二年内代理依法必须进行招标的项目并予以公告，直至由工商行政管理机关吊销营业执照；构成犯罪的，依法追究刑事责任。给他人造成损失的，依法承担赔偿责任。影响中标结果的，中标无效。

3. 投标人违法行为应承担的法律责任

《招标投标法》第五十三条：投标人相互串通投标或者与招标人串通投标的，投标人以向招标人或者评标委员会成员行贿的手段谋取中标的，中标无效，处中标项目金额千分之五以上千分之十以下的罚款，对单位直接负责的主管人员和其他直接责任人员处单位罚款数额百分之五以上百分之十以下的罚款；有违法所得的，并处没收违法所得；情节严重的，取消其一年至二年内参加依法必须进行招标的项目的投标资格并予以公告，直至由工商行政管理机关吊销营业执照；构成犯罪的，依法追究刑事责任。给他人造成损失的，依法承担赔偿责任。第五十四条：投标人以他人名义投标或者以其他方式弄虚作假，骗取中标的，中标无效，给招标人造成损失的，依法承担赔偿责任；构成犯罪的，依法追究刑事责任。

依法必须进行招标的项目的投标人有前款所列行为尚未构成犯罪的，处中标项目金额千分之五以上千分之十以下的罚款，对单位直接负责的主管人员和其他直接责任人员处单位罚款数额百分之五以上百分之十以下的罚款；有违法所得的，并处没收违法所得；情节严重的，取消其一年至三年内参加依法必须进行招标的项目的投标资格并予以公告，直至由工商行政管理机关吊销营业执照。

4. 评标委员会成员违法行为应承担的法律责任

《招标投标法》第五十六条：评标委员会成员收受投标人的财物或者其他好处的，评标委员会成员或者参加评标的有关工作人员向他人透露对投标文件的评审和比较、中标候选人的推荐以及与评标有关的其他情况的，给予警告，没收收受的财物，可以并处三千元以上五万元以下的罚款，对有所列违法行为的评标委员会成员取消担任评标委员会成员的资格，不得再参加任何依法必须进行招标的项目的评标；构成犯罪的，依法追究刑事责任。

《工程建设项目施工招标投标办法》

《工程建设项目施工招标投标办法》第七十八条：评标委员会成员在评标过程中擅离职守，影响评标程序正常进行，或者在评标过程中不能客观公正地履行职责的，有关行政监督部门给予警告；情节严重的，取消担任评标委员会成员的资格，不得再参加任何招标项目的评标，并处一万元以下的罚款。

招标人或者招标代理机构有下列情形之一的，有关行政监督部门责令其限期改正，根据情节可处 3 万元以下的罚款；情节严重的，招标无效。

（1）未在指定的媒介发布招标公告的。

（2）邀请招标不依法发出投标邀请书的。

（3）自招标文件或资格预审文件出售之日起至停止出售之日止，少于 5 个工作日的。

（4）依法必须招标的项目，自招标文件开始发出之日起至提交投标文件截止之日止，少于20 日的。

（5）应当公开招标而不公开招标的。

（6）不具备招标条件而进行招标的。

（7）应当履行核准手续而未履行的。

（8）不按项目审批部门核准内容进行招标的。

（9）在提交投标文件截止时间后接收投标文件的。

（10）投标人数量不符合法定要求不重新招标的。被认定为招标无效的，应当重新招标。

5. 中标人违法行为应承担的法律责任

《招标投标法》第五十八条：中标人将中标项目转让给他人的，将中标项目肢解后分别转让给他人的，违反本法规定将中标项目的部分主体、关键性工作分包给他人的，或者分包人再次分包的，转让、分包无效，处转让、分包项目金额千分之五以上千分之十以下的罚款；有违法所得的，并处没收违法所得；可以责令停业整顿；情节严重的，由工商行政管理机关吊销营业执照。

6. 政府主管部门和国家工作人员违法行为应承担的法律责任

《招标投标法》第六十二条：任何单位违反本法规定，限制或者排斥本地区、本系统以外的法人或者其他组织参加投标的，为招标人指定招标代理机构的，强制招标人委托招标代理机构办理招标事宜的，或者以其他方式干涉招标投标活动的，责令改正；对单位直接负责的主管人员和其他直接责任人员依法给予警告、记过、记大过的处分，情节较重的，依法给予降级、撤职、开除的处分。

《招标投标法》第六十三条：对招标投标活动依法负有行政监督职责的国家机关工作人员徇私舞弊、滥用职权或者玩忽职守，构成犯罪的，依法追究刑事责任；不构成犯罪的，依法给予行政处分。

 案例应用3-1

➤案例简介

A 房地产公司计划在 B 市开发 60 000 m² 的住宅项目，可行性研究报告已经通过国家计委批准，资金为自筹方式，资金尚未完全到位，仅有初步设计图纸，因急于开工，组织销售，在此情况下决定采用邀请招标的方式，随后向 7 家施工单位发出了投标邀请书。

➤**问题**

1. 建设工程施工招标的必备条件有哪些?
2. 本项目在上述条件下是否可以进行工程施工招标?
3. 通常,哪些工程项目适宜采用邀请招标的方式招标?

➤**案例评析**

1. 建设工程施工招标的必备条件如下。
(1) 招标人已经依法成立。
(2) 初步设计及概算应当履行审批手续的,已经批准。
(3) 招标范围、招标方式和招标组织形式等应当履行核准手续的,已经核准。
(4) 有相应资金或资金来源已经落实。
(5) 有招标所需的设计图纸及技术资料。
2. 本工程不完全具备招标条件,不应进行施工招标。
3. 有下列情形之一的,经批准可以进行邀请招标。
(1) 项目技术复杂或有特殊要求,只有少量几家潜在投标人可供选择的。
(2) 受自然地域环境限制的。
(3) 涉及国家安全、国家秘密或者抢险救灾,适宜招标但不宜公开招标的。
(4) 拟公开招标的费用与项目的价值相比不值得的。
(5) 法律、法规规定不宜公开招标的。

3.2　建设工程承包制度

建设工程承包制度是指在工程建设过程中,发包人将工程建设的全部或部分任务,通过招标、直接发包等方式,委托给具有相应资质条件的承包人实施的一种制度。建设工程承包制度包括总承包、联合承包、发包等。

3.2.1　建设工程总承包的规定

1. 总承包的概念

根据《建筑法》第二十四条的规定,提倡对建筑工程实行总承包,禁止将建筑工程肢解发包。

建筑工程的发包单位可以将建筑工程的勘察、设计、施工、设备采购一并发包给一个工程总承包单位,也可以将建筑工程勘察、设计、施工、设备采购的一项或者多项发包给一个工程总承包单位;但是,不得将应当由一个承包单位完成的建筑工程肢解成若干部分发包给几个承包单位。

在建设工程承包制度中,总承包通常分为以下两种情况。

(1) 工程总承包。工程总承包是指承包人对工程项目的勘察、设计、采购、施工、试运行等全过程一并发包给一个工程总承包单位,工程总承包单位对承包工程的质量、安全、工期、造价等,直接向发包单位全面负责。

(2) 施工总承包。施工总承包是建筑工程发包方将全部施工任务发包给具有相应资质条件的施工总承包单位，由施工总承包企业按照合同的约定向建设单位负责，承包完成施工任务。根据《建筑法》的规定，大型建筑工程或者结构复杂的建筑工程，可以由两个以上的总承包单位联合共同承包。

2. 有关总承包的规定

根据《建筑法》第二十九条的规定，建筑工程总承包单位可以将承包工程中的部分工程发包给具有相应资质条件的分包单位；但是，除总承包合同中约定的分包外，必须经建设单位认可。施工总承包的，建筑工程主体结构的施工必须由总承包单位自行完成。

建筑工程总承包单位按照总承包合同的约定对建设单位负责；分包单位按照分包合同的约定对总承包单位负责。总承包单位和分包单位就分包工程对建设单位承担连带责任。

禁止总承包单位将工程分包给不具备相应资质条件的单位。禁止分包单位将其承包的工程再分包。工程总承包企业的责任见表3-4。

表3-4　工程总承包企业的责任

总承包单位	按照总承包合同的约定对建设单位负责
分包单位	按照分包合同的约定对总承包单位负责
总承包单位和分包单位	就分包工程对建设单位承担连带责任

据此，有关总承包的规定如下。

（1）总承包单位的资质要求。总承包单位必须具备相应的资质条件，能够承担所承包的工程任务。根据工程规模、技术难度等因素，总承包单位需要满足相应的资质等级要求。

（2）总承包的范围。总承包的范围通常包括工程项目的勘察、设计、采购、施工、试运行等全过程或其中的部分阶段。总承包单位需要对所承包的工程任务全面负责，包括质量、安全、工期、造价等方面。

（3）总承包单位的责任。总承包单位需要对所承包的工程任务进行全面的组织和管理，确保工程按照合同约定的要求进行。总承包单位还需要与业主进行充分的沟通，了解业主的需求和要求，同时与各个分包单位建立良好的合作关系，确保项目的顺利进行。

（4）分包的规定。总承包单位可以将所承包的工程任务中的部分非主体、非关键性工作分包给具有相应资质条件的分包单位。但除总承包合同中约定的分包外，必须经建设单位认可。分包单位必须接受总承包单位的管理和监督，并对其所承包的工程任务负责。

（5）总承包单位的连带责任。总承包单位与分包单位就分包工程对建设单位承担连带责任。这意味着如果分包单位在工程施工过程中出现问题，总承包单位也需要承担相应的责任。

知识链接

建设工程总承包主要包括以下种类。

（1）设计采购施工（EPC）/交钥匙总承包：这种总承包方式是指工程总承包企业按照合同约定，承担工程项目的设计、采购、施工、试运行服务等工作，并对承包工程的质量、安全、工期、造价全面负责。交钥匙总承包是设计采购施工总承包业务和责任的延伸，最终向业主提交一个满足使用功能、具备使用条件的工程项目。

（2）设计—施工总承包（D—B）：这种总承包方式是指工程总承包企业按照合同约定，承担工程项目设计和施工，并对承包工程的质量、安全、工期、造价全面负责。

（3）设计—采购总承包（E—P）：这种总承包方式是指工程总承包企业按照合同约定，承担工程项目的设计和采购任务。

（4）采购—施工总承包（P—C）：这种总承包方式是指工程总承包企业按照合同约定，承担工程项目的采购和施工任务。

此外，还有一种方式是工程施工总承包，这种总承包方式是由具有相应施工承包资质的一个单位或者联合体，按照施工总承包合同对工程施工质量、安全、工期、造价等承担责任。

3.2.2　建设工程共同承包的规定

根据《建筑法》第二十七条规定："大型建筑工程或者结构复杂的建筑工程，可以由两个以上的承包单位联合共同承包。共同承包的各方对承包合同的履行承担连带责任。两个以上不同资质等级的单位实行联合共同承包的，应当按照资质等级低的单位的业务许可范围承揽工程。"

1. 共同承包的概念

建筑工程共同承包是指由两个以上不同资质等级的单位联合共同承包的行为。承包建筑工程的单位应当持有依法取得的资质证书，并按照资质等级低的单位业务许可范围承揽工程。各方对承包合同的履行均承担连带责任。

2. 有关共同承包的规定

（1）适用范围。

1）大型建筑工程或者结构复杂的建筑工程，可以由两个以上的承包单位联合共同承包。

2）两个以上不同资质等级的单位实行联合共同承包的，应当按照资质等级低的单位的业务许可范围承揽工程。

（2）禁止行为。

1）禁止承包单位将其承包的全部建筑工程转包给他人，或将其承包的全部建筑工程肢解以后以分包的名义分别转包给他人。

2）禁止建筑施工企业以任何形式允许其他单位或者个人使用本企业的资质证书、营业执照，以本企业的名义承揽工程。

（3）连带责任。共同承包的各方对承包合同的履行承担连带责任。这意味着如果联合承包中的任何一方未能履行合同义务，其他方都需要共同承担责任。

总承包单位和分包单位就分包工程对建设单位承担连带责任。如果分包单位在工程施工过程中出现问题，总承包单位也需要承担相应的责任。

3.2.3　建设工程分包的规定

1. 建设工程分包的概念

建设工程施工分包可分为专业工程分包与劳务作业分包。

（1）专业工程分包，是指施工总承包企业将其所承包工程中的专业工程发包给具有相应资质的其他建筑业企业完成的活动。

（2）劳务作业分包，是指施工总承包企业或者专业承包企业将其承包工程中的劳务作业发包给劳务分包企业完成的活动。

2. 分包工程的范围

建筑工程的主体结构部分不能分包给他人施工。这意味着，实行施工总承包的，建筑工程主体结构的施工必须由总承包单位自行完成。然而，钢结构工程主体结构属于专业分包序列，可以分包给有相应资质单位施工。

《建设工程质量管理条例》

此外，当进行分包时，分包的对象应当是有相应资质的单位。另外，除总承包合同中约定的分包外，分包单位的认可也必须经过建设单位的认可。这种认可有两种方式：一是在总承包合同中规定分包的内容；二是在总承包合同中没有规定分包内容的，应当事先征得建设单位的同意。

3. 分包单位的条件和认可

（1）相应的资质条件。分包单位必须具备一定的技术、资金和管理能力，以确保其能够按照合同要求完成分包工程。同时，分包单位还需要在其资质范围内承接工程，不能超越其资质范围进行承接。

（2）必须经过建设单位的同意。在总承包合同中，可以规定分包的内容，这种情况下分包单位的认可可以直接依据合同内容进行。如果总承包合同中没有规定分包内容，那么事先需要征得建设单位的同意。这种认可是对分包单位能力和信誉的确认，也是保证工程质量和安全的重要措施。

（3）不得再将其承包的工程再分包。为了防止工程被层层转包，导致质量难以保证和管理混乱。同时，总承包单位也不得将工程分包给不具备相应资质条件的单位，以确保工程的顺利进行和质量的可控性。

（4）建设单位不得直接指定分包工程承包人。为了维护公平竞争的原则，防止建设单位利用自身地位优势进行不正当干预。总承包单位有权对建设单位推荐的分包单位进行拒绝或采用别的选择。分包的规定见表3-5。

表 3-5　分包的规定

分类	专业工程分包与劳务作业分包
范围	1. 根据合同规定，对中标项目的部分非主体、非关键性工作进行分包。 2. 实行施工总承包的，主体结构的施工必须由总承包单位自行完成
资质	1. 具备一定的技术、资金和管理能力。 2. 不能超越其资质范围进行承接
认可方式	在总承包合同中规定分包的内容，或者在总承包合同中没有规定分包内容的，应当事先征得建设单位的同意
禁止	禁止分包单位将其承包的工程再分包，但劳务分包除外

综上所述，建设工程分包单位的条件和认可是确保工程质量和安全的重要措施。分包单位需要具备相应的资质条件，并经过建设单位的认可。同时，分包单位不得再将工程转包或分包给不具备资质条件的单位，以维护工程的顺利进行和质量的可控性。

根据《建设工程质量管理条例》第七十八条的规定，违法分包，是指下列行为。

（1）总承包单位将建设工程分包给不具备相应资质条件的单位的。

（2）建设工程总承包合同中未有约定，又未经建设单位认可，承包单位将其承包的部分建设工程交由其他单位完成的。

（3）施工总承包单位将建设工程主体结构的施工分包给其他单位的。

（4）分包单位将其承包的建设工程再分包的。

3.2.4　违法行为应承担的法律责任

1. 发包单位违法行为应承担的法律责任

（1）行政责任。发包单位若将工程发包给不具有相应资质或安全生产许可的施工单位，或未履行法定发包程序，包括未依法进行招标或申请直接发包未获核准等，可能会被责令改正，并处以罚款。对于情节严重的，可能会面临停业整顿、降低资质等级，甚至吊销资质证书的处罚。

（2）民事法律后果。发包单位若存在上述违法行为，对因违法发包造成的工程不符合质量标准而带来的损失，需要承担连带赔偿责任。

（3）法律依据。根据《建筑法》第六十五条第一款的规定，发包单位将工程发包给不具有相应资质条件的承包单位的，或者违反本法规定将建筑工程肢解发包的，责令改正，处以罚款。

《建设工程质量管理条例》第五十四条和第五十五条规定如下。

1）建设单位将建设工程发包给不具有相应资质等级的勘察、设计、施工单位或者委托给不具有相应资质等级的工程监理单位的，责令改正，处50万元以上100万元以下的罚款。

2）建设单位将建设工程肢解发包的，责令改正，处工程合同价款0.5％以上1％以下的罚款；对全部或者部分使用国有资金的项目，并可以暂停项目执行或者暂停资金拨付。

2. 承包单位违法行为应承担的法律责任

（1）行政责任。承包单位如果违反了行政法律法规的规定，如环保、安全、质量等方面的规定，可能会受到行政处罚。这些处罚包括罚款、责令停工整改、吊销执照等。此外，对于违反安全生产、环保等方面的规定的行为，还可能面临行政拘留的处罚。

《招标投标违法行为记录公告暂行办法》

（2）民事责任。如果承包单位的违法行为给他人造成了损失，需要承担民事赔偿责任。这可能包括赔偿损失、支付精神损害抚慰金等。

（3）刑事责任。如果承包单位的违法行为涉及刑法规定的罪行，如重大事故罪、污染环境罪等，那么可能会受到刑事处罚，包括拘留、罚款、有期徒刑等。

（4）资质处罚。在严重的情况下，承包单位可能会受到相关部门的撤销资质处罚，这意味着承包单位可能不能再从事相关的工程建设活动。此外，根据《建筑法》规定，如果承包单位超越其资质等级承揽工程，也可能面临责令停业整顿、降低资质等级、吊销资质证书等处罚。

（5）法律依据。《建筑法》第六十五条至第六十七条的规定如下。

1）发包单位将工程发包给不具有相应资质条件的承包单位的，或者违反本法规定将建筑工程肢解发包的，责令改正，处以罚款。

超越本单位资质等级承揽工程的，责令停止违法行为，处以罚款，可以责令停业整顿，降低资质等级；情节严重的，吊销资质证书；有违法所得的，予以没收。

未取得资质证书承揽工程的，予以取缔，并处罚款；有违法所得的，予以没收。

以欺骗手段取得资质证书的，吊销资质证书，处以罚款；构成犯罪的，依法追究刑事责任。

2）建筑施工企业转让、出借资质证书或者以其他方式允许他人以本企业的名义承揽工程的，责令改正，没收违法所得，并处罚款，可以责令停业整顿，降低资质等级；情节严重的，吊销资质证书。对因该项承揽工程不符合规定的质量标准造成的损失，建筑施工企业与使用本企业名义的单位或者个人承担连带赔偿责任。

3）承包单位将承包的工程转包的，或者违反本法规定进行分包的，责令改正，没收违法所得，并处罚款，可以责令停业整顿，降低资质等级；情节严重的，吊销资质证书。

承包单位有前款规定的违法行为的，对因转包工程或者违法分包的工程不符合规定的质量标准造成的损失，与接受转包或者分包的单位承担连带赔偿责任。

《招标投标违法行为记录公告暂行办法》第六条规定，国务院有关行政主管部门和省级人民政府有关行政主管部门应自行政处理决定作出之日起 20 个工作日内对外进行记录公告。省级人民政府有关行政主管部门公告的招标投标违法行为行政处理决定应用抄报相应国务院行政主管部门。违法行为记录公告期限为 6 个月。依法限制招标投标当事人资质（资格）等方面的行政处理决定，所认定的限制期限长于 6 个月的，公告期限从其决定。

《建设工程质量管理条例》规定如下。

1）勘察、设计、施工、工程监理单位超越本单位资质等级承揽工程的，责令停止违法行为，对勘察、设计单位或者工程监理单位处合同约定的勘察费、设计费或者监理酬金 1 倍以上 2 倍以下的罚款；对施工单位处工程合同价款 2% 以上 4% 以下的罚款，可以责令停业整顿，降低资质等级；情节严重的，吊销资质证书；没收违法所得。

2）勘察、设计、施工、工程监理单位允许其他单位或者个人以本单位名义承揽工程的，责令改正，没收违法所得，对勘察、设计单位和工程监理单位处合同约定的勘察费、设计费和监理酬金 1 倍以上 2 倍以下的罚款；对施工单位处工程合同价款 2% 以上 4% 以下的罚款；可以责令停业整顿，降低资质等级；情节严重的，吊销资质证书。

3）承包单位将承包的工程转包或者违法分包的，责令改正，没收违法所得，对勘察、设计单位处合同约定的勘察费、设计费 25% 以上 50% 以下的罚款；对施工单位处工程合同价款 0.5% 以上 1% 以下的罚款；可以责令停业整顿，降低资质等级；情节严重的，吊销资质证书。

4）对于接受转包、违法分包和用他人名义承揽工程的，处 1 万元以上 3 万元以下的罚款。

3. 其他法律责任

根据《建筑法》第六十八条规定，在工程发包与承包中索贿、受贿、行贿，构成犯罪的，依法追究刑事责任；不构成犯罪的，分别处以罚款，没收贿赂的财物，对直接负责的主管人员和其他直接责任人员给予处分。例如，发包单位在招投标过程中存在行贿、受贿等违法行为，可能会构成犯罪并被追究刑事责任。

案例应用3-2

➤案例简介

某建筑公司是总承包单位，在工程的施工过程中，将木工工程分包给了某劳务公司，并约定分包工程的安全责任由该劳务公司负责。在木工工程的施工过程中，该劳务公司的一名员工的手被电锯锯伤致残，某建筑公司事后调查发现该员工没有木工资质。

➤问题

某建筑公司应不应该承担责任？

➤案例评析

某建筑公司作为总承包单位应对施工现场的安全负总责，所以对于施工现场发生的安全事故都应承担相应的责任。依照法律规定作为总承包单位对施工现场的安全应负总责，分包单位不服从管理导致生产安全事故的，由分包单位承担主要责任。所以，总承包单位在分包工程时应与正规的、管理规范的单位签订分包合同。在上述问题中，由于分包单位聘用的木工不具有木工资质，导致了安全事故的发生，分包单位应当为此承担主要责任，并承担该雇员的工伤责任。需要强调的是，作为总承包单位不应当将工程分包给不具备任何资质的班组，否则一旦发生安全事故，则由总承包单位承担全部安全责任及相关人员的工伤赔偿责任。

3.3　建筑市场信用体系建设

3.3.1　建筑市场诚信行为信息的分类

《建筑市场诚信行为信息管理办法》规定，建筑市场信用信息分为良好行为记录和不良行为记录两大类。

1. 良好行为记录

良好行为记录是指建筑市场各方主体在工程建设过程中严格遵守有关工程建设的法律、法规、规章或强制性标准，行为规范，诚信经营，自觉维护建筑市场秩序，受到各级住房城乡建设主管部门和相关专业部门的奖励与表彰，所形成的良好行为记录。

2. 不良行为记录

不良行为记录是指建筑市场各方主体在工程建设过程中违反有关工程建设的法律、法规、规章或强制性标准和执业行为规范，经县级以上住房城乡建设主管部门或其委托的执法监督机构查实和行政处罚，形成的不良行为记录。《全国建筑市场各方主体不良行为记录认定标准》由建设部制定和颁布。建筑市场诚信行为信息的分类见表3-6。

《建筑市场诚信行为信息管理办法》

《全国建筑市场各方主体不良行为认定标准》

表 3-6　建筑市场诚信行为信息的分类

基本信息	指注册登记信息、资质信息、注册执业人员信息、工程项目信息等
良好行为记录	受到各级住房城乡建设主管部门和相关专业部门的奖励和表彰
不良行为记录	经县级以上住房城乡建设主管部门或其委托的执法监督机构查实和行政处罚

3.3.2　建筑市场施工单位不良行为记录认定标准

《全国建筑市场各方主体不良行为记录认定标准》规范了各方主体行为施工单位在实际工作中应当避免发生以下不良行为，确保建筑市场的健康有序发展。

建筑市场施工单位不良行为记录认定标准主要包括资质不良行为认定标准、承揽业务不良行为认定标准、工程质量不良行为认定标准。

1. 资质不良行为认定标准

资质不良行为认定标准主要包括以下几个方面。

（1）未取得资质证书承揽工程的，或超越本单位资质等级承揽业务的。

（2）以欺骗手段取得资质证书承揽业务的。

（3）允许其他单位或个人以本单位名义承揽业务的。

（4）未在规定期限内办理资质变更手续的。

（5）涂改、伪造、出借、转让《建筑业企业资质证书》的。

（6）按照规定需要持证上岗的技术工种的作业人员未经培训、考核，未取得证书上岗，情节严重的。

2. 承揽业务不良行为认定标准

承揽业务不良行为认定标准主要包括以下几个方面。

（1）利用向发包单位及其工作人员行贿、提供回扣或者给予其他好处等不正当手段承揽业务的。

（2）相互串通投标或与招标人串通投标的，以向招标人或评标委员会成员行贿的手段谋取中标的。

（3）以他人名义投标或以其他方式弄虚作假，骗取中标。

（4）不按照与招标人订立的合同履行义务，情节严重的。

（5）以联合体形式投标的，联合体成员又以自己名义单独投标，或者参加其他联合体投同一个标的。

（6）将承包的工程转包或违法分包的。

3. 工程质量不良行为认定标准

工程质量不良行为认定标准主要包括以下几个方面。

（1）偷工减料，使用不合格建筑材料、建筑构配件和设备，或者不按照工程设计图纸或施工技术标准施工。

（2）未按照节能设计进行施工。

（3）未对建筑材料、建筑构配件、设备和商品混凝土进行检测，或未对涉及结构安全的试块、试件，以及有关材料取样检测。

（4）工程竣工验收后，不向建设单位出具质量保修书，或质量保修的内容、期限违反规定。

（5）不履行保修义务或者拖延履行保修义务。

3.3.3　建筑市场诚信行为的公布和奖惩机制

1. 建筑市场诚信行为的公布

（1）公布的时限。根据《建筑市场诚信行为信息管理办法》规定，诚信行为记录由各省、自治区、直辖市住房城乡建设主管部门在当地建筑市场诚信信息平台上统一公布。公布内容应与建筑市场监管信息系统中的企业、人员和项目管理数据库相结合，形成信用档案，内部长期保留。

《建筑市场诚信行为
信息管理办法》

1）基本信息长期公开。

2）良好行为记录信息公布期限一般为 3 年，法律、法规另有规定的从其规定。

3）不良行为记录信息的公布时间为行政处罚决定做出后 7 日内，公布期限一般为 6 个月至 3 年。

> 🔗 **知识链接**
>
> 《建筑市场诚信行为信息管理办法》第十一条规定，省、自治区和直辖市建设行政主管部门负责审查整改结果，对整改确有实效的，由企业提出申请，经批准，可缩短其不良行为记录信息公布期限，但公布期限最短不得少于 3 个月；同时，将整改结果列于相应不良行为记录后，供有关部门和社会公众查询；对于拒不整改或整改不力的单位，信息发布部门可延长其不良行为记录信息公布期限。
>
> 《招标投标违法行为记录公告暂行办法》第六条规定，国务院有关行政主管部门和省级人民政府有关行政主管部门（以下简称"公告部门"）应自行政处理决定作出之日起 20 个工作日内对外进行记录公告。违法行为记录公告期限为 6 个月。依法限制招标投标当事人资质（资格）等方面的行政处理决定，所认定的限制期限长于 6 个月的，公告期限从其决定。

（2）公布的内容与范围。不良行为记录除在当地发布外，还将由建设部统一在全国公布，公布期限与地方确定的公布期限相同。根据《招标投标违法行为记录公告暂行办法》规定，对招标投标违法行为所作出的以下行政处理决定应给予公告。

1）警告。

2）罚款。

3）没收违法所得。

4）暂停或者取消招标代理资格。

5）取消在一定时期内参加依法必须进行招标的项目的投标资格。

6）取消担任评标委员会成员的资格。

7）暂停项目执行或追回已拨付资金。

8）暂停安排国家建设资金。

9）暂停建设项目的审查批准。

10）行政主管部门依法作出的其他行政处理决定。

（3）公布的变更。《建筑市场诚信行为信息管理办法》规定，对发布有误的信息，由发布该信息的省、自治区和直辖市住房城乡建设主管部门进行修正，根据被曝光单位对不良行为的整改情况，调整其信息公布期限，保证信息的准确和有效。

行政处罚决定经行政复议、行政诉讼及行政执法监督被变更或被撤销，应及时变更或删除该不良记录，并在相应诚信信息平台上予以公布，同时应依法妥善处理相关事宜。

《建筑业企业资质
管理规定》

2. 建筑市场诚信行为的奖惩机制

《建筑市场诚信行为信息管理办法》中提出，各级住房城乡建设主管部门，应当依据国家有关法律、法规和规章，按照诚信激励和失信惩戒的原则，逐步建立诚信奖惩机制。

在行政许可、市场准入、招标投标、资质管理、工程担保与保险、表彰评优等工作中，充分利用已公布的建筑市场各方主体的诚信行为信息，依法对守信行为给予激励，对失信行为进行惩处。在健全诚信奖惩机制的过程中，要防止利用诚信奖惩机制设置新的市场壁垒和地方保护。

《注册建造师管理
规定》

（1）建筑业企业未按照《建筑业企业资质管理规定》要求提供建筑业企业信用档案信息的，由县级以上地方人民政府住房城乡建设主管部门或者其他有关部门给予警告，责令限期改正；逾期未改正的，可处以 1 000 元以上 1 万元以下的罚款。

（2）注册建造师或者其聘用单位未按照《注册建造师管理规定》要求提供注册建造师信用档案信息的，由县级以上地方人民政府建设主管部门或者其他有关部门责令限期改正；逾期未改正的，可处以 1 000 元以上 1 万元以下的罚款。

3.3.4　建筑市场主体诚信评价的基本规定

《关于加快推进建筑市场信用体系建设工作的意见》中提出，同步推进政府对市场主体的守法诚信评价和社会中介信用机构开展的综合信用评价。行业协会要协助政府部门做好诚信行为记录、信息发布和信用评价等工作，推进建筑市场动态监管。

1. 政府对市场主体的守法诚信评价

政府对市场主体的守法诚信评价是指是以政府主导，以守法为基础，根据违法违规行为的行政处罚记录，对市场主体进行诚信评价。评价标准内容以建筑市场有关的法律责任为主要依据，对社会关注的焦点、热点问题可有所侧重，如拖欠工程款、拖欠农民工工资、违法分包、违反法定基本建设程序等。

《关于加快推进建筑
市场信用体系建设
工作的意见》

2. 社会中介信用机构的综合信用评价

社会中介信用机构的综合信用评价是指以市场主导，以守法、守信、守德、综合实力为基础进行综合评价。综合评价中有关建筑市场各方责任主体的优良和不良行为记录等信息要以建筑市场信用信息平台的记录为基础。

　知识链接

《国务院关于建立完善守信联合激励和失信联合惩戒制度加快推进社会诚信建设的指导意见》中提出，在有关部门和社会组织依法依规对本领域失信行为作出处理和评价基础上，通过信息共享，推动其他部门和社会组织依法依规对严重失信行为采取联合惩戒措施。

其中的重点包括以下几项。

（1）严重危害人民群众身体健康和生命安全的行为，包括食品药品、生态环境、工程质量、安全生产、消防安全、强制性产品认证等领域的严重失信行为。

（2）严重破坏市场公平竞争秩序和社会正常秩序的行为，包括贿赂、逃税骗税、恶意逃废债务、恶意拖欠货款或服务费、恶意欠薪、非法集资、合同欺诈、传销、无证照经营、制售假冒伪劣产品和故意侵犯知识产权、出借和借用资质投标、围标串标、虚假广告、侵害消费者或证券期货投资者合法权益、严重破坏网络空间传播秩序、聚众扰乱社会秩序等严重失信行为。

（3）拒不履行法定义务，严重影响司法机关、行政机关公信力的行为，包括当事人在司法机关、行政机关作出判决或决定后，有履行能力但拒不履行、逃避执行等严重失信行为。

（4）拒不履行国防义务，拒绝、逃避兵役，拒绝、拖延民用资源征用或者阻碍对被征用的民用资源进行改造，危害国防利益，破坏国防设施等行为。

🎯 案例应用3-3

➤案例简介

某招标代理机构在招标代理业务中的违法行为被查处，政府招标投标主管部门于2023年12月6日对其作出暂停招标代理资格1年的处罚决定，并于2023年12月15日在该省招标投标违法行为记录公告平台上予以公布。

《招标投标违法行为记录公告暂行办法》

2024年2月2日，该招标代理机构向人民法院提起行政诉讼，要求撤销对其行政处罚决定，为法院所受理。随即，该招标代理机构以已向法院起诉，应等法院最终判决为由，向政府招标投标主管部门提出撤销其违法行为记录公告的申请，但被驳回。2024年6月7日，该招标代理机构又向政府招标投标主管部门提出撤销其违法行为记录公告的申请，理由是：法院判决虽尚未作出，但公告6个月的期限已过，应予以撤销。招标代理机构两次撤销违法行为记录公告的申请均被驳回，政府招标投标主管部门未撤销其违法行为记录公告。

➤案例评析

《招标投标违法行为记录公告暂行办法》中规定，行政处理决定在被行政复议或行政诉讼期间，公告部门依法不停止对违法行为记录的公告，但行政处理决定被依法停止执行的除外。所以，招标代理机构第一次申请撤销公告的理由不成立，其违法行为记录公告不应撤销。

此外，《招标投标违法行为记录公告暂行办法》中还规定，违法行为记录公告期限为6个月。依法限制招标投标当事人资质（资格）等方面的行政处理决定，所认定的限制期限长于6个月的，公告期限从其决定。因为政府招标投标主管部门对其处罚决定为暂停招代理资质1年，限制期限长于6个月，所以公告期限应为1年。该招标代理机构的第2次申请撤销公告的理由也不成立，其违法行为记录公告不应撤销。

小结

　　建设工程发包与承包法律制度是规范建筑工程市场中发包和承包行为的重要法律基础。建设工程发包与承包活动应遵循公开、公正、平等竞争的原则，对于违反建设工程发包与承包法律制度的行为，法律规定了相应的法律责任。监管部门应加强对建设工程市场的监管力度，确保各项制度得到有效执行。

　　发包单位与承包单位之间应依法订立书面合同，明确双方的权利和义务。承包单位必须持有依法取得的资质证书，并在其资质等级许可的业务范围内承揽工程，建设工程法律禁止违法分包和转包行为。同时，在工程建设领域，推行工程款支付担保制度以预防拖欠工程款。通过遵循基本原则、明确形式要求、设立资质要求、禁止违法分包和转包、规范工程款支付与结算以及加强法律责任与监管等措施，可以有效促进建设工程市场的健康发展。

巩固训练

一、单项选择题

1. 下列关于建筑工程施工分包行为的说法中正确的是（　　）。
   A. 承包人并未对该工程的施工活动进行组织管理的，视同转包
   B. 个人可以承揽分包工程业务
   C. 建设单位有权直接指定分包工程承包人
   D. 建设单位推荐的分包单位，总承包单位无权拒绝

2. 某建设工程项目中，甲公司中标后将其转包给不具有相应资质的乙公司，乙公司施工工程不符合规定质量标准，给建设单位造成损失。下列说法中正确的是（　　）。
   A. 建设单位与甲公司有直接合同关系，应由甲公司承担赔偿责任
   B. 甲、乙承担连带赔偿责任
   C. 实际施工并造成损失的是乙公司，应由乙公司承担赔偿责任
   D. 因建设单位管理不到位，应由建设单位承担部分损失

3. 在招标投标中，下列关于履约保证金的说法中正确的是（　　）。
   A. 招标文件中不得要求中标人提交履约保证金
   B. 履约保证金是为了保证中标人按照合同约定履行义务，完成中标项目而设立的
   C. 履约保证金的金额没有法律规定的限制，招标人可要求中标人提交任意金额的履约保证金
   D. 不鼓励施工企业以银行保函形式向建设单位提供履约担保

4. 某工程施工招标项目估算价为 5 000 万元，其投标保证金不得超过（　　）万元。
   A. 80　　　　　　　　B. 100　　　　　　　　C. 150　　　　　　　　D. 200

5. 下列关于招标文件的说法中正确的是（　　）。
   A. 招标文件的要求不得高于法律规定
   B. 潜在投标人对招标文件有异议的，招标人作出答复前，招标投标活动继续进行
   C. 招标文件中载明的投标有效期从提交投标资格预审文件之日起算
   D. 招标人修改已发出的招标文件，应当以书面形式通知所有招标文件收受人

6. 在招标投标中，下列关于履约保证金的说法中正确的是（　　）。

    A. 招标文件中不得要求中标人提交履约保证金

    B. 履约保证金是为了保证中标人按照合同约定履行义务，完成中标项目而设立的

    C. 履约保证金的金额没有法律规定的限制，招标人可要求中标人提交任意金额的履约保证金

    D. 不鼓励施工企业以银行保函形式向建设单位提供履约担保

7. 下列关于中标和签订合同的说法中正确的是（　　）。

    A. 招标人应当授权评标委员会直接确定中标人

    B. 招标人与中标人签订合同的标的、价款、质量等主要条款应当与招标文件一致，但履行期限可以另行协商确定

    C. 确定中标人的权利属于招标人

    D. 中标人应当自中标通知书送达之日起 30 日内，按照招标文件与投标人订立书面合同

8. 下列关于联合体共同承包的说法中正确的是（　　）。

    A. 联合体中标的，联合体各方就中标项目向招标人承担连带责任

    B. 联合共同承包适应范围为大型且结构复杂的建筑工程

    C. 两个以上不同资质等级的单位实行联合体共同承包的，应当按照资质等级高的单位的业务许可范围承揽工程

    D. 联合体中标的，联合体各方应分别与招标人签订合同

9. 下列关于工程总承包企业的基本要求的说法中正确的是（　　）。

    A. 工程总承包企业不得自行实施设计和施工

    B. 工程承包企业不得直接将工程项目的设计或者施工业务择优分包给具有相应资质的企业

    C. 工程总承包企业自行实施施工的，可以将工程总承包项目工程主体结构的施工业务分包给其他单位

    D. 工程总承包企业自行实施设计的，不得将工程总承包项目工程主体部分的设计业务分包给其他单位

10. 关于总承包单位将所承包的工程再分包给他人，取得建设单位认可的方式，下列说法中正确的是（　　）。

    A. 必须在总承包合同中规定分包的内容

    B. 应当事先征得建设单位的同意

    C. 建设单位可以直接指定分包人

    D. 不得在总承包合同中规定分包的内容

11. 在工程合同中，在发包人同意下总承包人将其承担的部分工程交由第三人完成，就第三人完成的工作成果，应向发包人负责的是（　　）。

    A. 总承包人   B. 第三人

    C. 第三人或者总承包人   D. 第三人与总承包人

12. 施工总承包的，建筑工程主体结构的施工必须由（　　）完成。

    A. 各分包单位共同   B. 总承包单位与分包单位

    C. 总承包单位自行   D. 联合体共同

13. 下列关于工程总承包企业的责任说法中，正确的是（　　）。

    A. 建筑工程总承包单位按照总承包合同的约定对建设单位负责

B. 总承包单位和分包单位就分包工程对建设单位承担按份责任

　　C. 建设工程实行总承包的，分包单位应当对全部建设工程质量负责

　　D. 总承包单位和分包单位就分包工程对建设单位承担无过错责任

14. 下列关于建筑工程施工分包行为的说法中正确的是（　　）。

　　A. 承包人并未对该工程的施工活动进行组织管理的，属于转包

　　B. 个人可以承揽分包工程业务

　　C. 建设单位有权直接指定分包工程承包人

　　D. 建设单位推荐的分包单位，总承包单位无权拒绝

15. 根据《全国建筑市场各方主体不良行为记录认定标准》的规定，属于承揽业务不良行为的是（　　）。

　　A. 允许其他单位或个人以本单位名义承揽工程的

　　B. 不履行保修义务或者拖延改造保修义务的

　　C. 将承包的工程转包或者违法分包的

　　D. 未按照节能设计进行施工的

16. 下列关于建筑市场行为公布的说法中正确的是（　　）。

　　A. 行政处理决定在被行政复议或者行政诉讼期间，公告部门应当停止对违法行为记录的公告

　　B. 招标投标违法行为记录公告涉及国家秘密、商业秘密和个人隐私的记录一律不得公开

　　C. 原行政处理决定被依法变更或撤销的，公告部门应当及时对公告记录予以变更或撤销，无须在公告平台上予以声明

　　D. 企业整改经审核确实有效的，可以缩短其不良行为记录信息公布期限，但公布期限最短不得少于3个月

17. 下列不良行为中属于施工企业资质不良行为的是（　　）。

　　A. 以他人名义投标或者以其他方式弄虚作假，骗取中标的

　　B. 不按照与招标人订立的合同履行义务，情节严重的

　　C. 将承包的工程转包或者违法分包的

　　D. 允许其他单位或个人以本单位名义承揽工程的

18. 下列关于建筑市场各方主体信用信息公开期限的说法中正确的是（　　）。

　　A. 建筑市场各方主体的基本信息永久公开

　　B. 建筑市场各方主体的优良信用信息公布期限一般为6个月

　　C. 招标投标违法行为记录公告期限为1年

　　D. 不良信用信息公开期限一般为6个月至3年，并不得低于相关行政处罚期限

二、多项选择题

1. 根据建立建筑市场信用体系的要求，在有关部门和社会组织依法依规对本领域失信行为作出处理和评价基础上，通过信息共享推动其他部门和社会组织依法依规对严重失信行为采取的联合惩戒措施的领域重点包括（　　）。

　　A. 严重危害人民群众身体健康和生命安全的行为，包括食品药品、生态环境、工程质量、安全生产、消防安全、强制性产品认证等领域的严重失信行为

B. 严重破坏市场公平竞争秩序和社会正常秩序的行为，包括贿赂、逃税骗税等严重失信行为

C. 拒不履行法定义务，严重影响司法机关、行政机关公信力的行为

D. 严重违背与其他自然人和法人合同约定，造成他人损失的行为

E. 危害国防利益，破坏国防设施的行为

2. 下列关于工程总承包企业的说法中正确的有（　　　）。

　　A. 工程总承包企业可以根据合同约定或者经建设单位同意，直接将工程项目的设计或者施工业务择优分包给具有相应资质的企业

　　B. 工程总承包企业不得将工程总承包项目转包

　　C. 仅具有施工资质的企业不可以承接工程总承包项目

　　D. 工程总承包企业不得将工程总承包项目中设计和施工业务一并或者分别发包给其他单位

　　E. 分包单位只按照分包合同的约定对总承包单位负责

3. 根据《建筑工程施工转包违法分包等违法行为认定查处管理办法（试行）》规定，下列选项中属于合法分包的有（　　　）。

　　A. 经建设单位认可，施工企业将其承包的部分工程分包给个人

　　B. 施工总承包企业将钢结构工程分包给具有相应资质的企业

　　C. 施工企业将工程分包给未申领安全生产许可证的企业

　　D. 劳务分包企业将其承包的劳务再分包

　　E. 专业分包企业将其承包的专业工程中的劳务作业分包

4. 某建筑公司承包了一项混凝土框架结构大型商场工程的施工。其依法可以将（　　　）工程分包给具有相应施工资质的其他建筑企业。

　　A. 全部劳务作业

　　B. 全部地下室混凝土结构

　　C. 混凝土框架结构

　　D. 大型玻璃幕墙

　　E. 水电设备安装

5. 下列选项中属于挂靠的行为有（　　　）。

　　A. 没有资质的单位或个人借用其他施工单位的资质承揽工程的

　　B. 总承包单位将建设工程分包给不具备相应资质条件的单位的

　　C. 专业作业的发包单位不是该工程承包单位的

　　D. 资质等级高的施工单位借用资质等级低的

　　E. 分包单位将其承包的建设工程再分包的

6. 根据《建设工程质量管理条例》的规定，下列属于违法分包的有（　　　）。

　　A. 施工单位将工程分包给个人的

　　B. 施工合同中没有约定，又未经建设单位认可而分包的，施工单位将其承包的部分工程交由其他单位施工的

　　C. 施工总承包单位将建设工程主体结构（非钢结构）的施工分包给其他单位的

　　D. 专业分包单位将其承包的建设工程的劳务再分包的

　　E. 总承包单位将建设工程分包给不具备相应资质条件的单位的

7. 甲建设单位发包某大型工程项目，乙是总承包单位，丙是具有相应专业承包资质的施工单位，丁是具有施工劳务资质的施工单位。下列关于该项目发包、分包的说法中，正确的有（　　）。

A. 乙可以将专业工程分包给丙

B. 丙可以将劳务作业分包给丁

C. 乙可以将劳务作业分包给丁

D. 甲可以将专业工程发包给丙

E. 甲可以将劳务作业分包给丁

三、简答题

1. 招标有哪些方式？简述招标的基本程序。

2. 什么是投标保证金？投标保证金的形式有哪些？

3. 什么是联合体投标？简述联合体投标的资质要求和法律责任。

4. 建设工程违法分包如何定义？应承担的法律责任是什么？

5. 建筑市场施工单位不良行为记录的认定标准是什么？

四、案例分析题

▶案例简介

甲饭店因扩建经营场地拟修建一座5层写字楼，其中地下1层是停车场，5楼顶层做空中花园。由于设计和施工有特殊要求，在招标过程经过精心选择和考核，确定由A市政工程公司承包该工程，后经发包人同意，A市政工程公司把设计任务分包给M设计院并签订《建筑工程设计合同》，同时，将整个工程施工任务分包给N建筑公司，M设计院按时完成了设计任务，N建筑公司根据第一设计院图纸进行了施工，经验收合格后工程交付使用。工程投入使用两个月后，楼顶空中花园漏水到五楼，导致五楼的写字楼租用客户无法正常办公，进而向甲饭店提出解除租赁合同而索回租金。就楼顶漏水问题，甲饭店要求A市政工程公司维修和返修，但始终没有解决问题。经质监部门检测，设计缺陷是楼顶漏水的主要原因。另外，施工方偷工减料行为也是导致漏水的原因之一。基于上述质量问题，甲饭店将A市政工程公司诉至法院，要求其赔偿经济损失。

案例评析

▶问题

本案例中的法律责任应如何认定？

工作手册 4　建设工程合同和劳动合同法律制度

梁思成建筑奖　　　　　三峡工程

🎯 学习目标

　　通过学习，了解建设工程合同的概念、分类和特征，熟悉建设工程合同订立的原则和方式，能根据工程具体情况判定建设工程合同的效力；掌握合同履行、变更、转让及终止的程序；掌握工程索赔和争议解决的方法与程序；掌握建设工程勘察设计合同、建设工程施工合同、建设工程监理合同的主要内容，明确合同中各方当事人的权利和义务，能独立编写相关合同文本。掌握劳动法基础理论与系统知识，了解我国劳动立法和司法现状；提升劳动纠纷处理能力，具备综合应用劳动法专业知识判断、分析和处理劳动纠纷的法律实践操作能力；提升劳动法律维权意识。

🎯 学习要求

职业能力目标	知识要点	权重
熟悉建设工程合同法律制度	建设工程合同的概念、分类、特征、订立原则、订立方式、效力、履行、变更、转让及终止，工程索赔和争议解决的方法与程序，建设工程勘察设计合同、建设工程施工合同、建设工程监理合同的主要内容	60%
熟悉劳动合同法律制度	劳动法的基本理论，劳动合同法律制度，劳动保护和劳动争议的处理，建设工程劳动合同文本内容	40%

🎯 案例导入

▶案例简介

　　甲公司拟建设某实验小学工程。2023 年 3 月 8 日，乙公司在招标中中标。甲公司与乙公司签订《建设工程施工合同》。该合同中规定：开工日期为 2023 年 3 月 10 日，竣工日期为 2023

年 10 月 30 日。乙公司向甲公司提交的施工总进度计划显示，2023 年 4 月 25 日开始钢结构主框架构件安装，2023 年 7 月 29 日完成钢结构的主体验收。

2023 年 3 月 10 日，乙公司按约进场施工。2023 年 4 月 5 日甲公司告知乙公司钢结构设计图纸会发生变更，变更后的图纸将在设计院完成后下发。设计院于 2023 年 7 月 10 日向乙公司下发变更后的图纸，为此乙公司向甲公司提出了索赔：①费用索赔，乙公司要求甲公司赔偿钢结构变更设计图纸延迟下发导致的停工的损失；②工期索赔，要求顺延设计图纸延迟下发导致延误的工期。

然而在工程建设完成之后，双方却并没有就款项结算达成一致意见。之后乙公司向仲裁委员会提起仲裁申请，要求甲公司赔偿费用和工期损失。

甲公司辩称，其已在钢结构主框架安装前告知乙公司图纸会发生变更，乙公司对钢结构图纸变更已有预期，乙公司作为有经验的承包商应及时调整施工顺序合理安排人员、材料、机械进场。乙公司停工等待变更图纸是其施工组织不力所致，其应自行承担停工期间的损失，工期也不予顺延。

案例评析

➤ 问题

乙公司的主张能得到法院的支持吗？

4.1　建设工程合同制度

4.1.1　合同的法律特征和订立原则

建设工程合同是指在工程建设过程中，发包人与承包人依法订立的、明确双方权利和义务关系的协议。在工程建设合同中，承包人的主要义务是进行工程建设，权利是得到工程价款；发包人的主要义务是支付价款，权利是得到完整、符合约定的建筑产品。建设工程合同包括工程勘察、设计、施工合同。

 知识链接

《民法典》第八百零八条中明确规定，建设工程合同是承揽合同的一种，是承揽人（承包人）按照定做人（发包人）的要求完成工作（工程建设），交付工作成果（竣工工程），定做人给付报酬的合同。对建设工程合同没有规定的，适用承揽合同的有关规定。

另外，建设工程合同是一种诺成合同。合同订立生效后，双方应当严格履行。建设工程合同还是一种双务、有偿合同。当事人双方在合同中都有各自的权利和义务，在享有权利的同时必须同时履行义务。

1. 合同的法律特征

（1）合同主体的严格性。建设工程合同主体一般是法人。发包人一般是经过批准进行工程项目建设的法人，必须有国家批准的建设项目，落实的投资计划，并且应当具备相应的协调能力。承包人则必须具备法人资格，而且应当具备相应的从事勘察设计、施工、监理等资质。无营业执照或无承包资质的单位不能作为建设工程合同的主体，资质等级低的单位不能越级承包建设工程。

（2）合同标的特殊性。建设工程合同的标的是各类建筑产品。而建筑产品具有固定性、多样性、单件性、生产工作的流动性等特性，这些特性决定了建设工程合同标的特殊性。

（3）合同履行期限的长期性。建设工程由于结构复杂、体积大、建筑材料类型多、工作量大，使合同履行期限都较长（与一般工业产品的生产相比），建设工程合同的订立和履行一般都需要较长的准备期。在合同的履行过程中，还可能因为不可抗力、工程变更、材料供应不及时等原因而导致合同顺延。所有这些情况，决定了建设工程合同的履行期限具有长期性。

（4）计划和程序的严格性。由于工程建设对国家的经济发展、公民的工作和生活都有重大的影响，因此，国家对建设工程的计划和程序都有严格的管理制度。订立建设工程合同必须以国家批准的投资计划为前提，即使是国家投资以外的、以其他方式筹集的投资也要受到当年的贷款规模和批准限额的限制，纳入当年投资规模的平衡，并经过严格的审批程序。建设工程合同的订立和履行还必须符合国家关于工程建设程序的规定。

（5）合同形式的特殊要求。《民法典》对合同形式确立以不要式为主的原则，即在一般情况下对合同形式采用书面形式还是口头形式没有限制。但是，考虑到建设工程的重要性和复杂性，在建设过程中经常会发生影响合同履行的纠纷，因此，《民法典》第七百八十九条规定，建设工程合同应当采用书面形式，即采用要式合同。

2. 合同的订立原则

合同订立是指当事人按照一定的程序达成协议的行为和过程。根据《民法典》规定，在签订建设工程合同时必须遵循以下基本原则。

（1）平等原则。合同当事人法律地位平等，任何一方不得强迫或采用其他非法手段使对方接受不平等的合同条件，合同内容应当是双方当事人真实的意思表示。同时，法律也给双方提供平等的法律保护及约束。

（2）自愿原则。自愿原则即在不违反法律、国家利益和社会公共利益的前提下享有完全的自由，合同当事人通过协商，自愿决定和调整相互权利义务关系。自愿原则是贯彻合同活动的全过程，包括：第一，订不订立合同自愿，当事人依自己意愿自主决定是否签订合同；第二，与谁订立合同自愿，在签订合同时，有权选择对方当事人；第三，合同内容由当事人在不违法的情况下自愿约定；第四，在合同履行过程中，当事人可以协议补充、变更有关内容；第五，双方也可以协议解除合同；第六，可以约定违约责任，在发生争议时，当事人可以自愿选择解决争议的方式。总之，只要不违背法律、行政法规强制性的规定，合同当事人有权自愿决定。

（3）公平原则。公平原则要求合同双方当事人之间的权利义务要公平合理，要大体上平衡，强调一方给付与对方给付之间的等值性，合同上的负担和风险的合理分配。具体包括：第一，在订立合同时，要根据公平原则确定双方的权利和义务，不得滥用权力，不得欺诈，不得假借订立合同恶意进行磋商；第二，根据公平原则确定风险的合理分配；第三，根据公平原则确定违约责任。公平原则可以防止当事人滥用权利，有利于保护当事人的合法权益，维护和平衡当事人之间的利益。

（4）诚实信用原则。诚实信用原则要求当事人在订立、履行合同，以及合同终止后的全过程中，都要诚实、讲信用、相互协作，不得滥用权力规避法律或合同规定的义务。诚实信用原则具体包括：第一，在订立合同时，不得有欺诈或其他违背诚实信用的行为；第二，在履行合同义务时，当事人应当遵循诚实信用的原则，根据合同的性质、目的和交易习惯履行及时通知、协助、提供必要的条件、防止损失扩大、保密等义务；第三，当合同终止后，当事人也应当遵循诚实信用的原则，根据交易习惯履行通知、协助、保密等义务，称为后合同义务。

4.1.2 合同的要约与承诺

根据《民法典》第四百七十一条的规定，当事人订立合同，可以采取要约、承诺方式或者其他方式。

1. 要约

要约是希望与他人订立合同的意思表示。

（1）成立条件。要约应当符合下列条件：一是内容具体确定；二是表明经受要约人承诺，要约人即受该意思表示约束。

（2）生效时间。以对话方式作出的意思表示，相对人知道其内容时生效。以非对话方式作出的意思表示，到达相对人时生效。以非对话方式作出的采用数据电文形式的意思表示，相对人指定特定系统接收数据电文的，该数据电文进入该特定系统时生效；未指定特定系统的，相对人知道或者应当知道该数据电文进入其系统时生效。当事人对采用数据电文形式的意思表示的生效时间另有约定的，按照其约定。

（3）要约撤回。当事人可以撤回意思表示。撤回意思表示的通知应当在意思表示到达相对人前或者与意思表示同时到达相对人，即在要约生效之前为之。

（4）要约撤销。在要约生效之后、承诺作出之前而为之，即撤销要约的通知应在受要约人发出承诺通知之前到达受要约人。有下列情形之一的，要约不得撤销：一是要约人以确定承诺期限或者其他形式明示要约不可撤销；二是受要约人有理由认为要约是不可撤销的，并已经为履行合同做了合理准备工作。要约撤销生效的时间：撤销要约的意思表示以对话方式作出的，该意思表示的内容应当在受要约人作出承诺之前为受要约人所知道；撤销要约的意思表示以非对话方式作出的，应当在受要约人作出承诺之前到达受要约人。

（5）要约失效。有下列情形之一的，要约失效：要约被拒绝；要约被依法撤销；承诺期限届满，受要约人未作出承诺；受要约人对要约的内容作出实质性变更。

> 🔗 **知识链接**
>
> 因建设工程合同签订的特殊性，在要约前，当事人一方邀请对方向自己发出邀约，如寄送的价目表、招标公告、商业广告等，这称为要约邀请，又称为要约引诱。要约邀请与要约不同，要约是一个一经承诺就成立合同的意思表示，而要约邀请只是邀请他人向自己发出要约，自己如果承诺才成立合同。

2. 承诺

承诺是受要约人同意要约的意思表示。承诺应当以通知的方式作出；但是，根据交易习惯或者要约表明可以通过行为作出承诺的除外。

（1）承诺成立的条件。承诺成立的条件：承诺必须由受要约人作出；承诺须向要约人作出；承诺的内容须与要约保持一致；承诺必须在要约的有效期内作出。

（2）承诺期限。承诺应当在要约确定的期限内到达要约人。要约没有确定承诺期限的，承诺应当依照下列规定到达：第一，要约以对话方式作出的，应当即时作出承诺；第二，要约以非对话方式作出的，承诺应当在合理期限内到达。要约以信件或者电报作出的，承诺期限自信件载明的日期或者电报交发之日开始计算。信件未载明日期的，自投寄该信件的邮戳日期开始计算。要约以电话、传真、电子邮件等快速通信方式作出的，承诺期限自要约到达受要约人时开始计算。

（3）承诺生效。承诺生效时合同成立。以通知方式作出的承诺，承诺通知到达要约人时生效。承诺应当在要约确定的期限内到达要约人。要约没有确定承诺期限的，如果要约以对话方式作出，应当即时作出承诺，但当事人另有约定的除外；要约以非对话方式作出，承诺应当在合理期限内到达。承诺不需要通知的，根据交易习惯或者要约的要求作出承诺的行为时生效。

（4）承诺撤回。承诺的撤回是指受要约人阻止承诺发生法律效力的意思表示。因为承诺一经送达要约人即发生法律效力，合同即刻成立，所以撤回承诺的通知应当在承诺通知到达之前或者与承诺通知同时到达要约人。如果撤回承诺的通知晚于承诺的通知到达要约人，则承诺一经生效，合同一经成立，受要约人便不能撤回承诺。

（5）延迟承诺。受要约人超过承诺期限发出承诺。承诺出现迟延有两种情况，一是超过要约规定的承诺期限作出，因此出现了迟延，因要约已经失效，对于失效的要约发出承诺，不能发生承诺的效力，应视为新要约；二是在要约规定的承诺期限内作出，但由于邮政等其他原因，没有及时到达要约人，除要约人及时通知受要约人因承诺超过期限不接受该承诺外，该承诺有效。

（6）承诺变更。承诺的内容应当与要约的内容一致。受要约人对要约的内容作出实质性变更的，为新要约。有关合同标的、数量、质量、价款或者报酬、履行期限、履行地点和方式、违约责任和解决争议方法等的变更，是对要约内容的实质性变更。承诺对要约的内容作出非实质性变更的，除要约人及时表示反对或者要约表明承诺不得对要约的内容作出任何变更外，该承诺有效，合同的内容以承诺的内容为准。

4.1.3　建设工程施工合同的法定形式和内容

1. 建设工程施工合同的法定形式

根据《民法典》第四百六十九条的规定，当事人订立合同，可以采用书面形式、口头形式和其他形式，书面形式是合同书、信件、电报、电传、传真等可以有形地表现所载内容，以电子数据交换、电子邮件等方式能够有形地表现所载内容，并可以随时调取查用的数据电文，视为书面形式。

合同的书面形式有多种，最常用的是当事人双方对合同有关内容进行协商订立的并由双方签字（或者同时盖章）的合同文本，也称作合同书或者书面合同。合同书内容形式多样，除双方当事人自己签订的合同文本外，政府有关部门、行业协会制订有标准合同文本、示范性合同文本，也有营业者提供的由营业者制订的格式合同文本。当事人双方可结合情况自行选择合同书的形式。但一般来说，作为合同书应当符合如下条件：必须以某种文字、符号书写；必须有双方当事人（或者代理人）的签字（或者同时盖章）；合同的当事人必须是确定的，表明合同是由谁与谁订立的；必须规定当事人的权利义务。

2. 建设工程施工合同的内容

根据《民法典》第七百九十五条的规定，施工合同的内容一般包括工程范围、建设工期、中间交工工程的开工和竣工时间、工程质量、工程造价、技术资料交付时间、材料和设备供应责任、拨款和结算、竣工验收、质量保修范围和质量保证期、相互协作等条款。建设工程施工合同根据承包工程计价方式、承包范围等的不同，分为了不同的种类。

（1）按承包工程计价方式分类。根据合同计价方式的不同，建设工程合同可分为总价合同、单价合同和成本加酬金合同三种类型。

1）总价合同。总价合同是指在合同中确定一个完成项目的总价，承包人据此完成项目全部内容的合同。这种合同类型能够使发包人在评标时易于确定报价最低的承包人、易于进行支付计算。但这类合同仅适用于工程量不太大且能精确计算、工期较短、技术不太复杂、风险不大的项目。因而采用这种合同类型要求发包人必须准备详细而全面的设计图纸和各项说明，使承包人能准确计算工程量。总价合同又可以分为固定总价合同和可调总价合同。

2）单价合同。单价合同是承包人在投标时，按招标文件就分部分项工程所列出的工程量表确定各分部分项工程费用的合同类型。这类合同的适用范围比较宽，其风险可以合理地分摊，并且能鼓励承包人通过提高工效等手段从成本节约中提高利润。这类合同能否成立的关键在于双方对单价和工程量计算方法的确认。在合同履行中需要注意的问题则是双方对实际工程量计量的确认。单价合同也可以分为固定单价合同和可调单价合同。

3）成本加酬金合同。成本加酬金合同是由发包人向承包人支付工程项目的实际成本，并按事先约定的某一种方式支付酬金的合同类型。采用成本加酬金合同，发包人需要承担项目实际发生的一切费用，承担几乎全部的风险。而承包人除施工风险和安全风险外，几乎无风险，其报酬往往也较低。这类合同的主要缺点在于发包人对工程造价不易控制，承包人也不注意降低项目成本，不利于提高工程投资效益。主要适用于以下几类项目：一是需要立即开展工作的项目，如抢险救灾工作；二是新型的工程项目，或者对项目内容及技术经济指标未确定的项目；三是风险很大的项目。

（2）按承包范围分类。按承包范围可分为建设全过程承包合同、阶段承包合同、专项承包合同和建设－运营－转让承包合同。

1）建设全过程承包合同。建设全过程承包合同也称为工程项目总承包合同，即通常所说的"交钥匙"合同。采用这种合同的工程项目主要是大中型工业、交通和基础设施项目的建设。发包人一般只要提出使用要求和建设期限，承包人即可对项目建议书、可行性研究、勘察设计、设备询价与采购、材料供应、建筑安装施工、生产职工培训直至竣工投产，实行全面总承包，并负责对各阶段、各专业的分包商进行综合管理、协调和监督工作。这类合同的优越性是可以积累经验和充分利用已有的项目经验，达到节约投资、缩短建设周期、保证工程质量、提高经济效益的目的，适用于具有雄厚的技术经济实力和较强的组织管理能力的承包人。

2）阶段承包合同。阶段承包合同是以建设过程中的某一阶段的工作为标的的承包合同。其主要有工程项目可行性研究合同、勘察设计合同、材料设备采购供应合同、建筑安装施工合同及设计施工合同等。其中，施工阶段承包合同按承包内容又可分为全部包工包料、包工不包料及包工包部分材料合同。全部包工包料合同即承包人承包工程所用的全部人工和材料，这种合同采用较普遍。包工不包料，即劳务合同，俗称"包清工"，承包人仅按发包人的要求提供劳务，不承担提供任何材料的义务。包工包部分材料，即承包人负责提供施工所需要全部人工和部分材料，其余部分材料由发包单位负责供应。

3）专项承包合同。专项承包合同是以工程项目建设过程中某一阶段某一专业性项目为标的的承包合同。其内容可为技术服务性质，如可行性研究中的辅助研究项目，勘察设计阶段的工程地质勘察、供水水源勘察、特殊工艺设计等；也可分为专业施工性质，如深基础处理，各种专用设备系统的安装等。

4）建设－运营－转让承包合同。建设－运营－转让承包合同，简称 BOT 合同，是 20 世纪 80 年代新兴的一种带资承包方式，主要适用于大型工程项目的建设，如高速公路、地下铁道、海底隧道、发电厂等。

　　不同类型的合同应用条件不同，合同各方的权利和责任划分不同，合同各方承担的风险也各不相同，在实践中应根据工程项目的具体情况进行选择。

4.1.4　建设工程工期和支付价款的规定

1. 建设工程工期的规定

　　《建设工程质量管理条例》第十条规定，建设工程发包单位不得迫使承包方以低于成本的价格竞标，不得任意压缩合理工期。建设单位不得明示或暗示设计单位或者施工单位违反工程建设强制性标准，降低建设工程质量。

　　《劳动合同法》第五十九条规定，用工单位应当根据工作岗位的实际需要与劳务派遣单位确定派遣期限，不得将连续用工期限分割订立数个短期劳务派遣协议。

　　《民法典》第八百条规定，勘察、设计的质量不符合要求或者未按照期限提交勘察、设计文件拖延工期，造成发包人损失的，勘察人、设计人应当继续完善勘察、设计，减收或者免收勘察、设计费并赔偿损失。建设工程工期的规定见表 4-1。

表 4-1　建设工程工期的规定

开工日期	当事人对建设工程开工日期有争议的，人民法院应当分别按照以下情形予以认定： （1）开工日期为发包人或者监理人发出的开工通知载明的开工日期；开工通知发出后，尚不具备开工条件的，以开工条件具备的时间为开工日期；因承包人原因导致开工时间推迟的，以开工通知载明的时间为开工日期。 （2）承包人经发包人同意已经实际进场施工的，以实际进场施工时间为开工日期。 （3）发包人或者监理人未发出开工通知，亦无相关证据证明实际开工日期的，应当综合考虑开工报告、合同、施工许可证、竣工验收报告或者竣工验收备案表等载明的时间，并结合是否具备开工条件的事实，认定开工日期
竣工日期	当事人对建设工程实际竣工日期有争议的，按照以下情形分别处理： （1）建设工程经竣工验收合格的，以竣工验收合格之日为竣工日期。 （2）承包人已经提交竣工验收报告，发包人拖延验收的，以承包人提交验收报告之日为竣工日期。 （3）建设工程未经竣工验收，发包人擅自使用的，以转移占有建设工程之日为竣工日期

2. 建设工程支付价款的规定

　　《建筑法》第十八条规定，建筑工程造价应当按照国家有关规定，由发包单位与承包单位在合同中约定。公开招标发包的，其造价的约定，须遵守招标投标法律的规定。发包单位应当按照合同的约定，及时拨付工程款项。

　　《民法典》第八百零七条规定，发包人未按照约定支付价款的，承包人可以催告发包人在合理期限内支付价款。发包人逾期不支付的，除根据建设工程的性质不宜折价、拍卖外，承包人可以与发包人协议将该工程折价，也可以请求人民法院将该工程依法拍卖。建设工程的价款就该工程折价或者拍卖的价款优先受偿。解决工程价款结算争议的规定见表 4-2。

表 4-2　解决工程价款结算争议的规定

欠付工程款的利息支付	下列时间视为应付款时间： （1）建设工程已实际交付的，为交付之日。 （2）建设工程没有交付的，为提交竣工结算文件之日。 （3）建设工程未交付，工程价款也未结算的，为当事人起诉之日
工程垫资的处理	（1）当事人对垫资和垫资利息有约定，承包人请求按照约定返还垫资及其利息的，应予以支持，但是约定的利息计算标准高于垫资时的同类贷款利率或者同期贷款市场报价利率的部分除外。 （2）当事人对垫资没有约定的，按照工程欠款处理。当事人对垫资利息没有约定，承包人请求支付利息的，不予支持
承包人工程价款的优先受偿权	承包人应当在合理期限内行使建设工程价款优先受偿权，但最长不得超过 18 个月，自发包人应当给付建设工程价款之日起算

工程款支付方式具体如下。

（1）按月结算。按月结算即实行旬末预支或月中预支，月终按工程师确认的当月完成的有效工程量进行结算，竣工后办理竣工结算。

（2）分段结算。分段结算即双方约定按单项工程或单位工程形象进度，划分不同阶段进行结算。如对一般工业民用建筑可以划分为基础、结构、装饰、设备安装几个阶段。每阶段工程完工后，进行结算。高层建筑也可以将每完成一层作为一个结算阶段。公路工程也可分为基础层和面层两个结算段等。

（3）竣工后一次结算。建设项目较少，工期较短的工程，可以实行在施工过程中分几次预支，竣工后一次结算的方法。

（4）双方约定的其他结算方式。发包人和承包人可以结合具体工程的建设规模、工期长短，合同价款多少，选择工程进度款的支付方式和相应的结算时间。

4.1.5　建设工程赔偿损失的规定

1. 损害赔偿

《民法典》关于损害赔偿有以下规定。

（1）损害赔偿范围。损害赔偿范围包括当事人一方不履行合同义务或者履行合同义务不符合约定，造成对方损失的，损失赔偿额应当相当于因违约所造成的损失，包括合同履行后可以获得的利益；但是，不得超过违约一方订立合同时预见到或者应当预见到的因违约可能造成的损失。

（2）拒绝受领和受领迟延的赔偿。债务人按照约定履行债务，债权人无正当理由拒绝受领的，债务人可以请求债权人赔偿增加的费用。在债权人受领迟延期间，债务人不用支付利息。

（3）减损规则。当事人一方违约后，对方应当采取适当措施防止损失的扩大；没有采取适当措施致使损失扩大的，不得就扩大的损失请求赔偿。当事人因防止损失扩大而支出的合理费用，由违约方负担。

（4）双方违约和与有过失的赔偿。当事人都违反合同的，应当各自承担相应的责任。当事人一方违约造成对方损失，对方对损失的发生有过错的，可以减少相应的损失赔偿额。

（5）第三人原因造成违约时违约责任承担。当事人一方因第三人的原因造成违约的，应当依法向对方承担违约责任。当事人一方和第三人之间的纠纷，依照法律规定或者按照约定处理。

2. 索赔

（1）索赔的概念。建设工程合同索赔是指建设工程合同实施过程中，根据法律规定、合同约定及惯例，对并非由于自己的过错，而是属于应由合同对方承担责任且实际发生的损失，向对方提出补偿或赔偿的要求。

工程索赔是双向的，发包人（建设单位）和承包人（施工单位）都可能向对方提出索赔要求。通常情况下，将承包人（施工单位）向发包人（建设单位）提出的索赔称为承包人的施工索赔（简称"施工索赔"），而把发包人（建设单位）向发包人（建设单位）提出的索赔称为发包人的反索赔（简称"反索赔"），广义上统称索赔。

索赔是一方当事人对其实际损失或额外费用请求给予补偿的一种要求，对对方不具有惩罚性。工程索赔是工程承包中经常发生的正常现象，是发包人、承包人和工程监理之间经常发生而且普遍存在的合同管理业务。因建设工程建设周期长、规模大、技术复杂，施工现场条件、气候条件、施工进度、物价等存在变化的可能，工程承包中索赔时有发生。

（2）索赔的分类。

1）按索赔主体分类。按索赔主体不同可以将索赔分为发包人索赔和承包人索赔。发包人索赔的内容是要求赔付金额和（或）延长缺陷责任期，承包人索赔的内容是要求追加付款和（或）延长工期。

2）按索赔目的分类。按索赔目的不同可以将索赔分为工期索赔和费用索赔。工期索赔的内容是延长工期，或者延长缺陷责任期；费用索赔的内容是发承包一方向另一方主张经济补偿。

3）按索赔的处理方式分类。按索赔的处理方式不同，索赔可分为单项索赔和总索赔。

①单项索赔是指针对某一干扰事件提出的索赔。索赔的处理是在合同实施过程中，在影响合同正常实施的干扰事件发生时或发生后，合同管理人员立即处理，并在合同规定的索赔有效期内向发包人或监理工程师提交索赔意向书和索赔报告。若索赔超过规定的有效期，则索赔无效。单项索赔通常原因单一，责任分析和索赔计算不太复杂，涉及金额也较低，双方容易达成协议，索赔成功概率较高。

②总索赔又称为一揽子索赔或综合索赔，是指发承包双方将合同履行过程中未解决的单项索赔集中起来提出总索赔。这种索赔适用于一些单项索赔问题比较复杂，不能立即解决，经双方协商同意留待以后解决的情况。总索赔影响因素复杂、处理难度大、责任分析和索赔值计算困难，为了增加索赔的成功率，在实施过程中要加强合同管理，及时掌握索赔的有利时机，力争单项索赔。对于实在不能单项解决，需要一揽子索赔的，也应力争在施工建成后、正式移交前完成主要的谈判与付款。

4）按索赔的合同依据分类。按索赔的合同依据不同，索赔可分为合同内索赔、合同外索赔和道义索赔。

①合同内索赔。索赔依据可在合同条款中找到明文规定的索赔。这类索赔争议少，索赔容易成功。一般情况下，监理工程师即可处理此项索赔。

②合同外索赔。在合同条款内很难找到直接依据，但可以从对合同条件的合理推断或同其他条款有关条款联系起来论证索赔是属合同规定的索赔。合同外索赔需要承包商有丰富的索赔

经验、非常熟悉合同和相关法律方能实现。此项索赔由业主决定是否索赔，监理工程师无权决定。

③道义索赔。道义索赔又称为额外支付，这种索赔无合同和法律依据，承包商认为自己在施工过程中确实遭到很大的损失，要向业主寻求优惠性质的额外付款。此类索赔多为承包商对标价估计不足，虽然圆满完成了合同规定的施工任务，但期间由于克服了巨大困难而蒙受了巨大的损失，为此向业主寻求优惠性质的额外付款，这类索赔监理工程师无权决定，只是业主通情达理，出于同情时才会超越合同条款给予承包商一定的经济补偿。

5）按索赔事件的性质分类。建设工程合同索赔按索赔事件的性质，可分为工程延期索赔、工程加速索赔、工程变更索赔、工程中断索赔、其他原因索赔。

①工程延期索赔。工程延期索赔是指承包人因发包人未能按合同提供施工条件，如未及时交付设计图纸、技术资料，场地、道路不符合条件等，造成工期延长而提出的索赔。这是工程中极为常见的一种索赔。

②工程加速索赔。发包人或工程师指令承包人加快施工速度，缩短工期，引起承包人人、财、物的额外开支而提出的索赔。

③工程变更索赔。工程变更索赔是指由于发包人或监理工程师指令增加或减少工程量或增加附加工程、变更工程顺序，造成工期延长或费用损失，承包人为此提出的索赔。

④工程中断索赔。工程中断索赔是指由于工程施工受到承包人不能控制的因素而不能继续进行，中断一段时间后，承包人提出的索赔。

⑤其他原因索赔。其他原因索赔是指如货币贬值、汇率变化、物价和工资上涨、政策法令变化等不可预见的外部障碍或条件，以及不可抗力事件引起的索赔。

（3）索赔事件。索赔事件又称为干扰事件，是指那些使实际情况与合同规定不符，最终引起工期和费用变化的各类事件。根据主体不同，可以有发包人可以索赔的事件、承包人可以索赔的事件、承发包人均可索赔的事件。通常，承包人可以提起索赔的事件如下。

索赔的具体情形

1）发包人未按合同规定提供设计资料、图纸，未及时下达指令、答复请示，致使工程延期。

2）发包人未按合同规定的时期交付施工现场、道路，提供水电。

3）应由发包人提供的材料和设备未按规定提供，使工程不能及时开工或造成工程中断。

4）未按合同规定按时支付工程款。

5）因工程变更造成的时间、费用损失。

6）因监理工程师对合同文本的歧义解释、技术资料不确切，或因不可抗力导致施工条件改变，因此造成时间、费用的增加。

（4）索赔的证据。索赔的证据是在合同签订和合同实施过程中产生的用来支持其索赔成立和索赔有关的证明文件与资料，主要有合同资料、日常的工程资料和合同双方信息沟通资料等。证据作为索赔文件的一部分，关系到索赔的成败。证据不足或没有证据，索赔不能成立。在合同实施过程中，资料很多，涉及面很广，常见的索赔证据有以下类型。

1）招标文件、合同文本及附件、备忘录、会议纪要。

2）业主认可的原施工计划、各种工程图样、技术规范等。

3）来往函件，包括业主变更指令、各种认可信、通知、答复等。

4）施工进度计划和实际施工进度记录，包括总进度计划、开工后业主和监理工程师批准的进度计划，每月进度修改计划、实际施工进度记录、月进度报表等。

5）施工现场的工程文件。如施工记录、施工备忘录、施工日报、工长或检查员的工作日记、监理填写的施工记录和各种签证。

6）工程照片（照片上应注明日期）。如工程进度照片、隐蔽工程覆盖前照片、业主责任造成返工或工程损坏照片等。

7）气候报告：恶劣天气的记录，并请监理工程师签证。

8）工程检查报告、验收报告、各种技术鉴定报告。

9）工程中停水、停电、道路开通和封闭的记录和证明，应由监理工程师签证。

10）建筑材料的采购、运输、进场、使用方面的凭证。

11）相关会计核算资料，如工资单、工资报表、收付款凭证、管理费用报表、工程成本报表等。

12）国家政策文件，如相关税收增加的法令。

13）其他相关材料。

（5）索赔的程序。

1）索赔意向通知和索赔通知。

①承包人应在知道或应当知道索赔事件发生后28天内，向监理人递交索赔意向通知书，并说明发生索赔事件的事由。承包人未在前述28天内发出索赔意向通知书的，丧失要求追加付款和（或）延长工期的权利。

②承包人应在发出索赔意向通知书后28天内，向监理人正式递交索赔通知书。索赔通知书应详细说明索赔理由，以及要求追加的付款金额和（或）延长的工期，并附必要的记录和证明资料。

③索赔事件具有连续影响的，承包人应按合理时间间隔继续递交延续索赔通知，说明连续影响的实际情况和记录，列出累计的追加付款金额和（或）工期延长天数。

④在索赔事件影响结束后的28天内，承包人应向监理人递交最终索赔通知书，说明最终要求索赔的追加付款金额和延长的工期，并附必要的记录和证明材料。

2）索赔资料的准备。索赔资料包含以下几个部分。

①总述部分：概要论述索赔事项发生的日期和过程；承包人为该索赔事项付出的努力和附加开支；承包人的具体索赔要求。

②论证部分：论证部分是索赔报告的关键部分，其目的是说明自己有索赔权，是索赔能够成立的关键因素。

③索赔款项（或工期）计算部分。

④证据部分。

🔗 知识链接

索赔报告一般应包括以下内容。

（1）题目。

（2）事件：详细描述事件过程，主要包括事件发生的工程部位、发生时间、原因和经过、影响范围及承包人当时采取的防止事件扩大的措施、事件持续时间、承包人已向发包人或工程师报告的次数及日期、最终结束的时间等。也包括双方信件交往、会谈情况等。

（3）理由：指索赔依据，主要是合同条款的相关规定，合理引用以说明索赔的合约性。

（4）结论：指出事件造成的损失及其大小，主要包括要求赔偿的金额及工期，这部分列举各项明细数字及汇总数据。

（5）详细计算书：列明损失费用、工期延长的计算基础、计算方法、计算公式及详细计算过程。

（6）附件：各项索赔证明文件，包括签证单、技术核定单、设计变更通知单、发包人和工程师指令、双方函件、会议纪要等。

3）索赔文件的提交。承包人必须在发出索赔意向通知后的 28 天内或经过工程师（监理人）同意的其他合理时间内向工程师（监理人）提交一份详细的索赔文件和有关资料，并同时抄送、抄报相关单位。如果干扰事件对工程的影响持续时间长，承包人则应按工程师（监理人）要求的合理间隔（一般为 28 日），提交中间索赔报告，并在干扰事件影响结束后的 28 天提交一份最终索赔报告。否则将失去该事件请求补偿的索赔权利。

4）承包人提出索赔的期限。根据九部委《标准施工招标文件》中通用合同条款，承包人提出索赔的期限如下。

①承包人按合同约定接受了竣工付款证书后，应被认为已无权再提出在合同工程接收证书颁发前所发生的任何索赔。

②承包人按合同约定提交的最终结清申请单中，只限于提出工程接收证书颁发后发生的索赔。提出索赔的期限自接受最终结清证书时终止。

（6）索赔管理。合同索赔的管理可分为事前、事中和事后，应重点做好事前控制和事中的管理。

1）事前控制。事前控制的目的是进行工程风险预测，并采取相应的防范措施和对策，尽量减少或控制由于自己的原因而对建设工程合同的另一方或第三方所造成的权利的侵害和造成损失后果的程度。

①熟悉和理解设计文件、设计要求、招标文件，分析合同价款构成因素，明确工程费用中最容易突破的潜在的部分和环节，从而明确项目投资控制的重点。

②较为详尽地收集整理和系统地分析建设工程项目的各类信息，包括建设地或建设国的政治、法律、社会、经济、人文、地理、气候、地质、水文及特有的文化氛围，建立风险识别与评价模型，预测工程风险及可能发生索赔的诱因，制定相应的防范对策，从根本上减少或控制对合同另一方及第三方带来的其他合法权益侵害。

③分析建设工程项目合同及其组成文件，减少和杜绝违约事件的产生。

2）事中管理。事中管理是一项具体细致、持续性的工作，而索赔的成立与否，大都与此相关。

①详细记录施工现场的各种情况，及时提出施工过程中的各类问题及需要合同第三方配合的要求，不造成违约和对方索赔的条件。

②加强各类工程建设人员的风险意识的培训与教育，使风险管理贯穿经营管理与合同索赔管理以及施工管理之中。

3）事后管理。事后管理是一个总结的过程，在索赔事件结束后，各类索赔文件应及时整理归档，根据各类索赔事件发生的概率及结果，总结分析下步如何更好地规避合同风险。

4.1.6 无效合同和效力待定合同的规定

1. 合同效力

合同效力是指依法成立受法律保护的合同，对合同当事人产生的必须履行其合同的义务，不得擅自变更或解除合同的法律拘束力。合同的效力可分为四大类，即有效合同，无效合同，效力待定合同，可变更、可撤销合同。

（1）建设工程合同生效的时间。根据《民法典》第五百零二条的规定，依法成立的合同，自成立时生效，但是法律另有规定或者当事人另有约定的除外。依照法律、行政法规的规定，合同应当办理批准等手续的，依照其规定。未办理批准等手续影响合同生效的，不影响合同中履行报批等义务条款及相关条款的效力。应当办理申请批准等手续的当事人未履行义务的，对方可以请求其承担违反该义务的责任。

（2）建设工程合同生效的要件。具备下列条件的合同有效。

1）主体合法，当事人必须符合法律规定的要求，具有相应的民事行为能力，在签订合同之前，要注意核查对方当事人是否真正具有签订该合同的法定权利和行为能力，是否受委托，以及委托代理的事项、权限等。

2）意思表示真实，建设工程合同中必须贯彻平等互利、协商一致的原则，任何一方不得把自己的意志强加给对方。

3）目的和内容不违反法律、行政法规的强制性规定，不违背公序良俗。无效合同和效力待定合同的规定见表4-3。

表4-3 无效合同和效力待定合同的规定

合同效力类型	特征	具体事由
无效合同	违法	欺诈胁迫，损害国家利益
		恶意串通，损害他人利益
		以合法形式掩盖非法目的
		损害社会公共利益
		违反法律、行政法规的强制性规定
效力待定合同	无交易资格	（自然人）超越民事行为能力订立
		无权代理
		无权处分

2. 无效合同

（1）建设工程合同无效的情形。建设工程施工合同具有下列情形之一的，认定无效：承包人未取得建筑业企业资质或者超越资质等级的；没有资质的实际施工人借用有资质的建筑施工企业名义的；建设工程必须进行招标而未招标或者中标无效的；承包人因转包、违法分包建设工程与他人签订的建设工程施工合同。

（2）建设工程无效合同的处理。无效合同是指虽然已经订立，但因欠缺合同生效的要件而无法律效力的合同。建设工程合同被确认无效后，合同尚未履行的，不得履行；已经履行的，应立即终止履行。

根据《民法典》第七百九十三条规定，建设工程施工合同无效，但是建设工程经验收合格的，可以参照合同关于工程价款的约定折价补偿承包人。建设工程施工合同无效，且建设工程经验收不合格的，按照以下情形处理：一是修复后的建设工程经验收合格的，发包人可以请求承包人承担修复费用；二是修复后的建设工程经验收不合格的，承包人无权请求参照合同关于工程价款的约定折价补偿。发包人对因建设工程不合格造成的损失有过错的，应当承担相应的责任。

重要提示

（1）确认可变更或可撤销的建设工程合同的机构为人民法院或仲裁机构。

（2）变更或撤销请求只能由建设工程合同当事人提出，由人民法院或仲裁机构进行审查，并确认该建设工程合同是否有效或是否应予以撤销。

（3）人民法院或仲裁机构审查、判决或裁决范围不超出当事人的诉讼请求。

（4）已变更部分建设工程合同的内容或已被撤销了的合同无效。

3. 效力待定合同

效力待定合同是指合同成立后，是否已经发生效力尚不能确定，有待于其他行为或事实使之确定的合同。效力待定合同主要可分为限制民事行为能力人订立的合同、基于狭义无权代理而订立的合同和基于无权代表订立的合同。

（1）限制民事行为能力人订立的合同。根据《民法典》第一百四十五条规定，限制民事行为能力人实施的纯获利益的民事法律行为或者与其年龄、智力、精神健康状况相适应的民事法律行为有效；实施的其他民事法律行为经法定代理人同意或者追认后有效。

在我国，限制行为能力人可以独立从事的行为，不必经法定代理人追认的情形包括两种，即纯获利益的合同及与其年龄、智力、精神健康状况相适应而订立的合同。

限制民事行为能力人依法不能独立实施的行为，应当由其法定代理人代为实施，或者在征得其法定代理人的同意后实施。限制民事行为能力人不能独立订立的合同，在法定代理人表示追认或表示拒绝之前，处于效力待定状态。在该合同处于效力未定状态时，相对人不能要求履行，因而这种情况被称为未定的不生效力。追认的意思表示必须是向相对人作出的，不是向第三人作出的。追认必须是明确的、肯定的。经法定代理人追认后，该合同有效。

在此种效力未定的情况下，相对人有如下权利。

1）相对人的催告权。根据《民法典》第一百四十五条第二款的规定，相对人可以催告法定代理人自收到通知之日起30日内予以追认。法定代理人未作表示的，视为拒绝追认。

2）善意相对人的撤销权。根据《民法典》第一百四十五条第二款的规定，民事法律行为被追认前，善意相对人有撤销的权利。撤销应当以通知的方式作出。这里的撤销权是指合同的相对人有权在法定代理人追认限制民事行为能力人订立的合同前，撤销自己缔约的意思表示。此处的撤销权在性质上属于形成权，即相对人可以直接通过自己的行为而无须借助他人即可行使的权利。撤销权的行使应注意以下几点：一是相对人撤销权的行使须在法定代理人追认之前，法定代理人一经追认，相对人不得再行使这一权利；二是仅善意相对人可行使撤销权，所谓善意，是指相对人订立合同时并不知晓对方为限制民事行为能力人，且此种不知晓不构成重大过失；三是相对人行使撤销权时，应当通过通知的方式作出，这种通知必须是明示的、明确的，不得通过默示的方式。

3）相对人的信赖利益。未成年人的利益是一种位阶较高的利益，保护未成年人利益是保障人权的重要组成部分，对于未成年人利益的保护甚至要优先于对交易安全利益的维护。对无行为能力人和限制行为能力人的保护不考虑相对人是善意还是恶意，即使相对人不知道或不应当知道对方是无行为能力人或限制行为能力人，也要承担交易被宣告无效或被撤销的不利后果。因此，任何人在与限制行为能力人缔约时，必须意识到这种交易存在的法律风险，即一旦合同被宣告无效或撤销，将自行承担由此造成的损害后果，而无论其在缔约时是否知道对方具有行为能力。

（2）基于狭义无权代理而订立的合同。狭义的无权代理是指表见代理以外的欠缺代理权的代理。狭义无权代理人以被代理人名义与他人订立的合同，是一种效力待定的合同。根据《民法典》第一百七十一条第一款的规定，行为人没有代理权、超越代理权或者代理权终止后，仍然实施代理行为，未经被代理人追认的，对被代理人不发生效力。因此，无权代理合同只有经过被代理人的追认，才能对被代理人发生效力；未经被代理人追认，对被代理人不发生效力，由行为人负责。所谓追认，是指被代理人本人对无权代理行为在事后予以承认的一种单方意思表示，可以明示或以行为作出。无权代理人在未获得授权的情况下，以被代理人名义与第三人订立合同，对外从事民事行为，虽然被代理人对该合同没有作出明示的追认，但是事后却开始履行该合同的，可以认为被代理人的事实履行行为已经表示其对代理行为的同意，此时无权代理将因其授权而变为有权代理。如果被代理人明确表示拒绝追认，则无权代理行为自始无效，因无权代理所订立的合同不能对被代理人产生法律效力。在此种效力未定的情形下，被代理人本人及相对人有如下权利。

1）被代理人的追认权和否认权。在无权代理情况下，被代理人享有否认权是非常必要的。所谓否认权，是指拒绝承认无权代理行为的效力的权利。否认权的行使应当符合两个条件：一是否认的意思必须要向相对人明确表示或者在相对人催告后未作表示；二是否认权必须在相对人催告以前或者催告期限内进行，否则被代理人逾期的拒绝将不发生其预期的效力。

2）相对人的催告权和撤销权。根据《民法典》第一百七十一条第二款的规定，相对人可以催告被代理人自收到通知之日起 30 日内予以追认。被代理人未作表示的，视为拒绝追认。所谓催告，是指相对人催促被代理人在 30 日内明确答复是否追认无权代理行为。由于追认权的行使必须以催告权的行使为前提，如果没有催告，被代理人无从知道代理人以被代理人本人名义实施民事行为，也不可能作出追认和拒绝的决定。催告权的行使应具备以下要件：一是无权代理行为对相对人是否发生效力尚未确定；二是被代理人须在 30 日内作出答复；三是催告的意思必须明确向被代理人作出。

为保护相对人的利益，法律除规定相对人享有催告权外，还允许其行使撤销权。由于善意相对人在与无权代理人订立合同时，不知道无权代理人未获得授权，其主观上是善意无过失的，因而，相对人在认为无权代理人实施的行为对其不利的情况下，当然有权在被代理人正式追认以前撤回其行为，这对保护善意相对人的利益是十分必要的。

（3）基于无权代表订立的合同。无权代表行为是指法人的法定代表人或者非法人组织的负责人超越代表权限进行的民事法律行为。所谓超越代表权限进行的民事法律行为，包括法人的法定代表人或非法人组织的负责人未经法人或非法人组织授权，超越法人或非法人组织章程中规定的经营范围进行的民事法律行为，也包括其超越法人或非法人组织通过章程或决议对其代表权设定的其他限制进行的民事法律行为。

对于非善意相对人来说，基于无权代表行为订立的合同效力待定。法人或非法人组织事后通过决议对无权代表行为进行追认的，民事法律行为确定有效。但是，为保护善意相对人的利益，《民法典》第六十一条第三款规定，法人章程或者法人权力机构对法定代表人代表权的限制，不得对抗善意相对人。《民法典》第五百零四条也规定，法人的法定代表人或者非法人组织的负责人超越权限订立的合同，除相对人知道或者应当知道其超越权限外，该代表行为有效，订立的合同对法人或者非法人组织发生效力。

4.1.7 合同的履行、变更、转让、终止和解除

1. 建设工程合同的履行

（1）建设工程合同履行的定义。建设工程合同的履行是指建设工程合同各方当事人按照合同约定，全面履行自己的义务，实现各自的权利，使各方目的得以实现的行为。它是建设工程合同法律制度的核心，是合同具有法律约束力的集中体现。

（2）建设工程合同履行的原则。建设工程合同履行的原则应遵循以下原则。

1）诚实守信原则。当事人应当遵循诚信原则，根据合同的性质、目的和交易习惯履行通知、协助、保密等义务。当事人在履行合同过程中，应当避免浪费资源、污染环境和破坏生态。

2）适当履行原则。适当履行原则又称为正确履行原则或全面履行原则，是指当事人按照合同规定的标的及其质量、数量，由适当的主体在适当的履行期限、履行地点以适当的方式，全面完成合同义务的履行原则。

3）实际履行原则。实际履行原则即合同当事人按照合同约定的标的履行。由于建筑产品的特殊性和重要性，合同当事人必须严格按照相关规定和合同约定实施，不得随意降低标的物的标准、变更标的物或以货币代替实物。

> **重要提示**
>
> 全面履行原则和实际履行原则既有联系又有区别。实际履行原则强调债务人按照合同约定交付标的物或者提供服务，至于交付标的物或提供的服务是否适当，则无力顾及。因此，适当履行必然是实际履行，而实际履行未必是适当履行。

（3）建设工程合同履行中的抗辩权。《民法典》中的抗辩权是指在双务合同中，在符合法定条件时，当事人一方可以暂时拒绝对方当事人的履行要求，即对抗对方当事人的履行请求权，包括同时履行抗辩权、先履行抗辩权和不安抗辩权。

1）同时履行抗辩权。根据《民法典》第五百二十五条的规定，当事人互负债务，没有先后履行顺序的，应当同时履行。一方在对方履行之前有权拒绝其履行请求。一方在对方履行债务不符合约定时，有权拒绝其相应的履行请求。同时履行抗辩权的构成条件如下：双方基于同一合同且互负债务；双方互负的债务均已届清偿期；对方未履行债务或者履行债务不符合约定。

根据建设工程施工一般情况，施工承包人有依约完成承包内容的义务，而发包人有按期支付工程款的义务。这是建设工程施工合同最基本、最核心的一项对待给付义务。根据一般的合同约定，如果任何一方未履行到期义务或者未适当履行到期义务，却又要求对方履行到期义务，则被要求的一方可能以同时履行抗辩权为由，拒绝该请求方的要求。

2）先履行抗辩权。根据《民法典》第五百二十六条的规定，当事人互负债务，有先后履行顺序，应当先履行债务一方未履行的，后履行一方有权拒绝其履行请求。先履行一方履行债

务不符合约定的，后履行一方有权拒绝其相应的履行请求。如承发包约定建设工程质量保证金的条款，承包人在缺陷责任期内对建设工程出现的缺陷进行维修义务在先，发包人支付暂留的质量保证金在后。如果承包人未履行或者未适当履行法定或者约定的义务，在缺陷责任期满后要求全额支付保修金，则发包人可以行使先履行抗辩权，以承包人未履行或者未适当履行在先义务为由，拒绝承包人的相应支付请求。

先履行抗辩权的构成要件如下：须双方当事人互负债务；合同中约定了履行的先后顺序；有义务先履行债务的一方未履行或者履行不符合约定。

3）不安抗辩权。不安抗辩权是指在有先后履行顺序的双务合同中，应先履行义务的一方有确切证据证明对方当事人难以给付之时，在对方当事人未履行或未为合同履行提供担保之前，有暂时中止履行合同的权利。根据《民法典》第五百二十七条的规定，应当先履行债务的当事人，有确切证据证明对方有下列情形之一的，可以中止履行：经营状况严重恶化；转移财产、抽逃资金，以逃避债务；丧失商业信誉；有丧失或者可能丧失履行债务能力的其他情形。当事人没有确切证据中止履行的，应当承担违约责任。

不安抗辩权的构成要件：一是双方当事人因同一双务合同而互负债务。二是后给付义务人的履行能力明显降低，有不能为对待给付的现实危险，包括其经营状况严重恶化；转移财产、抽逃资金，以逃避债务；谎称有履行能力的欺诈行为；其他丧失或者可能丧失履行能力的情况。三是有先后的履行顺序，享有不安抗辩权之人为先履行义务的当事人。四是先履行义务人必须有充足的证据证明相对人无能力履行债务。五是先履行一方的债务已经届满清偿期。六是后履行义务未提供担保。

当事人依据规定中止履行的，应当及时通知对方。对方提供适当担保的，应当恢复履行。中止履行后，对方在合理期限内未恢复履行能力且未提供适当担保的，视为以自己的行为表明不履行主要债务，中止履行的一方可以解除合同并可以请求对方承担违约责任。

（4）建设工程合同的保全。合同的保全，是指合同之债的债权人依据法律规定，在债务人不正当处分其权利和财产，危及其债权的实现时，可以对债务人或者第三人的行为行使撤销权或者代位权的债权保障方法。保全措施是指为了防止因债务人的财产不当减少，而给债权人的债权带来危害时，允许债权人为保全其债权的实现而采取的法律措施。建筑工程合同的保全也就是合同的保全，是通过债权人行使代位权、撤销权的形式而实现的。

1）代位权。因债务人怠于行使其债权或者与该债权有关的从权利，影响债权人的到期债权实现的，债权人可以向人民法院请求以自己的名义代位行使债务人对相对人的权利，但是该权利专属于债务人自身的除外。例如，A将工程承包给B，B将项目分包给C。B与C的债务到期，需向C支付工程款，但B不履行时，C作为债权人有权行使代位权，直接向债务人的相对人即A主张权利。

代位权的成立要件。结合《民法典》及《民法典》解释的规定，债权人提起代位权诉讼，应当符合下列条件：第一，债权人对债务人的债权合法。第二，债务人怠于行使其到期债权，对债权人造成损害。债务人的懈怠行为必须是债务人不以诉讼方式或者仲裁方式向次债务人主张其享有的具有金钱给付内容的到期债权。第三，债务人的债权已到期。代位权的行使条件中虽然没有明确债权人的债权是否到期，但是根据民法典解释的规定，债权人在主张代位权时，要求债权人的债权已经到期。第四，债务人的债权不是专属于债务人自身的债权。

代位权的行使范围以债权人的到期债权为限。债权人行使代位权的必要费用，由债务人负担。相对人对债务人的抗辩，可以向债权人主张。

2）撤销权。《民法典》中关于撤销权行使可分为以下两种情况：第一，无偿处分时的债权人撤销权行使。债务人以放弃其债权、放弃债权担保、无偿转让财产等方式无偿处分财产权益，或者恶意延长其到期债权的履行期限，影响债权人的债权实现的，债权人可以请求人民法院撤销债务人的行为。第二，不合理价格交易时的债权人撤销权行使。债务人以明显不合理的低价转让财产、以明显不合理的高价受让他人财产或者为他人的债务提供担保，影响债权人的债权实现，债务人的相对人知道或者应当知道该情形的，债权人可以请求人民法院撤销债务人的行为。

撤销权的成立要件。根据《民法典》规定，债权人行使撤销权，应当具备以下条件：债权人须以自己的名义行使撤销权；债权人对债务人存在有效债权。债权人对债务人的债权可以到期，也可以不到期；债务人实施了减少财产的处分行为；债务人的处分行为有害于债权人债权的实现。

撤销权的行使范围以债权人的债权为限。债权人行使撤销权的必要费用，由债务人负担。撤销权自债权人知道或者应当知道撤销事由之日起1年内行使。自债务人的行为发生之日起5年内没有行使撤销权的，该撤销权消灭。

重要提示

代位权与撤销权的异同：代位权是针对债务人消极不行使自己债权的行为，当债务人有权利行使而不行使，以致影响债权人权利的实现时，法律允许债权人代债务人之位，以自己的名义向第三人行使债务人的权利；撤销权则是针对债务人积极侵害债权人债权实现的行为，当债务人在不履行其债务的情况下，实施减少其财产而损害债权人债权实现的行为时，法律赋予债权人有诉请法院撤销债务人所为的行为的权利。

代位权与撤销权行使的目的均是实现债务人的财产权利，或是恢复债务人的责任财产，从而确保债权人债权的实现。

（5）合同内容约定不明确的处理。根据《民法典》第五百一十条和第五百一十一条的规定，对于合同内容约定不明确的处理方式包括以下几种情况。

1）合同生效后，当事人就质量、价款或者报酬、履行地点等内容没有约定或者约定不明确的，可以协议补充；不能达成补充协议的，按照合同相关条款或者交易习惯确定。

2）当事人就有关合同内容约定不明确，依据前条规定仍不能确定的，适用下列规定。

①质量要求不明确的，按照强制性国家标准执行；没有强制性国家标准的，按照推荐性国家标准执行；没有推荐性国家标准的，按照行业标准执行；没有国家标准、行业标准的，按照通常标准或者符合合同目的的特定标准履行。

②价款或者报酬不明确的，按照订立合同时履行地的市场价格履行；依法应当执行政府定价或者政府指导价的，执行。

③履行地点不明确，给付货币的，在接受货币一方所在地履行；交付不动产的，在不动产所在地履行；其他标的，在履行义务一方所在地履行。

④履行期限不明确的，债务人可以随时履行，债权人也可以随时请求履行，但是应当给对方必要的准备时间。

⑤履行方式不明确的，按照有利于实现合同目的的方式履行。

⑥履行费用的负担不明确的，由履行义务一方负担；因债权人原因而增加的履行费用，由

债权人负担。

2. 建设工程合同的变更

（1）合同变更的概念。合同变更一般是指在合同成立以后，尚未开始履行或履行完毕以前，当事人之间就合同内容达成修改或补充的协议。根据《民法典》规定的合同变更，仅指合同内容的变更，不包括合同主体的变更。

（2）变更需具备的条件。变更需具备的条件：第一，有效成立的合同是前提。只有符合法律规定的合同，即依法成立的合同，才能具有法律的约束力。如果合同没有成立或者虽已成立但没有生效，就谈不上合同的变更问题。第二，合同的变更须依当事人协议一致或直接规定及法院裁决。如果是双方当事人协商同意变更合同，则必须遵循有关民事法律行为的规定，符合民事法律行为的生效要件；如果是根据法律规定变更合同，则必须根据法律规定的程序和方法变更合同。第三，合同内容发生变化。第四，须遵守法律要求的方式。

（3）变更的程序。建设工程合同变更流程一般包括以下几个步骤：一是合同变更申请：当建设工程施工过程中需要对合同内容进行修改时，建设单位或承包单位应向对方提出书面申请。申请应当包括变更的内容、原因、影响等方面的说明。二是变更协商：双方应在收到申请后及时进行协商，确定变更的内容、范围、时间、费用等事项，并达成一致意见，签订变更合同。如果双方无法在协商中达成一致，可以通过仲裁或诉讼等方式解决。三是批准变更：变更合同应提交相关主管部门审批，经批准后方可实施。四是变更实施：变更合同签订后，应按照变更内容及要求实施，包括设计、施工、监理等方面的协调和配合。

（4）变更后的法律效力。合同发生变更以后，当事人应当按照变更后的合同内容作出履行，任何一方违反变更后的合同内容都将构成违约，应当就此承担违约责任。合同变更的效力，原则上无向前的溯及力，合同的变更只对未履行的部分发生效力，已经履行的债务不因合同的变更而失去法律根据。但当事人另有约定或法律另有规定的除外。合同的变更或解除不影响当事人要求赔偿损失的权利。在当事人协议变更时，如果合同的变更会给另一方当事人造成损失，双方就应损失的处理作出约定，并载入变更后的合同中。

重要提示

合同变更需要注意以下几点。

（1）当事人协商变更合同后，未依法办理批准等手续的，变更的内容不发生法律效力。

（2）对于可撤销合同，双方当事人可以协商变更。

（3）对于诉讼时效届满后的合同，双方当事人可以协商变更。

（4）当事人双方对合同整个内容的变更，不属于合同变更，属于合同更新。

（5）在没有法律明确规定的情况下，当事人变更合同的形式一般应与原合同的形式相一致。

（6）合同的变更没有溯及力，当事人要求返还变更前已完成的履行的，不予支持，但受损失的一方有权请求过错方赔偿变更前的损失。

3. 建设工程合同的转让

建设工程合同的转让是指合同订立后，当事人依法可以将合同中的全部权利、部分权利或者合同中的全部义务、部分义务转让给第三方的法律行为。建设工程合同在转让法律关系中，将合同转让给第三人的称为转让人；接受合同转让的第三人称为受让人。建设工程合同的转让根据转让的程度可分为全部转让和部分转让；根据转让对象的不同可分为债权转让、债务转让和债权债务一并转让。

（1）建设工程合同转让的条件。建设工程合同转让条件：一是必须有合法有效的合同关系存在为前提，如果合同不存在或被宣告无效，被依法撤销、解除、转让的行为属无效行为，转让人应对善意的受让人所遭受的损失承担损害赔偿责任。二是必须由转让人与受让人之间达成协议，该协议应该是平等协商的，而且应当符合民事法律行为的有效要件，否则，该转让行为属无效行为或可撤销行为。三是转让符合法律规定的程序，合同转让人应征得对方同意并尽通知义务。对于依照法律规定由国家批准成立的合同，转让合同应经原批准机关批准，否则转让行为无效。合同权利义务的转让见表4-4。

表4-4　合同权利义务的转让

合同权利义务	主要内容
债权转让	债权人可以将债权的全部或者部分转让给第三人，但是有下列情形之一的除外： （1）根据债权性质不得转让的债权。 （2）按照当事人约定不得转让的债权。 （3）依照法律规定不得转让的权利（债权）
	债权人转让债权，未通知债务人的，该转让对债务人不发生效力；债权转让的通知不得撤销，但是经受让人同意的除外
	债务人接到债权转让通知后，债务人对让与人的抗辩，可以向受让人主张
	债权人转让债权的，受让人取得与债权有关的从权利，但是该从权利专属于债权人自身的除外
债务转让	当事人一方经对方同意，可以将自己在合同中的权利和义务一并转让给第三人
	未经对方同意，一方当事人擅自一并转让权利和义务的，其转让行为无效，对方有权就转让行为对自己造成的损害，追究转让方的违约责任

（2）债权转让。债权转让又称为债权移转或债权让与，是指债权人通过协议即债权转让合同，将其债权全部或部分地转让给第三人的行为。《民法典》中对债权转让作了以下规定。

1）债权人可以将债权的全部或者部分转让给第三人，但是有下列情形之一的除外：第一，根据债权性质不得转让的。如合同是基于当事人的身份关系订立的，合同权利转让给第三人，违反当事人订立合同的目的，则合同不得转让。第二，按照当事人约定不得转让。如果双方当事人在订立合同时在合同中约定合同不得转让，则该约定对双方当事人都有约束力。第三，依照法律规定不得转让。如果该合同成立是由国家机关批准成立的，则该合同的转让也必须经原合同批准机关批准，如果批准机关不予批准，该合同不能转让。当事人约定非金钱债权不得转让的，不得对抗善意第三人。当事人约定金钱债权不得转让的，不得对抗第三人。

2）债权人转让债权，未通知债务人的，该转让对债务人不发生效力。债权转让的通知不得撤销，但是经受让人同意的除外。

3）债权人转让债权的，受让人取得与债权有关的从权利，但是该从权利专属于债权人自身的除外。受让人取得从权利不因该从权利未办理转移登记手续或者未转移占有而受到影响。

4）债务人接到债权转让通知后，债务人对让与人的抗辩，可以向受让人主张。

5）有下列情形之一的，债务人可以向受让人主张抵销：债务人接到债权转让通知时，债务人对让与人享有债权，且债务人的债权先于转让的债权到期或者同时到期；债务人的债权与转让的债权是基于同一合同产生。

6）因债权转让增加的履行费用，由让与人负担。

（3）债务转让。债务转让又称为义务转让，是指债务人将其义务全部或部分地转让给第三人的行为。《民法典》对债务转让作了以下规定：一是债务人将债务的全部或者部分转移给第三人的，应当经债权人同意。二是债务人或者第三人可以催告债权人在合理期限内予以同意，债权人未作表示的，视为不同意。三是债务人转移债务的，新债务人可以主张原债务人对债权人的抗辩；原债务人对债权人享有债权的，新债务人不得向债权人主张抵销。四是债务人转移债务的，新债务人应当承担与主债务有关的从债务，但是该从债务专属于原债务人自身的除外。

（4）债权债务一并转让。债权债务一并转让是指原合同一方当事人将其合同权利和合同义务一并转让给第三人，由第三人继受这些权利和义务。《民法典》对债权债务一并转让作了以下规定：一是当事人一方经对方同意，可以将自己在合同中的权利和义务一并转让给第三人；二是合同的权利和义务一并转让的，适用债权转让、债务转移的有关规定。

4. 建设工程合同的终止

合同终止又称为合同权利和义务终止，是指因发生法律规定或当事人约定的情况，引起合同当事人之间的权利义务关系消灭，使合同的法律效力终止。

根据《民法典》第五百五十七条的规定，有下列情形之一的，债权债务终止：债务已经履行；债务相互抵销；债务人依法将标的物提存；债权人免除债务；债权债务同归于一人；法律规定或者当事人约定终止的其他情形。

合同解除的，该合同的权利义务关系终止。

债权债务终止时，债权的从权利同时消灭，但是法律另有规定或者当事人另有约定的除外。

债权债务终止后，当事人应当遵循诚信等原则，根据交易习惯履行通知、协助、保密、旧物回收等义务。

5. 建设工程合同的解除

建设工程合同解除是指在建设工程合同生效之后、未全部履行之前，合同当事人依法行使解除权或者双方协商决定，使合同关系提前归于消灭的行为。

（1）合同解除的条件。合同解除需满足以下条件：合同解除以有效合同的存在为前提；合同解除须具备法定条件或约定条件；合同解除必须有双方协议解除或单方行使解除权的行为；合同解除发生于合同未全部履行之前，且具有溯及力。

（2）合同解除的形式。合同解除包括约定解除和法定解除，具体叙述如下。

1）约定解除，是指根据当事人双方的约定而解除合同。约定解除有两种方式：一是当事人双方协商一致而解除合同。合同成立后，当事人协商一致解除合同的，自当事人解除合同的协议生效时产生解除合同的效力。二是双方当事人约定了一方解除合同的条件，当解除条件成就时，享有解除权的一方可以解除合同。

2）法定解除，是指当事人一方根据法律直接规定的事由行使解除权而解除合同。法定解除的事由有：因不可抗力致使不能实现合同目的；在履行期限届满之前，当事人一方明确表示或者以自己的行为表明不履行主要债务；当事人一方迟延履行主要债务，经催告后在合理期限内仍未履行；当事人一方迟延履行债务或者有其他违约行为致使不能实现合同目的；法律规定的其他情形。

以持续履行的债务为内容的不定期合同，当事人可以随时解除合同，但是应当在合理期限之前通知对方。

（3）合同解除权行使期限。法律规定或者当事人约定解除权行使期限，期限届满当事人不行使的，该权利消灭。

法律没有规定或者当事人没有约定解除权行使期限，自解除权人知道或者应当知道解除事由之日起1年内不行使，或者经对方催告后在合理期限内不行使的，该权利消灭。

（4）合同解除程序。

1）当事人一方依法主张解除合同的，应当通知对方。合同自通知到达对方时解除；通知载明债务人在一定期限内不履行债务则合同自动解除，债务人在该期限内未履行债务的，合同自通知载明的期限届满时解除。对方对解除合同有异议的，任何一方当事人均可以请求人民法院或者仲裁机构确认解除行为的效力。

2）当事人一方未通知对方，直接以提起诉讼或者申请仲裁的方式依法主张解除合同，人民法院或者仲裁机构确认该主张的，合同自起诉状副本或者仲裁申请书副本送达对方时解除。

（5）合同解除效力。

1）合同解除后，尚未履行的，终止履行；已经履行的，根据履行情况和合同性质，当事人可以请求恢复原状或者采取其他补救措施，并有权请求赔偿损失。

2）合同因违约解除的，解除权人可以请求违约方承担违约责任，但是当事人另有约定的除外。

3）主合同解除后，担保人对债务人应当承担的民事责任仍应当承担担保责任，但是担保合同另有约定的除外。

（6）建设工程合同解除的其他规定。建设工程合同有以下情形之一的，可以解除合同：第一，承包人将建设工程转包、违法分包的，发包人可以解除合同；第二，发包人提供的主要建筑材料、建筑构配件和设备不符合强制性标准或者不履行协助义务，致使承包人无法施工，经催告后在合理期限内仍未履行相应义务的，承包人可以解除合同。

合同解除后，已经完成的建设工程质量合格的，发包人应当按照约定支付相应的工程价款。已经完成的建设工程质量不合格的，若修复后的建设工程经验收合格的，发包人可以请求承包人承担修复费用；若修复后的建设工程经验收不合格的，承包人无权请求参照合同关于工程价款的约定折价补偿。发包人对因建设工程不合格造成的损失有过错的，应当承担相应的责任。

重要提示

合同终止与合同解除的区别如下。

（1）适用范围不同。合同终止只适用于继续性合同，即债务不能一次履行完毕而必须持续履行方能完成的合同，如租赁合同、承揽合同、建设工程合同以及大部分以提供劳务为标的的合同；而合同的解除原则上只能适用于非继续性合同。

（2）适用的条件不同。合同终止既适用于一方违反合同，也适用于没有违反合同的情况；而合同解除主要适用于当事人一方不履行合同的情况。

（3）法律后果不同。合同终止只是使合同关系向将来消灭，不溯及力，并不产生恢复原状的法律后果；而合同解除可使合同关系溯及地消灭，因而产生恢复原状的法律后果。

4.1.8　违约责任及违约责任的免除

违约责任是指当事人一方不履行合同义务或者履行合同义务不符合约定的，应当承担继续履行、采取补救措施或者赔偿损失等违约责任。

1. 违约责任的特征

（1）违约责任是合同当事人违反合同约定的法律后果，以合法有效的合同的存在为前提。

（2）违约责任可以由当事人在法律允许的范围内约定。

（3）违约责任只能发生在特定的当事人之间。

（4）除法定或约定免责事由外，只要发生违约事实，即应承担违约责任。

2. 违约责任的形态

由于合同义务的复杂性和多样性，违约也表现出极其复杂的形态，常见违约形态有以下几项。

（1）预期违约责任。当事人一方明确表示或者以自己的行为表明不履行合同义务的，对方可以在履行期限届满前请求其承担违约责任。

（2）金钱债务实际履行责任。当事人一方未支付价款、报酬、租金、利息，或者不履行其他金钱债务的，对方可以请求其支付。

非金钱债务实际履行责任及违约责任。当事人一方不履行非金钱债务或者履行非金钱债务不符合约定的，对方可以请求履行，但是有下列情形之一的除外：法律上或者事实上不能履行；债务的标的不适于强制履行或者履行费用过高；债权人在合理期限内未请求履行。

有上述规定除外的情形之一，致使不能实现合同目的的，人民法院或者仲裁机构可以根据当事人的请求终止合同权利义务关系，但是不影响违约责任的承担。

（3）瑕疵履行违约责任。履行不符合约定的，应当按照当事人的约定承担违约责任。对违约责任没有约定或者约定不明确，当事人就质量、价款或者报酬、履行地点等内容没有约定或者约定不明确的，可以协议补充；不能达成补充协议的，按照合同相关条款或者交易习惯确定。若仍不能确定的，受损害方根据标的的性质以及损失的大小，可以合理选择请求对方承担修理、重作、更换、退货、减少价款或者报酬等违约责任。

3. 违约责任的形式

合同当事人违约，应当承担以下几种责任形式。

（1）继续履行合同。继续履行合同即强制实际履行，是指一方违约后，另一方请求国家公权力强制违约方继续履行合同义务，以实现合同的预期目标。

（2）采取补救措施。采取补救措施是指合同当事人一方违约事实发生后，为防止出现损失或者损失扩大而依照法律规定或合同约定，由违约方采取的修理、更换、重作、退货、减少价款或报酬等措施，以避免、弥补或挽回给受损方造成的损害。

> **🔗知识链接**
>
> 　　定金担保：当事人可以约定一方向对方给付定金作为债权的担保。定金合同自实际交付定金时成立。
>
> 　　定金的数额：定金的数额由当事人约定，但是，不得超过主合同标的额的百分之二十，超过部分不产生定金的效力。实际交付的定金数额多于或者少于约定数额的，视为变更约定的定金数额。

定金罚则：债务人履行债务的，定金应当抵作价款或者收回。给付定金的一方不履行债务或者履行债务不符合约定，致使不能实现合同目的的，无权请求返还定金；收受定金的一方不履行债务或者履行债务不符合约定，致使不能实现合同目的的，应当双倍返还定金。

违约金与定金竞合时的责任：当事人既约定违约金，又约定定金的，一方违约时，对方可以选择适用违约金或者定金条款。定金不足以弥补一方违约造成的损失的，对方可以请求赔偿超过定金数额的损失。

（3）支付违约金。合同当事人违约的，违约方则应按照约定或法定承担支付违约金的民事责任。当事人可以约定一方违约时应当根据违约情况向对方支付一定数额的违约金，也可以约定因违约产生的损失赔偿额的计算方法。约定的违约金低于造成的损失的，人民法院或者仲裁机构可以根据当事人的请求予以增加；约定的违约金过分高于造成的损失的，人民法院或者仲裁机构可以根据当事人的请求予以适当减少。当事人就迟延履行约定违约金的，违约方支付违约金后，还应当履行债务。

（4）赔偿损失。赔偿损失又称为损害赔偿，是指当事人一方不履行合同义务或者履行合同义务不符合约定的，在履行义务或者采取补救措施后，对方还有其他损失的，依法或依约应向对方承担的补偿责任。

4. 违约责任的免责事由

违约责任的免责事由是指法律明文规定或当事人特别约定在特定事由下，当事人对其不履行合同或迟延履行合同不承担违约责任。免责事由包括法定免责事由和约定免责事由，《民法典》中规定的免责事由仅限于不可抗力。免责事由一般有下列情形。

（1）不可抗力。不可抗力是指合同当事人在签订合同时不可预见，在合同履行过程中不可避免且不能克服的自然灾害和社会性突发事件，如地震、海啸、瘟疫、骚乱、戒严、暴动、战争和专用合同条款中约定的其他情形。

当事人一方因不可抗力不能履行合同的，根据不可抗力的影响，部分或者全部免除责任，但是法律另有规定的除外。因不可抗力不能履行合同的，应当及时通知对方，以减轻可能给对方造成的损失，并应当在合理期限内提供证明。当事人迟延履行后发生不可抗力的，不免除其违约责任。

（2）免责条款及免责事由出现。当免责条款中约定的免责事由出现时，当事人不承担或减轻违约责任。免责条款须具有合法性。

（3）当事人的过错。合同当事人一方不履行合同或未按合同的要求履行合同，是因另一方当事人的过错造成的，不承担违约责任，但双方都有过错时，违约方并不免责。

4.1.9 建设工程合同示范文本

1. 建设工程施工合同

建设工程施工合同又称为建筑安装工程承包合同，是指发包人和承包人为完成特定的建筑安装工程任务，明确相互权利、义务关系而签订的协议。建设工程施工合同是承包人进行工程建设施工，发包人提供必要施工条件并支付价款的合同，是建设工程的主要合同；同时，其也是工程建设质量控制、进度控制、投资控制的主要依据。

（1）建设工程施工合同订立的条件。订立施工合同应具备以下条件：初步计划已经批准；工程项目已经列入年度建设计划；有能够满足施工需要的设计文件和有关技术资料；建设资金和主要建筑材料设备来源已经落实；招投标工程，中标通知书已经下达。

（2）建设工程施工合同示范文本的内容。为了指导建设工程施工合同当事人的签约行为，维护合同当事人的合法权益，依据《民法典》合同编、《建筑法》《招标投标法》及相关法律法规，住房和城乡建设部、国家工商行政管理总局共同制定了《建设工程施工合同（示范文本）》（GF—2017—0201）（以下简称《施工合同文本》）。

《建设工程施工
合同（示范文本）》
（GF—2017—0201）

1）《施工合同文本》的性质和适用范围。《施工合同文本》为非强制性使用文本，仅供合同双方当事人参照使用。

《施工合同文本》适用于房屋建筑工程、土木工程、线路管道和设备安装工程、装修工程等建设工程的施工承发包活动，合同当事人可结合建设工程具体情况，根据《施工合同文本》订立合同，并依照法律法规规定和合同约定承担相应的法律责任及合同权利义务。

2）建设工程设计合同文本的内容。《施工合同文本》将施工合同的内容分为合同协议书、通用合同条款和专用合同条款三部分。

①合同协议书。《施工合同文本》合同协议书共计13条，集中约定了合同当事人基本的合同权利义务。

②通用合同条款。通用合同条款是合同当事人根据《建筑法》《民法典》合同编等法律法规的规定，就工程建设的实施及相关事项，对合同当事人的权利义务作出的原则性约定。通用合同条款共计20条，条款安排既考虑了现行法律法规对工程建设的有关要求，也考虑了建设工程施工管理的特殊需要。

③专用合同条款。专用合同条款是对通用合同条款原则性约定的细化、完善、补充、修改或另行约定的条款。合同当事人可以根据不同建设工程的特点及具体情况，通过双方的谈判、协商对相应的专用合同条款进行修改补充。在使用专用合同条款时，应注意以下事项：专用合同条款的编号应与相应的通用合同条款的编号一致；合同当事人可以通过对专用合同条款的修改，满足具体房屋建筑工程的特殊要求，避免直接修改通用合同条款；在专用合同条款中有横道线的地方，合同当事人可针对相应的通用合同条款进行细化、完善、补充、修改或另行约定；如无细化、完善、补充、修改或另行约定，则填写"无"或画"／"。建设工程施工合同示范文本的内容见表4-5。

表4-5 建设工程施工合同示范文本的内容

组成文件	文件内容
合同协议书	（1）工程概况：包括工程名称、工程地点、工程立项批准文号、资金来源、工程内容、工程承包范围。（2）合同工期：包括计划开工日期、计划竣工日期、工期总日历天数。（3）质量标准。（4）签约合同价与合同价格形式。（5）项目经理。（6）合同文件构成。（7）承诺。（8）词语含义。（9）签订时间。（10）签订地点。（11）补充协议。（12）合同生效。（13）合同份数

续表

组成文件	文件内容
通用合同条款	（1）一般约定：包括词语定义与解释、语言文字、法律、标准和规范、合同文件的优先顺序、图纸和承包人文件、联络、严禁贿赂、化石、文物、交通运输、知识产权、保密、工程量清单错误的修正。（2）发包人：包括许可或批准；发包人代表；发包人人员；施工现场、施工条件和基础资料的提供；资金来源证明及支付担保；支付合同价款；组织竣工验收；现场统一管理协议。（3）承包人：包括承包人的一般义务；项目经理；承包人员；承包人现场查勘；分包；工程照管与成品、半成品保护、履约担保、联合体。（4）监理人：包括监理人的一般规定、监理人员、监理人的指示、商定或确定。（5）工程质量：包括质量要求、质量保证措施、隐蔽工程检查、不合格工程的处理、质量争议检测。（6）安全文明施工与环境保护：包括安全文明施工、职业健康、环境保护。（7）工期和进度：包括施工组织设计、施工进度计划、开工、测量放线、工期延误、不利物质条件、异常恶劣的气候条件、暂停施工、提前竣工。（8）材料与设备：包括发包人供应材料与工程设备、承包人采购材料与工程设备、材料与工程设备的接收与拒收、材料与工程设备的保管与使用、禁止使用不合格的材料和工程设备、样品、材料与工程设备的替代、施工设备和临时设施、材料与设备专用要求。（9）试验与检验：包括试验设备与试验人员；取样；材料、工程设备和工程的试验和检验；现场工艺试验。（10）变更：包括变更的范围、变更权、变更程序、变更估价、承包人的合理化建议、变更引起的工期调整、暂估价、暂列金额、计日工。（11）价格调整：包括市场价格波动引起的调整、法律变化引起的调整。（12）合同价格、计量与支付：包括合同价格形式、预付款、计量、工程进度款支付、支付账户。（13）验收和工程试车：包括分部分项工程验收、竣工验收、工程试车、提前交付单位工程的验收、施工期运行、竣工退场。（14）竣工结算：包括竣工结算申请、竣工结算审核、甩项竣工协议、最终结清。（15）缺陷责任与保修：包括工程保修的原则、缺陷责任期、质量保证金、保修。（16）违约：包括发包人违约、承包人违约、第三人造成的违约。（17）不可抗力：包括不可抗力的确认、不可抗力的通知、不可抗力后果的承担、因不可抗力解除合同。（18）保险：包括工程保险、工伤保险、其他保险、持续保险、保险凭证、未按约定投保的补救、通知义务。（19）索赔：包括承包人的索赔、对承包人索赔的处理、发包人的索赔、对发包人索赔的处理、提出索赔的期限。（20）争议解决：包括和解、调解、争议评审、仲裁或诉讼、争议解决条款效力
专用合同条款	《专用合同条款》是对《通用合同条款》进行必要的修改和补充，条款号一致
附件	附件1《承包人承揽工程项目一览表》；附件2《发包人供应材料设备一览表》；附件3是《工程质量保修书》；附件4《主要建设工程文件目录》；附件5《承包人用于本工程施工的机械设备表》；附件6《承包人主要施工管理人员表》；附件7《分包人主要施工管理人员表》；附件8《履约担保》；附件9《预付款担保》；附件10《支付担保》；附件11《材料暂估价表、工程设备暂估价表、专业工程暂估价表》

3）建设工程施工合同文件的组成及解释顺序。建设工程施工合同组成合同的各项文件应互相解释，互为说明。除专用合同条款另有约定外，解释合同文件的优先顺序如下。

①合同协议书。

②中标通知书（如果有）。

③投标函及其附录（如果有）。

④专用合同条款及其附件。

⑤通用合同条款。

⑥技术标准和要求。

⑦图纸。

⑧已标价工程量清单或预算书。

⑨其他合同文件。

上述各项合同文件包括合同当事人就该项合同文件所作出的补充和修改，属于同一类内容的文件，应以最新签署的为准。

在合同订立及履行过程中形成的与合同有关的文件均构成合同文件组成部分，并根据其性质确定优先解释顺序。

（3）建设工程施工合同当事人的义务。

1）建设工程施工合同发包人的主要义务。

①进行土地征用，青苗树木赔偿，房屋拆迁，清除地面、架空和地下障碍等工作，使施工场地具备施工条件，并在开工后继续负责解决以上事项的遗留问题。

②将施工所需水、电、通信线路从施工场地外部接至协议条款约定地点，并保证施工期间的需要。

③开通施工场地与城乡公共道路的通道，以及协议条款约定的施工场地内的主要交通干道，保证其畅通，满足施工运输的需要。

④向承包人提供施工场地的工程地质和地下管网线路资料，保证数据真实准确。

⑤办理施工所需各种证件、批件和临时用地、占道及铁路专用线的申报批准手续（证明承包人自身资质的证件除外）。

⑥将水准点与坐标控制点以书面形式交给承包人，并进行现场交验。

⑦组织承包人和设计单位进行图纸会审，向承包人进行设计交底。

⑧协调处理对施工现场周围地下管线和邻近建筑物、构筑物的保护，并承担有关费用。若发包人不按合同约定完成以上工作而造成延误，应承担由此造成的经济支出，赔偿承包人有关损失，工期也应相应顺延。

2）建设工程施工合同承包人的主要义务。承包人在履行合同过程中应遵守法律和工程建设标准规范，并履行以下义务。

①办理法律规定应由承包人办理的许可和批准，并将办理结果书面报送发包人留存。

②按法律规定和合同约定完成工程，并在保修期内承担保修义务。

③按法律规定和合同约定采取施工安全和环境保护措施，办理工伤保险，确保工程及人员、材料、设备和设施的安全。

④按合同约定的工作内容和施工进度要求，编制施工组织设计和施工措施计划，并对所有施工作业和施工方法的完备性和安全可靠性负责。

⑤在进行合同约定的各项工作时，不得侵害发包人与他人使用公用道路、水源、市政管网等公共设施的权利，避免对邻近的公共设施产生干扰。承包人占用或使用他人的施工场地，影响他人作业或生活的，应承担相应责任。

⑥按照环境保护条款的约定负责施工场地及其周边环境与生态的保护工作。

⑦按安全文明施工条款约定采取施工安全措施，确保工程及其人员、材料、设备和设施的安全，防止因工程施工造成的人身伤害和财产损失。

⑧将发包人按合同约定支付的各项价款专用于合同工程，且应及时支付其雇用人员工资，并及时向分包人支付合同价款。

⑨依照法律规定和合同约定编制竣工资料，完成竣工资料立卷及归档，并按专用合同条款约定的竣工资料的套数、内容、时间等要求移交发包人。

⑩应履行的其他义务。

2. 建设工程勘察、设计合同

由于工程建设周期长、专业技术性强、涉及因素多、社会影响大，为了加强对建设工程勘察、设计活动的管理，保证建设工程勘察、设计质量，保护人民生命和财产安全，国务院制定了《建设工程勘察设计管理条例》。该条例中规定，凡从事建设工程勘察、设计活动的，必须遵守本条例。

（1）建设工程勘察设计概述。

1）建设工程勘察设计的定义。建设工程勘察是指根据建设工程的要求，查明、分析、评价建设场地的地质地理环境特征和岩土工程条件，编制建设工程勘察文件的活动；建设工程设计是指根据建设工程的要求，对建设工程所需的技术、经济、资源、环境等条件进行综合分析、论证，编制建设工程设计文件的活动。

《建设工程勘察设计
管理条例》

2）建设工程勘察设计的原则。开展建设工程勘察设计活动必须遵循以下原则：建设工程勘察、设计应当与社会、经济发展水平相适应，做到经济效益、社会效益和环境效益相统一；从事建设工程勘察、设计活动，应当坚持先勘察、后设计、再施工的原则；建设工程勘察、设计单位必须依法进行建设工程勘察、设计，严格执行工程建设强制性标准，并对建设工程勘察、设计的质量负责。

3）建设工程勘察设计的资质资格管理。国家对从事建设工程勘察、设计活动的单位或个人，实行资质管理制度，主要包括从业企业资质管理制度和从业人员资质管理制度。

①从业企业资质管理。建设工程勘察、设计单位应当在其资质等级许可的范围内承揽建设工程勘察、设计业务。禁止建设工程勘察、设计单位超越其资质等级许可的范围或者以其他建设工程勘察、设计单位的名义承揽建设工程勘察、设计业务。禁止建设工程勘察、设计单位允许其他单位，或者个人以本单位的名义承揽建设工程勘察、设计业务。

②从业人员资质管理。国家对从事建设工程勘察、设计活动的专业技术人员，实行执业资格注册管理制度。未经注册的建设工程勘察、设计人员，不得以注册执业人员的名义从事建设工程勘察、设计活动。

建设工程勘察、设计注册执业人员和其他专业技术人员只能受聘于一个建设工程勘察、设计单位；未受聘于建设工程勘察、设计单位的，不得从事建设工程的勘察、设计活动。

4）建设工程勘察设计文件的编制与实施。

①建设工程勘察设计文件的编制依据。编制建设工程勘察、设计文件，应当以下列规定为依据：项目批准文件；城乡规划；工程建设强制性标准；国家规定的建设工程勘察、设计深度要求；铁路、交通、水利等专业建设工程，还应当以专业规划的要求为依据。

②建设工程勘察设计文件的编写原则。建设工程勘察设计文件的编写原则有编制建设工程勘察文件，应当真实、准确，满足建设工程规划、选址、设计、岩土治理和施工的需要；编制方案设计文件，应当满足编制初步设计文件和控制概算的需要；编制初步设计文件，应当满足编制施工招标文件、主要设备材料订货和编制施工图设计文件的需要；编制施工图设计文件，

应当满足设备材料采购、非标准设备制作和施工的需要，并注明建设工程合理使用年限；设计文件中选用的材料、构配件、设备，应当注明其规格、型号、性能等技术指标，其质量要求必须符合国家规定的标准。除有特殊要求的建筑材料、专用设备和工艺生产线等外，设计单位不得指定生产厂、供应商。

③建设工程勘察、设计文件的修改流程。

建设单位、施工单位、监理单位不得修改建设工程勘察、设计文件；确需修改建设工程勘察、设计文件的，应当由原建设工程勘察、设计单位修改。经原建设工程勘察、设计单位书面同意，建设单位也可以委托其他具有相应资质的建设工程勘察、设计单位修改。修改单位对修改的勘察、设计文件承担相应责任。

施工单位、监理单位发现建设工程勘察、设计文件不符合工程建设强制性标准、合同约定的质量要求的，应当报告建设单位，建设单位有权要求建设工程勘察、设计单位对建设工程勘察、设计文件进行补充、修改。

建设工程勘察、设计文件内容需要作重大修改的，建设单位应当报经原审批机关批准后，方可修改。

> **🔗 知识链接**
>
> 建设工程勘察、设计文件中规定采用的新技术、新材料，可能影响建设工程质量和安全，又没有国家技术标准的，应当由国家认可的检测机构进行试验、论证，出具检测报告，并经国务院有关部门或者省、自治区、直辖市人民政府有关部门组织的建设工程技术专家委员会审定后，方可使用。

5）罚则。建设工程勘察设计单位违法罚则见表4-6。

表4-6　建设工程勘察设计单位违法罚则

序号	违法行为	违法罚则
1	建设工程勘察、设计单位超越其资质等级许可的范围或者以其他建设工程勘察、设计单位的名义承揽建设工程勘察、设计业务。 建设工程勘察、设计单位允许其他单位或者个人以本单位的名义承揽建设工程勘察、设计业务	责令停止违法行为，处合同约定的勘察费、设计费1倍以上2倍以下的罚款，有违法所得的，予以没收；可以责令停业整顿，降低资质等级；情节严重的，吊销资质证书
2	未取得资质证书承揽工程	予以取缔，处合同约定的勘察费、设计费1倍以上2倍以下的罚款，有违法所得的，予以没收
3	以欺骗手段取得资质证书承揽工程	吊销资质证书，处合同约定的勘察费、设计费1倍以上2倍以下的罚款，有违法所得的，予以没收
4	未经注册，擅自以注册建设工程勘察、设计人员的名义从事建设工程勘察、设计活动	责令停止违法行为，没收违法所得，处违法所得2倍以上5倍以下的罚款；给他人造成损失的，依法承担赔偿责任

续表

序号	违法行为	违法罚则
5	建设工程勘察、设计注册执业人员和其他专业技术人员未受聘于一个建设工程勘察、设计单位或者同时受聘于两个以上建设工程勘察、设计单位，从事建设工程勘察、设计活动	责令停止违法行为，没收违法所得，处违法所得2倍以上5倍以下的罚款；情节严重的，可以责令停止执行业务或者吊销资格证书；给他人造成损失的，依法承担赔偿责任
6	发包人将建设工程勘察、设计业务发包给不具有相应资质等级的建设工程勘察、设计单位	责令改正，处50万元以上100万元以下的罚款
7	建设工程勘察、设计单位将所承揽的建设工程勘察、设计转包	责令改正，没收违法所得，处合同约定的勘察费、设计费25%以上50%以下的罚款，可以责令停业整顿，降低资质等级；情节严重的，吊销资质证书
8	勘察、设计单位未依据项目批准文件，城乡规划及专业规划，国家规定的建设工程勘察、设计深度要求编制建设工程勘察、设计文件	责令限期改正；逾期不改正的，处10万元以上30万元以下的罚款；造成工程质量事故或者环境污染和生态破坏的，责令停业整顿，降低资质等级；情节严重的，吊销资质证书；造成损失的，依法承担赔偿责任
9	有下列情形之一的： 勘察单位未按照工程建设强制性标准进行勘察。 设计单位未根据勘察成果文件进行工程设计。 设计单位指定建筑材料、建筑构配件的生产厂、供应商。 设计单位未按照工程建设强制性标准进行设计	责令改正，处10万元以上30万元以下的罚款，造成工程质量事故的，责令停业整顿，降低资质等级；情节严重的，吊销资质证书；造成损失的，依法承担赔偿责任

责令停业整顿、降低资质等级和吊销资质证书、资格证书的行政处罚，由颁发资质证书、资格证书的机关决定；其他行政处罚，由住房城乡建设主管部门或者其他有关部门依据法定职权范围决定。

依照本条例规定被吊销资质证书的，由工商行政管理部门吊销其营业执照。

（2）建设工程勘察合同。建设工程勘察合同是指根据建设工程要求，查明、分析、评价建设场地的地质地理环境特征和岩土工程条件，编制建设工程勘察文件订立的协议。为了指导建设工程勘察合同当事人的签约行为，维护合同当事人的合法权益，依据《民法典》合同编、《建筑法》《招标投标法》等相关法律法规的规定，住房和城乡建设部和国家工商行政管理总局共同制定了《建设工程勘察合同（示范文本）》（GF—2016—0203）（以下简称《勘察合同文本》）。

《建设工程勘察合同（示范文本）》（GF—2016—0203）

1）《勘察合同文本》的性质和适用范围。

①《勘察合同文本》为非强制性使用文本，合同当事人可结合工程具体情况，根据《勘察合同文本》订立合同，并依照法律法规和合同约定履行相应的权利义务，承担相应的法律责任。

②《勘察合同文本》适用于岩土工程勘察、岩土工程设计、岩土工程物探/测试/检测/监测、水文地质勘察及工程测量等工程勘察活动，岩土工程设计也可使用《建设工程设计合同示范文本（专业建设工程）》（GF—2015—0210）（以下简称《建筑工程示范文本》）。

2）建设工程勘察合同的内容。《勘察合同文本》由合同协议书、通用合同条款和专用合同条款三部分组成。

①合同协议书。合同协议书是总纲性的文件，是发包人与承包人依照相关法律、行政法规，遵循平等、自愿、公平和诚信的原则，就建设工程建设实施过程中最重要的事项协商一致而订立的协议。《勘察合同文本》合同协议书共计 12 条，集中约定了合同当事人基本的合同权利义务。

②通用合同条款。通用合同条款是合同当事人根据《民法典》合同编、《建筑法》《招标投标法》等相关法律法规的规定，就工程勘察的实施及相关事项对合同当事人的权利义务作出的原则性约定。它是将建设工程勘察合同中共性的一些内容整合而成的一份完整的合同文件，具有很强的通用性，基本适用于各类建设工程。《勘察合同文本》通用合同条款共 17 条，内容安排既考虑了现行法律法规对工程建设的有关要求，也考虑了工程勘察管理的特殊需要。

③专用合同条款。专用合同条款是对通用合同条款原则性约定的细化、完善、补充、修改或另行约定的条款。合同当事人可以根据不同建设工程的特点及具体情况，通过双方的谈判、协商对相应的专用合同条款进行修改补充。在使用专用合同条款时，应注意以下事项：专用合同条款编号应与相应的通用合同条款编号一致；合同当事人可以通过对专用合同条款的修改，满足具体项目工程勘察的特殊要求，避免直接修改通用合同条款；在专用合同条款中有横道线的地方，合同当事人可针对相应的通用合同条款进行细化、完善、补充、修改或另行约定；如无细化、完善、补充、修改或另行约定，则填写"无"或画"/"。建设工程勘察合同示范文本内容见表 4-7。

表 4-7　建设工程勘察合同示范文本内容

组成文件	文件内容
合同协议书	（1）工程概况：包括工程名称、工程地点、工程规模、特征。（2）勘察范围和阶段、技术要求及工作量：包括勘察范围和阶段、技术要求、工作量。（3）合同工期：包括开工日期、成果提交日、合同工期（总日历天数）。（4）质量标准。（5）合同价款：包括合同价款金额、合同价款形式。（6）合同文件构成。（7）承诺。（8）词语定义。（9）签订时间。（10）签订地点。（11）合同生效。（12）合同份数
通用合同条款	（1）一般约定：包括词语定义、合同文件及优先解释顺序、适用法律法规和技术标准、语言文字、联络、严禁贿赂、保密。（2）发包人：包括发包人权利、发包人义务、发包人代表。（3）勘察人：包括勘察人权利、勘察人义务、勘察人代表。（4）工期：包括开工及延期开工、成果提交日期、发包人造成的工期延误、勘察人造成的工期延误、恶劣气候条件。（5）成果资料：包括成果质量、成果份数、成果交付、成果验收。（6）后期服务：包括后续技术服务、竣工验收。（7）合同价款与支付：包括合同价款与调整、定金或预付款、进度款支付、合同价款结算。（8）变更与调整：包括变更范围与确认、变更合同价款确定。（9）知识产权。（10）不可抗力：包括不可抗力的确认、不可抗力的通知、不可抗力后果的承担。（11）合同生效与终止。（12）合同解除。（13）责任与保险。（14）违约：包括发包人违约、勘察人违约。（15）索赔：包括发包人索赔、勘察人索赔。（16）争议解决：包括和解、调解、仲裁或诉讼。（17）补充条款

续表

组成文件	文件内容
专用合同条款	考虑到建设工程生产的流动性、产品的形式多样、施工技术复杂、周期长等因素，《专用合同条款》是对《通用合同条款》作必要的修改和补充，条款号一致
附件	附件 A 是《勘察任务书及技术要求》；附件 B 是《发包人向勘察人提交有关资料及文件一览表》；附件 C 是《进度计划》；附件 D 是《工作量和费用明细表》

3）建设工程勘察合同文件的组成及解释顺序。勘察合同文件应能相互解释，互为说明。除专用合同条款另有约定外，组成本合同的文件及优先解释顺序如下。

①合同协议书。

②专用合同条款及其附件。

③通用合同条款。

④中标通知书（如果有）。

⑤投标文件及其附件（如果有）。

⑥技术标准和要求。

⑦图纸。

⑧其他合同文件。

建设工程中的
匠心坚守
——郭明义

上述合同文件包括合同当事人就该项合同文件所作出的补充和修改，属于同一类内容的文件，应以最新签署的为准。

4）建设工程勘察合同当事人的权利和义务。

①发包人。

a. 发包人权利：发包人对勘察人的勘察工作有权按照合同约定实施监督，并对勘察成果予以验收；发包人对勘察人员无法胜任工程勘察工作的人员有权提出更换；发包人拥有勘察人为其项目编制的所有文件资料的使用权，包括投标文件、成果资料和数据等。

b. 发包人义务：应以书面形式向勘察人明确勘察任务及技术要求；应提供开展工程勘察工作所需要的图纸及技术资料；应提供工程勘察作业所需的批准及许可文件；应为勘察人提供具备条件的作业场地及进场通道并承担相关费用；应为勘察人提供作业场地内地下埋藏物的资料、图纸，没有资料、图纸的地区，发包人应委托专业机构查清地下埋藏物；发包人应履行合同约定的其他义务。

c. 发包人代表：发包人应在专用合同条款中明确其负责工程勘察的发包人代表的姓名、职务、联系方式及授权范围等事项；发包人代表在发包人的授权范围内，负责处理合同履行过程中与发包人有关的具体事宜。

②勘察人。

a. 勘察人权利：勘察人在工程勘察期间，根据项目条件和技术标准、法律法规规定等方面的变化，有权向发包人提出增减合同工作量或修改技术方案的建议。除建设工程主体部分的勘察外，根据合同约定或经发包人同意，勘察人可以将建设工程其他部分的勘察分包给其他具有相应资质等级的建设工程勘察单位。发包人对分包的特殊要求应在专用合同条款中另行约定。勘察人对其编制的所有文件资料拥有知识产权。

b. 勘察人义务：勘察人应按勘察任务书和技术要求并依据有关技术标准进行工程勘察工

作；勘察人应建立质量保证体系，按本合同约定的时间提交质量合格的成果资料，并对其质量负责；勘察人在提交成果资料后，应为发包人继续提供后期服务；保证勘察作业规范、安全和环保；避免勘探对公众与他人的利益造成损害；勘察人应履行合同约定的其他义务。

c.勘察人代表：勘察人接受任务时，应在专用合同条款中明确其负责工程勘察的勘察人代表的姓名、职务、联系方式及授权范围等事项。勘察人代表在勘察人的授权范围内，负责处理合同履行过程中与勘察人有关的具体事宜。

（3）建设工程设计合同。建设工程设计合同是指根据建设工程的需求，对建设工程所需的技术、经济、资源、环境等条件进行综合分析、论证，编制建设工程设计文件的协议。为了指导建设工程设计合同当事人的签约行为，维护合同当事人的合法权益，依据《民法典》合同编、《建筑法》《招标投标法》以及其他相关法律法规，住房和城乡建设部和工商总局共同制定了《建设工程设计合同示范文本（房屋建筑工程）》（GF—2015—0209）（以下简称《房屋建筑设计合同文本》）和《建筑工程示范文本》。

1）《建筑工程示范文本》的性质和适用范围。

①《建筑工程示范文本》仅供合同双方当事人参照使用，可适用于方案设计招标投标、队伍比选等形式下的合同订立。

②《房屋建筑设计合同文本》适用于建设用地规划许可证范围内的建筑物构筑物设计、室外工程设计、民用建筑修建的地下工程设计及住宅小区、工厂厂前区、工厂生活区、小区规划设计及单体设计等，以及所包含的相关专业的设计内容（总平面布置、竖向设计、各类管网管线设计、景观设计、室内外环境设计及建筑装饰、道路、消防、智能、安保、通信、防雷、人防、供配电、照明、废水治理、空调设施、抗震加固等）等工程设计活动。

《建设工程设计合同示范文本（专业建设工程）》（GF—2015—0210）

③《建筑工程示范文本》适用于房屋建筑工程以外各行业建设工程项目的主体工程和配套工程（含厂/矿区内的自备电站、道路、专用铁路、通信、各种管网管线和配套的建筑物等全部配套工程），以及与主体工程、配套工程相关的工艺、土木、建筑、环境保护、水土保持、消防、安全、卫生、节能、防雷、抗震、照明工程等工程设计活动。

2）建设工程设计合同文本的内容。《建筑工程示范文本》由合同协议书、通用合同条款和专用合同条款三部分组成。

①合同协议书。《建筑工程示范文本》合同协议书集中约定了合同当事人基本的合同权利义务。

②通用合同条款。通用合同条款是合同当事人根据《建筑法》《民法典》合同编等法律法规的规定，就工程设计的实施及相关事项，对合同当事人的权利义务作出的原则性约定。通用合同条款既考虑了现行法律法规对工程建设的有关要求，也考虑了工程设计管理的特殊需要。

③专用合同条款。专用合同条款是对通用合同条款原则性约定的细化、完善、补充、修改或另行约定的条款。合同当事人可以根据不同建设工程的特点及具体情况，通过双方的谈判、协商对相应的专用合同条款进行修改补充。在使用专用合同条款时，应注意以下事项：专用合同条款的编号应与相应的通用合同条款的编号一致；合同当事人可以通过对专用合同条款的修改，满足具体房屋建筑工程的特殊要求，避免直接修改通用合同条

《建设工程设计合同示范文本（房屋建筑工程）》（GF—2015—0209）

款；在专用合同条款中有横道线的地方，合同当事人可针对相应的通用合同条款进行细化、完善、补充、修改或另行约定；如无细化、完善、补充、修改或另行约定，则填写"无"或画"/"。建设工程设计合同示范文本内容见表4-8。

表4-8　建设工程设计合同示范文本内容

组成文件	房屋建筑工程类的文本内容	专业建设工程类的文本内容
合同协议书	（1）工程概况：包括工程名称、工程地点、规划占地面积、建筑功能、投资估算。（2）工程设计范围、阶段与服务内容：包括工程设计范围、工程设计阶段、工程设计服务内容。（3）工程设计周期：包括计划开始设计日期、计划完成设计日期。（4）合同价格形式与签约合同价：包括合同价格形式、签约合同价。（5）发包人代表与设计人项目负责人：包括发包人代表、设计人项目负责人。（6）合同文件构成。（7）承诺。（8）词语含义。（9）签订地点。（10）补充协议。（11）合同生效。（12）合同份数	《示范文本》合同协议书部分的总体框架与《建设工程设计合同示范文本（房屋建筑工程）》相比，除（1）工程概况不同外，其他均相同，但各条款的具体内容不尽相同。（1）工程概况，包括工程名称、工程批准、核准或备案文号、工程内容及规模、工程所在地详细地址、工程投资估算、工程进度安排、工程主要技术标准
通用合同条款	（1）一般约定：包括词语定义与解释、语言文字、法律、技术标准、合同文件的优先顺序、联络、严禁贿赂、保密。（2）发包人：包括发包人一般义务、发包人代表、发包人决定、支付合同价款、设计文件接收。（3）设计人：包括设计人一般义务、项目负责人、设计人员、设计分包、联合体。（4）工程设计资料：包括提供工程设计资料、逾期提供的责任。（5）工程设计要求：包括工程设计一般要求、工程设计保证措施、工程设计文件的要求、不合格工程设计文件的处理。（6）工程设计进度与周期：包括工程设计进度计划、工程设计开始、工程设计进度延误、暂停设计、提前交付工程设计文件。（7）工程设计文件交付。（8）工程设计文件审查。（9）施工现场配合服务。（10）合同价款与支付：包括合同价款组成、合同价格形式、定金或预付款、进度款支付、合同价款的结算与支付、支付账户。（11）工程设计变更与索赔。（12）专业责任与保险。（13）知识产权。（14）违约责任：包括发包人违约责任、设计人违约责任。（15）不可抗力：包括不可抗力的确认、不可抗力的通知、不可抗力后果的承担。（16）合同解除。（17）争议解决：包括和解、调解、争议评审、仲裁或诉讼、争议解决条款效力	与《房屋建筑设计合同文本》相同，但各条款的具体内容不尽相同
专用合同条款	《专用合同条款》是对《通用合同条款》作必要的修改和补充，条款号一致	《专用合同条款》是对《通用合同条款》作必要的修改和补充，条款号一致
附件	附件1《工程设计范围、阶段与服务内容》；附件2《发包人向设计人提交有关资料及文件一览表》；附件3《设计人向发包人交付的工程设计文件目录》；附件4是《设计人主要设计人员表》；附件5《设计进度表》；附件6《设计费明细及支付方式》；附件7《设计变更计费依据和方法》	与《房屋建筑设计合同文本》相同，但各附件的具体内容不尽相同

3）建设工程设计合同文件的组成及解释顺序。组成合同的各项文件应互相解释，互为说明。除专用合同条款另有约定外，解释合同文件的优先顺序如下。

①合同协议书。

②专用合同条款及其附件。

③通用合同条款。

④中标通知书（如果有）。

⑤投标函及其附录（如果有）。

⑥发包人要求。

⑦技术标准。

⑧发包人提供的上一阶段图纸（如果有）。

⑨其他合同文件。

西气东输工程
中的工匠楷模
——张建国

上述各项合同文件包括合同当事人就该项合同文件所作出的补充和修改，属于同一类内容的文件，应以最新签署的为准。

在合同履行过程中形成的与合同有关的文件均构成合同文件组成部分，并根据其性质确定优先解释顺序。

4）建设工程设计合同当事人的义务。

发包人一般义务：发包人应遵守法律，并办理法律规定由其办理的许可、核准或备案，包括但不限于建设用地规划许可证、建设工程规划许可证、建设工程方案设计批准、施工图设计审查等许可、核准或备案；发包人负责本项目各阶段设计文件向规划设计管理部门的送审报批工作，并负责将报批结果书面通知设计人，因发包人原因未能及时办理完毕前述许可、核准或备案手续，导致设计工作量增加和（或）设计周期延长时，由发包人承担由此增加的设计费用和（或）延长的设计周期；发包人应当负责工程设计的所有外部关系（包括但不限于当地政府主管部门等）的协调，为设计人履行合同提供必要的外部条件；专用合同条款约定的其他义务。

设计人一般义务：设计人应遵守法律和有关技术标准的强制性规定，完成合同约定范围内的房屋建筑工程方案设计、初步设计、施工图设计，提供符合技术标准及合同要求的工程设计文件，提供施工配合服务；设计人应当按照专用合同条款约定配合发包人办理有关许可、核准或备案手续的，因设计人原因造成发包人未能及时办理许可、核准或备案手续，导致设计工作量增加和（或）设计周期延长时，由设计人自行承担由此增加的设计费用和（或）设计周期延长的责任；设计人应当完成合同约定的工程设计其他服务；专用合同条款约定的其他义务。

（4）建设工程监理合同。监理合同是指工程建设单位聘请具有相应资质条件的工程监理单位代其对工程项目进行管理，明确双方权利、义务的协议。

根据《民法典》规定，建设工程合同包括工程勘察、设计、施工合同，未包含监理合同。规定还指出，根据建设需求，建设工程实行监理的，发包人应当与监理人采用书面形式订立委托监理合同，发包人与监理人的权利和义务及法律责任，应当依照委托合同以及其他有关法律、行政法规的规定。由此可见，建设工程监理合同属于委托合同，其中建设单位为委托人、监理单位为受托人。

1）建设工程监理范围。《建筑法》第三十条规定，国家推行建筑工程监理制度。国务院规定实行强制监理的建筑工程的范围。实行监理的建筑工程，由建设单位委托具有相应资质条件的工程监理单位监理。建设单位与其委托的工程监理单位应当订立书面委托监理合同。国务院《建设工程质量管理条例》规定了现阶段我国必须实行监理的建设工程项目范围，建设部《建设工程监理范围和规模标准规定》对实行监理的建设工程项目的具体范围和规模标准进行了细化。

建设工程监理范围和规模标准规定

下列建设工程必须实行监理。

①国家重点建设工程。国家重点建设工程是指依据《国家重点建设项目管理办法》所确定的对国民经济和社会发展有重大影响的骨干项目，具体是指从下列国家大中型基本建设项目中确定的对国民经济和社会发展有重大影响的骨干项目：基础设施、基础产业和支柱产业中的大型项目；高科技并能带动行业技术进步的项目；跨地区并对全国经济发展或者区域经济发展有重大影响的项目；对社会发展有重大影响的项目；其他骨干项目。

②大中型公用事业工程。大中型公用事业工程，是指项目总投资额在 3 000 万元以上的下列工程项目：供水、供电、供气、供热等市政工程项目；科技、教育、文化等项目；体育、旅游、商业等项目；卫生、社会福利等项目；其他公用事业项目。

③成片开发建设的住宅小区工程。成片开发建设的住宅小区工程，建筑面积在 5 万 m² 以上的住宅建设工程必须实行监理；5 万 m² 以下的住宅建设工程，可以实行监理，具体范围和规模标准，由省、自治区、直辖市人民政府建设行政主管部门规定。为了保证住宅质量，对高层住宅及地基、结构复杂的多层住宅应当实行监理。

④利用外国政府或者国际组织贷款、援助资金的工程。这类工程范围包括：使用世界银行、亚洲开发银行等国际组织贷款资金的项目；使用国外政府及其机构贷款资金的项目；使用国际组织或者国外政府援助资金的项目。

⑤国家规定必须实行监理的其他工程。这类工程范围包括：项目总投资额在 3 000 万元以上关系社会公共利益、公众安全的下列基础设施项目：煤炭、石油、化工、天然气、电力、新能源等项目；铁路、公路、管道、水运、民航及其他交通运输业等项目；邮政、电信枢纽、通信、信息网络等项目；防洪、灌溉、排涝、发电、引（供）水、滩涂治理、水资源保护、水土保持等水利建设项目；道路、桥梁、地铁和轻轨交通、污水排放及处理、垃圾处理、地下管道、公共停车场等城市基础设施项目；生态环境保护项目；其他基础设施项目。

🔗 知识链接

根据《民用建筑设计统一标准》（GB 50352—2019）的规定，民用建筑按使用功能可分为居住建筑和公共建筑两大类。其中，居住建筑可分为住宅建筑和宿舍建筑。

民用建筑按地上建筑高度或层数进行分类应符合下列规定。

（1）低层或多层建筑。建筑高度不大于 27.0 m 的住宅建筑、建筑高度不大于 24.0 m 的公共建筑及建筑高度大于 24.0 m 的单层公共建筑为低层或多层民用建筑。

（2）高层建筑。建筑高度大于 27.0 m 的住宅建筑和建筑高度大于 24.0 m 的非单层公共建筑，且高度不大于 100.0 m 的，为高层民用建筑。

（3）超高层建筑。建筑高度大于 100.0 m 为超高层建筑。

《民用建筑设计
统一标准》
（GB 50352—2019）

2)《监理合同文本》的性质和适用范围。为了指导建设工程监理合同当事人的签约行为，维护合同当事人的合法权益，依据《民法典》合同编、《建筑法》及其他有关法律法规，住房和城乡建设部、国家工商行政管理总局共同制定了《建设工程监理合同（示范文本）》（GF—2012—0202）（以下简称《监理合同文本》）。本书中的内容将以此为依据进行讲述。

《建设工程监理合同（示范文本）》（GF—2012—0202）

《监理合同文本》为非强制性使用文本，仅供合同双方当事人参照使用。

《监理合同文本》适用于实行监理的建设工程的承发包活动，合同当事人可结合建设工程具体情况，根据《监理合同文本》订立合同，并依照法律法规规定和合同约定承担相应的法律责任及合同权利义务。

3）建设工程监理合同文本的内容。《监理合同文本》将监理合同的内容分为合同协议书、通用合同条款和专用合同条款三部分。

①合同协议书。《建筑工程示范文本》合同协议书共计8条，集中约定了合同当事人基本的合同权利义务。

②通用合同条款。通用合同条款共计8条，是合同当事人根据《建筑法》《民法典》合同编等法律法规的规定，就工程建设的实施及相关事项，对合同当事人的权利义务作出的原则性约定。

③专用合同条款。专用合同条款是对通用合同条款原则性约定的细化、完善、补充、修改或另行约定的条款。合同当事人可以根据不同建设工程的特点及具体情况，通过双方的谈判、协商对相应的专用合同条款进行修改补充。建设工程监理合同示范文本内容见表4-9。

表4-9　建设工程监理合同示范文本内容

组成文件	文件内容
合同协议书	（1）工程概况：包括工程名称、工程地点、工程规模、工程概算投资额或建筑安装工程费。（2）词语限定。（3）组成本合同的文件。（4）总监理工程师。（5）签约酬金。（6）期限：包括监理期限、相关服务期限。（7）双方承诺。（8）合同订立：包括订立时间、订立地点、合同份数
通用合同条款	（1）定义与解释。（2）监理人的义务。（3）委托人的义务。（4）违约责任。（5）支付。（6）合同生效、变更、暂停、解除与终止。（7）争议解决。（8）其他
专用合同条款	《专用合同条款》是对《通用合同条款》作必要的修改和补充，条款号一致，另增加条款（9）补充条款
附件	附件A《相关服务的范围和内容》；附件B《委托人派遣的人员和提供的房屋、资料、设备》

4）建设工程监理合同文件的组成及解释顺序。组成本合同的下列文件彼此应能相互解释、互为说明。除专用条件另有约定外，本合同文件的解释顺序如下。

①协议书。

②中标通知书（适用于招标工程）或委托书（适用于非招标工程）。

③专用条件及附录A、附录B。

④通用条件。

⑤投标文件（适用于招标工程）或监理与相关服务建议书（适用于非招标工程）。

双方签订的补充协议与其他文件发生矛盾或歧义时，属于同一类内容的文件，应以最新签署的为准。

5）建设工程监理合同当事人的义务。委托人的义务：①委托人在监理人开展监理业务之前应向监理人支付预付款。②委托人应当负责工程建设的所有外部关系的协调，为监理工作提供外部条件。如将部分或全部协调工作委托监理人承担，则应在专用条款中明确委托的工作和相应的报酬。③委托人应当在双方约定的时间内免费向监理人提供与工程有关的为监理工作所需要的工程资料。④委托人应当在专用条款约定的时间内就监理人书面提交并要求作出决定的一切事宜作出书面决定。⑤委托人应当授权一名熟悉工程情况、能在规定时间内作出决定的常驻代表（在专用条款中约定），负责与监理人联系。更换常驻代表，要提前通知监理人。⑥委托人应当将授予监理人的监理权利，以及监理人主要成员的职能分工、监理权限及时书面通知已选定的合同承包人，并在与第三人签订的合同中予以明确。⑦委托人应当在不影响监理人开展监理工作的时间内提供如下资料：与本工程合作的原材料、构配件、设备等生产厂家名录；提供与本工程有关的协作单位、配合单位的名录。⑧委托人应免费向监理人提供办公用房、通信设施、监理人员工地住房及合同专用条件约定的设施。对监理人自备的设施给予合理的经济补偿。⑨根据情况需要，如果双方约定，由委托人免费向监理人提供其他人员，应在监理合同专用条件中予以明确。

监理人的义务：①监理人按合同约定派出监理工作需要的监理机构及监理人员。向委托人报送委派的总监理工程师及其监理机构的主要成员名单、监理规划，完成监理合同专用条件中约定的监理工程范围内的监理业务。在履行合同义务期间，应按合同约定定期向委托人报告监理工作。②监理人在履行本合同的义务期间，应认真勤奋地工作，为委托人提供与其水平相适应的咨询意见，公正维护各方面的合法利益。③监理人使用委托人提供的设施和物品属委托人的财产。在监理工作完成或中止时，应将其设施和剩余的物品按合同约定的时间和方式移交委托人。④在合同期内和合同终止后，未征得有关方同意，不得泄露与本工程、本合同业务有关的保密资料。

🎯 案例应用4-1

➤案例简介

某劳动公司与班长黄某签订《木工队（班组）经营责任书》，约定了工期、工程质量、工资及结算、安全要求等，并约定某劳动公司对黄某不文明施工、不遵守管理等事项可以进行处罚，罚款在工程款中扣除；由黄某违章导致的任何事故伤害，所发生的损失和赔偿，某劳动公司均不负责任。同日，在双方签订的附件约定，黄某满足"1.工程质量：优，满足总包合同要求。2.工程进度满足项目要求。3.无重大安全事故。4.现场文明施工达到总包方要求。5.必须服从甲方现场管理人员的管理、安排"要求后，某劳动公司给黄某在原有的单价上每平方米补1元，如黄某满足不了以上任何一项条款，或中途退场（无论任何原因），某劳动公司不予补偿。合同签订后，黄某组织人员进场施工。2023年3月15日下午5时左右，黄某班组的工人张某在1#楼25层楼拆模时发生的安全事故并被认定为工伤，某劳动公司支付了赔偿费用95 000元。2023年3月，某劳动公司向黄某出具了不文明施工的罚款单，共计6 100元。2023年7月2日，黄某与某劳动公司对工程量及价款进行结算。后黄某诉至法院要求，要求某劳动公司支付工程款，某劳动公司抗辩称应扣除安全事故赔偿的费用等。

▶**案例评析**

　　根据《民法典》第七百九十一条第二款的规定，总承包人或者勘察、设计、施工承包人经发包人同意，可以将自己承包的部分工作交由第三人完成。第三人就其完成的工作成果与总承包人或者勘察、设计、施工承包人向发包人承担连带责任。承包人不得将其承包的全部建设工程转包给第三人或者将其承包的全部建设工程肢解以后以分包的名义分别转包给第三人。第三款规定，禁止承包人将工程分包给不具备相应资质条件的单位。禁止分包单位将其承包的工程再分包。建设工程主体结构的施工必须由承包人自行完成。某劳动公司虽然与黄某签订了《木工队（班组）经营责任书》，但实际是将模板工程分包给黄某，而黄某不具备相应的资质条件，该工程的分包违反了法律禁止性规定，该协议无效。《最高人民法院关于审理建设工程施工合同纠纷案件适用法律问题的解释（一）》第六条第一款规定："建设工程施工合同无效，一方当事人请求对方赔偿损失的，应当就对方过错、损失大小、过错与损失之间的因果关系承担举证责任。"在本例案中，综合考虑案件事实及经过，根据双方当事人过错程度，酌定黄某承担赔偿金70%的责任，某劳动公司承担30%的责任。

　　承包人将工程分包给不具备相应资质条件的单位，分包合同无效。合同无效后，承办人和分包人均是明知分包人无相应承建资质且风险管控能力弱，该分包行为为不规范不安全施工埋下隐患，在产生安全事故赔偿后，双方对应各自过错程度、过错与损失之间的因果关系等承担责任。

4.2　劳动合同及劳动关系制度

　　为了完善劳动合同制度，明确劳动合同双方当事人的权利和义务，保护劳动者的合法权益，构建和发展和谐稳定的劳动关系，制定了《劳动合同法》，这标志着我国劳动合同制度的正式建立。

　　《劳动合同法》第二条规定，中华人民共和国境内的企业、个体经济组织、民办非企业单位等组织（用人单位）与劳动者建立劳动关系，订立、履行、变更、解除或者终止劳动合同，适用本法。国家机关、事业单位、社会团体和与其建立劳动关系的劳动者，订立、履行、变更、解除或者终止劳动合同，依照本法执行。

4.2.1　劳动合同订立的规定

　　劳动合同又称为劳动契约或劳动协议，是劳动者与用人单位（包括企业事业组织、国家机关、社会团体和私人雇主）之间，为确立劳动关系，明确相互之间的权利义务关系而达成的书面协议。对用人单位而言，劳动合同是完成一定的生产劳动过程的必要条件；对劳动者而言，是劳动者参与劳动过程、完成劳动任务并获取劳动报酬等权益的保障。

《劳动合同法》

　　劳动合同是调整劳动关系的基本法律形式，也是确立劳动者与用人单位劳动关系的基本前提，在劳动法中占据核心的地位。

1. 劳动关系的建立

　　用人单位自用工之日起即与劳动者建立劳动关系。用人单位应当建立职工名册备查。职工名册应当包括劳动者姓名、性别、身份证号码、户籍地址及现住址、联系方式、用工形式、用工起始时间、劳动合同期限等内容。

2. 劳动关系建立时当事人的权利与义务

用人单位招用劳动者时，应当如实告知劳动者工作内容、工作条件、工作地点、职业危害、安全生产状况、劳动报酬，以及劳动者要求了解的其他情况；用人单位有权了解劳动者与劳动合同直接相关的基本情况，劳动者应当如实说明。

《劳动合同法
实施条例》

用人单位招用劳动者，不得扣押劳动者的居民身份证和其他证件，不得要求劳动者提供担保或者以其他名义向劳动者收取财物。

3. 劳动合同订立的时间及形式

（1）建立劳动关系，应当订立书面劳动合同。

（2）已建立劳动关系，未同时订立书面劳动合同的，应当自用工之日起一个月内订立书面劳动合同。

（3）用人单位与劳动者在用工前订立劳动合同的，劳动关系自用工之日起建立。

（4）用人单位未在用工的同时订立书面劳动合同，与劳动者约定的劳动报酬不明确的，新招用的劳动者的劳动报酬按照集体合同规定的标准执行；没有集体合同或者集体合同未规定的，实行同工同酬。

4. 劳动合同的生效

劳动合同由用人单位与劳动者协商一致，并经用人单位与劳动者在劳动合同文本上签字或者盖章生效。劳动合同文本由用人单位和劳动者各执一份。

🔗 知识链接

劳动合同的种类如下。

根据《劳动合同法》第十二条规定，劳动合同分为固定期限劳动合同、无固定期限劳动合同和以完成一定工作任务为期限的劳动合同。

（1）固定期限劳动合同。固定期限劳动合同，是指用人单位与劳动者约定合同终止时间的劳动合同。用人单位与劳动者协商一致，可以订立固定期限劳动合同。

（2）无固定期限劳动合同。固定期限劳动合同是指用人单位与劳动者约定无确定终止时间的劳动合同。

用人单位与劳动者协商一致，可以订立无固定期限劳动合同。有下列情形之一，劳动者提出或者同意续订、订立劳动合同的，除劳动者提出订立固定期限劳动合同外，应当订立无固定期限劳动合同。

1）劳动者在该用人单位连续工作满10年的。

2）用人单位初次实行劳动合同制度或者国有企业改制重新订立劳动合同时，劳动者在该用人单位连续工作满十年且距法定退休年龄不足10年的。

3）连续订立二次固定期限劳动合同，且劳动者没有《劳动合同法》第三十九条和第四十条第一项、第二项规定的情形，续订劳动合同的。

用人单位自用工之日起满1年不与劳动者订立书面劳动合同的，视为用人单位与劳动者已订立无固定期限劳动合同。

（3）以完成一定工作任务为期限的劳动合同。以完成一定工作任务为期限的劳动合同，是指用人单位与劳动者约定以某项工作的完成为合同期限的劳动合同。用人单位与劳动者协商一致，可以订立以完成一定工作任务为期限的劳动合同。

5. 劳动合同的基本条款

根据《劳动合同法》第十七条规定，劳动合同应当具备以下条款。

（1）用人单位的名称、住所和法定代表人或者主要负责人。

（2）劳动者的姓名、住址和居民身份证或者其他有效身份证件号码。

（3）劳动合同期限。

（4）工作内容和工作地点。

（5）工作时间和休息休假。

（6）劳动报酬。

（7）社会保险。

（8）劳动保护、劳动条件和职业危害防护。

（9）法律、法规规定应当纳入劳动合同的其他事项。

劳动合同除前款规定的必备条款外，用人单位与劳动者可以约定试用期、培训、保守秘密、补充保险和福利待遇等其他事项。

用匠心打造世界
一流港口建设
——许振超

6. 试用期

劳动合同期限 3 个月以上不满 1 年的，试用期不得超过 1 个月；劳动合同期限 1 年以上不满 3 年的，试用期不得超过 2 个月；3 年以上固定期限和无固定期限的劳动合同，试用期不得超过 6 个月。同一用人单位与同一劳动者只能约定一次试用期。以完成一定工作任务为期限的劳动合同或者劳动合同期限不满 3 个月的，不得约定试用期。试用期包含在劳动合同期限内。劳动合同仅约定试用期的，试用期不成立，该期限为劳动合同期限。

劳动者在试用期的工资不得低于本单位相同岗位最低档工资或者劳动合同约定工资的 80%，并不得低于用人单位所在地的最低工资标准。在试用期中，除劳动者有《劳动合同法》第三十九条和第四十条第一项、第二项规定的情形外，用人单位不得解除劳动合同。用人单位在试用期解除劳动合同的，应当向劳动者说明理由。

7. 培训服务

用人单位为劳动者提供专项培训费用，对其进行专业技术培训的，可以与该劳动者订立协议，约定服务期。

劳动者违反服务期约定的，应当按照约定向用人单位支付违约金。违约金的数额不得超过用人单位提供的培训费用。用人单位要求劳动者支付的违约金不得超过服务期尚未履行部分所应分摊的培训费用。用人单位与劳动者约定服务期的，不影响按照正常的工资调整机制提高劳动者在服务期期间的劳动报酬。

8. 保密协议

用人单位与劳动者可以在劳动合同中约定保守用人单位的商业秘密和与知识产权相关的保密事项。

对负有保密义务的劳动者，用人单位可以在劳动合同或者保密协议中与劳动者约定竞业限制条款并约定在解除或者终止劳动合同后，在竞业限制期限内按月给予劳动者经济补偿。劳动者违反竞业限制约定的，应当按照约定向用人单位支付违约金。

9. 竞业限制

竞业限制的人员限于用人单位的高级管理人员、高级技术人员和其他负有保密义务的人员。竞业限制的范围、地域、期限由用人单位与劳动者约定，竞业限制的约定不得违反法律、法规的规定。

在解除或者终止劳动合同后，前款规定的人员到与本单位生产或者经营同类产品、从事同类业务的有竞争关系的其他用人单位，或者自己开业生产或者经营同类产品、从事同类业务的竞业限制期限，不得超过 2 年。

10. 劳动合同无效

下列劳动合同无效或者部分无效：以欺诈、胁迫的手段或者乘人之危，使对方在违背真实意思的情况下订立或者变更劳动合同的；用人单位免除自己的法定责任、排除劳动者权利的；违反法律、行政法规强制性规定的。

劳动合同部分无效，不影响其他部分效力的，其他部分仍然有效。劳动合同被确认无效，劳动者已付出劳动的，用人单位应当向劳动者支付劳动报酬。劳动报酬的数额，参照本单位相同或者相近岗位劳动者的劳动报酬确定。

对劳动合同的无效或者部分无效有争议的，由劳动争议仲裁机构或者人民法院确认。

4.2.2　劳动合同的履行、变更、解除和终止

1. 劳动合同的履行

用人单位与劳动者应当按照劳动合同的约定，全面履行各自的义务。

（1）用人单位的义务。

1）用人单位应当按照劳动合同约定和国家规定，向劳动者及时足额支付劳动报酬。用人单位拖欠或者未足额支付劳动报酬的，劳动者可以依法向当地人民法院申请支付令，人民法院应当依法发出支付令。

2）用人单位应当严格执行劳动定额标准，不得强迫或者变相强迫劳动者加班。用人单位安排加班的，应当按照国家有关规定向劳动者支付加班费。

（2）劳动者的权利。

1）劳动者拒绝用人单位管理人员违章指挥、强令冒险作业的，不视为违反劳动合同。

2）劳动者对危害生命安全和身体健康的劳动条件，有权对用人单位提出批评、检举和控告。

2. 劳动合同的变更

劳动合同的变更是指劳动合同依法订立后，在合同尚未履行或者尚未履行完毕之前，经用人单位和劳动者双方当事人协商同意，对劳动合同内容作部分修改、补充或者删减的法律行为。劳动合同的变更是原劳动合同的派生，是双方已存在的劳动权利义务关系的发展。《劳动合同法》对劳动合同变更有以下规定。

（1）用人单位变更名称、法定代表人、主要负责人或者投资人等事项不影响劳动合同的履行。

（2）用人单位发生合并或者分立等情况时，原劳动合同继续有效，劳动合同由承继其权利

和义务的用人单位继续履行。

（3）用人单位与劳动者协商一致，可以变更劳动合同约定的内容。变更劳动合同，应当采用书面形式。变更后的劳动合同文本由用人单位和劳动者各执一份。

劳动合同的变更需要注意以下几点。

（1）必须在劳动合同依法订立之后，在合同没有履行或者尚未履行完毕的有效时间内进行。即劳动合同双方当事人已经存在劳动合同关系，如果劳动合同尚未订立或者是已经履行完毕则不存在劳动合同的变更问题。

（2）必须坚持平等自愿、协商一致的原则，即劳动合同的变更必须经用人单位和劳动者双方当事人的同意。劳动合同允许变更，但不允许单方变更，任何单方变更劳动合同的行为都是无效的。

（3）不得违反法律、法规的强制性规定。用人单位和劳动者约定的变更内容必须符合国家法律、法规的相关规定。

（4）劳动合同的变更须采用书面形式。

（5）劳动合同的变更要及时。提出变更劳动合同的主体可以是用人单位，也可以是劳动者，无论是哪一方要求变更劳动合同的，都应当及时向对方提出变更劳动合同的要求，说明变更劳动合同的理由、内容和条件等。

3. 劳动合同的解除

劳动合同的解除是指劳动合同在订立以后，尚未履行完毕或者未全部履行以前，由于合同双方或者单方的法律行为导致双方当事人提前消灭劳动关系的法律行为，可分为协商解除、法定解除和约定解除三种情况。

（1）协商解除。用人单位与劳动者协商一致，可以解除劳动合同。协商解除劳动合同没有规定实体、程序上的限定条件，只要双方达成一致，内容、形式、程序不违反法律禁止性、强制性规定即可。若是用人单位提出解除劳动合同的，用人单位应向劳动者支付解除劳动合同的经济补偿金。

（2）劳动者单方解除劳动合同的情形。即具备法律规定的条件时，劳动者享有单方解除权，无须双方协商达成一致意见，也无须征得用人单位的同意。具体又可分为预告解除和即时解除。

1）预告解除。劳动者履行预告程序后单方解除劳动合同包括以下两种情形。

①劳动者提前 30 日以书面形式通知用人单位，可以解除劳动合同。

②劳动者在试用期内提前 3 日通知用人单位，可以解除劳动合同。

2）即时解除。用人单位有下列情形之一的，劳动者不需要向用人单位预告就可以通知用人单位解除劳动合同。

①未按照劳动合同约定提供劳动保护或者劳动条件的。

②未及时足额支付劳动报酬的。

③未依法为劳动者缴纳社会保险费的。

④用人单位的规章制度违反法律、法规的规定，损害劳动者权益的。

⑤以欺诈、胁迫的手段或者乘人之危，使对方在违背真实意思的情况下订立或者变更劳动合同，致使劳动合同无效的。

⑥法律、行政法规规定劳动者可以解除劳动合同的其他情形。

用人单位以暴力、威胁或者非法限制人身自由的手段强迫劳动者劳动的，或者用人单位违章指挥、强令冒险作业危及劳动者人身安全的，劳动者可以立即解除劳动合同，不需要事先告知用人单位。

对于劳动者可即时解除劳动合同的上述情形，劳动者无须支付违约金，用人单位应当支付经济补偿。

（3）用人单位单方解除劳动合同的情形。若具备法律规定的条件时，用人单位享有单方解除权，无须双方协商达成一致意见。主要包括过错性辞退、非过错性辞退、经济性裁员三种情形。

1）过错性解雇。在劳动者有过错情形时，用人单位有权单方解除劳动合同。过错性解除劳动合同在程序上没有严格限制。用人单位无须支付劳动者解除劳动合同的经济补偿金。若规定了符合法律规定的违约金条款的，劳动者须支付违约金。适用情形如下。

①在试用期间被证明不符合录用条件的。

②严重违反用人单位的规章制度的。

③严重失职，营私舞弊，给用人单位造成重大损害的。

④劳动者同时与其他用人单位建立劳动关系，对完成本单位的工作任务造成严重影响，或者经用人单位提出，拒不改正的。

⑤以欺诈、胁迫的手段或者乘人之危，使对方在违背真实意思的情况下订立或者变更劳动合同，致使劳动合同无效的。

⑥被依法追究刑事责任的。

2）非过错性辞退。劳动者本人无过错，但由于主客观原因致使劳动合同无法履行，用人单位在符合法律规定的情形下，履行法律规定的程序后有权单方解除劳动合同。非过错性解除劳动合同在程序上具有严格的限制。

根据《劳动合同法》第四十条规定，有下列情形之一的，用人单位提前30日以书面形式通知劳动者本人或者额外支付劳动者1个月工资后，可以解除劳动合同。

劳动者患病或者非因工负伤，在规定的医疗期满后不能从事原工作，也不能从事由用人单位另行安排的工作的。

①劳动者不能胜任工作，经过培训或者调整工作岗位，仍不能胜任工作的。

②劳动合同订立时所依据的客观情况发生重大变化，致使劳动合同无法履行，经用人单位与劳动者协商，未能就变更劳动合同内容达成协议的。

3）经济性裁员。用人单位濒临破产，被人民法院宣告进入法定整顿期间或生产经营发生严重困难，达到当地政府规定的严重困难企业标准，确需裁减人员的，可以裁员。经济性裁员具有严格的条件和程序限制，用人单位裁员时必须遵守规定。

根据《劳动合同法》第四十一条规定，有下列情形之一，需要裁减人员20人以上或者裁减不足20人但占企业职工总数10％以上的，用人单位提前30日向工会或者全体职工说明情况，听取工会或者职工的意见后，裁减人员方案经向劳动行政部门报告，可以裁减人员。

①依照企业破产法规定进行重整的。

②生产经营发生严重困难的。

③企业转产、重大技术革新或者经营方式调整，经变更劳动合同后，仍需要裁减人员的。

④其他因劳动合同订立时所依据的客观经济情况发生重大变化，致使劳动合同无法履行的。

裁减人员时，应当优先留用下列人员。

①与本单位订立较长期限的固定期限劳动合同的。

②与本单位订立无固定期限劳动合同的。

③家庭无其他就业人员，有需要抚养的老人或者未成年人的。

用人单位依照企业破产法规定进行重整的裁减人员，在6个月内重新招用人员的，应当通知被裁减的人员，并在同等条件下优先招用被裁减的人员。

（4）不得解除劳动合同的情形。根据《劳动合同法》第四十二条规定，劳动者有下列情形之一的，用人单位不得依照本法第四十条、第四十一条的规定解除劳动合同。

①从事接触职业病危害作业的劳动者未进行离岗前职业健康检查，或者疑似职业病病人在诊断或者医学观察期间的。

②在本单位患职业病或者因工负伤并被确认丧失或者部分丧失劳动能力的。

③患病或者非因工负伤，在规定的医疗期内的。

④女职工在孕期、产期、哺乳期的。

⑤在本单位连续工作满15年，且距法定退休年龄不足五年的。

⑥法律、行政法规规定的其他情形。

4. 劳动合同的终止

劳动合同的终止是指劳动合同的法律效力依法被消灭，即劳动合同所确立的劳动关系由于一定法律事实的出现而终结，劳动者与用人单位之间原有的权利和义务不复存在。

（1）劳动合同终止的情形。根据《劳动合同法》第四十四条规定，有下列情形之一的，劳动合同终止。

1）劳动合同期满的。

2）劳动者开始依法享受基本养老保险待遇的。

3）劳动者死亡，或者被人民法院宣告死亡或者宣告失踪的。

4）用人单位被依法宣告破产的。

5）用人单位被吊销营业执照、责令关闭、撤销或者用人单位决定提前解散的。

6）法律、行政法规规定的其他情形。

（2）劳动合同的逾期终止。劳动合同期满，有《劳动合同法》第四十二条规定情形之一的，劳动合同应当续延至相应的情形消失时终止。但是，《劳动合同法》第四十二条第二项规定丧失或者部分丧失劳动能力劳动者的劳动合同的终止，按照国家有关工伤保险的规定执行。

（3）经济补偿。有下列情形之一的，用人单位应当向劳动者支付经济补偿。

1）劳动者依照《劳动合同法》第三十八条规定解除劳动合同的。

2）用人单位依照《劳动合同法》第三十六条规定向劳动者提出解除劳动合同并与劳动者协商一致解除劳动合同的。

3）用人单位依照《劳动合同法》第四十条规定解除劳动合同的。

4）用人单位依照《劳动合同法》第四十一条第一款规定解除劳动合同的。

5）除用人单位维持或者提高劳动合同约定条件续订劳动合同，劳动者不同意续订的情形外，《劳动合同法》本法第四十四条第一项规定终止固定期限劳动合同的。

6）依照《劳动合同法》第四十四条第四项、第五项规定终止劳动合同的。

7）法律、行政法规规定的其他情形。

（4）经济补偿的计算。经济补偿按劳动者在本单位工作的年限，每满1年支付1个月工资的标准向劳动者支付。6个月以上不满1年的，按1年计算；不满6个月的，向劳动者支付半个月工资的经济补偿。

劳动者月工资高于用人单位所在直辖市、设区的市级人民政府公布的本地区上年度职工月平均工资3倍的，向其支付经济补偿的标准按职工月平均工资3倍的数额支付，向其支付经济补偿的年限最高不超过12年。

此处所称月工资是指劳动者在劳动合同解除或者终止前12个月的平均工资。

5. 特别规定

《劳动合同法》第五章对集体合同、劳务派遣、非全日制用工进行了特别规定。

(1) 集体合同。为规范集体协商和签订集体合同行为，依法维护劳动者和用人单位的合法权益，人力资源和社会保障部根据《劳动法》和《工会法》，制定了《集体合同规定》。中华人民共和国境内的企业和实行企业化管理的事业单位（以下统称"用人单位"）与本单位职工之间进行集体协商，签订集体合同的，均适用本规定。

集体合同规定

所谓集体合同，是指用人单位与本单位职工根据法律、法规、规章的规定，就劳动报酬、工作时间、休息休假、劳动安全卫生、职业培训、保险福利等事项，通过集体协商签订书面协议。其中，就集体协商的某项内容签订的专项书面协议，称为专项集体合同，如劳动安全卫生、女职工权益保护、工资调整机制等专项集体合同。

集体合同和劳动合同都是调整劳动关系的重要形式和法律制度，两者之间有着密切的联系，互为补充，但它们之间又有着明显的区别，不能等同，也不能相互代替。集体合同和劳动合同的关系见表4-10。

表 4-10　集体合同和劳动合同的关系

区别	劳动合同	集体合同
合同主体不同	单个劳动者和用人单位	劳动者团体（工会或由劳动者推举的代表）和用人单位或其团体
合同目的不同	确立劳动关系	确立劳动关系设定具体标准，即在其效力范围内规范劳动关系
合同内容不同	以单个劳动者的权利和义务为内容，一般包括劳动关系的各方面	以集体劳动关系中全体劳动者的共同权利和义务为内容，可能涉及劳动关系的各个方面，也可能只涉及劳动关系的某个方面（如工资合同等）
合同效力不同	对单个的用人单位和劳动者有法律效力	对签订合同的单个用人单位或用人单位团体所代表的全体用人单位，以及工会所代表的全体劳动者，都有法律效力。并且，集体合同的效力高于劳动合同的效力
合同签订程序不同	单个劳动者和用人单位协商签订	采取集体协商的方式，集体协商主要采取协商会议的形式

(2) 劳务派遣。劳动派遣是指劳务派遣单位与被派遣劳动者建立劳动关系并将劳动者派遣到用工单位，被派遣劳动者在用工单位的指挥、监督下从事劳动的用工形式。

劳务派遣单位又称用人单位，劳务派遣单位与被派遣劳动者订立劳动合同并应当履行为劳动者缴纳社保、支付工资等法律义务。

被派遣的劳动者工作的单位称为用工单位，用工单位需履行为劳动者提供劳动条件和劳动保护等义务。

根据《劳动合同法》第五十七条规定，经营劳务派遣业务应当具备下列条件。

1）注册资本不得少于 200 万元。

2）有与开展业务相适应的固定的经营场所和设施。

3）有符合法律、行政法规规定的劳务派遣管理制度。

4）法律、行政法规规定的其他条件。

劳务派遣行政许
可实施办法

经营劳务派遣业务，应当向劳动行政部门依法申请行政许可；经许可的，依法办理相应的公司登记。未经许可，任何单位和个人不得经营劳务派遣业务。

用工单位应当履行下列义务。

1）执行国家劳动标准，提供相应的劳动条件和劳动保护。

2）告知被派遣劳动者的工作要求和劳动报酬。

3）支付加班费、绩效奖金，提供与工作岗位相关的福利待遇。

4）对在岗被派遣劳动者进行工作岗位所必需的培训。

5）连续用工的，实行正常的工资调整机制。

用工单位不得将被派遣劳动者再派遣到其他用人单位。

（3）非全日制用工。非全日制用工是指以小时计酬为主，劳动者在同一用人单位一般平均每日工作时间不超过 4 h，每周工作时间累计不超过 24 h 的用工形式。非全日制用工是一种灵活和富有弹性的用工模式，它与全日制用工的区别见表 4-11。

关于非全日制用工
若干问题的意见

表 4-11　非全日制用工与全日制用工的区别

区别	全日制用工	非全日制用工
工作时长	每天不超过 8 h，每周不超过 40 h	每天不超过 4 h，每周不超过 24 h
劳动关系数量	只与 1 个单位建立劳动关系	可以与一个或者一个以上用人单位订立劳动合同
合同形式	书面	可书面、可口头
试用期	可约定试用期	不可约定试用期
解除条件	依法解除或终止	双方均可随时解除用工关系
经济补偿	有	无
工资支付周期	通常是 1 个月	最长不得超过 15 日
计薪方式	按月计薪	按小时计薪
最低工资标准	不低于当地最低月工资标准	不低于当地最低小时工资标准

4.2.3　合法用工方式与违法用工模式的规定

1. 合法用工方式的规定

（1）合同化管理。按照《劳动合同法》的规定，用人单位应当与劳动者订立书面劳动合同，并按合同要求向劳动者支付工资、劳动保险费用等。企业应依法缴纳各种社会保险，为员工提供公平、公正的待遇和保障。

（2）正规招聘。招聘流程应符合相关法律法规，要求公开、公正、平等，不得出现招聘信息歧视、限制人员自由的情况。同时，还应严格遵守劳动法的规定，保障劳动者的权益，不得面试、录用未成年劳动者和非法外来务工人员等人员。

（3）按时足额支付报酬。企业应该按照劳动合同约定，及时足额支付员工工资，有效避免拖欠工资等问题的出现。对于加班、节假日等特殊情况，企业也应依照法律规定通知员工，并适当给予加班报酬等合法福利保障。

（4）定期体检。企业应为员工提供免费定期体检服务，防范职业病和重大健康问题的出现。设备应符合国家标准，人员应持有相关职业健康证书，保证体检结果准确可靠。

2. 违法用工模式的规定

（1）非法招用劳动力。企业不得非法聘用未满 16 周岁的未成年劳动者、土地流转承包经营权人、应届毕业生、外地务工等非法劳动力，严禁与中介机构合谋非法招聘劳动力。

（2）拖欠工资。企业不得出现拖欠工资、未缴纳社保、福利待遇低保障性劣的情况。企业应加强财务管理，严格规定工资核算标准，设立资金保障机制，有效预防拖欠工资。

（3）强制加班。不得强制劳动者加班，超过法定的工作时间，给予加班补偿。企业应合理安排员工工作时间，遵循"非强制、自愿、患急病的或者需要在生产、生活上有保障的特殊情况经过本人申请并经工会或者劳动者代表同意可以延长工作时间"。

（4）拒绝为员工缴纳保险。企业要为员工缴纳各项社会保险，保证员工的福利权益得到保障。不得以"个人自愿"为由，拒绝为员工缴纳社保和各种保险。

（5）其他违反法规情况。企业还不得拒绝员工休假、违反规定开展安全培训、违反规定排放污染物等，生产经营行为应当符合国家的法律法规。

4.2.4　劳动保护的规定

劳动保护，广义上是指国家和单位为保护劳动者在劳动生产过程中的安全和健康所采取的立法、组织和技术措施的总称；狭义上是指根据国家法律、法规，依靠技术进步和科学管理，采取组织措施和技术措施，消除危及人身安全健康的不良条件和行为，防止事故和职业病，保护劳动者在劳动过程中的安全与健康，其内容包括劳动安全、劳动卫生、女工保护、未成年工保护、工作时间与休假制度。

为改善建设生产劳动条件，保护劳动者在建设生产劳动中的安全健康，国家出台了一系列的政策法规和规范，如《建筑与市政施工现场安全卫生与职业健康通用规范》《施工企业安全生产管理规范》《女职工劳动保护特别规定》《使用有毒物品作业场所劳动保护条例》等。本书内容以《劳动法》为依据对劳动保护进行讲述。

1. 劳动者的工作时间和休息休假

（1）工作时间。工作时间是劳动者根据法律的规定，在用人单位用于完成本职工作的时间，是劳动的自然尺度，是衡量每个职工的劳动贡献和付给报酬的计算单位。工时标准是一项重要的基础性劳动标准。

标准工时是指正常工作时间标准，即法律规定的职工在每个工作日相对固定的工作时间，是我国工时制度的主要形式。根据《劳动法》第三十六条规定，国家实行劳动者每日工作时间不超过 8 h、平均每周工作时间不超过 44 h 的工时制度。第三十七条规定，对实行计件工作的劳动者，用人单位应当根据第三十六条规定的工时制度合理确定其劳动定额和计件报酬标准。

用人单位由于生产经营需要，经与工会和劳动者协商后可以延长工作时间，一般每日不得超过 1 h；因特殊原因需要延长工作时间的，在保障劳动者身体健康的条件下延长工作时间每日不得超过 3 h，但是每月不得超过 36 h。用人单位不得违反规定延长劳动者的工作时间。

（2）休息休假。休息休假时间是劳动者根据法律法规规定，在国家机关、社会团体、企业、事业单位及其他组织任职期间内，不必从事生产和工作而自行支配的时间，《劳动法》中关于休息休假的规定包括休息日、法定年节假日、年休假。

1）休息日标准。休息日又称公休假日，是劳动者满一个工作周后的休息时间。根据《劳动法》第三十八条规定，用人单位应当保证劳动者每周至少休息一日。

我国法定年节假日
等休假相关标准

2）法定年节假日标准。法定年节假日是由国家法律、法规统一规定的用以开展纪念、庆祝活动的休息时间，也是劳动者休息时间的一种。根据《劳动法》第四十条的规定，用人单位在下列节日期间应当依法安排劳动者休假：元旦、春节、国际劳动节、国庆节、法律法规规定的其他休假节日。根据《劳动法》第四十二条的规定，延长工作时间不受第四十一条规定的限制：发生自然灾害、事故或者因其他原因，威胁劳动者生命健康和财产安全，需要紧急处理的；生产设备、交通运输线路、公共设施发生故障，影响生产和公众利益，必须及时抢修的；法律、行政法规规定的其他情形。

3）年休假标准。带薪年休假是劳动者连续工作满 1 年后每年依法享有的保留职务工资的一定期限连续休息的假期。《劳动法》第四十五条规定，国家实行带薪年休假制度。

2. 劳动者的工资

《劳动法》中的工资是指用人单位依据国家有关规定或劳动合同的约定，以货币形式直接支付给本单位劳动者的劳动报酬，一般包括计时工资、计件工资、奖金、津贴和补贴、延长工作时间的工资报酬及特殊情况下支付的工资等。工资是劳动者劳动收入的主要组成部分。

（1）基本规定。工资分配应当遵循按劳分配原则，实行同工同酬。用人单位根据本单位的生产经营特点和经济效益，依法自主确定本单位的工资分配方式和工资水平。

工资应当以货币形式按月支付给劳动者本人。不得克扣或者无故拖欠劳动者的工资。

劳动者在法定休假日和婚丧假期间及依法参加社会活动期间，用人单位应当依法支付工资。

（2）最低工资保障制度。根据《劳动法》第四十八条的规定，国家实行最低工资保障制度。所谓最低工资，是指劳动者在法定工作时间内履行了正常劳动义务的前提下，由其所在单位支付的最低劳动报酬。最低工资的具体标准由省、自治区、直辖市人民政府规定，报国务院备案。用人单位支付劳动者的工资不得低于当地最低工资标准。

最低工资规定

3. 劳动安全卫生制度

根据《劳动法》的规定，用人单位必须建立、健全劳动安全卫生制度，严格执行国家劳动安全卫生规程和标准，对劳动者进行劳动安全卫生教育，防止劳动过程中的事故，减少职业危害。

劳动安全卫生设施必须符合国家规定的标准。新建、改建、扩建工程的劳动安全卫生设施必须与主体工程同时设计、同时施工、同时投入生产和使用。用人单位必须为劳动者提供符合国家规定的劳动安全卫生条件和必要的劳动防护用品，对从事有职业危害作业的劳动者应当定期进行健康检查。

从事特种作业的劳动者必须经过专门培训并取得特种作业资格。

劳动者在劳动过程中必须严格遵守安全操作规程。劳动者对用人单位管理人员违章指挥、强令冒险作业，有权拒绝执行；对危害生命安全和身体健康的行为，有权提出批评、检举和控告。

4. 女职工和未成年工的特殊保护

国家对女职工和未成年工实行特殊劳动保护。

（1）女职工的特殊保护。《劳动法》关于女职工的特殊保护条例有以下几项。

1）禁止安排女职工从事矿山井下、国家规定的第四级体力劳动强度的劳动和其他禁忌从事的劳动。

2）不得安排女职工在经期从事高处、低温、冷水作业和国家规定的第三级体力劳动强度的劳动。

女职工劳动保护
特别规定

3）不得安排女职工在怀孕期间从事国家规定的第三级体力劳动强度的劳动和孕期禁忌从事的劳动。对怀孕7个月以上的女职工，不得安排其延长工作时间和夜班劳动。

4）女职工生育享受不少于90日的产假。

5）不得安排女职工在哺乳未满一周岁的婴儿期间从事国家规定的第三级体力劳动强度的劳动和哺乳期禁忌从事的其他劳动，不得安排其延长工作时间和夜班劳动。

（2）未成年工的特殊保护。未成年工是指年满16周岁未满18周岁的劳动者。未成年工的特殊保护是针对未成年工处于生长发育期的特点，以及接受义务教育的需要，采取的特殊劳动保护措施。《劳动法》关于未成年工的特殊保护条例有以下几项。

未成年工特殊保护
规定

1）禁止用人单位招用未满16周岁的未成年人。文艺、体育和特种工艺单位招用未满十六周岁的未成年人，必须遵守国家有关规定，并保障其接受义务教育的权利。

2）不得安排未成年工从事矿山井下、有毒有害、国家规定的第四级体力劳动强度的劳动和其他禁忌从事的劳动。

3）用人单位应当对未成年工定期进行健康检查。

5. 劳动者的社会保险与福利

根据《劳动法》第七十条的规定，国家发展社会保险事业，建立社会保险制度，设立社会保险基金，使劳动者在年老、患病、工伤、失业、生育等情况下获得帮助和补偿。根据《劳动法》第七十二条规定，用人单位和劳动者必须依法参加社会保险，缴纳社会保险费。

根据《劳动法》第七十三条的规定，劳动者在下列情形下，依法享受社会保险待遇退休；患病、负伤；因工伤残或者患职业病；失业；生育。劳动者死亡后，其遗属依法享受遗属津贴。劳动者享受社会保险待遇的条件和标准由法律、法规规定。劳动者享受的社会保险金必须按时足额支付。

为了规范社会保险关系，维护公民参加社会保险和享受社会保险待遇的合法权益，使公民共享发展成果，促进社会和谐稳定，根据《宪法》颁布了《社会保险法》。《社会保险法》第二条规定，国家建立基本养老保险、基本医疗保险、工伤保险、失业保险、生育保险等社会保险制度，保障公民在年老、疾病、工伤、失业、生育等情况下依法从国家和社会获得物质帮助的权利。

《社会保险法》

（1）基本养老保险。职工应当参加基本养老保险，由用人单位和职工共同缴纳基本养老保险费。无雇工的个体工商户、未在用人单位参加基本养老保险的非全日制从业人员及其他灵活就业人员可以参加基本养老保险，由个人缴纳基本养老保险费。

用人单位应当按照国家规定的本单位职工工资总额的比例缴纳基本养老保险费，记入基本养老保险统筹基金。职工应当按照国家规定的本人工资的比例缴纳基本养老保险费，记入个人账户。参加基本养老保险的个人，达到法定退休年龄时累计缴费满15年的，按月领取基本养老金。

（2）基本医疗保险。职工应当参加职工基本医疗保险，由用人单位和职工按照国家规定共同缴纳基本医疗保险费。参加职工基本医疗保险的个人，达到法定退休年龄时累计缴费达到国家规定年限的，退休后不再缴纳基本医疗保险费，按照国家规定享受基本医疗保险待遇；未达到国家规定年限的，可以缴费至国家规定年限。

（3）工伤保险。职工应当参加工伤保险，由用人单位缴纳工伤保险费，职工不缴纳工伤保险费。职工因工作原因受到事故伤害或者患职业病，且经工伤认定的，享受工伤保险待遇；其中，经劳动能力鉴定丧失劳动能力的，享受伤残待遇。

工伤保险条例

（4）失业保险。职工应当参加失业保险，由用人单位和职工按照国家规定共同缴纳失业保险费。失业人员符合下列条件的，从失业保险基金中领取失业保险金：失业前用人单位和本人已经缴纳失业保险费满一年的；非因本人意愿中断就业的；已经进行失业登记，并有求职要求的。职工跨统筹地区就业的，其失业保险关系随本人转移，缴费年限累计计算。

（5）生育保险。职工应当参加生育保险，由用人单位按照国家规定缴纳生育保险费，职工不缴纳生育保险费。用人单位已经缴纳生育保险费的，其职工享受生育保险待遇；职工未就业配偶按照国家规定享受生育医疗费用待遇。所需资金从生育保险基金中支付。生育保险待遇包括生育医疗费用和生育津贴。

（6）福利。根据《劳动法》的规定，国家发展社会福利事业，兴建公共福利设施，为劳动者休息、休养和疗养提供条件。用人单位应当创造条件，改善集体福利，提高劳动者的福利待遇。

4.2.5 劳动争议的解决

劳动争议又称为劳动纠纷，是指劳动关系的当事人之间因执行劳动法律、法规和履行劳动合同而发生的纠纷，即劳动者与所在单位之间因劳动关系中的权利义务而发生的纠纷。

《劳动争议调解
仲裁法》

根据《劳动法》第七十七条的规定，用人单位与劳动者发生劳动争议，当事人可以依法申请调解、仲裁、提起诉讼，也可以协商解决。调解原则适用于仲裁和诉讼程序。《中华人民共和国劳动争议调解仲裁法》（以下简称《劳动争议调解仲裁法》）第四条和第五条进一步规定，发生劳动争议，劳动者可以与用人单位协商，也可以请工会或者第三方共同与用人单位协商，达成和解协议；当事人不愿协商、协商不成或者达成和解协议后不履行的，可以向调解组织申请调解；不愿调解、调解不成或者达成调解协议后不履行的，可以向劳动争议仲裁委员会申请仲裁；对仲裁裁决不服的，除本法另有规定的外，可以向人民法院提起诉讼。

发生劳动争议，当事人对自己提出的主张，有责任提供证据。与争议事项有关的证据属于用人单位掌握管理的，用人单位应当提供；用人单位不提供的，应当承担不利后果。

发生劳动争议的劳动者一方在 10 人以上，并有共同诉求的，可以推举代表参加调解、仲裁或者诉讼活动。

1. 劳动争议的范围和处理原则

根据《劳动争议调解仲裁法》第二条的规定，中华人民共和国境内的用人单位与劳动者发生的下列劳动争议，适用本法。

（1）因确认劳动关系发生的争议。

（2）因订立、履行、变更、解除和终止劳动合同发生的争议。

（3）因除名、辞退和辞职、离职发生的争议。

（4）因工作时间、休息休假、社会保险、福利、培训及劳动保护发生的争议。

（5）因劳动报酬、工伤医疗费、经济补偿或者赔偿金等发生的争议。

（6）法律法规规定的其他劳动争议。

根据《劳动法》的规定，解决劳动争议，应当根据合法、公正、及时处理的原则，依法维护劳动争议当事人的合法权益。处理劳动争议，应当遵循下列原则：①着重调解，及时处理；②在查清事实的基础上，依法处理；③当事人在适用法律上一律平等。

2. 劳动争议协商

《企业劳动争议
协商调解规定》

劳动争议协商又称为和解，是指劳动关系双方采取自治的方法解决纠纷，根据劳动争议当事人的合议或团体协议，双方相互协商，最后通过协商解决争议。根据《企业劳动争议协商调解规定》规定，发生劳动争议，一方当事人可通过与另一方当事人约见、面谈等方式协商，另一方应在5日内作出口头或者书面回应（超过5日不回应视为拒绝协商），双方书面约定协商期限。协商达成一致，应当签订书面和解协议。

根据《劳动法》及有关法规的规定，国家提倡劳动争议当事人在发生劳动争议后，主动就争议事项进行协商，协调双方的关系，消除矛盾，解决争议。劳动争议为人民内部矛盾，可以也应当协商解决，但当事人协商不是处理劳动争议的必经程序。当事人自愿可以协商，不愿协商或者协商不成的，应向本企业劳动争议调解委员会申请调解。

3. 劳动争议调解

调解是指企业劳动争议调解委员会对劳动争议的进行的调解，而不是劳动争议仲裁或诉讼程序上的调解。根据《劳动争议调解仲裁法》第十条的规定，发生劳动争议，当事人可以到下列调解组织申请调解：①企业劳动争议调解委员会；②依法设立的基层人民调解组织；③在乡镇、街道设立的具有劳动争议调解职能的组织。

企业劳动争议调解委员会由职工代表和企业代表组成。职工代表由工会成员担任或者由全体职工推举产生，企业代表由企业负责人指定。企业劳动争议调解委员会主任由工会成员或者双方推举的人员担任。

经调解达成协议的，应当制作调解协议书。调解协议书由双方当事人签名或者盖章，经调解员签名并加盖调解组织印章后生效，对双方当事人具有约束力，当事人应当履行。自劳动争议调解组织收到调解申请之日起 15 日内未达成调解协议的，当事人可以依法申请仲裁。达成调解协议后，一方当事人在协议约定期限内不履行调解协议的，另一方当事人可以依法申请仲裁。

4. 劳动争议仲裁

劳动争议仲裁是指劳动争议仲裁机构依法对争议双方当事人的争议案件进行居中公断的一种争议处理方式，是劳动争议处理的必经程序仲裁是处理劳动争议最重要的程序，是法定的必经程序。不经过仲裁，当事人就无权直接向人民法院提起诉讼。仲裁程序介于调解与法院判决之间，既具有调解程序的灵活性，又具有法院审判的权威性和法律强制效力。劳动争议当事人只有在仲裁委员会裁决后，对裁决不服时，才能向法院起诉，否则法院不予受理。我国劳动争议的仲裁实行的是一裁二审，不服的可以向法院起诉，而不是采取"裁审择一"的体制，即或选择仲裁、或选择诉讼的制度。

根据《劳动法》第八十一条的规定，劳动争议仲裁委员会由劳动行政部门代表、同级工会代表、用人单位方面的代表组成。劳动争议仲裁委员会主任由劳动行政部门代表担任。

（1）申请和受理。根据《劳动法》第八十二条的规定，提出仲裁要求的一方应当自劳动争议发生之日起 60 日内向劳动争议仲裁委员会提出书面申请。仲裁裁决一般应在收到仲裁申请的 60 日内作出。对仲裁裁决无异议的，当事人必须履行。

《劳动争议调解仲裁法》进一步规定，劳动争议申请仲裁的时效期间为 1 年。仲裁时效期间从当事人知道或者应当知道其权利被侵害之日起计算。申请人申请仲裁应当提交书面仲裁申请，并按照被申请人人数提交副本。劳动争议仲裁委员会收到仲裁申请之日起 5 日内，认为符合受理条件的，应当受理并通知申请人；认为不符合受理条件的，应当书面通知申请人不予受理，并说明理由。对劳动争议仲裁委员会不予受理或者逾期未作出决定的，申请人可以就该劳动争议事项向人民法院提起诉讼。劳动争议仲裁委员会受理仲裁申请后，应当在 5 日内将仲裁申请书副本送达被申请人。被申请人收到仲裁申请书副本后，应当在 10 日内向劳动争议仲裁委员会提交答辩书。劳动争议仲裁委员会收到答辩书后，应当在 5 日内将答辩书副本送达申请人。被申请人未提交答辩书的，不影响仲裁程序的进行。

（2）开庭和裁决。劳动争议仲裁委员会裁决劳动争议案件实行仲裁庭制。仲裁庭由 3 名仲裁员组成，设首席仲裁员。简单劳动争议案件可以由 1 名仲裁员独任仲裁。

劳动争议仲裁委员会应当在受理仲裁申请之日起 5 日内将仲裁庭的组成情况书面通知当事人。

仲裁庭应当在开庭 5 日前，将开庭日期、地点书面通知双方当事人。当事人有正当理由的，可以在开庭 3 日前请求延期开庭。是否延期，由劳动争议仲裁委员会决定。申请人收到书面通知，无正当理由拒不到庭或者未经仲裁庭同意中途退庭的，可以视为撤回仲裁申请被申请人收到书面通知后，无正当理由拒不到庭或者未经仲裁庭同意中途退庭的，可以缺席裁决。

仲裁庭在作出裁决前，应当先行调解。调解达成协议的，仲裁庭应当制作调解书。调解书应当写明仲裁请求和当事人协议的结果。调解书由仲裁员签名，加盖劳动争议仲裁委员会印章，送达双方当事人。调解书经双方当事人签收后，发生法律效力。调解不成或者调解书送达前，一方当事人反悔的，仲裁庭应当及时作出裁决。

仲裁庭裁决劳动争议案件，应当自劳动争议仲裁委员会受理仲裁申请之日起45日内结束。案情复杂需要延期的，经劳动争议仲裁委员会主任批准，可以延期并书面通知当事人，但是延长期限不得超过15日。逾期未作出仲裁裁决的，当事人可以就该劳动争议事项向人民法院提起诉讼。仲裁庭裁决劳动争议案件时，其中一部分事实已经清楚，可以就该部分先行裁决。

根据《劳动争议调解仲裁法》第四十七条规定，下列劳动争议，除本法另有规定的外，仲裁裁决为终局裁决，裁决书自作出之日起发生法律效力：追索劳动报酬、工伤医疗费、经济补偿或者赔偿金，不超过当地月最低工资标准12个月金额的争议；因执行国家的劳动标准在工作时间、休息休假、社会保险等方面发生的争议。

劳动者对第四十七条规定的仲裁裁决不服的，可以自收到仲裁裁决书之日起15日内向人民法院提起诉讼。用人单位有证据证明第四十七条规定的仲裁裁决有下列情形之一的，可以自收到仲裁裁决书之日起30日内向劳动争议仲裁委员会所在地的中级人民法院申请撤销裁决：适用法律、法规确有错误的；劳动争议仲裁委员会无管辖权的；违反法定程序的；裁决所根据的证据是伪造的；对方当事人隐瞒了足以影响公正裁决的证据的；仲裁员在仲裁该案时有索贿受贿、徇私舞弊、枉法裁决行为的。人民法院经组成合议庭审查核实裁决有前款规定情形之一的，应当裁定撤销。仲裁裁决被人民法院裁定撤销的，当事人可以自收到裁定书之日起15日内就该劳动争议事项向人民法院提起诉讼。

当事人对本法第四十七条规定以外的其他劳动争议案件的仲裁裁决不服的，可以自收到仲裁裁决书之日起15日内向人民法院提起诉讼；期满不起诉的，裁决书发生法律效力。

当事人对发生法律效力的调解书、裁决书，应当按照规定的期限履行。一方当事人逾期不履行的，另一方当事人可以依照《民事诉讼法》的有关规定向人民法院申请执行。受理申请的人民法院应当依法执行。

5. 劳动争议诉讼

劳动争议诉讼是指人民法院按照《民事诉讼法》规定的程序，以劳动法规为依据，按照劳动争议案件进行审理的活动，是劳动争议处理的最终方式。根据《劳动法》规定，劳动争议当事人对仲裁裁决不服的，可以自收到仲裁裁决书之日起15日内向人民法院提起诉讼。一方当事人在法定期限内不起诉又不履行仲裁裁决的，另一方当事人可以申请人民法院强制执行。

当事人只能对仲裁裁决不服而起诉，不能起诉仲裁委员会，也不能直接就劳动争议向法院起诉。人民法院审理劳动争议案件适用于民事诉讼程序，采取两审终审制，即劳动争议当事人向人民法院起诉后，对第一审判决不服的，还可以在法定期间内向上一级人民法院提起上诉，经第二审人民法院审理作出判决的，当事人必须执行，二审判决为终审判决，至此劳动争议处理程序终结。

4.2.6 违法行为应承担的法律责任

劳动合同法律责任是由劳动合同法律规定的，对劳动合同违法行为人所采取的以补偿受到损害的合法利益、恢复被破坏的劳动合同法律关系或者秩序、维护劳动合同制度正常运行为目的，并与一定的制裁措施相联系的国家强制形式。

1. 用人单位违反《劳动合同法》的法律责任

（1）用人单位制定的劳动规章制度违反法律法规规定的法律规定。根据《劳动合同法》第八十条的规定，用人单位制定的劳动规章制度违反法律、法规规定的，应当承担下列法律责任。

1）行政责任。用人单位制定的直接涉及劳动者切身利益的规章制度违反法律法规的，由劳动行政部门责令改正，给予警告。

2）赔偿责任。用人单位制定的直接涉及劳动者切身利益的规章制度违反法律、法规的，依法承担赔偿责任。

（2）用人单位订立劳动合同违反规定的法律责任。《劳动合同法》第八十一条、第八十二条、第八十六条针对用人单位订立劳动合同违反规定的具体违法情形，规定了相应的法律责任。

1）责令改正。用人单位提供的劳动合同文本未载明《劳动合同法》规定的劳动合同必备条款或者用人单位未将劳动合同文本交付劳动者的，由劳动行政部门责令改正。

2）赔偿责任。用人单位提供的劳动合同文本未载明《劳动合同法》规定的劳动合同必备条款或者用人单位未将劳动合同文本交付劳动者，给劳动者造成损害的，用人单位应当承担赔偿责任。

用人单位自用工之日起 1 个月不满 1 年未与劳动者订立书面劳动合同的，应当向劳动者每月支付 2 倍的工资（超过 1 年的视同用人单位已与劳动者订立无固定期限劳动合同）。

因用人单位原因订立的劳动合同被确认无效，给劳动者造成损害的，用人单位应当承担赔偿责任。

用人单位违反规定不与劳动者订立无固定期限劳动合同的，自应当订立无固定期限劳动合同之日起向劳动者支付 2 倍的工资。

（3）用人单位违反规定约定试用期的法律责任。根据《劳动合同法》第八十三条的规定，用人单位违反规定与劳动者约定试用期的，承担下列法律责任。

1）责令改正。用人单位违反规定约定试用期，由劳动行政部门责令改正。

2）赔偿金。用人单位违反规定与劳动者约定的试用期，如违反约定的试用期已经履行，由用人单位以劳动者试用期满月工资标准，按照已经履行的超过法定试用期的期间向劳动者支付赔偿金。

（4）用人单位扣押劳动者身份证等证件、档案等物品，以及要求劳动者提供担保的法律责任。《劳动合同法》第八十四条的规定，用人单位违反本法规定，扣押劳动者居民身份证等证件，由劳动行政部门责令限期退还劳动者本人，并依照有关法律规定给予处罚。用人单位违反规定，以担保或者其他名义向劳动者收取财物的，由劳动行政部门责令限期退还给劳动者本人，并以每人 500 元以上 2 000 元以下的标准处以罚款；给劳动者造成损害的，应当承担赔偿责任。劳动者依法解除或者终止劳动合同，用人单位扣押劳动者档案或者其他物品的，依照前款规定处罚。

（5）用人单位侵害劳动者有关工资报酬合法权益的法律责任。根据《劳动合同法》第八十五条的规定，用人单位侵害劳动者有关工资报酬合法权益的应当承担下列法律责任。

1）责令限期改正。用人单位侵害劳动者有关工资报酬合法权益的，由劳动行政部门责令限期支付劳动报酬、加班费或者经济补偿；劳动报酬低于当地工资标准的应当支付其差额部分。

2）赔偿金。用人单位逾期不支付的，由劳动行政部门责令用人单位按应付金额50％以上100％以下的标准向劳动者加付赔偿金。

（6）用人单位违法解除、终止劳动合同的法律责任。根据《劳动合同法》第八十七条规定，用人单位违反本法规定解除或者终止劳动合同的，应当按照本法第四十七条规定的经济补偿标准的2倍向劳动者支付赔偿金。

（7）用人单位强迫劳动和违反劳动安全卫生规范的法律责任。

1）刑事责任。用人单位强迫劳动和违反劳动安全卫生规范的行为有可能构成强迫劳动罪、重大责任事故罪。根据《刑法》第二百四十四条之一规定，违反劳动管理法规，雇用未满16周岁的未成年人从事超强度体力劳动的，或者从事高空、井下作业的，或者在爆炸性、易燃性、放射性、毒害性等危险环境下从事劳动，情节严重的，对直接责任人员，处3年以下有期徒刑或者拘役，并处罚金；情节特别严重的，处3年以上7年以下有期

《刑法》

徒刑，并处罚金。有前款行为，造成事故，又构成其他犯罪的，依照数罪并罚的规定处罚。根据《刑法》第一百三十四条规定，强令他人违章冒险作业，或者明知存在重大事故隐患而不排除，仍冒险组织作业，因而发生重大伤亡事故或者造成其他严重后果的，处5年以下有期徒刑或者拘役；情节特别恶劣的，处5年以上有期徒刑。

2）行政处罚。主要是治安管理处罚。行使治安管理处罚权的只能是国家公安机关，处罚的根据是《中华人民共和国治安管理处罚法》。治安管理处罚一般分为警告、罚款、行政拘留、吊销公安机关发放的许可证。

3）赔偿责任。用人单位强迫劳动和违反劳动安全卫生规范的行为，给劳动者造成损害的，用人单位应当承担赔偿责任。

《治安管理处罚法》

（8）用人单位违反规定未向劳动者出具解除或者终止劳动合同的书面证明的法律责任。

1）行政责任。劳动行政部门对用人单位是否遵守《劳动合同法》规定，向劳动者出具解除或者终止劳动合同的书面证明的情况可以实施监察，对违反规定未向劳动者出具解除或者终止劳动合同的书面证明的，由劳动行政部门予以责令改正。

2）赔偿责任。如果用人单位未依法给劳动者出具解除或者终止劳动合同的书面证明，劳动者因此而遭受损害的，例如，未能及时足额享受失业保险待遇、再就业受到不利影响等，由用人单位向劳动者承担赔偿责任。

（9）连带赔偿责任。用人单位招用尚未解除劳动合同的劳动者，对原用人单位造成经济损失的，除该劳动者承担直接赔偿责任外，该用人单位应当承担连带赔偿责任。其连带赔偿的份额应不低于对原用人单位造成经济损失总额的70％。向原用人单位赔偿下列损失：①对生产、经营和工作造成的直接经济损失；②因获取商业秘密给原用人单位造成的经济损失。

赔偿本条第二项规定的损失，按《反不正当竞争法》第二十条的规定执行。

（10）劳务派遣单位违反《劳动合同法》规定应承担的法律责任。

1）行政责任。劳务派遣单位违反《劳动合同法》规定的，由劳动行政部门和其他有关主管部门责令改正；情节严重的，按每人1000元以上5000元以下的标准处以罚款，并由工商行政管理部门吊销营业执照。

2）连带赔偿责任。被派遣劳动者权益受到损害的，由劳务派遣单位和用工单位承担连带赔偿责任。

（11）个人承包经营招用劳动者违反规定的法律责任将发包组织和个人承包经营者视作一个整体，对受损害的劳动者承担连带赔偿责任。

《反不正当竞争法》

2. 劳动者违反《劳动合同法》的法律责任

（1）因劳动者过错订立无效劳动合同的法律责任。根据《劳动合同法》第八十六条规定，因劳动者过错订立无效劳动合同，给用人单位造成损害的，劳动者应当承担赔偿责任。

（2）劳动者违法解除劳动合同的法律责任。劳动者违反规定或者劳动合同约定解除劳动合同，对用人单位造成损失的，劳动者应赔偿用人单位下列损失。

1）用人单位招收录用其所支付的费用。

2）用人单位为其支付的培训费用，双方另有约定的按约定办理。

3）对生产、经营和工作造成的直接经济损失。

4）劳动合同约定的其他赔偿费用。

（3）劳动者违反约定的保密义务的法律责任。违反保密义务，给用人单位造成经济损失的，按照《反不正当竞争法》第二十条的规定给予赔偿。即损失难以计算的，赔偿额为侵权人在侵权期间因侵权所获得的利润；并应当承担被侵害人因调查侵权人侵犯其合法权益的不正当竞争行为所支付的合理费用。

违反约定保密义务给用人单位造成重大损失或者特别严重后果的，即构成侵犯商业秘密罪，应当依据《刑法》第二百一十八条追究刑事责任。

（4）劳动者违反劳动合同约定的竞业限制义务的法律责任。根据《劳动合同法》和《反不正当竞争法》等法律法规的规定，劳动者违反劳动合同约定的竞业限制义务的法律责任主要有以下几项。

1）支付违约金。根据《劳动合同法》第二十三条的规定，劳动者违反竞业限制约定的，应当按照约定向用人单位支付违约金。

2）赔偿损失。根据《劳动合同法》第九十条的规定，劳动者违反劳动合同中约定的竞业限制，给用人单位造成损失的，应当承担赔偿责任。

🎯 案例应用4-2

➤案例简介

某建筑公司与张某签订《甲项目人工费单包协议书》，承包了位于某市甲项目的室内外抹灰、砖砌体、混凝土的浇灌（不含基础）、混凝土自拌、外架安装、室内外地平等工程项目。陈某经谢某某介绍到甲项目从事杂工（小工）工作，口头约定工资每日120元，由谢某某对陈某进行考勤，工资由谢某某发放。陈某在工作中不慎摔伤，后被送到区人民医院住院治疗，诊断为胸12椎体爆裂骨折；双肺挫伤；肝功能异常；胸骨柄体部骨折伴脱位。经治疗，陈某康复出院，所用医疗费由谢某某支付。后经某区人力资源和社会保障局工伤认定，认定陈某丙构成工伤，由某建筑公司承担工伤主体责任；某区劳动能力鉴定委员会鉴定为伤残八级，无生活自理障碍。某区劳动人事争议仲裁委员会以陈某已经达到法定退休年龄，不属于劳动人事争议，陈某遂提起诉讼。

▶**案例评析**

陈某未参加社会养老保险，经人介绍在某建筑公司承包的工地上做杂工过程中受伤，其因超过法定退休年龄，其与某建筑公司之间不具有劳动关系。超过法定退休年龄且未享受社会养老保险待遇的职工虽与用工单位不具有劳动关系，但其在工作中受伤后被社会保险行政部门认定为工伤的，应当由用工单位参照《工伤保险条例》的相关规定提供一次性赔偿。

陈某经劳动能力鉴定为伤残八级，结合其诉讼请求，某区法院确认赔偿住院伙食补助费、护理费、停工留薪待遇、一次性伤残补助金、鉴定费、医疗费等共计 56 709.79 元，由某建筑公司支付。

4.3　相关合同制度

4.3.1　承揽合同的法律制度

承揽合同是承揽人按照定作人的要求完成工作，交付工作成果，定作人支付报酬的合同。承揽包括加工、定作、修理、复制、测试、检验等工作。

1. 承揽合同条款

承揽合同的内容一般包括承揽的标的、数量、质量、报酬，承揽方式，材料的提供，履行期限，验收标准和方法等条款。

2. 承揽人的权利和义务

《承揽合同（示范文本）》
（GF—2000—0303）

（1）承揽人提供材料时的义务。承揽人提供材料的，应当按照约定选用材料，并接受定作人检验。

（2）定作人提供材料时及时检验的义务。承揽人对定作人提供的材料应当及时检验，发现不符合约定时，应当及时通知定作人更换、补齐或者采取其他补救措施。承揽人不得擅自更换定作人提供的材料，不得更换不需要修理的零部件。

（3）及时通知的义务。定作人要求不合理时，承揽人发现定作人提供的图纸或者技术要求不合理的，应当及时通知定作人。

（4）承揽人工作成果交付的义务。承揽人完成工作的，应当向定作人交付工作成果，并提交必要的技术资料和有关质量证明。

（5）定作人未履行付款义务时承揽人的权利。定作人未向承揽人支付报酬或者材料费等价款的，承揽人对完成的工作成果享有留置权或者有权拒绝交付，但是当事人另有约定的除外。

（6）承揽人保管义务。承揽人应当妥善保管定作人提供的材料及完成的工作成果，因保管不善造成毁损、灭失的，应当承担赔偿责任。

（7）承揽人保密义务。承揽人应当按照定作人的要求保守秘密，未经定作人许可，不得留存复制品或技术资料。

（8）共同承揽人连带责任。共同承揽人对定作人承担连带责任，但是当事人另有约定的除外。

（9）工作成果不符合质量要求时的违约责任。承揽人交付的工作成果不符合质量要求的，定作人可以合理选择请求承揽人承担修理、重作、减少报酬、赔偿损失等违约责任。

3. 定作人的权利和义务

（1）按照约定提供材料。定作人提供材料的，应当按照约定提供材料。

（2）损失赔偿义务。因定作人要求不合理，承揽人发现定作人提供的图纸或者技术要求不合理的，及时通知定作人后，定作人怠于答复等原因造成承揽人损失的，应当赔偿损失。

（3）定作人变更工作要求的法律后果。定作人中途变更承揽工作的要求，造成承揽人损失的，应当赔偿损失。

（4）定作人协助义务。承揽工作需要定作人协助的，定作人有协助的义务。

（5）定作人监督检验。承揽人在工作期间，应当接受定作人必要的监督检验。定作人不得因监督检验妨碍承揽人的正常工作。

（6）顺延履行义务期限或解除合同的权利。定作人不履行协助义务致使承揽工作不能完成的，承揽人可以催告定作人在合理期限内履行义务并可以顺延履行期限；定作人逾期不履行的，承揽人可以解除合同。

（7）验收工作成果。承揽人完成工作的，定作人应当验收该工作成果。

（8）支付报酬的义务。定作人应当按照约定的期限支付报酬。对支付报酬的期限没有约定或者约定不明确，可以协议补充；不能达成补充协议的，按照合同相关条款或者交易习惯确定；仍不能确定的，定作人应当在承揽人交付工作成果时支付；工作成果部分交付的，定作人应当相应支付。

（9）定作人任意解除权。定作人在承揽人完成工作前可以随时解除合同，造成承揽人损失的，应当赔偿损失。

4.3.2　买卖合同的法律规定

买卖合同是出卖人转移标的物的所有权于买受人，买受人支付价款的合同。出卖具有知识产权的标的物的，除法律另有规定或者当事人另有约定外，该标的物的知识产权不属于买受人。

1. 买卖合同条款

买卖合同的内容一般包括标的物的名称、数量、质量、价款、履行期限、履行地点和方式、包装方式、检验标准和方法、结算方式、合同使用的文字及其效力等条款。

《地质机械仪器产品
买卖合同（示范文本）》
（GF—2000—0106）

2. 出卖人的权利和义务

（1）出卖人基本义务。出卖人应当履行向买受人交付标的物或者交付提取标的物的单证，并转移标的物所有权的义务。

（2）交付有关单证和资料义务。出卖人应当按照约定或者交易习惯向买受人交付提取标的物单证以外的有关单证和资料。

（3）出卖人权利瑕疵担保义务。出卖人就交付的标的物，负有保证第三人对该标的物不享有任何权利的义务，但是法律另有规定的除外。买受人订立合同时知道或者应当知道第三人对买卖的标的物享有权利的，出卖人不承担该义务。

（4）出卖人回收义务。依照法律、行政法规的规定或者按照当事人的约定，标的物在有效使用年限届满后应予回收的，出卖人负有自行或者委托第三人对标的物予以回收的义务。

《建材买卖合同
（示范文本）》
（GF—2008—0111）

(5) 出卖人的取回权。当事人约定出卖人保留合同标的物的所有权，在标的物所有权转移前，买受人有下列情形之一，造成出卖人损害的，除当事人另有约定外，出卖人有权取回标的物：未按照约定支付价款，经催告后在合理期限内仍未支付；未按照约定完成特定条件；将标的物出卖、出质或者作出其他不当处分。出卖人可以与买受人协商取回标的物；协商不成的，可以参照适用担保物权的实现程序。

3. 买受人的权利和义务

(1) 无权处分效力。因出卖人未取得处分权致使标的物所有权不能转移的，买受人可以解除合同并请求出卖人承担违约责任。法律、行政法规禁止或者限制转让的标的物，依照其规定。

(2) 中止支付价款权。买受人有确切证据证明第三人对标的物享有权利的，可以中止支付相应的价款，但是出卖人提供适当担保的除外。

(3) 买受人的检验义务。买受人收到标的物时应当在约定的检验期限内检验。没有约定检验期限的，应当及时检验。

(4) 买受人的通知义务。当事人约定检验期限的，买受人应当在检验期限内将标的物的数量或者质量不符合约定的情形通知出卖人。买受人怠于通知的，视为标的物的数量或者质量符合约定。当事人没有约定检验期限的，买受人应当在发现或者应当发现标的物的数量或者质量不符合约定的合理期限内通知出卖人。买受人在合理期限内未通知或者自收到标的物之日起2年内未通知出卖人的，视为标的物的数量或者质量符合约定。但是，对标的物有质量保证期的，适用质量保证期，不适用该2年的规定。出卖人知道或者应当知道提供的标的物不符合约定的，买受人不受前两款规定的通知时间的限制。

(5) 买受人的回赎权。买受人未按照约定支付价款，经催告后在合理期限内仍未支付，出卖人依据规定取回标的物后，买受人在双方约定或者出卖人指定的合理回赎期限内，消除出卖人取回标的物的事由的，可以请求回赎标的物。买受人在回赎期限内没有回赎标的物，出卖人可以以合理价格将标的物出卖给第三人，出卖所得价款扣除买受人未支付的价款及必要费用后仍有剩余的，应当返还买受人；不足部分由买受人清偿。

4. 标的物的交付

(1) 标的物交付期限。出卖人应当按照约定的时间交付标的物。约定交付期限的，出卖人可以在该交付期限内的任何时间交付。标的物交付期限不明时的处理。当事人没有约定标的物的交付期限或者约定不明确的，合同生效后，可以协议补充；不能达成补充协议的，按照合同相关条款或者交易习惯确定。履行期限不明确的，债务人可以随时履行，债权人也可以随时请求履行，但是应当给对方必要的准备时间。

(2) 标的物交付地点。出卖人应当按照约定的地点交付标的物。当事人没有约定交付地点或者约定不明确，可以协议补充；不能达成补充协议的，按照合同相关条款或者交易习惯确定；仍不能确定的，适用下列规定：标的物需要运输的，出卖人应当将标的物交付给第一承运人以运交给买受人；标的物不需要运输，出卖人和买受人订立合同时知道标的物在某一地点的，出卖人应当在该地点交付标的物；不知道标的物在某一地点的，应当在出卖人订立合同时的营业地交付标的物。

(3) 标的物的质量要求。出卖人应当按照约定的质量要求交付标的物。出卖人提供有关标的物质量的说明的，交付的标的物应当符合该说明的质量要求。

5. 风险承担

（1）标的物毁损、灭失风险负担的基本规则。标的物毁损、灭失的风险，在标的物交付之前由出卖人承担，交付之后由买受人承担，但是法律另有规定或者当事人另有约定的除外。

（2）迟延交付标的物的风险负担。因买受人的原因致使标的物未按照约定的期限交付的，买受人应当自违反约定时起承担标的物毁损、灭失的风险。

（3）路货买卖中的标的物风险负担。出卖人出卖交由承运人运输的在途标的物，除当事人另有约定外，毁损、灭失的风险自合同成立时起由买受人承担。

（4）需要运输的标的物风险负担。根据《民法典》第六百零七条规定，出卖人按照约定将标的物运送至买受人指定地点并交付给承运人后，标的物毁损、灭失的风险由买受人承担。当事人没有约定交付地点或者约定不明确，依据《民法典》第六百零三条第二款第一项的规定标的物需要运输的，出卖人将标的物交付给第一承运人后，标的物毁损、灭失的风险由买受人承担。

（5）买受人不收取标的物的风险负担。根据《民法典》第六百零八条的规定，出卖人按照约定或者依据本法第六百零三条第二款第二项的规定，将标的物置于交付地点，买受人违反约定没有收取的，标的物毁损、灭失的风险自违反约定时起由买受人承担。

（6）未交付单证、资料不影响风险转移。出卖人按照约定未交付有关标的物的单证和资料的，不影响标的物毁损、灭失风险的转移。

（7）出卖人根本违约的风险负担。因标的物不符合质量要求，致使不能实现合同目的的，买受人可以拒绝接收标的物或者解除合同。买受人拒绝接受标的物或者解除合同的，标的物毁损、灭失的风险由出卖人承担。

（8）买受人承担风险与出卖人违约责任关系。标的物毁损、灭失的风险由买受人承担的，不影响因出卖人履行义务不符合约定，买受人请求其承担违约责任的权利。

4.3.3　借款合同的法律规定

借款合同是借款人向贷款人借款，到期返还借款并支付利息的合同。借款合同应当采用书面形式，但是自然人之间借款另有约定的除外。借款合同的内容一般包括借款种类、币种、用途、数额、利率、期限和还款方式等条款。订立借款合同，借款人应当按照贷款人的要求提供与借款有关的业务活动和财务状况的真实情况。自然人之间的借款合同，自贷款人提供借款时成立。

借款的利息不得预先在本金中扣除。利息预先在本金中扣除的，应当按照实际借款数额返还借款并计算利息。贷款人未按照约定的日期、数额提供借款，造成借款人损失的，应当赔偿损失。借款人未按照约定的日期、数额收取借款的，应当按照约定的日期、数额支付利息。

借款人应当按照约定的期限支付利息。对支付利息的期限没有约定或者约定不明确，依据《民法典》第五百一十条的规定仍不能确定，借款期间不满 1 年的，应当在返还借款时一并支付；借款期间 1 年以上的，应当在每届满 1 年时支付，剩余期间不满 1 年的，应当在返还借款时一并支付。

借款人应当按照约定的期限返还借款。对借款期限没有约定或者约定不明确，依据《民法典》第五百一十条的规定仍不能确定的，借款人可以随时返还；贷款人可以催告借款人在合理期限内返还。借款人未按照约定的期限返还借款的，应当按照约定或者国家有关规定支付逾期利息。借款人提前返还借款的，除当事人另有约定外，应当按照实际借款的期间计算利息。借款人可以在还款期限届满前向贷款人申请展期；贷款人同意的，可以展期。

4.3.4 租赁合同的法律规定

租赁合同是出租人将租赁物交付承租人使用、收益，承租人支付租金的合同。租赁期限 6 个月以上的，应当采用书面形式。当事人未采用书面形式，无法确定租赁期限的，视为不定期租赁。租赁合同的内容一般包括租赁物的名称、数量、用途、租赁期限、租金及其支付期限和方式、租赁物维修等条款。

《建筑施工物资租赁合同（示范文本）》（GF—2000—0601）

租赁期限不得超过 20 年。超过 20 年的，超过部分无效。租赁期限届满，当事人可以续订租赁合同；但是，约定的租赁期限自续订之日起不得超过 20 年。当事人未依照法律、行政法规规定办理租赁合同登记备案手续的，不影响合同的效力。

1. 出租人的权利和义务

（1）出租人交付租赁物义务和适租义务。出租人应当按照约定将租赁物交付承租人，并在租赁期限内保持租赁物符合约定的用途。

（2）出租人维修义务。出租人应当履行租赁物的维修义务，但是当事人另有约定的除外。承租人在租赁物需要维修时可以请求出租人在合理期限内维修。出租人未履行维修义务的，承租人可以自行维修，维修费用由出租人负担。因维修租赁物影响承租人使用的，应当相应减少租金或者延长租期。因承租人的过错致使租赁物需要维修的，出租人不承担前款规定的维修义务。

《建筑施工物资租赁合同（示范文本）》（GF—2000—0604）

2. 承租人的权利和义务

（1）承租人按约定使用租赁物的义务。承租人应当按照约定的方法使用租赁物。对租赁物的使用方法没有约定或者约定不明确，依据《民法典》第五百一十条的规定仍不能确定的，应当根据租赁物的性质使用。承租人按照约定的方法或者根据租赁物的性质使用租赁物，致使租赁物受到损耗的，不承担赔偿责任。承租人未按照约定的方法或者未根据租赁物的性质使用租赁物，致使租赁物受到损失的，出租人可以解除合同并请求赔偿损失。

（2）承租人妥善保管租赁物义务。承租人应当妥善保管租赁物，因保管不善造成租赁物毁损、灭失的，应当承担赔偿责任。

（3）承租人对租赁物进行改善或增设他物。承租人经出租人同意，可以对租赁物进行改善或者增设他物。承租人未经出租人同意，对租赁物进行改善或者增设他物的，出租人可以请求承租人恢复原状或者赔偿损失。

（4）承租人对租赁物转租。承租人经出租人同意，可以将租赁物转租给第三人。承租人转租的，承租人与出租人之间的租赁合同继续有效；第三人造成租赁物损失的，承租人应当赔偿损失。承租人未经出租人同意转租的，出租人可以解除合同。承租人经出租人同意将租赁物转租给第三人，转租期限超过承租人剩余租赁期限的，超过部分的约定对出租人不具有法律约束力，但是出租人与承租人另有约定的除外。

4.3.5 融资租赁合同的法律规定

融资租赁合同是出租人根据承租人对出卖人、租赁物的选择，向出卖人购买租赁物，提供给承租人使用，承租人支付租金的合同。融资租赁合同的内容一般包括租赁物的名称、数量、规格、技术性能、检验方法，租赁期限，租金构成及其支付期限和方式、币种，租赁期限届满租赁物的归属等条款。融资租赁合同应当采用书面形式。当事人以虚构租赁物方式订立的融资租赁合同无效。依照法律、行政法规的规定，对于租赁物的经营使用应当取得行政许可的，出租人未取得行政许可不影响融资租赁合同的效力。

出租人根据承租人对出卖人、租赁物的选择订立的买卖合同，出卖人应当按照约定向承租人交付标的物，承租人享有与受领标的物有关的买受人的权利。出卖人违反向承租人交付标的物的义务，有下列情形之一的，承租人可以拒绝受领出卖人向其交付的标的物：标的物严重不符合约定；未按照约定交付标的物，经承租人或者出租人催告后在合理期限内仍未交付。承租人拒绝受领标的物的，应当及时通知出租人。

出租人、出卖人、承租人可以约定，出卖人不履行买卖合同义务的，由承租人行使索赔的权利。承租人行使索赔权利的，出租人应当协助。承租人对出卖人行使索赔权利，不影响其履行支付租金的义务。但是，承租人依赖出租人的技能确定租赁物或者出租人干预选择租赁物的，承租人可以请求减免相应租金。出租人有下列情形之一，致使承租人对出卖人行使索赔权利失败的，承租人有权请求出租人承担相应的责任：明知租赁物有质量瑕疵而不告知承租人；承租人行使索赔权利时，未及时提供必要协助。出租人怠于行使只能由其对出卖人行使的索赔权利，造成承租人损失的，承租人有权请求出租人承担赔偿责任。

出租人应当保证承租人对租赁物的占有和使用。出租人有下列情形之一的，承租人有权请求其赔偿损失：无正当理由收回租赁物；无正当理由妨碍、干扰承租人对租赁物的占有和使用；因出租人的原因致使第三人对租赁物主张权利；不当影响承租人对租赁物占有和使用的其他情形。承租人占有租赁物期间，租赁物造成第三人人身损害或者财产损失的，出租人不承担责任。

承租人未经出租人同意，将租赁物转让、抵押、质押、投资入股或者以其他方式处分的，出租人可以解除融资租赁合同。有下列情形之一的，出租人或者承租人可以解除融资租赁合同：出租人与出卖人订立的买卖合同解除、被确认无效或者被撤销，且未能重新订立买卖合同；租赁物因不可归责于当事人的原因毁损、灭失，且不能修复或者确定替代物；因出卖人的原因致使融资租赁合同的目的不能实现。融资租赁合同因买卖合同解除、被确认无效或者被撤销而解除，出卖人、租赁物是由承租人选择的，出租人有权请求承租人赔偿相应损失。但是，因出租人原因致使买卖合同解除、被确认无效或者被撤销的除外。出租人的损失已经在买卖合同解除、被确认无效或者被撤销时获得赔偿的，承租人不再承担相应的赔偿责任。

融资租赁合同无效，当事人就该情形下租赁物的归属有约定的，按照其约定；没有约定或者约定不明确的，租赁物应当返还出租人。但是，因承租人原因致使合同无效，出租人不请求返还或者返还后会显著降低租赁物效用的，租赁物的所有权归承租人，由承租人给予出租人合理的补偿。

4.3.6　运输合同的法律规定

运输合同是承运人将旅客或者货物从起运地点运输到约定地点，旅客、托运人或者收货人支付票款或者运输费用的合同。运输合同主要包括客运合同和货运合同。从事公共运输的承运人不得拒绝旅客、托运人通常、合理的运输要求。承运人应当在约定期限或者合理期限内、按照约定的或者通常的运输路线将旅客、货物安全运输到约定地点。

1. 客运合同

客运合同自承运人向旅客出具客票时成立，但是当事人另有约定或者另有交易习惯的除外。旅客不得随身携带或者在行李中夹带易燃、易爆、有毒、有腐蚀性、有放射性及可能危及运输工具上人身和财产安全的危险物品或者违禁物品。旅客违反相关规定的，承运人可以将危险物品或者违禁物品卸下、销毁或者送交有关部门。旅客坚持携带或者夹带危险物品或者违禁物品的，承运人应当拒绝运输。

2. 货运合同

托运人办理货物运输，应当向承运人准确表明收货人的姓名、名称或者凭指示的收货人，货物的名称、性质、质量、数量，收货地点等有关货物运输的必要情况。因托运人申报不实或者遗漏重要情况，造成承运人损失的，托运人应当承担赔偿责任。

托运人托运易燃、易爆、有毒、有腐蚀性、有放射性等危险物品的，应当按照国家有关危险物品运输的规定对危险物品妥善包装，作出危险物品标志和标签，并将有关危险物品的名称、性质和防范措施的书面材料提交承运人。托运人违反规定的，承运人可以拒绝运输，也可以采取相应措施以避免损失的发生，因此产生的费用由托运人负担。

货物运输到达后，承运人知道收货人的，应当及时通知收货人，收货人应当及时提货。收货人逾期提货的，应当向承运人支付保管费等费用。收货人提货时应当按照约定的期限检验货物。对检验货物的期限没有约定或者约定不明确，依据《民法典》第五百一十条的规定仍不能确定的，应当在合理期限内检验货物。收货人在约定的期限或者合理期限内对货物的数量、毁损等未提出异议的，视为承运人已经按照运输单证的记载交付的初步证据。

承运人对运输过程中货物的毁损、灭失承担赔偿责任。但是，承运人证明货物的毁损、灭失是因不可抗力、货物本身的自然性质或者合理损耗以及托运人、收货人的过错造成的，不承担赔偿责任。

4.3.7 仓储合同的法律规定

仓储合同是保管人储存存货人交付的仓储物，存货人支付仓储费的合同。仓储合同自保管人和存货人意思表示一致时成立。

储存易燃、易爆、有毒、有腐蚀性、有放射性等危险物品或者易变质物品的，存货人应当说明该物品的性质，提供有关资料。存货人违反前款规定的，保管人可以拒收仓储物，也可以采取相应措施以避免损失的发生，因此产生的费用由存货人负担。保管人储存易燃、易爆、有毒、有腐蚀性、有放射性等危险物品的，应当具备相应的保管条件。

《仓储合同（示范文本）》
（GF—2000—0901）

保管人应当按照约定对入库仓储物进行验收。保管人验收时发现入库仓储物与约定不符合的，应当及时通知存货人。保管人验收后，发生仓储物的品种、数量、质量不符合约定的，保管人应当承担赔偿责任。存货人交付仓储物的，保管人应当出具仓单、入库单等凭证。保管人发现入库仓储物有变质或者其他损坏的，应当及时通知存货人或者仓单持有人。保管人发现入库仓储物有变质或者其他损坏，危及其他仓储物的安全和正常保管的，应当催告存货人或者仓单持有人作出必要的处置。因情况紧急，保管人可以作出必要的处置；但是，事后应当将该情况及时通知存货人或者仓单持有人。

保管人的损害赔偿责任。储存期内，因保管不善造成仓储物毁损、灭失的，保管人应当承担赔偿责任。因仓储物本身的自然性质、包装不符合约定或者超过有效储存期造成仓储物变质、损坏的，保管人不承担赔偿责任。

4.3.8　委托合同的法律规定

委托合同是委托人和受托人约定，由受托人处理委托人事务的合同。委托人可以特别委托受托人处理一项或者数项事务，也可以概括委托受托人处理一切事务。

1. 委托人的责任和义务

（1）委托费用的预付和垫付。委托人应当预付处理委托事务的费用。受托人为处理委托事务垫付的必要费用，委托人应当偿还该费用并支付利息。

（2）委托人介入权。受托人以自己的名义，在委托人的授权范围内与第三人订立的合同，第三人在订立合同时知道受托人与委托人之间的代理关系的，该合同直接约束委托人和第三人；但是，有确切证据证明该合同只约束受托人和第三人的除外。

（3）委托人对第三人的权利和第三人选择权。受托人以自己的名义与第三人订立合同时，第三人不知道受托人与委托人之间的代理关系的，受托人因第三人的原因对委托人不履行义务，受托人应当向委托人披露第三人，委托人因此可以行使受托人对第三人的权利。但是，第三人与受托人订立合同时如果知道该委托人就不会订立合同的除外。

受托人因委托人的原因对第三人不履行义务，受托人应当向第三人披露委托人，第三人因此可以选择受托人或者委托人作为相对人主张其权利，但是第三人不得变更选定的相对人。

委托人行使受托人对第三人的权利的，第三人可以向委托人主张其对受托人的抗辩。第三人选定委托人作为其相对人的，委托人可以向第三人主张其对受托人的抗辩，以及受托人对第三人的抗辩。

（4）委托人支付报酬。受托人完成委托事务的，委托人应当按照约定向其支付报酬。

因不可归责于受托人的事由，委托合同解除或者委托事务不能完成的，委托人应当向受托人支付相应的报酬。当事人另有约定的，按照其约定。

（5）委托人的赔偿责任。受托人处理委托事务时，因不可归责于自己的事由受到损失的，可以向委托人请求赔偿损失。

（6）委托人另行委托他人处理事务。委托人经受托人同意，可以在受托人之外委托第三人处理委托事务。因此造成受托人损失的，受托人可以向委托人请求赔偿损失。

2. 受托人的权利和义务

（1）受托人应当按照委托人的指示处理委托事务。受托人应当按照委托人的指示处理委托事务。需要变更委托人指示的，应当经委托人同意；因情况紧急，难以和委托人取得联系的，受托人应当妥善处理委托事务，但是事后应当将该情况及时告知委托人。

（2）受托人亲自处理委托事务。受托人应当亲自处理委托事务。经委托人同意，受托人可以转委托。转委托经同意或者追认的，委托人可以就委托事务直接指示转委托的第三人，受托人仅就第三人的选任及其对第三人的指示承担责任。转委托未经同意或者追认的，受托人应当对转委托的第三人的行为承担责任；但是，在紧急情况下受托人为了维护委托人的利益需要转委托第三人的除外。

（3）受托人的报告义务。受托人应当按照委托人的要求，报告委托事务的处理情况。委托合同终止时，受托人应当报告委托事务的结果。

（4）受托人转移利益。受托人处理委托事务取得的财产，应当转交给委托人。

（5）受托人的赔偿责任。有偿的委托合同，因受托人的过错造成委托人损失的，委托人可以请求赔偿损失。无偿的委托合同，因受托人的故意或者重大过失造成委托人损失的，委托人可以请求赔偿损失。受托人超越权限造成委托人损失的，应当赔偿损失。

3. 委托合同的解除和终止

（1）委托合同解除。委托人或者受托人可以随时解除委托合同。因解除合同造成对方损失的，除不可归责于该当事人的事由外，无偿委托合同的解除方应当赔偿因解除时间不当造成的直接损失，有偿委托合同的解除方应当赔偿对方的直接损失和合同履行后可以获得的利益。

（2）委托合同终止。委托人死亡、终止或者受托人死亡、丧失民事行为能力、终止的，委托合同终止；但是，当事人另有约定或者根据委托事务的性质不宜终止的除外。

案例应用4-3

▶案例简介

甲建筑材料公司、乙集团公司于2023年3月1日签订某项目的《材料采购合同》，合同约定由甲建筑材料公司向乙集团公司供应干混砂浆，对干混砂浆的产品名称、厂家、规格型号、计量单位、数量、单价、总价作了约定，对采购数量、货物的移交、货物质量验收标准及方法、结算方式及期限、违约责任等也作了约定。该合同第五条第三项付款方式约定为："供货到现场验收合格办理收料单、结算单，甲建筑材料公司应按《增值税专用发票使用规定》的要求开具税票为13%的增值税专用发票（所提供的增值税专用发票必须做到合同、物流、发票、资金四流一致），按月开票挂账，质量保证金为250 000，该保证金待工程结束后一个月内付清，超出250 000部分，满50 000支付一次，如遇节假日或其他原因顺延一个星期付款。"合同签订后，甲建筑材料公司从2023年3月3日至2023年5月22日共向乙集团公司供料合计1 566.61 t，合计价款466 777.6元。2023年12月2日乙集团公司工作人员徐某、张某对甲建筑材料公司出具的结算单进行了签名确认。甲建筑材料公司按乙集团公司的要求已将干混砂浆款466 777.6元的增值税专用发票开出并交付给乙集团公司，乙集团公司未按照合同约定支付干混砂浆款。

▶案例评析

根据《民法典》第一百一十九条规定，依法成立的合同，对当事人具有法律约束力。根据合同的相对性原则，合同的义务和责任应当由双方当事人承担。在本案例中，甲建筑材料公司、乙集团公司于2023年3月1日签订了《材料采购合同》，合同约定由甲建筑材料公司向乙集团公司供应干混砂浆，对干混砂浆的产品名称、厂家、规格型号、计量单位、数量、单价、总价作了约定，对采购数量、货物的移交、货物质量验收标准及方法、结算方式及期限、违约责任等也作了约定，双方当事人的真实意思表示，不违反法律、行政法规的强制性规定，应为有效合同。

在本案例中，合同签订后，双方当事人应当遵循诚实信用原则，根据合同的性质、目的和交易习惯履行义务。甲建筑材料公司依照合同约定履行供料合计1 566.61 t，乙集团公司却未按照约定给付货款。根据《民法典》第五百七十七条的规定，当事人一方不履行合同义务或者履行合同义务不符合约定的，应当承担继续履行、采取补救措施或者赔偿损失等违约责任。因此，原告甲建筑材料公司有权独立请求乙集团公司履行义务和承担违约责任。

小结

　　建设工程合同是指在工程建设过程中，发包人与承包人依法订立的、明确双方权利和义务关系的协议。在工程建设合同中，承包人的主要义务是进行工程建设，权利是得到工程价款；发包人的主要义务是支付价款，权利是得到完整、符合约定的建筑产品。建设工程合同包括工程勘察、设计、施工合同。

　　劳动法是调整劳动关系及与劳动关系密切联系的其他社会关系的法律规范的总称。广义上的劳动法，包括宪法规定的基本劳动制度及劳动关系主体的权利义务，劳动基本法及与其实施相配套的一系列子法、行政法规、规章及司法解释等。

巩固训练

一、单项选择题

1. 下列关于合同形式的说法中正确的是（　　）。

　A. 电子邮件不能视为书面形式

　B. 书面形式仅指合同书形式

　C. 合同可以采用书面形式、口头形式或者其他形式

　D. 默示合同是指当事人默认的合同

2. 《民法典》中明确规定应当使用书面形式订立的合同是（　　）。

　A. 建设工程合同　　　　　　　　　　B. 买卖合同

　C. 加工承揽合同　　　　　　　　　　D. 租赁合同

3. 下列关于合同解除的说法中正确的是（　　）。

　A. 无效合同、可撤销合同可以导致合同解除

　B. 合同解除可以视为当事人之间未发生合同关系，或者合同尚存的权利义务不再履行

　C. 合同当事人不得根据自己的意愿解除合同

　D. 享有合同解除权的一方无须向对方提出解除合同的意思表示，合同可以自动解除

4. 《施工合同文本》由（　　）组成。

　A. 合同总则、合同分则、合同附则

　B. 合同协议书、通用合同条款、专用合同条款

　C. 合同总则、通用条件、专用条件

　D. 合同协议书、合同条款、合同附件

5. 下列关于无效合同法律后果的说法中正确的是（　　）。

　A. 无效合同自被确认为无效时起没有法律的约束力

　B. 无效合同的当事人因该合同取得的财产，应当折价补偿

　C. 无效合同中双方都有过错的，仅需承担各自的损失

　D. 合同无效的，不影响合同中有关解决争议方法的条款的效力

6. 根据《民法典》的规定，对于建设工程施工合同无效，且建设工程经验收不合格的情况，以下处理正确的是（　　）。

　A. 修复后经验收合格的，依据合同关于工程价款的约定支付承包人

　B. 修复后经验收不合格的，参照合同关于工程价款的约定折价补偿承包人

C. 修复后经验收合格的，发包人可以请求承包人承担修复费用

D. 修复后经验收不合格的，发承包双方均应当承担责任

7. 下列关于施工合同解除的说法中正确的是（　　）。

    A. 合同约定的期限内承包人没有完工，发包人可以解除合同

    B. 发包人未按约定支付工程价款，承包人可以解除合同

    C. 承包人将承包的工程转包，发包人可以解除合同

    D. 承包人已经完工的建设工程质量不合格，发包人可以解除合同

8. 发包人可以解除建设工程施工合同情形的是（　　）。

    A. 发包人未按约定支付工程价款，承包人停工的

    B. 已经完成的建设工程质量不合格的

    C. 承包人未按合同约定的期限完工的

    D. 承包人将承包的工程分包给不具备相应资质的单位的

9. 下列施工合同履行中的损失中应当由承包人承担的是（　　）。

    A. 监理工程师未及时检查隐蔽工程造成的损失

    B. 中途设计变更造成的损失

    C. 自行采购不合格建筑材料造成的损失

    D. 图纸不合理造成的损失

10. 当事人一方不履行合同义务或者履行合同义务不符合约定的，应当承担的违约责任是（　　）。

    A. 继续履行、消除危险或者赔偿损失

    B. 继续履行、采取补救措施或者赔偿损失

    C. 返还财产、赔礼道歉或者采取补救措施

    D. 恢复原状、赔偿损失或者支付违约金

11. 下列关于建设工程合同违约责任中赔偿损失的说法，正确的是（　　）。

    A. 赔偿损失是指合同违约方完全不履行合同义务给对方造成的损失

    B. 赔偿损失以违约方有过错为前提

    C. 损失赔偿额不包括合同履行后可以获得的利益

    D. 赔偿损失是强制违约方给非违约方所受损失的一种补偿

12. 下列关于施工合同变更的说法中正确的是（　　）。

    A. 施工合同变更应当办理批准登记手续

    B. 工程变更必然导致施工合同条款变更

    C. 施工合同非实质性条款的变更，不用双方当事人协商一致

    D. 当事人对施工合同变更内容约定不明确的推定为未变更

13. 3月1日甲施工企业向乙钢材供应商发出钢材采购单，承诺期限为3月5日前承诺，3月1日，乙收到甲的采购单。3月2日，乙收到甲取消本次采购的函。3月4日，乙发函至甲表述同意履行3月1日的采购单。下列关于甲、乙双方合同订立的说法中正确的是（　　）。

    A. 甲3月2日的行为属于要约邀请   B. 甲乙之间买卖合同成立

    C. 乙3月4日的行为属于新要约   D. 甲的要约已经撤销

14. 劳动合同期限一年以上不满三年的，试用期最长不得超过（　　）个月。

    A. 1   B. 2   C. 3   D. 6

15. 下列关于劳动合同履行的说法中正确的是（　　）。
    A. 用人单位变更名称，原劳动合同可终止
    B. 用人单位发生合并或者分立，原劳动合同解除
    C. 用人单位变更投资人不影响劳动合同的履行
    D. 用人单位变更法定代表人，应当重新订立劳动合同

16. 根据《劳动合同法》规定，下列情形中，用人单位不得解除劳动合同的是（　　）。
    A. 劳动者在试用期间被证明不符合录用条件的
    B. 劳动者严重违反用人单位规章制度的
    C. 劳动者患病或者非因工负伤，在规定的医疗期内的
    D. 劳动者被依法追究刑事责任的

17. 下列关于劳动合同试用期的说法中正确的是（　　）。
    A. 初次订立劳动合同的，可以仅约定试用期，而不约定劳动合同期限
    B. 试用期不包含在劳动合同期限之内
    C. 同一用人单位与同一劳动者只能约定 1 次试用期
    D. 劳动合同期限不满 1 年的，不得约定试用期

18. 下列关于劳动者工资的说法中正确的是（　　）。
    A. 企业基本工资制度分为等级工资和结构工资制
    B. 工资可以以实物形式按月支付给劳动者本人
    C. 用人单位支付劳动者的工资不得低于当地平均工资标准
    D. 劳动者在婚假期间，用人单位应当支付工资

19. 甲施工企业与乙劳务派遣单位订立劳务派遣协议，由乙向甲派遣员工王某。下列关于该用工关系的说法中正确的是（　　）。
    A. 王某工作时因工伤负伤，甲应当申请工伤认定
    B. 在派遣期间，甲被宣告破产，可以将王某退回乙
    C. 甲可以根据企业实际将王某派遣到其他用工单位
    D. 在派遣期间，王某被退回，乙不再向其支付劳动报酬

20. 陈某应聘到某施工企业，双方于 2023 年 3 月 12 日签订了劳动合同。合同中约定试用期 2 个月，签约次日合同开始履行，2023 年 6 月 17 日，陈某因找到新的工作拟解除原劳动合同。根据《劳动合同法》，下列关于该劳动合同解除的说法中正确的是（　　）。
    A. 陈某辞职必须取得用人单位同意
    B. 陈某口头通知用人单位即可解除劳动合同
    C. 陈某应提前 30 日以书面形式通知用人单位
    D. 陈某应报请劳动行政主管部门同意后以书面形式通知用人单位

21. 某女职工与用人单位订立劳动合同从事后勤工作。约定劳动合同期限为 2 年。下列关于该女职工权益保护的说法中正确的是（　　）。
    A. 公司应当定期安排该女职工进行健康检查
    B. 公司可以安排该女职工在经期从事国家规定的第 3 级体力劳动强度的劳动
    C. 若该女职工哺乳的孩子已满 18 个月，公司可以安排夜班劳动
    D. 若该女职工已怀孕 5 个月，公司不得安排夜班劳动

二、多项选择题

1. 根据《民法典》的规定，下列合同中属于可撤销的有（　　）。
    A. 施工合同支付条款显失公平的合同
    B. 承包人对工程价款有重大误解的合同
    C. 发包人胁迫承包人订立的合同
    D. 承包人超越资质等级订立的合同
    E. 承包人将部分工程违法分包的合同

2. 在建设工程施工合同中，违约责任的主要承担方式有（　　）。
    A. 返还财产　　　　　　B. 修理　　　　　　C. 赔偿损失　　　　D. 继续履行
    E. 消除危险

3. 下列关于违约金的说法中正确的有（　　）。
    A. 支付违约金是一种民事责任的承担方式
    B. 约定的违约金低于造成的损失时，当事人可以请求人民法院或者仲裁机构予以增加
    C. 违约方支付违约金后，非违约方有权要求其继续履行
    D. 当事人既约定违约金又约定定金的，一方违约时对方可以同时适用违约金条款和定金条款
    E. 约定的违约金过分高于造成的损失的，当事人可以请求人民法院或者仲裁机构予以减少

4. 根据《劳动合同法》的规定，劳动合同的类型包括（　　）。
    A. 固定期限劳动合同　　　　　　　　B. 短期劳动合同
    C. 长期劳动合同　　　　　　　　　　D. 无固定期限劳动合同
    E. 以完成一定工作任务为期限的劳动合同

5. 下列终止劳动合同的情形中，属于用人单位应当向劳动者支付经济补偿的有（　　）。
    A. 劳动者在试用期间被证明不符合录用条件，用人单位解除劳动合同的
    B. 未依法为劳动者缴纳社会保险费，劳动者解除劳动合同的
    C. 劳动者提前30日以书面形式通知用人单位解除劳动合同的
    D. 用人单位被依法宣告破产的
    E. 劳动者不能胜任工作，经过培训或者调整工人岗位，仍不能胜任工作，用人单位解除劳动合同的

6. 用人单位可以直接解除劳动合同的情形有（　　）。
    A. 在试用期间被证明不符合录用条件的
    B. 劳动者患病，在规定的医疗期满后不能从事原工作，也不能从事由用人单位另行安排的工作的
    C. 劳动者同时与其他用人单位建立劳动关系，对完成本单位的工作任务造成严重影响的
    D. 被依法追究刑事责任的
    E. 劳动者不能胜任工作，经过培训或者调整工作岗位，仍不能胜任工作的

7. 根据《劳动合同法》的规定，下列劳动合同中，属于无效或者部分无效的有（　　）。
    A. 以欺诈、胁迫的手段订立的劳动合同

B. 以虚假的意思表示订立的劳动合同

  C. 乘人之危，使对方在违背真实意思的情况下订立的劳动合同

  D. 用人单位免除自己的法定责任、排除劳动者权利的劳动合同

  E. 违反法律、行政法规强制性规定的劳动合同

8. 根据《劳动合同法》的规定，用人单位可以提前 30 日以书面形式通知劳动者本人解除劳动合同的情形有（　　）。

  A. 劳动者非因工负伤，医疗期满后不能从事原工作，也不能从事由用人单位另行安排的工作的

  B. 女职工在孕期、产期、哺乳期的

  C. 劳动者不能胜任工作，经过培训或者调整工作岗位，仍不能胜任工作岗位的

  D. 劳动合同订立时所依据的客观情况发生重大变化，致使原劳动合同无法履行，经当事人协商不能就变更劳动合同达成协议的

  E. 患职业病或者因工负伤并被确认丧失或者部分丧失劳动能力的

三、简答题

1. 什么是建设工程合同？有哪些类型？

2. 简述建设工程合同的特征。

3. 简述建设工程合同订立的方式。

4. 简述建设工程合同的效力。

5. 简述建设工程合同变更流程。

6. 什么是工程索赔与反索赔？

7. 《建设工程施工合同（示范文本）》包含哪几部分内容？

8. 简述劳动法的调整对象。

9. 简述劳动合同解除。

10. 简述劳动合同终止的情形。

四、案例分析题

➤案例简介

  甲房地产公司将某小区 3 号楼建设工程项目对外招标。乙建筑公司中标并与甲房地产公司签订《建设工程施工合同》。随后，甲房地产公司在没有征得乙建筑公司同意的情况下私下将该工程整体转让给丙房地产公司的同时，也将《建设工程施工合同》的权利义务一并转让给丙房地产公司。乙建筑公司在施工过程中因没有按时收到工程进度款，遂将甲、丙房地产公司一并告上法院，要求确认两公司的转让合同无效，并要求甲房地产公司按合同约定支付工程进度款 2 000 万元。

案例评析

➤问题

  乙建筑公司的请求能得到法院支持吗？

工作手册5 建设工程质量法律制度

华夏建设科学
技术奖

上海中心大厦

学习目标

通过学习，熟悉工程建设标准的概念、分类、制定及工程建设强制性标准实施等内容；掌握建设工程主体的质量责任和义务；熟悉建设工程竣工验收制度，竣工验收的主体，竣工验收的法定条件，建设工程竣工验收的程序等内容；熟悉建设工程质量保修制度。

学习要求

职业能力目标	知识要点	权重
熟悉工程建设标准	工程建设标准的概念、分类、工程建设标准的制定、工程建设强制性标准实施	20%
掌握建设工程主体的质量责任和义务	建设单位、勘察设计单位、工程监理单位、施工单位的质量责任和义务	40%
熟悉建设工程竣工验收制度	竣工验收的主体，竣工验收的法定条件，建设工程竣工验收的程序，规划、消防、节能和环保验收，竣工验收备案，应提交的档案资料	20%
熟悉建设工程质量保修制度	建设工程质量保修书、建设工程最低保修期限、保修义务的责任落实与损失赔偿责任	20%

案例导入

➤案例简介

某房地产开发商与一家建筑公司签订了建设工程施工合同，约定由该建筑公司负责一栋高层住宅楼的建设。该合同中明确规定了工程质量的标准和要求，包括结构安全、材料使用、施工工艺等方面。在施工过程中，开发商发现建筑公司存在多处违规行为，如使用不合格材料、未按照施工图纸施工、施工工艺不符合规范要求等。开发商多次提出整改要求，但建筑公司未能及时采取有效措施予以纠正。最终，该高层住宅楼建成后出现了一系列质量问题，如墙体开裂、漏水、电梯故障等。开发商和业主们对此非常不满，认为建筑公司应对工程质量问题承担全部责任，并要求其进行赔偿。

建筑公司则认为，虽然存在一些问题，但这些问题并不足以影响整个工程的安全性和使用性，且部分问题是由于设计缺陷或其他原因造成的，与其无关。因此，建筑公司拒绝承担全部责任，并要求开发商支付剩余的工程款。双方因此产生了严重的纠纷，无法通过协商解决。最终，开发商将建筑公司告上法庭，要求其承担工程质量问题的全部责任，并进行相应的赔偿。

➤**问题**

建筑公司违反了哪些规定？

案例评析

5.1　建设工程质量基本知识

5.1.1　建设工程质量的概念

建设工程质量简称工程质量，是指工程满足业主需要的，符合国家法律、行政法规、技术规范标准、设计文件及合同规定的特性综合。建设工程是人们日常生活和生产、经营、工作的主要场所，是人类生存和发展的物质基础。建设工程的质量不但关系到生产经营活动的正常运行，也关系到人民生命财产安全。建设工程一旦出现质量问题，特别是发生重大垮塌事故，危及人民生命财产安全，损失巨大，影响恶劣，因此，百年大计，质量第一，必须确保建设工程的安全可靠。为了加强对建设工程质量的管理，保证建设工程质量，保护人民生命和财产安全，根据《建筑法》，国务院发布了《建设工程质量管理条例》。《建设工程质量管理条例》是《建筑法》颁布实施后制定的第一部配套的行政法规，也是我国第一部建设工程质量条例。

建设工程质量
管理条例

5.1.2　建设工程质量的特性

（1）适用性。适用性即功能，是指工程满足使用目的的各种性能，包括理化性能，结构性能，使用性能，外观性能等。

（2）耐久性。耐久性即寿命，是指工程在规定的条件下，满足规定功能要求使用的年限，也就是工程竣工后的合理使用寿命周期。

（3）安全性。安全性是指工程建成后在使用过程中保证结构安全、保证人身和环境免受危害的程度。

（4）可靠性。可靠性是指工程在规定的时间和规定的条件下完成规定功能的能力。

（5）经济性。经济性是指工程从规划、勘察、设计、施工到整个产品使用寿命周期内的成本和消耗的费用。

（6）与环境的协调性。与环境的协调性是指工程与其周围生态环境协调，与所在地区经济环境协调以及与周围已建工程相协调，以适应可持续发展的要求。

上述 6 个方面的质量特性彼此之间是相互依存的，总体而言，适用性、耐久性、安全性、可靠性、经济性、与环境适应性，都是必须达到的基本要求，缺一不可。但是对于不同门类不同专业的工程可根据其所处的特定的环境条件、技术经济条件的差异，有不同的侧重面。

5.1.3　影响建设工程质量的因素

影响工程质量的因素很多，主要包括人（Man）、机械（Machine）、材料（Material）、方法（Method）和环境（Environment）5 个方面，简称 4M1E。影响建设工程质量的因素及特征见表 5-1。

表 5-1　影响建设工程质量的因素及特征

分类	特征
人	人的因素起决定性的作用
机械	工程设备（不拆走） 施工机械（拆走）是施工质量和安全的重要条件
材料	工程材料、施工材料（是基础）
方法	技术因素（决定了项目质量的优劣）
环境	自然环境 管理环境（人文制度：制度＋体系＋协调） 作业环境（现场环境：能源介质供应、通风照明等）

（1）人的因素。人的因素是影响建设工程质量的首要因素，包括领导者的素质、操作人员的技术水平及人员的粗心大意、违纪违章等。人的因素贯穿于整个建设工程的始终，从决策、规划、勘察、设计、施工到竣工验收等各个环节，人的决策和行动都会对工程质量产生深远影响。

（2）机械因素。机械设备在工程上可分为两类：一类是指组成工程实体及配套的工艺设备和各类机具，如电梯、泵机、通风设备等，它们构成了建筑设备安装工程或工业设备安装工程，形成完整的使用功能；另一类是指施工过程中使用的各类机具设备，包括大型垂直与横向运输设备、各类操作工具、各种施工安全设施、各类测量仪器和计量器具等，简称施工机具设备，它们是施工生产的手段。工程所用机具设备，其产品质量优劣直接影响工程使用功能质量，其类型是否符合工程施工特点、性能是否先进稳定、操作是否方便安全等，都将影响工程项目的质量。

（3）材料因素。工程材料是指构成工程实体的各类原材料、构配件、成品、半成品等，它是工程建设的物质条件，是工程质量的基础。材料的质量、性能、规格等都会对工程质量产生影响。例如，使用不合格的材料或偷工减料，都会导致工程质量下降，甚至引发安全事故。

（4）方法因素。施工过程中的方法包括整个建设周期所采用的技术方案、工艺流程、组织措施、检测手段等。在工程施工中，施工方案是否合理、施工工艺是否先进、施工操作是否正确，都将对工程质量产生重大的影响。采用新技术、新工艺、新方法，不断提高工艺技术水平，是保证工程质量稳定提高的重要因素。

（5）环境因素。环境因素是指对工程质量特性起重要作用的环境因素，包括工程技术环境、工程作业环境、工程管理环境、周边环境等。技术环境有工程地质、水文、气象等，作业环境有施工作业面大小、防护设施、通风照明和通信条件等，管理环境涉及工程实施的合同环境与管理关系的确定、组织体制及管理制度等，周边环境有工程邻近的地下管线、建（构）筑物等，环境条件往往对工程质量产生特定的影响。加强环境条件管理，辅以必要措施，是控制环境条件影响工程质量的重要保证。

🎯 案例应用5-1

▶案例简介

某工程项目Ⅲ区、Ⅴ区32♯楼由A置业有限公司开发建设，施工单位B有限公司，监理单位C工程监理有限公司，框架结构，共11层，地上1～2层为商铺，3层及以上为住宅，建筑面积为1 171 m²，工程合同价款为709.1万元。在省住房和城乡建设厅督查工作中，发现该工程项目32♯楼存在质量问题：一是楼梯梯板个别施工缝部位的板厚不符合设计要求，设计值为100 mm，现场实测最小值为80 mm；二是后浇带模板被拆除后无加固处理措施等。

▶案例评析

本案例涉及的违法行为是建筑施工过程中未按照工程设计图施工。工程设计图是建筑施工的重要文件，是施工的依据。

根据《建设工程质量管理条例》第二十八条规定，施工单位必须按照工程设计图纸和施工技术标准施工，不得擅自修改工程设计，不得偷工减料。在本案例中施工单位B公司违反了该规定。根据《建设工程质量管理条例》第六十四条规定：违反本条例规定，施工单位在施工中偷工减料地使用不合格的建筑材料、建筑构配件和设备的，或者有不按工程设计图纸或者施工技术标准施工的其他行为的，责令改正，处工程合同价款2%以上4%以下的罚款；造成建设工程质量不符合规定的质量标准的，负责返工、修理，并赔偿因此造成的损失；情节严重的，责令停业整顿，降低资质等级或者吊销资质证书。根据该规定，应对B公司处以责令改正、罚款的行政处罚，罚款数额为工程价款70.1万元的2%以上4%以下，即14.182万元以上28.364万元以下的罚款。如果造成其他危害后果，还要承担返工、修理、赔偿损失、停业整顿、降低资质等级、吊销资质证书等法律责任。

5.2　工程建设标准

工程建设标准是指为在工程建设领域内获得最佳秩序，对建设工程的勘察、规划、设计、施工、安装、验收、运营维护及管理等活动和结果需要协调统一的事项所制定的共同的、重复使用的技术依据和准则。

工程建设标准在保障建设工程质量安全、人民群众的生命财产与人身健康安全，以及其他社会公共利益方面发挥着重要的作用。通过实施行之有效的标准规范，特别是工程建设强制性标准，为建设工程实施安全防范措施、消除安全隐患提供统一的技术要求，以确保在现有的技术、管理条件下尽可能地保障建设工程安全，从而最大限度地保障建设工程的建造者、使用者和所有者的生命财产安全及人身健康安全。

5.2.1 工程建设标准的分类

《标准化法》

1. 按制定主体分

我国标准按制定主体可分为国家标准、行业标准、地方标准和团体标准、企业标准。国家标准、行业标准和地方标准属于政府主导制定的标准，团体标准、企业标准属于市场主体自主制定的标准。国家标准由国务院标准化行政主管部门制定；行业标准由国务院有关行政主管部门制定；地方标准由省、自治区、直辖市、设区的市人民政府标准化行政主管部门制定；团体标准由学会、协会、商会、联合会、产业技术联盟等社会团体制定；企业标准由企业或企业联合制定。

2. 按实施效力分

我国标准按实施效力可分为强制性标准和推荐性标准。这种分类只适用于政府制定的标准。国家标准可分为强制性标准、推荐性标准。强制性标准必须执行，不符合强制性标准的产品、服务，不得生产、销售、进口或者提供。违反强制性标准的，依法承担相应的法律责任。推荐性标准包括推荐性国家标准、行业标准和地方标准。国家鼓励采用推荐性标准，即企业自愿采用推荐性标准；同时，国家也会采取一些鼓励和优惠措施，鼓励企业采用推荐性标准。

《标准化法实施条例》

> ### 🔗 知识链接
>
> 工程建设国家标准的制定程序：工程建设国家标准的制定程序按准备、征求意见、送审和报批四个阶段进行。
>
> （1）准备阶段：主编单位根据年度计划的要求，进行编制国家标准的筹备工作。主编单位筹备工作完成后，由主编部门或由主编部门委托主编单位主持召开编制组第一次工作会议。
>
> （2）征求意见阶段：编制组根据制定国家标准的工作大纲开展调查研究工作。调查研究工作结束后，提出调查研究报告，并组织测试验证工作。编制组在做好上述各项工作的基础上，编写标准征求意见稿及其条文说明。征求意见稿及其条文说明应由主编单位印发国务院有关行政主管部门、各有关省、自治区、直辖市工程住房城乡建设主管部门和各单位征求意见。征求意见的期限一般为 2 个月。
>
> （3）送审阶段：编制组将征求意见阶段收集到的意见，逐条归纳整理，在分析研究的基础上提出处理意见，形成国家标准送审稿及其条文说明并送审。
>
> （4）报批阶段：编制组根据审查会议或函审和小型审定会议的审查意见，修改标准送审稿及其条文说明，形成标准报批稿及其条文说明。标准的报批文件经主编单位审查后报主编部门。主编部门应当对标准报批文件进行全面审查，并会同国务院工程住房城乡建设主管部门共同对标准报批稿进行审核。
>
> 国家标准由国务院工程住房城乡建设主管部门审查批准，由国务院标准化行政主管部门统一编号，由国务院标准化行政主管部门和国务院工程建设行政主管部门联合发布。

5.2.2 工程建设强制性标准实施的规定

为加强工程建设强制性标准实施的监督工作，保证建设工程质量，保障人民的生命、财产安全，维护社会公共利益，根据《中华人民共和国标准化法》（以下简称《标准化法》）和《中华人民共和国标准化法实施条例》《建设工程质量管理条例》等法律法规，国家制定了《实施工程建设强制性标准监督规定》。

《工程建设国家标准管理办法》

1. 工程建设强制性标准适用范围

根据《实施工程建设强制性标准监督规定》第二条的规定，在中华人民共和国境内从事新建、扩建、改建等工程建设活动，必须执行工程建设强制性标准。第三条规定，所称工程建设强制性标准是指直接涉及工程质量、安全、卫生及环境保护等方面的工程建设标准强制性条文。国家工程建设标准强制性条文由国务院住房城乡建设主管部门会同国务院有关主管部门确定。

2. 工程建设强制性标准的监督管理部门

《实施工程建设强制性标准监督规定》规定如下。

《实施工程建设强制性标准监督规定》

（1）国务院住房城乡建设主管部门负责全国实施工程建设强制性标准的监督管理工作；国务院有关主管部门按照国务院的职能分工负责实施工程建设强制性标准的监督管理工作；县级以上地方人民政府住房城乡建设主管部门负责本行政区域内实施工程建设强制性标准的监督管理工作。

（2）建设工程勘察、设计文件中规定采用的新技术、新材料，可能影响建设工程质量和安全，又没有国家技术标准的，应当由国家认可的检测机构进行试验、论证，出具检测报告，并经国务院有关主管部门或者省、自治区、直辖市人民政府有关主管部门组织的建设工程技术专家委员会审定后，方可使用。

（3）建设项目规划审查机关应当对工程建设规划阶段执行强制性标准的情况实施监督；施工图设计文件审查单位应当对工程建设勘察、设计阶段执行强制性标准的情况实施监督；建筑安全监督管理机构应当对工程建设施工阶段执行施工安全强制性标准的情况实施监督；工程质量监督机构应当对工程建设施工、监理、验收等阶段执行强制性标准的情况实施监督。

（4）建设项目规划审查机关、施工图设计文件审查单位、建筑安全监督管理机构、工程质量监督机构的技术人员必须熟悉、掌握工程建设强制性标准。

（5）工程建设标准批准部门应当定期对建设项目规划审查机关、施工图设计文件审查单位、建筑安全监督管理机构、工程质量监督机构实施强制性标准的监督进行检查，对监督不力的单位和个人，给予通报批评，建议有关部门处理。

（6）工程建设标准批准部门应当对工程项目执行强制性标准情况进行监督检查。监督检查可以采取重点检查、抽查和专项检查的方式。

3. 工程建设强制性标准的监督检查内容

强制性标准监督检查的内容包括以下几项。

（1）有关工程技术人员是否熟悉、掌握强制性标准。

（2）工程项目的规划、勘察、设计、施工、验收等是否符合强制性标准的规定。

（3）工程项目采用的材料、设备是否符合强制性标准的规定。

（4）工程项目的安全、质量是否符合强制性标准的规定。

（5）工程中采用的导则、指南、手册、计算机软件的内容是否符合强制性标准的规定。

工程建设标准批准部门应当将强制性标准监督检查结果在一定范围内公告。

🔗 知识链接

工程建设国家标准的范围如下。

根据《建设部工程建设国家标准管理办法》第二条规定，对于需要在全国范围内统一的下列技术要求，应当制定国家标准。

（1）工程建设勘察、规划、设计、施工（包括安装）及验收等通用的质量要求。

（2）工程建设通用的有关安全、卫生和环境保护的技术要求。

（3）工程建设通用的术语、符号、代号、量与单位、建筑模数和制图方法。

（4）工程建设通用的试验、检验和评定等方法。

（5）工程建设通用的信息技术要求。

（6）国家需要控制的其他工程建设通用的技术要求。

法律另有规定的，依照法律的规定执行。

5.2.3　违法行为应承担的法律责任

任何单位和个人对违反工程建设强制性标准的行为有权向住房城乡建设主管部门或者有关部门检举、控告、投诉。

（1）建设单位有下列行为之一的，责令改正，并处以 20 万元以上 50 万元以下的罚款：明示或者暗示施工单位使用不合格的建筑材料、建筑构配件和设备的；明示或者暗示设计单位或者施工单位违反工程建设强制性标准，降低工程质量的。

（2）勘察、设计单位违反工程建设强制性标准进行勘察、设计的，责令改正，并处以 10 万元以上 30 万元以下的罚款。因此造成工程质量事故的，责令停业整顿，降低资质等级；情节严重的，吊销资质证书；造成损失的，依法承担赔偿责任。

（3）施工单位违反工程建设强制性标准的，责令改正，处工程合同价款 2% 以上 4% 以下的罚款；造成建设工程质量不符合规定的质量标准的，负责返工、修理，并赔偿因此造成的损失；情节严重的，责令停业整顿，降低资质等级或者吊销资质证书。

（4）工程监理单位违反强制性标准规定，对不合格的建设工程及建筑材料、建筑构配件和设备按照合格签字的，责令改正，处 50 万元以上 100 万元以下的罚款，降低资质等级或者吊销资质证书；有违法所得的，予以没收；造成损失的，承担连带赔偿责任。

（5）违反工程建设强制性标准造成工程质量、安全隐患或者工程质量安全事故的，按照《建设工程质量管理条例》《建设工程勘察设计管理条例》和《建设工程安全生产管理条例》的有关规定进行处罚。

（6）有关责令停业整顿、降低资质等级和吊销资质证书的行政处罚，由颁发资质证书的机关决定；其他行政处罚，由住房城乡建设主管部门或者有关部门依照法定职权决定。住房城乡建设主管部门和有关主管部门工作人员，玩忽职守、滥用职权、徇私舞弊的，给予行政处分；构成犯罪的，依法追究刑事责任。

案例应用5-2

➤**案例简介**

某住宅项目的建筑面积为 13 129.9 m²，建设单位为 A 房地产开发有限公司，施工单位为 B 建设有限公司（房建施工总承包壹级）。施工单位与建设单位签订了建筑安装工程施工合同，合同价款为 2 500 万元。施工单位 B 建设有限公司进场施工，案发时主体工程已封顶，进行室内装修。该省住房和城乡建设厅督查组抽检发现，该项目 3♯楼 6 层剪力墙测点混凝土强度推定值低于设计强度等级。

➤**案例评析**

本案例混凝土强度低于设计要求，未按照工程设计图纸施工。

根据《建设工程质量管理条例》第二十八条第一款的规定，施工单位必须按照工程设计图纸和施工技术标准施工，不得擅自修改工程设计，不得偷工减料。根据《建设工程质量管理条例》第六十四条规定，违反本条例规定，施工单位在施工中偷工减料的，使用不合格的建筑材料、建筑构配件和设备的，或者有不按照工程设计图纸或者施工技术标准施工的其他行为的，责令改正，处工程合同价款 2% 以上 4% 以下的罚款；造成建设工程质量不符合规定的质量标准的，负责返工、修理，并赔偿因此造成的损失；情节严重的，责令停业整顿，降低资质等级或者吊销资质证书。根据《建设工程质量管理条例》第七十三条规定，依照本条例规定，给予单位罚款处罚的，对单位直接负责的主管人员和其他直接责任人员处单位罚款数额 5% 以上 10% 以下的罚款。因此，执法单位在对施工单位处罚的同时，还应当对直接负责的主管人员和其他直接责任人员处单位罚款数额 5% 以上 10% 以下的罚款。

5.3　施工单位的质量责任和义务

施工阶段是建设工程实物质量的形成阶段，勘察工作质量、设计工作质量均要在这一阶段得以实现。由于施工阶段涉及的责任主体多、生产环节多、影响质量因素多、施工周期长、协调管理难度大等，因此，施工阶段的质量责任制度显得尤为重要。

5.3.1　对施工质量负责和总分包单位的质量责任

1. 施工单位对施工质量负责

根据《建设工程质量管理条例》第二十六条的规定，施工单位对建设工程的施工质量负责。施工单位应当建立质量责任制，确定工程项目的项目经理、技术负责人和施工管理负责人。

施工质量是以合同规定的设计文件和相应的技术标准为依据来确定与衡量的。施工单位应对施工质量负责，是指施工单位应在其质量体系正常、有效运行的前提下，保证工程施工的全过程和工程的实物质量符合设计文件及相应技术标准的要求。

施工单位的质量责任制是其质量保证体系的一个重要组成部分，也是项目质量目标得以实现的重要保证。建立质量责任制主要包括制订质量目标计划，建立考核标准并层层分解落实到具体的责任单位和责任人，赋予相应的质量责任和权力。

施工单位的项目经理是指受企业法人委派，对工程项目施工过程全面负责的项目管理者，是一种岗位职务。由项目经理选调技术、生产、材料、成本等管理人员，组成项目管理班子。项目经理在工程项目施工中处于中心地位，对工程项目施工质量应全面负责。为了避免企业和项目管理水平两张皮的现象，根据《招标投标法》第二十七条第二款的规定，招标项目属于建设施工的，投标文件的内容应当包括拟派出的项目负责人与主要技术人员的简历、业绩和拟用于完成招标项目的机械设备等。

《招标投标法》

 知识链接

施工单位的市场准入：根据《建设工程质量管理条例》第二十五条的规定，施工单位应当依法取得相应等级的资质证书，并在其资质等级许可的范围内承揽工程。禁止施工单位超越本单位资质等级许可的业务范围或者以其他施工单位的名义承揽工程。禁止施工单位允许其他单位或者个人以本单位的名义承揽工程。施工单位不得转包或者违法分包工程。

2. 总分包单位的质量责任

根据《建设工程质量管理条例》第二十六、第二十七条的规定，建设工程实行总承包的，总承包单位应当对全部建设工程质量负责；建设工程勘察、设计、施工、设备采购的一项或者多项实行总承包的，总承包单位应当对其承包的建设工程或者采购的设备的质量负责。总承包单位依法将建设工程分包给其他单位的，分包单位应当按照分包合同的约定对其分包工程的质量向总承包单位负责，总承包单位与分包单位对分包工程的质量承担连带责任。

 知识链接

施工单位的市场行为：《建筑法》规定，从事建筑活动的施工单位，应当具备的条件是：有符合国家规定的注册资本；有与其从事的建筑活动相适应的、具有法定执业资格的专业技术人员；有从事相关建筑活动所应有的技术装备；法律、行政法规规定的其他条件。按照上述条件和已完成的建筑工程业绩等，划分为不同的资质等级，经资质审查合格，取得相应等级的资质证书后，方可在其资质等级许可的范围内从事建筑活动。施工单位的资质等级反映了该施工单位从事某项施工工作的资格和能力，是国家对建筑市场准入管理的重要手段。

5.3.2 按照工程设计图纸和施工技术标准施工的规定

根据《建设工程质量管理条例》第二十八条的规定，施工单位必须按照工程设计图纸和施工技术标准施工，不得擅自修改工程设计，不得偷工减料。施工单位在施工过程中发现设计文件和图纸有差错的，应当及时提出意见和建议。

按工程设计图纸施工是保证工程实现设计意图的前提，也是明确划分设计、施工单位质量责任的前提。在施工过程中，若施工单位不按图纸施工或不经原设计单位同意，擅自修改工程设计，违反原设计意图，将影响工程质量，严重的将给工程结构安全留下隐患。间接后果是在原设计有缺陷或出现工程质量事故的情况下，由于施工单位擅自修改了设计，混淆了设计、施工单位各自应负的质量责任。所以，按图纸施工、不擅自修改工程设计，是施工单位保证工程质量最基本要求。

工程建设项目的设计涉及多个专业，各专业之间协调配合比较复杂，设计文件可能会有差错。这些差错通常会在图纸会审或施工过程中被逐步发现，对设计文件的差错，施工单位在发现后，有义务及时向设计单位提出，避免造成不必要的损失和质量问题。这是施工单位应具备的起码的职业道德，也是履行合同应尽的最基本的义务。

5.3.3　对建筑材料、设备等进行检验检测的规定

根据《建设工程质量管理条例》第二十九条的规定，施工单位必须按照工程设计要求、施工技术标准和合同约定，对建筑材料、建筑构配件、设备和商品混凝土进行检验，检验应当有书面记录和专人签字；未经检验或者检验不合格的，不得使用。

根据《建设工程质量管理条例》第三十一条的规定，施工人员对涉及结构安全的试块、试件及有关材料，应当在建设单位或者工程监理单位监督下现场取样，并送具有相应资质等级的质量检测单位进行检测。

材料、构配件、设备及商品混凝土等的检验制度，是施工单位质量保证体系的重要组成部分，也是保障建筑工程质量的重要内容。施工中要按工程设计要求、强制性标准的规定和合同的约定，对工程上使用的建筑材料、建筑构配件、设备和商品混凝土等（包括建设单位供应的材料）进行检验，检验工作要按规定范围和要求进行，按现行的标准、规定的数量、频率、取样方法进行检验。检验的结果要按规定的格式形成书面记录并由相关的专业人员签字。未经检验或检验不合格的，不得使用。合同若有其他约定，检验工作还应满足合同相应条款的要求。

5.3.4　施工质量检验和返修的规定

根据《建设工程质量管理条例》第三十条的规定，施工单位必须建立、健全施工质量的检验制度，严格工序管理，做好隐蔽工程的质量检查和记录。隐蔽工程在隐蔽前，施工单位应当通知建设单位和建设工程质量监督机构。

根据《建设工程质量管理条例》第三十二条的规定，施工单位对施工中出现质量问题的建设工程或者竣工验收不合格的建设工程，应当负责返修。

施工质量检验，通常是指工程施工过程中工序质量检验，或称为过程检验。有预检及隐蔽工程检验和自检、交接检、专职检、分部工程中间检验等。

所谓严格工序管理，不仅是对单一的工序加强管理，而且是要对整个过程（工序）网络进行全面管理。用前一道或横向相关的工序保证后续工序的质量，从而使整个工程施工质量达到预期目标。

质量监督机构对工程的监督检查以抽查为主，因此，接到施工单位隐蔽验收的通知后，可以根据工程的特点和隐蔽部位的重要程度及工程质量监督管理规定的要求，确定是否监督该部位的隐蔽验收。对于整个工程所有的隐蔽工程验收活动，工程质量监督机构要保持一定的抽查频率。对于工程的关键部位的隐蔽工程验收通常应到场，对参加隐蔽工程验收各方的人员资格、验收程序及工程实物进行监督检查，发现问题及时责成责任方予以纠正。

5.3.5　建立健全职工教育培训制度的规定

根据《建设工程质量管理条例》第三十三条的规定，施工单位应当建立、健全教育培训制

度，加强对职工的教育培训；未经教育培训或者考核不合格的人员，不得上岗作业。这里所指的人员，主要是与质量工作有关的，如总工程师、项目经理、质量体系内审员、质量检查员、施工人员、材料试验及检测人员，关键技术工种如焊工、钢筋工、混凝土工等。教育培训通常包括各类质量教育和岗位技能培训等。

施工单位建立、健全教育培训制度，加强对职工的教育培训，是企业重要的基础工作之一，只有全员素质的提高，工程质量才能从根本上得到保证。

5.3.6　违法行为应承担的法律责任

1. 施工单位资质不适格的法律责任

（1）施工单位超越本单位资质等级承揽工程的，责令停止违法行为，对施工单位处工程合同价款 2％以上 4％以下的罚款，可以责令停业整顿，降低资质等级；情节严重的，吊销资质证书；有违法所得的，予以没收。

（2）未取得资质证书承揽工程的，予以取缔，对施工单位处工程合同价款 2％以上 4％以下的罚款；有违法所得的，予以没收。

（3）以欺骗手段取得资质证书承揽工程的，吊销资质证书，对施工单位处工程合同价款 2％以上 4％以下的罚款；有违法所得的，予以没收。

2. 施工单位允许其他单位或者个人以本单位名义承揽工程的法律责任

施工单位允许其他单位或者个人以本单位名义承揽工程的，责令改正，没收违法所得，对施工单位处工程合同价款 2％以上 4％以下的罚款；可以责令停业整顿，降低资质等级；情节严重的，吊销资质证书。

3. 施工单位将承包的工程转包或者违法分包的法律责任

承包单位将承包的工程转包或者违法分包的，责令改正，没收违法所得，对施工单位处工程合同价款百分之零点五以上百分之一以下的罚款；可以责令停业整顿，降低资质等级；情节严重的，吊销资质证书。

4. 偷工减料、不按照工程设计图纸或者施工技术标准施工的其他行为的法律责任

施工单位在施工中偷工减料的，使用不合格的建筑材料、建筑构配件和设备的，或者有不按照工程设计图纸或者施工技术标准施工的其他行为的法律责任。

（1）责令改正，处工程合同价款 2％以上 4％以下的罚款。

（2）造成建设工程质量不符合规定的质量标准的，负责返工、修理，并赔偿因此造成的损失。

（3）情节严重的，责令停业整顿，降低资质等级或者吊销资质证书。

5. 未检验检测的法律责任

施工单位未对建筑材料、建筑构配件、设备和商品混凝土进行检验，或者未对涉及结构安全的试块、试件及有关材料取样检测的法律责任。

（1）责令改正，处 10 万元以上 20 万元以下的罚款。

（2）情节严重的，责令停业整顿，降低资质等级或者吊销资质证书。

（3）造成损失的，依法承担赔偿责任。

6. 施工单位不履行保修义务或者拖延履行保修义务的法律责任

责令改正，处 10 万元以上 20 万元以下的罚款，并对在保修期内因质量缺陷造成的损失承担赔偿责任。

案例应用5-3

▶案例简介

执法人员在某高速公路改建工程第三合同标段进行检查，发现当事人浙江某路桥工程有限公司在桥面铺装层混凝土浇筑施工过程中，使用不合格"瘦身钢筋"，即钢筋网片质量不符合要求。经核查，该钢筋网片分 12 个批次进场，规格是 D6 型（间距为 10 cm × 10 cm），共计 360 t。根据《公路桥涵施工技术规范》（JTG/T 3650—2020）第 4.1.3 款的要求，当事人应按照每批质量应不大于 60 t，超过 60 t 的部分每增加 40 t（或不足 40 t 的余数）应增加 1 次检验的标准进行自检，而未自检即投入使用。机关委托某市某检测公司随机选取 12 处抽检，检测结果均显示质量偏差指标不符合规范要求。该违法行为对桥梁路面的耐久性产生影响，直接影响桥面铺装分项工程。之后当事人对桥面凿除返工，不合格的钢筋网片全部退场处理，主动改正违法行为。

▶案例评析

工程质量、百年大计，关系到人民群众生命和财产安全，是工程建设的重中之重。不按图纸施工、偷工减料、使用不合格材料会降低交通建设工程的使用功能，甚至降低结构承载力，影响结构安全，属于相对严重的违法行为，应予以严厉打击，为建设人民满意、人民有获得感的品质工程保驾护航。

在本案例中，该公司违反了《建设工程质量管理条例》第二十九条的规定，施工单位必须按照工程设计要求、施工技术标准和合同约定，对建筑材料、建筑构配件、设备和商品混凝土进行检验，检验应当有书面记录和专人签字；未经检验或者检验不合格的，不得使用。

根据《建设工程质量管理条例》第六十四条规定，违反本条例规定，施工单位在施工中偷工减料的，使用不合格的建筑材料、建筑构配件和设备的，或者有不按照工程设计图纸或者施工技术标准施工的其他行为的，责令改正，处工程合同价款 2% 以上 4% 以下的罚款；造成建设工程质量不符合规定的质量标准的，负责返工、修理，并赔偿因此造成的损失；情节严重的，责令停业整顿，降低资质等级或者吊销资质证书。

根据《建设工程质量管理条例》第六十五条的规定，违反本条例规定，施工单位未对建筑材料、建筑构配件、设备和商品混凝土进行检验，或者未对涉及结构安全的试块、试件及有关材料取样检测的，责令改正，处 10 万元以上 20 万元以下的罚款；情节严重的，责令停业整顿，降低资质等级或者吊销资质证书；造成损失的，依法承担赔偿责任。

5.4 建设单位及相关单位的质量责任和义务

5.4.1 建设单位相关的质量责任和义务

随着国家投资体制的改革，投资主体日趋多元化，除国家投资、国有企业投资，私人投资和外资（包括港澳台投资）日益增多，投资主体多元化带来利益多元化；同时，公有制投资普遍实行了项目法人责任制，投资主体以项目法人的形式参与市场经营活动。因此，必须加强对投资主体（建设单位）市场行为的管理。建设单位作为建设工程的投资人，是建设工程的主要责任主体。建设单位有权选择承包单位，有权对建设过程检查、控制，对工程进行验收，支付工程款和费用，在工程建设各个环节负责综合管理工作，在整个建设活动中居于主导地位。因此，要建设工程的质量，首先就要对建设单位的行为进行规范，对其质量责任予以明确。

1. 依法发包工程

根据《建设工程质量管理条例》第七条规定，建设单位应当将工程发包给具有相应资质等级的单位。建设单位不得将建设工程肢解发包。所称肢解发包，是指建设单位将应当由一个承包单位完成的建设工程分解成若干部分发包给不同的承包单位的行为。

企业资质等级反映了企业从事某项工作的资格和能力，是国家对建设市场准入管理的重要手段。根据《建筑法》规定，从事建筑活动的勘察、设计单位、建筑施工企业和工程监理单位应当具备以下四个方面的条件：①有符合国家规定的注册资本；②有与其从事的建设活动相适应的具有法定执业资格的专业技术人员；③有从事相关建设活动所应有的技术装备；④法律、行政法规规定的其他条件。

2. 依法招标

根据《建设工程质量管理条例》第八条的规定，建设单位应当依法对工程建设项目的勘察、设计、施工、监理，以及与工程建设有关的重要设备、材料等的采购进行招标。

采用招标方式选择承包单位和材料供应单位，有以下个几方面的优点：第一，招标单位通过对各投标竞争者的技术方案、以往业绩和其他条件进行比较，从中选择技术力量强、质量保证体系可靠、具有良好信誉的承包单位和材料供应单位，与其签订合同，有利于选择到优秀的承包单位和供应单位；第二，通过对施工投标单位的报价和设计单位的方案进行比较，选择到既能保证工程质量，报价又较低的承包单位和供应单位，有利于降低成本；第三，招标投标活动要求依照法定程序公开进行，有利于规避工程发包活动中的腐败和不正当竞争行为，创造一个公平竞争的市场环境。

3. 依法提供原始资料

根据《建设工程质量管理条例》第九条规定，建设单位必须向有关的勘察、设计、施工、工程监理等单位提供与建设工程有关的原始资料。原始资料必须真实、准确、齐全。因原始资料的不真实、不准确、不完整造成工程质量事故，建设单位要承担相应的责任。

所谓原始资料，是指勘察单位、设计单位、施工单位、工程监理单位赖以进行勘察作业、设计作业、施工作业、监理作业的基础性材料。建设单位作为建设活动的总负责方，向有关的勘察单位、单位、施工单位、工程监理单位提供原始资料，并保证这些资料的真实、准确、齐全、是其基本的责任和义务。

所谓真实是就原始资料的合法性而言的，是指建设单位提供的资料的来源、内容必须符合国家有关法律、法规、规章、标准、规范和规程的要求，即必须是合法的，不得伪造、篡改。

所谓准确是就原始资料的科学性而言的，是指建设单位提供的资料必须能够真实反映建设工程原貌，数据精度能够满足勘察、设计、施工、监理作业的需要。数据精度是相对而言的，譬如有关地质、水文资料，只能依据现在规范、规程和科学技术水平得出相对精确的数据，不可能得出绝对精确的数据。

所谓齐全是就原始资料的完整性而言的，是指建设单位提供的资料的范围必须能够满足进行勘察、设计、施工、监理作业的需要。

4. 限制不合理的干预行为

根据《建设工程质量管理条例》第十条的规定，建设工程发包单位，不得迫使承包方以低于成本的价格竞标，不得任意压缩合理工期。建设单位不得明示或者暗示设计单位或者施工单位违反工程建设强制性标准，降低建设工程质量。

5. 依法报审施工图设计文件

根据《建设工程质量管理条例》第十一条的规定，建设单位应当将施工图设计文件报县级以上人民政府住房城乡建设主管部门或者其他有关部门审查。施工图设计文件审查的具体办法，由国务院建设行政主管部门、国务院其他有关部门制定。施工图设计文件未经审查批准的，不得使用。

施工图设计文件是设计文件的重要内容，是编制施工图预算、安排材料、设备订货和非标准设备制作，进行施工、安装和工程验收等工作的依据，施工图设计文件一经完成，建设工程最终所要达到的质量，尤其是地基基础和结构的安全性就有了约束，因此，施工图设计文件的质量直接影响建设工程的质量。

6. 依法委托工程监理

根据《建设工程质量管理条例》第十二条的规定，实行监理的建设工程，建设单位应当委托具有相应资质等级的工程监理单位进行监理，也可以委托具有工程监理相应资质等级并与被监理工程的施工承包单位没有隶属关系或者其他利害关系的该工程的设计单位进行监理。

下列建设工程必须实行监理：国家重点建设工程；大中型公用事业工程；成片开发建设的住宅小区工程；利用外国政府或者国际组织贷款、援助资金的工程；国家规定必须实行监理的其他工程。

7. 依法办理工程质量监督手续

根据《建设工程质量管理条例》第十三条的规定，建设单位在开工前，应当按照国家有关规定办理工程质量监督手续，工程质量监督手续可以与施工许可证或者开工报告合并办理。

建设单位办理工程质量监督手续时应提供以下文件和资料：工程规划许可证；设计单位资质等级证书；监理单位资质等级证书，监理合同及《工程项目监理登记表》；施工单位资质等级证书及营业执照副本；工程勘察设计文件；中标通知书及施工承包合同等。工程质量监督机构收到上述文件和资料后进行审查，对于符合规定的，办理工程质量监督注册手续，签发监督通知书。建设单位在办理工程质量监督手续的同时，按照国家有关规定缴纳建设工程质量监督费用。

8. 依法保证建筑材料等符合要求

根据《建设工程质量管理条例》第十四条的规定，按照合同约定，由建设单位采购建筑材料、建筑构配件和设备的，建设单位应当保证建筑材料、建筑构配件和设备符合设计文件与合同要求。建设单位不得明示或者暗示施工单位使用不合格的建筑材料、建筑构配件和设备。

9. 依法进行装修工程

根据《建设工程质量管理条例》第十五条的规定，涉及建筑主体和承重结构变动的装修工程，建设单位应当在施工前委托原设计单位或者具有相应资质等级的设计单位提出设计方案；没有设计方案的，不得施工。房屋建筑使用者在装修过程中，不得擅自变动房屋建筑主体和承重结构。

10. 依法组织竣工验收

根据《建设工程质量管理条例》第十六条的规定，建设单位收到建设工程竣工报告后，应当组织设计、施工、工程监理等有关单位进行竣工验收。

建设工程完工后，承包单位应当按照国家竣工验收有关规定，向建设单位提供完整的竣工资料和竣工验收报告，请建设单位组织竣工验收。建设单位收到竣工验收报告后，应及时组织有设计、施工、工程监理单位参加的竣工验收，检查整个建设项目是否早已按设计要求和合同约定全部建设完成，已符合竣工验收条件，有时为了及早发挥项目的效益，也可对工程进行单项验收，即在一个总体建设项目中，一个单项工程或一个车间已按设计要求建设完成，能满足生产要求或具备使用条件，施工单位已预验，监理工程师已初验通过。在此条件下建设单位可组织进行单项验收。由几个施工单位负责施工的单项工程，当其中一个单位所负责的部分已按设计完成，也可组织正式验收，办理交工手续。在整个项目进行全部验收时，对已验收的单项工程，可以不再进行验收和办理验收手续，但应将单项工程验收单作为全部工程验收的附件而加以说明。

11. 依法收集整理并移交建设项目档案

根据《建设工程质量管理条例》第十七条的规定，建设单位应当严格按照国家有关档案管理的规定，及时收集、整理建设项目各环节的文件资料，建立、健全建设项目档案，并在建设工程竣工验收后，及时向住房城乡建设主管部门或者其他有关部门移交建设项目档案。

5.4.2 勘察、设计单位相关的质量责任和义务

勘察、设计单位和执业注册人员是勘察设计质量的责任主体，也是整个工程质量的责任主体之一，承担勘察设计质量的法律责任和经济责任，因此《建设工程质量管理条例》对勘察、设计单位的责任和义务专门作出规定。

1. 依法承揽工程业务

根据《建设工程质量管理条例》第十八条的规定，从事建设工程勘察、设计的单位应当依法取得相应等级的资质证书，并在其资质等级许可的范围内承揽工程。禁止勘察、设计单位超越其资质等级许可的范围或者以其他勘察、设计单位的名义承揽工程。禁止勘察、设计单位允许其他单位或者个人以本单位的名义承揽工程。勘察、设计单位不得转包或者违法分包所承揽的工程。

所称违法分包，是指下列行为：总承包单位将建设工程分包给不具备相应资质条件的单位的；建设工程总承包合同中未有约定，又未经建设单位认可，承包单位将其承包的部分建设工程交由其他单位完成的；施工总承包单位将建设工程主体结构的施工分包给其他单位的；分包单位将其承包的建设工程再分包的。

所称转包，是指承包单位承包建设工程后，不履行合同约定的责任和义务，将其承包的全部建设工程转给他人或者将其承包的全部建设工程肢解以后以分包的名义分别转给其他单位承包的行为。

2. 依法执行强制性标准

根据《建设工程质量管理条例》第十九条的规定，勘察、设计单位必须按照工程建设强制性标准进行勘察、设计，并对其勘察、设计的质量负责。注册建筑师、注册结构工程师等注册执业人员应当在设计文件上签字，对设计文件负责。

工程建设强制性标准是工程建设技术和经验的积累，是勘察、设计工作的技术依据，只有满足工程建设强制性标准才能保证质量，才能满足工程对安全、卫生、环保等多方面的质量要求，因此必须严格执行。

3. 勘察单位提供的勘察成果必须真实、准确

根据《建设工程质量管理条例》第二十条的规定，勘察单位提供的地质、测量、水文等勘察成果必须真实、准确。

工程勘察工作是建设工程的基础工作，工程勘察成果文件是设计和施工的基础资料与重要依据，真实准确的勘察成果对设计和施工的安全性与是否保守浪费有直接的影响，因此，工程勘察成果必须真实准确、安全可靠、经济合理。

4. 设计深度和设计深度

根据《建设工程质量管理条例》第二十一条的规定，设计单位应当根据勘察成果文件进行建设工程设计。设计文件应当符合国家规定的设计深度要求，注明工程合理使用年限。

工程合理使用年限是指从工程竣工验收合格之日起，工程的地基基础、主体结构能保证在正常情况下安全使用的年限。建设工程的承包人应当在该建设工程合理使用年限内对工程的质量承担责任，工程勘察、设计单位要在此期间对因工程勘察、设计的原因而造成的质量问题负相应的责任，因此可以说工程合理使用年限也就是勘察、设计单位的责任年限。

5. 依法规范建筑材料等的选用

根据《建设工程质量管理条例》第二十二条的规定，设计单位在设计文件中选用的建筑材料、建筑构配件和设备，应当注明规格、型号、性能等技术指标，其质量要求必须符合国家规定的标准。除有特殊要求的建筑材料、专用设备、工艺生产线等外，设计单位不得指定生产厂、供应商。

特殊要求通常是指根据设计要求所选产品的性能、规格只有某个厂家能够生产或加工，必须在设计文件中注明方可进行下一步的设计工作或采购，在通用产品能保证工程质量的前提下，设计单位不可故意选用特殊要求的产品。根据《建筑法》第五十七条规定，建筑设计单位对设计文件选用的建筑材料、建筑构配件和设备，不得指定生产厂、供应商。根据《反不正当竞争法》规定，公用企业或者其他依法具有独立地位的经营者，不得限定他人购买其指定的经营者的商品，以排挤其他经营者的公平竞争。

《反不正当竞争法》

6. 依法解释设计文件的责任

根据《建设工程质量管理条例》第二十三条的规定，设计单位应当就审查合格的施工图设计文件向施工单位作出详细说明。

施工图完成并经审查合格后，设计文件的编制工作已经完成，设计工作完成后设计方应就设计文件向施工单位作详细的说明，也就是通常所说的设计交底。设计交底通常的做法是设计文件完成后，设计单位将设计图纸交建设单位，再由建设单位发给施工单位后，由设计单位将设计的意图、特殊的工艺要求，以及建筑、结构、设备等各专业在施工中的难点、疑点和容易发生的问题等向施工单位作一说明，并负责解释施工单位对设计图纸的疑问。

7. 依法参与质量事故分析的责任

根据《建设工程质量管理条例》第二十四条的规定，设计单位应当参与建设工程质量事故分析，并对因设计造成的质量事故，提出相应的技术处理方案。根据《建筑法》第五十八条规

定，建筑施工企业对工程的施工质量负责。建筑施工企业必须按照工程设计图纸和施工技术标准施工，不得偷工减料。工程设计的修改由原设计单位负责，建筑施工企业不得擅自修改工程设计。当事故发生后，对因设计造成的质量事故，原设计单位必须提出相应的技术处理方案，这是设计单位的义务。但是对于非设计原因造成的质量事故，建设单位应付给提供技术处理方案的原设计单位相应的报酬。

5.4.3 工程监理单位相关的质量责任和义务

工程监理单位接受建设单位委托，代表建设单位，对建设工程进行管理，是工程建设的责任主体之一，在监理过程中应遵循市场行为准则、工作的服务特性，履行监理过程中的职责和义务。

1. 依法承揽工程监理业务

根据《建设工程质量管理条例》第三十四条的规定，工程监理单位应当依法取得相应等级的资质证书，并在其资质等级许可的范围内承担工程监理业务。禁止工程监理单位超越本单位资质等级许可的范围或者以其他工程监理单位的名义承担工程监理业务。禁止工程监理单位允许其他单位或者个人以本单位的名义承担工程监理业务。工程监理单位不得转让工程监理业务。

设立监理单位，须报工程建设监理主管机关进行资质审查，并取得相应的资质等级后，到工商行政管理机关办理工商注册手续。根据监理单位的注册资金、专业技术人员、技术装备和已完成的业绩等条件将其划分为甲、乙、丙三个等级，每一等级承担监理业务的范围不同。监理单位必须在其资质等级许可的范围内，承担监理业务。工程监理单位的资质等级反映了该监理单位从事某项监理业务的资格和能力，是国家对工程监理市场准入管理的重要手段。

监理单位的市场行为必须规范。监理单位只能在资质等级许可的范围承担监理业务，是保证监理工作质量的前提。越级监理、允许其他单位或者个人以本单位的名义承担监理业务等违法行为，将使工程监理变得有名无实，或形成实质上的无证监理，最终会对工程质量造成危害。因此必须明确规定禁止上述行为。

2. 独立监理

根据《建设工程质量管理条例》第三十五条的规定，工程监理单位与被监理工程的施工承包单位及建筑材料、建筑构配件和设备供应单位有隶属关系或者其他利害关系的，不得承担该项建设工程的监理业务。

隶属关系是指工程监理单位与被监理工程的承包单位及建筑材料、建筑构配件和设备供应单位有行政上下级关系等。

其他利害关系是指监理单位与施工单位或材料供应单位之间存在的可能直接影响监理单位工作公正性的非常明显的经济或其他利益关系，如参股、联营等关系。

当出现工程监理单位与被监理工程的承包单位及建筑材料、建筑构配件和设备供应单位有隶属关系或者其他利害关系的情况时，工程监理单位在接受建设单位委托前，应当自行回避；在接受委托后，发现这一情况时，应当依法解除委托关系。

3. 依法监理

根据《建设工程质量管理条例》第三十六条的规定，工程监理单位应当依照法律、法规及有关技术标准、设计文件和建设工程承包合同，代表建设单位对施工质量实施监理，并对施工质量承担监理责任。

监理单位对施工质量承担监理责任，主要有违法责任和违约责任两个方面。如果监理单位故意弄虚作假，降低工程质量标准，造成质量事故，要按照《建筑法》及《建设工程质量管理条例》的规定承担相应的法律责任。根据《建设工程质量管理条例》第六十七条、第六十八条对监理单位的违法责任的规定，工程监理单位与承包单位串通，牟取非法利益，给建设单位造成损失的，应当与承包单位承担连带赔偿责任。如果监理单位在责任期内，不按照监理合同约定履行监理职责，给建设单位或其他单位造成损失的，属违约责任，应当向建设单位赔偿。

4. 监理单位的责任和权限

根据《建设工程质量管理条例》第三十七条的规定，工程监理单位应当选派具备相应资格的总监理工程师和监理工程师进驻施工现场。未经监理工程师签字，建筑材料、建筑构配件和设备不得在工程上使用或者安装，施工单位不得进行下一道工序的施工。未经总监理工程师签字，建设单位不拨付工程款，不进行竣工验收。

监理单位应根据所承担的监理任务，组建驻工地监理机构。监理机构一般由总监理工程师、监理工程师和其他监理人员组成。根据《注册监理工程师管理规定》的有关规定，监理工程师系岗位职务，是经全国统一考试合格，取得职业资格并经注册取得"注册监理工程师注册执业证书和执业印章"的工程建设监理人员。

《注册监理工程师
管理规定》

总监理工程师是指监理单位派到施工现场全面履行监理合同的全权负责人。监理工程师拥有对建筑材料、建筑构配件和设备及每道施工工序的检查权。

工程监理实行总监理工程师负责制。总监理工程师享有合同赋予监理单位的全部权利，全面负责受委托的监理工作。总监理工程师在授权范围内发布有关指令，签认所监理的工程项目有关款项的支付凭证。没有总监理工程师签字，建设单位不向施工单位拨付工程款，没有总监理工程师签字，建设单位也不组织进行竣工验收。总监理工程师有权建议撤销不合格的工程建设分包单位和项目负责人及有关人员。

5. 监理形式

根据《建设工程质量管理条例》第三十八条的规定，监理工程师应当按照工程监理规范的要求，采取旁站、巡视和平行检验等形式，对建设工程实施监理。

旁站是指监理人员在建筑工程施工阶段中，对关键部位、关键工序的施工质量实施全过程现场跟班的监督活动。

巡视是监理人员对正在施工的部位或工序在现场进行的定期或不定期的监督活动，是监理工作的日常程序。

平行检验是指监理人员利用一定的检查或检测手段，在施工单位自检的基础上，按照一定的比例独立进行的工程质量检测活动。对于关键性、较大体量的工程实物，采取分段平行检验的方式，有利于及时发现质量问题，及时采取措施予以纠正。

5.4.4　政府部门工程质量监督管理的相关规定

建设工程质量监督是指由政府授权的专门机构依据国家颁发的有关法律、法规、技术标准及设计文件对建设工程质量实施的监督。为了加强政府对建设工程质量的监督、确保工程质量，维护国家和人民生命财产安全，国家根据《标准化法》和国家有关行政法规制定了建设工程质量监督管理相关规定。

1. 建设工程质量的监督管理范围

各类新建、改建和扩建的工业、交通和民用、市政公用工程及建筑构件，均应按照规定接受建设工程质量监督机构的监督。其中，国务院工业、交通各部门委托监理单位实施监理的大中型建设项目，可暂不实行质量监督。

2. 建设工程质量监督管理主体及职责

根据《建设工程质量管理条例》第四十三条的规定，国家实行建设工程质量监督管理制度。国务院住房城乡建设主管部门对全国的建设工程质量实施统一监督管理。国务院铁路、交通、水利等有关部门按照国务院规定的职责分工，负责对全国的有关专业建设工程质量的监督管理。县级以上地方人民政府住房城乡建设主管部门对本行政区域内的建设工程质量实施监督管理。县级以上地方人民政府交通、水利等有关部门在各自的职责范围内，负责对本行政区域内的专业建设工程质量的监督管理。

根据《建设工程质量管理条例》第四十四条的规定，国务院住房城乡建设主管部门和国务院铁路、交通、水利等有关部门应当加强对有关建设工程质量的法律、行政法规和强制性标准执行情况的监督检查。

建设工程质量不仅关系国家建设资金的有效使用，而且关系国家经济持续快速健康发展和人民群众生命财产安全，在社会主义市场经济条件下，政府必须对建设工程质量实行监督管理。单位质量意识淡薄，缺乏必要的监督约束机制，工程建设责任主体行为不规范等，均有可能造成恶性工程质量事故，给国家和人民生命财产造成很大损失。因此，要确保建设工程质量，不但需要建设单位、勘察设计单位、施工单位、工程监理单位等责任主体各负其责，各级政府住房城乡建设主管部门和其他有关部门还必须加强对工程建设参与各方主体的行为和工程质量监督管理，加强对有关法律、法规和强制性标准执行情况的检查。

3. 监督工作程序与内容

根据《建设工程质量管理条例》第十三条的规定，建设单位在领取施工许可证或者开工报告之前，应当按照国家有关规定办理工程质量监督手续。

建设单位在领取施工许可证或者开工报告之前，应当按照国家有关规定，到住房城乡建设主管部门或国务院铁路、交通、水利等有关部门或其委托的建设工程质量监督机构或专业工程质量监督机构（简称为工程质量监督机构）办理工程质量监督手续，接受政府部门的工程质量监督管理。

工程质量监督机构收到上述文件和资料后，进行审查，符合规定的，办理工程质量监督注册手续，签发监督通知书。

建设单位在办理工程质量监督手续的同时，按照国家有关规定缴纳建设工程质量监督费用。办理工程质量监督手续是法定程序，不办理监督手续的，县级以上人民政府住房城乡建设主管部门和其他专业部门不发施工许可证，工程不得开工。

根据《建筑法》和《建设工程质量管理条例》的规定，政府有关部门对工程质量的监督管理主要内容包括：对建设单位发包行为进行监督，对施工图文件进行审查，监督强制监理工程的执行情况，颁发施工许可证，对勘察、设计、施工、工程监理单位的承包（监理）行为进行监督，对地基基础、结构主体质量进行检查，对竣工验收进行备案，对工程保修行为进行监督，受理单位和个人有关工程质量的检举、控告和投诉等。只有政府有关部门切实加强了对建设工程的监督管理，才能保证有关的法律、法规和强制性标准得以贯彻执行，各方主体的行为得以规范，工程质量才有可靠保证。

案例应用5-4

▶**案例简介**

2022 年，甲公司与乙公司（以下合并简称"建设方"）合作，在某市市区共同开发房地产项目。该项目包括两部分，一部分是 6.3 万 m² 的住宅工程，另一部分是与住宅相配套的3.4 万 m² 的综合楼。该项目的住宅工程各项手续和证件齐备，自 2022 年开工建设到 2024 年 4 月已经竣工验收，综合楼工程由于合作双方对于该工程是作为基建计划还是开发计划申报问题没能统一意见，从而使综合楼建设工程的各项审批手续未能办理。由于住宅工程已竣工验收，配套工程需要马上跟进，在综合楼施工许可证未经审核批准的情况下开始施工。该行为被市场监督执法大队发现后及时制止并责令其停工。

建设方在综合楼项目的建设中有何过错？应如何处理？

▶**案例评析**

在本案例中，建设方在综合楼项目的建设中违反了《建筑法》第七条的规定，即建筑工程开工前，建设单位应当按照国家有关规定向工程所在地县级以上人民政府住房城乡建设主管部门申请领取施工许可证。建设方在未取得施工许可证的情况下擅自开工的行为属于严重的违法行为。

根据《建筑法》第六十四条的规定，未取得施工许可证或者开工报告未经批准擅自施工的，责令改正，对不符合开工条件的责令停止施工，可以处以罚款。《建设工程质量管理条例》第五十七条规定，建设单位未取得施工许可证或者开工报告未经批准，擅自施工的，责令停止施工，限期改正，处工程合同价款 1% 以上 2% 以下的罚款。据此，该市监督执法大队责令其停工的做法是正确的，并应当处以罚款。

5.5　建设工程竣工验收制度

竣工验收是指建设工程项目竣工后，由投资主管部门会同建设、设计、施工、设备供应单位及工程质量监督等部门，对该项目是否符合规划设计要求及建筑施工和设备安装质量进行全面检验后，取得竣工合格资料、数据和凭证的过程。

工程项目的竣工验收是施工全过程的最后一道工序，也是工程项目管理的最后一项工作。工程项目的竣工验收是建设投资成果转入生产或使用的标志，也是全面考核投资效益、检验设计和施工质量的重要环节，对促进建设项目（工程）及时投产，发挥投资效果，总结建设经验有重要作用。

5.5.1　竣工验收的主体和法定条件

1. 竣工验收的主体

工程竣工验收由建设单位负责组织实施。根据《建设工程质量管理条例》的规定，建设单位收到建设工程竣工报告后，应当组织设计、施工、工程监理等有关单位进行竣工验收。

对工程进行竣工检查和验收是建设单位法定的权利和义务。在建设工程完工后，承包单位应向建设单位提供完整的竣工资料和竣工验收报告，提请建设单位组织竣工验收。建设单位收到竣工验收报告后，应及时组织有设计、施工、工程监理等有关单位参加的竣工验收，检查整个工程项目是否已按照设计要求和合同约定全部建设完成，并符合竣工验收条件。

2. 竣工验收的法定条件

根据《民法典》第七百九十九条的规定，建设工程竣工后，发包人应当根据施工图纸及说明书、国家颁布的施工验收规范和质量检验标准及时进行验收。验收合格的，发包人应当按照约定支付价款，并接收该建设工程。建设工程竣工经验收合格后，方可交付使用；未经验收或者验收不合格的，不得交付使用。

《建设工程质量管理条例》进一步规定，建设工程竣工验收应当具备下列条件。

（1）完成建设工程设计和合同约定的各项内容。建设工程设计和合同约定的内容，主要是指设计文件所确定的、在承包合同"承包人承揽工程项目一览表"中载明的工作范围，也包括监理工程师签发的变更通知单中所确定的工作内容。承包单位必须按合同约定，按质、按量、按时完成上述工作内容，使工程具有正常的使用功能。

（2）有完整的技术档案和施工管理资料。工程技术档案和施工管理资料是工程竣工验收和质量保证的重要依据之一，主要包括以下档案和资料：工程项目竣工报告；分项、分部工程和单位工程技术人员名单；图纸会审和设计交底记录；设计变更通知单，技术变更核实单；工程质量事故发生后调查和处理资料；隐蔽验收记录及施工日志；竣工图；质量检验评定资料等；合同约定的其他资料。

（3）有材料、设备、构配件的质量合格证明资料和试验、检验报告。对建设工程使用的主要建筑材料、建筑构配件和设备的进场，除具有质量合格证明资料外，强调了这些适用于工程的主要建筑材料、建筑构配件和设备的进场，还应当有试验、检验报告。试验、检验报告中应当注明其规格、型号、用于工程的部位、批量批次、性能等技术指标，其质量要求必须符合国家规定的标准。

（4）有勘察、设计、施工、工程监理等单位分别签署的质量合格文件。勘察、设计、施工、工程监理等有关单位依据工程设计文件及承包合同所要求的质量标准，对竣工工程进行检查和评定，符合规定的，签署合格文件。竣工验收所依据的国家强制性标准有土建工程、安装工程、人防工程、管道工程、桥梁工程、电气工程及铁路建筑安装工程验收标准等。

（5）有施工单位签署的工程质量保修书。施工单位同建设单位签署的工程质量保修书也是交付竣工验收的条件之一。工程质量保修是指建设工程在办理交工验收手续后，在规定的保修期限内，因勘察设计、施工、材料等原因造成的质量缺陷，由施工单位负责维修，由责任方承担维修费用并赔偿损失。施工单位与建设单位应在竣工验收前签署工程质量保修书，保修书是施工合同的附合同。工程保修书的内容包括：保修项目内容及范围、保修期、保修责任和保修金支付方法等。健全完善的工程保修制度，对于促进承包方加强质量管理，保护用户及消费者的合法权益起着重要的保障作用。

工程验收通过后，承包单位应当按照国家有关规定和合同约定的时间、方式向建设单位提出结算报告，建设单位在审查结算报告后，应当在合同约定的时间内将拨款通知送经办银行，承包单位收到工程款后将竣工的工程交付建设单位，建设单位接收该工程。至此，完成竣工交付工作。

知识链接

建设工程竣工验收的程序如下。

为贯彻《建设工程质量管理条例》，规范房屋建筑和市政基础设施工程的竣工验收，保证工程质量，住房和城乡建设部制定了《房屋建筑和市政基础设施工程竣工验收规定》。凡在中华人民共和国境内新建、扩建、改建的各类房屋建筑和市政基础设施工程的竣工验收（以下简称"工程竣工验收"），应当遵守本规定。

根据《房屋建筑和市政基础设施工程竣工验收规定》第六条规定，工程竣工验收应当按以下程序进行。

专项施工方案
审查要点

（1）工程完工后，施工单位向建设单位提交工程竣工报告，申请工程竣工验收。实行监理的工程，工程竣工报告须经总监理工程师签署意见。

（2）建设单位收到工程竣工报告后，对符合竣工验收要求的工程，组织勘察、设计、施工、监理等单位组成验收组，制订验收方案。对于重大工程和技术复杂工程，根据需要可邀请有关专家参加验收组。

（3）建设单位应当在工程竣工验收 7 个工作日前将验收的时间、地点及验收组名单书面通知负责监督该工程的工程质量监督机构。

（4）建设单位组织工程竣工验收包括建设、勘察、设计、施工、监理单位分别汇报工程合同履约情况和在工程建设各个环节执行法律、法规和工程建设强制性标准的情况；审阅建设、勘察、设计、施工、监理单位的工程档案资料；实地查验工程质量；对工程勘察、设计、施工、设备安装质量和各管理环节等方面作出全面评价，形成经验收组人员签署的工程竣工验收意见。

参与工程竣工验收的建设、勘察、设计、施工、监理等各方不能形成一致意见时，应当协商提出解决的方法，待意见一致后，重新组织工程竣工验收。

5.5.2 施工单位应提交的档案资料

根据《建设工程质量管理条例》的规定，建设单位应当严格按照国家有关档案管理的规定，及时收集、整理建设项目各环节的文件资料，建立、健全建设项目档案，并在建设工程竣工验收后，及时向住房城乡建设主管部门或者其他有关部门移交建设项目档案。建设工程竣工验收后，建设单位未向住房城乡建设主管部门或者其他有关部门移交建设项目档案的，责令改正，处 1 万元以上 10 万元以下的罚款。

建设工程是百年大计，一般的建筑物设计年限为 50～70 年，重要的建筑物达 100 年。在建筑物使用期间，会遇到对建筑物的改建（包括装修）、扩建或拆除活动，以及在其周边进行建设活动，评估对该建筑物可能的不利影响等，都要参考原始的勘察、设计、施工资料，因此，所有的建筑活动都应建立完整的建设项目档案。建设单位作为建设工程的投资人和业主，是建设全过程的总负责方，应在合同中明确要求勘察单位、设计单位、施工单位分别提供有关勘察、设计、施工的档案资料，如勘察报告、设计图纸和计算书、竣工图等，及时收集整理，在工程竣工后及时向有关部门移交建设项目档案。

根据《档案法》的规定，机关、团体、企业事业单位和其他组织应当按照国家规定，定期向档案馆移交档案。按照《城市建设档案管理规定》的要求，国务院住房城乡建设主管部门负责全国城建档案（指在城市规划、建设及管理活动中直接形成对国家和社会具有保存价值的文字、图纸、图表、声像等各种载体的文件材料）管理工作。县级以上地方人民政府住房城乡建设主管部门负责本行政区域内的城建档案管理工作，业务上受同级档案部门的监督、指导。

《档案法》

城建档案馆重点管理以下城市建设工程档案资料：工业、民用建筑工程；市政基础设施工程；公用基础设施工程；公共交通基础设施工程；园林建设、风景名胜建设工程；市容环境卫生设施建设工程；城市防洪、抗震、人防工程；军事工程档案资料中，除军事禁区和军事管理区以外的越市区的地下管线走向和有关隐蔽工程的位置图。

建设单位应当严格按照《城市建设档案管理规定》，及时收集、认真整理建设项目各环节的文件资料，努力建立健全建设项目档案，在工程竣工验收后 3 个月内，向城建档案馆报送一套符合规定的建设工程档案。一套完整的工程建设项目档案一般包括以下文件材料：立项依据审批文件；征地、勘察、测绘、设计、招标投标、监理文件；项目审批文件；施工技术文件和竣工验收文件；竣工图。

《城市建设档案
管理规定》

凡工程建筑档案不齐全的，应当限期补充。停建、缓建工程的档案，暂由建设单位保管。撤销单位的建设工程档案，应当向上级主管机关或者城建档案馆移交。对改建、扩建和重要部位维修的工程，建设单位应当组织设计、施工单位据实修改、补充和完善原建设工程档案。凡结构和平面布置等改变的，应当重新编制建设工程档案，并在工程竣工后 3 个月内向城建档案馆报送。

5.5.3 规划、消防、节能、环保等验收的规定

根据《建设工程质量管理条例》的规定，建设单位应当自建设工程竣工验收合格之日起 15 日内，将建设工程竣工验收报告和规划、公安消防、环保等部门出具的认可文件或者准许使用文件报住房城乡建设主管部门或者其他有关部门备案。住房城乡建设主管部门或者其他有关部门发现建设单位在竣工验收过程中有违反国家有关建设工程质量管理规定行为的，责令停止使用，重新组织竣工验收。

1. 建设工程竣工规划验收

根据《城乡规划法》的规定，县级以上地方人民政府城乡规划主管部门按照国务院规定对建设工程是否符合规划条件予以核实。未经核实或者经核实不符合规划条件的，建设单位不得组织竣工验收。建设单位应当在竣工验收后 6 个月内向城乡规划主管部门报送有关竣工验收资料。

《城乡规划法》

建设工程竣工后，建设单位应当依法向城乡规划行政主管部门提出竣工规划验收申请。由城乡规划行政主管部门按照选址意见书、建设用地规划许可证、建设工程规划许可证、乡村建设规划许可证及其有关规划的要求，对建设工程进行规划验收，包括对建设用地范围内的各项工程建设情况，建筑物的使用性质、位置、间距、层数、标高、平面、立面、外墙装饰材料和色彩，各类配套服务设施、临时施工用房、施工场地等进行全面核查，并作出验收记录。对于验收合格的，由城乡规划行政主管部门出具规划认可文件或核发建设工程竣工规划验收合格证。

《城乡规划法》还规定，建设单位未在建设工程竣工验收后 6 个月内向城乡规划主管部门

报送有关竣工验收资料的，由所在地城市、县人民政府城乡规划主管部门责令限期补报；逾期不补报的，处 1 万元以上 5 万元以下的罚款。

2. 建设工程竣工消防验收

根据《中华人民共和国消防法》（以下简称《消防法》）第十三条的规定，国务院住房城乡建设主管部门规定应当申请消防验收的建设工程竣工，建设单位应当向住房城乡建设主管部门申请消防验收。其他建设工程，建设单位在验收后应当报住房城乡建设主管部门备案，住房城乡建设主管部门应当进行抽查。依法应当进行消防验收的建设工程，未经消防验收或者消防验收不合格的，禁止投入使用；其他建设工程经依法抽查不合格的，应当停止使用。

《消防法》

依法应当进行消防验收的建设工程，未经消防验收或者消防验收不合格，擅自投入使用的，根据《消防法》规定，由住房城乡建设主管部门、消防救援机构按照各自职权责令停止施工、停止使用或者停产停业，并处 3 万元以上 30 万元以下罚款。

《建设工程消防设计审查验收管理暂行规定》第二十九条进一步规定，建设单位申请消防验收，应当提交下列材料：消防验收申请表；工程竣工验收报告；涉及消防的建设工程竣工图纸。消防设计审查验收主管部门收到建设单位提交的消防验收申请后，对申请材料齐全的，应当出具受理凭证；申请材料不齐全的，应当一次性告知需要补正的全部内容。

《建设工程消防设计审查验收管理暂行规定》第三十条继续规定，消防设计审查验收主管部门受理消防验收申请后，应当按照国家有关规定，对特殊建设工程进行现场评定。现场评定包括对建筑物防（灭）火设施的外观进行现场抽样查看；通过专业仪器设备对涉及距离、高度、宽度、长度、面积、厚度等可测量的指标进行现场抽样测量；对消防设施的功能进行抽样测试、联调联试消防设施的系统功能等内容。

《建设工程消防设计审查验收管理暂行规定》

消防设计审查验收主管部门应当自受理消防验收申请之日起 15 日内出具消防验收意见。对符合下列条件的，应当出具消防验收合格意见：申请材料齐全、符合法定形式；工程竣工验收报告内容完备；涉及消防的建设工程竣工图纸与经审查合格的消防设计文件相符；现场评定结论合格。对不符合前款规定条件的，消防设计审查验收主管部门应当出具消防验收不合格意见，并说明理由。

实行规划、土地、消防、人防、档案等事项联合验收的建设工程，消防验收意见由地方人民政府指定的部门统一出具。

3. 建筑工程节能验收

根据《中华人民共和国节约能源法》（以下简称《节约能源法》）第十五条规定，国家实行固定资产投资项目节能评估和审查制度。不符合强制性节能标准的项目，建设单位不得开工建设；已经建成的，不得投入生产、使用。政府投资项目不符合强制性节能标准的，依法负责项目审批的机关不得批准建设。具体办法由国务院管理节能工作的部门会同国务院有关部门制定。

《节约能源法》

《民用建筑节能条例》第十七条进一步规定，建设单位组织竣工验收，应当对民用建筑是否符合民用建筑节能强制性标准进行查验；对不符合民用建筑节能强制性标准的，不得出具竣工验收合格报告。

建筑节能工程施工质量的验收主要应按照国家标准《建筑节能工程施

《民用建筑节能条例》

工质量验收标准》（GB 50411—2019）、《建筑工程施工质量验收统一标准》（GB 50300—2013）及各专业工程施工质量验收规范等执行。单位工程竣工验收应在建筑节能分部工程验收合格后进行。

建筑节能工程为单位建筑工程的一个分部工程，并按规定划分为分项工程和检验批。建筑节能工程应按照分项工程进行验收，如墙体节能工程、幕墙节能工程、门窗节能工程、屋面节能工程、地面节能工程、采暖节能工程、通风与空气调节节能工程、配电与照明节能工程等。当建筑节能分项工程的工程量较大时，可以将分项工程划分为若干个检验批进行验收。当建筑节能工程验收无法按照要求划分分项工程或检验批时，可由建设、施工、监理等各方协商进行划分。但验收项目、验收内容、验收标准和验收记录均应遵守《建筑节能工程施工质量验收标准》（GB 50411—2019）的规定。

《建筑工程施工质量
验收统一标准》
（GB 50300—2013）

单位工程在办理竣工备案时应提交建筑节能相关资料，不符合要求的不予备案。

建筑工程节能验收违法行为应承担的法律责任。根据《民用建筑节能条例》的规定，建设单位对不符合民用建筑节能强制性标准的民用建筑项目出具竣工验收合格报告的，由县级以上地方人民政府建设主管部门责令改正，处民用建筑项目合同价款2％以上4％以下的罚款；造成损失的，依法承担赔偿责任。

《建筑节能工程施工
质量验收标准》

4. 建设工程竣工环保验收

根据《建设项目环境保护管理条例》的规定，编制环境影响报告书、环境影响报告表的建设项目竣工后，建设单位应当按照国务院环境保护行政主管部门规定的标准和程序，对配套建设的环境保护设施进行验收，编制验收报告。建设单位在环境保护设施验收过程中，应当如实查验、监测、记载建设项目环境保护设施的建设和调试情况，不得弄虚作假。除按照国家规定需要保密的情形外，建设单位应当依法向社会公开验收报告。

分期建设、分期投入生产或者使用的建设项目，其相应的环境保护设施应当分期验收。

编制环境影响报告书、环境影响报告表的建设项目，其配套建设的环境保护设施经验收合格，方可投入生产或者使用；未经验收或者验收不合格的，不得投入生产或者使用。

《建设项目环境
保护管理条例》

5.5.4 竣工结算、质量争议的规定

竣工验收是建设工程活动的最后阶段之一，但是在此阶段建设单位与施工单位容易就合同价款结算、质量缺陷等产生纠纷，从而使建设项目不能及时办理竣工验收。

1. 工程竣工结算

根据《民法典》的规定，建设工程竣工后，发包人应当根据施工图纸及说明书、国家颁布的施工验收规范和质量检验标准及时进行验收。验收合格后，发包人应当按照约定支付价款，并接收该建设工程项目。根据《建筑法》的规定，发包单位应当按照合同的约定，及时拨付工程价款。根据《建设工程价款结算暂行办法》的规定，待工程完工后，双方应按照约定的合同价款及合同价调整内容以及索赔事项，进行工程竣工结算。工程竣工结算可分为单位工程竣工结算、单项工程竣工结算和建设项目竣工总结算。

（1）单位工程竣工结算由承包人编制，由发包人审核；实行总承包的工程，由具体承包人编制，在总包人审核的基础上，发包人进行最终审核。

（2）单项工程竣工结算或建设项目竣工总结算由总（承）包人编制，发包人可直接进行审核，也可以委托具有相应资质的工程造价咨询机构进行审核。政府投资建设项目，由同级财政部门审核。单项工程竣工结算或建设项目竣工总结算经发包人、承包人签字盖章后有效。

《建设工程价款
结算暂行办法》

单项工程竣工后，发包人应按以下规定时限进行核对（审查）并提出审查意见。

1）500 万元以下，从接到竣工结算报告和完整的竣工结算资料之日起 20 日。

2）500 万元～2 000 万元，从接到竣工结算报告和完整的竣工结算资料之日起 30 日。

3）2 000 万元～5 000 万元，从接到竣工结算报告和完整的竣工结算资料之日起 45 日。

4）5 000 万元以上，从接到竣工结算报告和完整的竣工结算资料之日起 60 日。

建设项目竣工总结算在最后一个单项工程竣工结算审查确认后 15 日内汇总送发包人，发包人在 30 日内完成审查，并予以确认或者提出修改意见。发包人根据确定的竣工结算报告向承包人支付工程竣工结算价款，保留 5% 左右的质量保证（保修）金，待保修期到期后清算。保修期内如有返修，其费用在保证（保修）金中扣除。

2. 竣工工程质量争议的处理

根据《建筑法》规定，建筑工程竣工时，屋顶、墙面不得留有渗漏、开裂等质量缺陷；对已发现的质量缺陷，建筑施工企业应当修复。根据《建设工程质量管理条例》规定，施工单位对施工中出现质量问题的建设工程或者竣工验收不合格的建设工程，应当负责返修。无论是建设单位的责任还是施工单位的责任，施工单位都有义务进行修复或者返修。但是，对于非施工单位的责任造成的质量问题或者缺陷，其返修的费用和造成的损失应由责任方承担。

（1）承包人责任的处理。根据《民法典》的规定，因承包人的原因致使建设工程质量不符合约定的，发包人有权要求承包人在合理的期限内无偿返工或者返修。对承包人拒绝返工或者返修的，《最高人民法院关于审理建设工程施工合同纠纷案件适用法律问题的解释》第十一条的规定，因承包人的过错造成建设工程质量不符合约定，承包人拒绝修理、返工或者改建，发包人请求减少支付工程价款的，应予以支持。

（2）发包人责任的处理。根据《建筑法》的规定，建设单位不得以任何理由要求建筑设计单位或者建筑施工单位在工程设计或者施工作业中，违反法律、行政法规和建筑质量、安全标准，降低工程质量。

《最高人民法院关
于审理建设工程
施工合同纠纷案
件适用法律问题
的解释（一）》

根据《最高人民法院关于审理建设工程施工合同纠纷案件适用法律问题的解释（一）》第十三条的规定，发包人具有下列情形之一，造成建设工程质量缺陷，应当承担过错责任。

1）提供的设计有缺陷。

2）提供或者指定购买的建筑材料、建筑构配件、设备不符合强制性标准。

3）直接指定分包人分包专业工程。承包人有过错的，也应当承担相应的过错责任。

（3）未经竣工验收擅自使用的处理原则。《建筑法》《民法典》《建设工程质量管理条例》

中均规定，建设工程竣工经验收合格后，方可交付使用；未经验收或经验收不合格的，不得交付使用。

在实际工程中，一些发包人出于种种原因，未进行竣工验收即擅自提前占有使用建设工程。根据《最高人民法院关于审理建设工程施工合同纠纷案件适用法律问题的解释（一）》第十四条规定，建设工程未经竣工验收，发包人擅自使用后，又以使用部分质量不符合约定为由主张权利的，不予支持；但是承包人应当在建设工程的合理使用寿命内对地基基础工程和主体结构质量承担民事责任。

5.5.5　竣工验收报告备案的规定

建设单位应当自建设工程竣工验收合格之日起 15 日内，将建设工程竣工验收报告和规划、公安消防、环保等部门出具的认可文件或者准许使用文件报住房城乡建设主管部门或者其他有关部门备案。住房城乡建设主管部门或者其他有关部门发现建设单位在竣工验收过程中有违反国家有关建设工程质量管理规定行为的，责令其停止使用，重新组织竣工验收。

建设工程竣工验收备案制度是加强政府监督管理，防止不合格工程流向社会的一个重要手段。建设单位应依据国家有关规定，在工程竣工验收合格后的 15 日内到县级以上人民政府住房城乡建设主管部门或其他有关部门备案。建设单位申请办理竣工备案应提交以下材料：房屋建筑工程竣工验收备案表；建设工程竣工验收报告（包括工程报建日期，施工许可证号，施工图设计文件审查意见，勘察、设计、施工、工程监理等单位分别签署意见及验收人员签署的竣工验收原始文件等）；规划、消防、环保等部门出具的认可文件或者准许使用文件；施工单位签署的工程质量保修书，住宅工程的《住宅工程质量保证书》和《住宅工程使用说明书》。办理竣工验收备案时应符合有关程序规定要求。

> **知识链接**
>
> 建设工程竣工验收报告：工程竣工验收合格后，建设单位应当及时提出工程竣工验收报告。工程竣工验收报告主要包括工程概况，建设单位执行基本建设程序情况，对工程勘察、设计、施工、监理等方面的评价，工程竣工验收时间、程序、内容和组织形式，工程竣工验收意见等内容。工程竣工验收报告还应附有下列文件。
>
> （1）施工许可证。
> （2）施工图设计文件审查意见。
> （3）项目经理和施工单位有关负责人审核签字的工程竣工报告。
> （4）总监理工程师和监理单位有关负责人审核签字的工程质量评估报告。
> （5）项目勘察、设计负责人和勘察、设计单位有关负责人审核签字的质量检查报告。
> （6）施工单位签署的工程质量保修书等文件。
> （7）验收组人员签署的工程竣工验收意见。
> （8）法规、规章规定的其他有关文件。

住房城乡建设主管部门或其他有关部门收到建设单位的竣工验收备案申请后，依据质量监督机构的监督报告，对备案申请进行审查，发现建设单位在竣工验收过程中有违反国家有关建设工程质量管理规定行为的，责令其停止使用，限期整改，重新组织竣工验收后，再办理竣工验收备案。若建设单位未按照国家规定将竣工验收报告、有关认可文件或者准许使用文件报送备案的，将受到"责令改正，处 20 万元以上 50 万元以下的罚款"的行政处罚。

案例应用5-5

▶案例简介

开发商甲公司将某住宅工程发包给施工单位乙公司施工，工程竣工后，双方发生工程款纠纷，乙公司该纠纷不向甲公司提交相关施工资料，甲公司以乙公司为被告诉至法院，其中的诉求之一是要求乙公司提供其办理房屋产权证所需施工单位提交的全部资料。

▶案例评析

根据《民事诉讼法》第一百二十二条的规定，起诉必须符合下列条件：（一）原告是与本案有直接利害关系的公民、法人和其他组织；（二）有明确的被告；（三）有具体的诉讼请求和事实、理由；（四）属于人民法院受理民事诉讼的范围和受诉人民法院管辖。在本案例中，甲公司的诉讼请求为要求乙公司提供其办理房屋产权证所需施工单位提交的全部资料，建设工程施工合同中约定需由施工方交付的施工资料应系特定物，而非种类物，涉案建设工程施工合同中并未就涉案工程竣工后施工方需提交哪些施工资料作出明确约定，甲公司也未提供证据证明涉案工程在建设过程中形成了哪些施工资料，甲公司在涉案工程尚未办理竣工验收手续的情况下提起该诉求，应视为其诉讼请求不明确，其起诉不具备上述法律规定的条件。

施工资料是建设工程竣工验收备案时，建设单位按照住房城乡建设主管部门的要求提交的书面材料，其目的是证明施工程序合法，质量已经检验合格实践中，承包人出于各种原因往往不能提交全部施工资料，这将直接导致验收备案受阻，建设单位无法办理权属证书，为此，建设单位往往通过诉讼来解决，但由于施工资料数量较多，种类繁杂，建设单位的诉讼请求往往仅用"有关资料""全部资料"等概述，庭审中往往也提交不出具体明细，导致裁判主文难以全面表述，而且此类标的物均为特定物，不宜执行，故建设单位在履行建设工程施工合同过程中，要建立健全档案管理体系，完善参建留痕留档制度，建立相关档案台账，以防发生诉讼时诉求不明或举证不能。建设单位也可在缔约时，与施工单位明确约定好逾期提交施工资料时应承担的违约责任，遇到此类纠纷时，可通过提起违约之诉或损害赔偿之诉的方式实现权利救济。

5.6　建设工程质量保修制度

建设工程质量保修制度是指建设工程在办理竣工验收手续后，在规定的保修期限内，因勘察、设计、施工、材料等原因造成的质量缺陷，应当由施工承包单位负责维修、返工或更换，由责任单位负责赔偿损失。质量缺陷是指工程不符合国家或行业现行的有关技术标准、设计文件，以及合同中对质量的要求等。

建设工程实行质量保修制度是《建筑法》确定的重要法律制度，《建设工程质量管理条例》进一步明确的一项重要制度，健全、完善的建设工程质量保修制度，对于促进承包方加强质量管理，保护用户及消费者的合法权益可起到重要的保障作用。

5.6.1 质量保修书和最低保修期限的规定

1. 建设工程质量保修书

根据《建设工程质量管理条例》第三十九条的规定，建设工程实行质量保修制度。建设工程承包单位在向建设单位提交工程竣工验收报告时，应当向建设单位出具质量保修书。质量保修书中应当明确建设工程的保修范围、保修期限和保修责任等。

《建设工程质量保修书》是一项保修合同，是承包合同所约定双方权利义务的延续，是施工企业对竣工验收的建设工程承担保修责任的法律文本。建设工程质量保修书的实施是建设工程质量责任完善的体现。建设工程承包单位在竣工验收时，向建设单位出具工程质量保修书，是落实竣工后质量责任的有效措施。

（1）工程质量保修书的交付时间。建设工程承包单位应在向建设单位提交工程竣工验收报告资料时，向建设单位出具工程质量保修书。

（2）工程质量保修书的主要内容。工程质量保修书的主要内容包括保修范围、保修期限、承诺保修责任三个方面。

1）保修范围。根据《建筑法》的规定，保修范围应包括地基基础工程、主体结构工程、屋面防水工程和其他土建工程，以及电气管线、上下水管线的安装工程，供热供冷系统等项目。

2）保修期限。根据《建筑法》的规定，保修期限应当按照保证建筑物合理寿命年限内正常使用，维护使用者合法权益的原则确定。按照《建筑法》的规定，《建设工程质量管理条例》在第四十条中对此作出了具体规定。

3）承诺保修责任。建设工程承包单位向建设单位承诺保修范围，保修期限和有关具体实施保修的有关规定和措施，如保修的方法、人员和联络办法、答复和处理的时限、不履行保修责任的罚则等。

对于涉及国计民生的公共建筑，特别是住宅工程的质量保修，《城市房地产开发经营管理条例（2020第二次修订）》第四章第三十条的规定，房地产开发企业应当在商品房交付使用时，向购买人提供住宅质量保证书和住宅使用说明书。对住宅工程质量保修制度的执行提出了更高的要求。

施工单位在《建设工程质量保修书》中对建设单位合理使用工程应有提示。因建设单位或用户使用不当或擅自改动结构、设备位置或不当装修和使用等造成的质量问题，施工单位不承担保修责任；因此造成的房屋质量受损或其他用户损失，由责任人承担相应责任。

《城市房地产开发
经营管理条例
（2020第二次修订）》

2. 建设工程最低保修期限

根据《建设工程质量管理条例》第四十条的规定，在正常使用条件下，建设工程的最低保修期限如下。

（1）基础设施工程、房屋建筑的地基基础工程和主体结构工程，为设计文件规定的该工程的合理使用年限。

（2）屋面防水工程、有防水要求的卫生间、房间和外墙面的防渗漏，为5年。

（3）供热与供冷系统，为2个采暖期、供冷期。

（4）电气管线、给水排水管道、设备安装和装修工程，为2年。

其他项目的保修期限由发包方与承包方约定。必须指出的是：这类项目是否保修，需在合

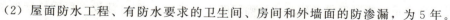

同中约定；保修期限由发包方（通常指建设单位）和承包施工单位约定，但必须有书面形式；约定中：保修期限不得违反《建筑法》要保证建筑物的合理寿命年限内正常使用和维护使用者的原则；约定要符合有关法律的要求。另外，建设工程合同是一种诺成合同。当合同生效后，双方应当严格履行。建设工程合同还是一种双务、有偿合同。当事人双方在合同中都有各自的权利和义务，在享有权利的同时必须同时履行义务。

《建设工程质量保证金管理暂行办法》

建设工程的保修期，自竣工验收合格之日起计算。

建设工程质量保修期与缺陷责任期的区别见表 5-2。

表 5-2　建设工程质量保修期与缺陷责任期的区别

起算点的差异	质量保修期：《建设工程质量管理条例》第四十条指出，建设工程的保修期，自竣工验收合格之日起计算。 缺陷责任期：《建设工程质量保证金管理暂行办法》第八条指出，缺陷责任期从工程通过竣工验收之日起计。由于承包人原因导致工程无法按规定期限进行竣工验收的，缺陷责任期从实际通过竣工验收之日起计。由于发包人原因导致工程无法按规定期限进行竣工验收的，在承包人提交竣工验收报告 90 日后，工程自动进入缺陷责任期。换言之，缺陷责任期未必从通过竣工验收之日起算，也有可能从承包人提交竣工报告 90 日后起算
法定与约定的差异	质量保修期：《建设工程质量管理条例》属于行政法规，必须法定遵守最低期限。 缺陷责任期：《建设工程质量保证金管理暂行办法》不属于法律法规，期限经双方约定遵守
是否竣工验收的差异	质量保修期：建设工程的保修期，自竣工验收合格之日起计算。建设工程竣工验收合格是质量保修期开始的先决条件，若建设工程未通过竣工验收，自然谈不上质量保修期。 缺陷责任期：缺陷责任期从工程通过竣工验收之日起计。由于承包人原因导致工程无法按规定期限进行竣工验收的，缺陷责任期从实际通过竣工验收之日起计。由于发包人原因导致工程无法按规定期限进行竣工验收的，在承包人提交竣工验收报告 90 日后，工程自动进入缺陷责任期。建设工程竣工验收不构成缺陷责任期开始的先决条件
维修期限的差异	质量保修期：在正常使用条件下，建设工程的最低保修期限为：①基础设施工程、房屋建筑的地基基础工程和主体结构工程，为设计文件规定的该工程的合理使用年限；②屋面防水工程、有防水要求的卫生间、房间和外墙面的防渗漏，为 5 年；③供热与供冷系统，为 2 个采暖期、供冷期；④电气管线、给水排水管道、设备安装和装修工程，为 2 年。其他项目的保修期限由发包方与承包方约定。上述年限的规定为最低标准，发承包双方可根据实际情况，约定严于最低标准的年限。若双方不约定，则遵守法定的最低年限标准。 缺陷责任期：缺陷责任期一般为 1 年，最长不超过 2 年，由发承包双方在合同中约定。若发承包双方在合同中未约定缺陷责任期，则无缺陷责任期可言

5.6.2　保修义务的责任落实与损失赔偿责任

工程保修的主体是建设工程的承包单位，通常指施工单位；工程保修的客体是建设工程；工程保修的服务对象是建设单位；工程质量保修的承诺应由承包单位以工程质量保修书这一书面形式来体现。

根据《建设工程质量管理条例》第四十一条的规定，建设工程在保修范围和保修期限内发生质量问题的，施工单位应当履行保修义务，并对造成的损失承担赔偿责任。建设工程保修的质量问题是指保修范围和保修期限内发生的质量问题；施工单位必须履行保修义务，明确了保修的责任者；施工单位对造成的损失承担赔偿责任。

保修义务的承担及维修的经济责任的承担应按下述原则处理。

（1）施工单位未按国家有关规范、标准和设计要求施工，造成的质量缺陷，由施工单位负责返修并承担经济责任。

（2）由于设计方面的原因造成的质量缺陷，先由施工单位负责维修，其经济责任按有关规定通过建设单位向设计单位索赔。

（3）因建筑材料、构配件和设备质量不合格引起的质量缺陷，先由施工单位负责维修，其经济责任属于施工单位采购的或经其验收同意的，由施工单位承担经济责任；属于建设单位采购的，由建设单位承担经济责任。

（4）因建设单位（含监理单位）错误管理造成的质量缺陷，先由施工单位负责维修，其经济责任由建设单位承担，如属监理单位责任，则由建设单位向监理单位索赔。

（5）因使用单位使用不当造成的损坏问题，先由施工单位负责维修，其经济责任由使用单位自行负责。

（6）因地震、洪水、台风等不可抗拒原因造成的损坏问题，先由施工单位负责维修，建设参与各方根据国家具体政策分担经济责任。

对在保修期限和保修范围内发生质量问题的，一般应先由建设单位组织勘察、设计、施工等单位分析质量问题的原因，确定保修方案，由施工单位负责保修。但当问题严重时和紧急时，均先由施工单位履行保修义务。对引起质量问题的原因则实事求是、进行科学分析、分清责任，按责任大小由责任单位承担不同比例的经济赔偿。

5

🔗 知识链接

建设工程超过合理使用年限后的处置：根据《建设工程质量管理条例》第四十二条的规定，建设工程在超过合理使用年限后需要继续使用的，产权所有人应当委托具有相应资质等级的勘察、设计单位鉴定，并根据鉴定结果采取加固、维修等措施，重新界定使用期。

（1）超过合理使用年限后需要继续使用的主要责任者是产权所有人。

（2）产权所有人必须委托具有相应资质条件的勘察单位，设计单位进行鉴定。鉴定单位应出具鉴定报告，对工程能否继续使用作出明确的结论。鉴定结果中对不能继续使用的必须有的强制性的结论。

（3）根据鉴定结果，如能继续使用，一般要进行加固、维修和补强。产权所有人必须请有相应资质等级的勘察、设计单位提出技术加固措施，委托有资质的施工企业进行施工，进行竣工验收，并妥善保存技术档案。

（4）设计单位在进行房屋继续使用的加固技术设计时，必须在设计文件中重新界定使用期，再次确定继续使用的合理使用年限。

（5）鉴定是建设工程超过合理使用年限后继续使用的法定程序，未经有相应资质等级的勘察、设计单位鉴定，或鉴定不能继续使用，或必须加固、维修和补强而未进行有关作业活动的，该工程不得继续使用；否则所产生的后果由产权所有人负责。

案例应用5-6

> **案例简介**

2021 年 5 月，某石油公司（发包人）、四川某建设公司（总承包人）与沈阳某铝业公司（分包人）签订施工合同，将某科研楼幕墙工程分包给沈阳某铝业公司，并约定工程所用材料、材料表面处理及施工质量的质量保修期为 12 年，其中室外氟碳喷涂铝构件涂层、钢结构涂层质量保修期不少于 20 年，质保金为合同金额的 5％，在工程竣工验收合格之日起满 2 年后 1 个月内退还。自该合同签订后，沈阳某铝业公司完成了施工，案涉工程于 2023 年 6 月 15 日通过竣工验收。后双方就质保金的退还产生纠纷，沈阳某铝业公司诉至法院，要求某石油公司返还质保金 107 万余元。某石油公司辩称案涉工程存在质量问题，其已在另案例中起诉要求沈阳某铝业公司承担修理、赔偿损失、支付违约金及继续履行质量保修责任等义务，该部分费用应予以扣除，并要求沈阳某铝业公司提供 50 万元的保函。

> **案例评析**

法院经审理认为，发包人和承包人可以自行约定发包人向承包人返还质保金的时间，除施工合同特别约定外，该支付时间并不以案涉施工合同约定的质量保修期限届满或法定的最低保修期限届满为必要条件，但承包人仍应在合同约定的质量保修期限（且不得少于法定质量保修期限）内承担质量保修责任，两者并不冲突。在本案例中，施工合同仅约定竣工验收合格期满 2 年的 1 个月内返还质保金，而未附加其他条件，故某石油公司的抗辩理由不能成立。因合同约定的返还质保金期限已届满，案涉质保金的返还条件已成就，故某石油公司应当向四川某建设公司退还质保金 107 万余元并支付逾期返还的利息。此外，某石油公司已就案涉工程维保责任另行起诉，故本案例对质量问题不予处理，另案例中若法院最终认定沈阳某铝业公司应承担维修义务或给付金钱责任，双方可就互负债务进行冲抵。

小结

建设工程质量是指工程满足业主需要的，符合国家法律、法规、技术规范标准、设计文件及合同规定的特性综合。为了加强对建设工程质量的管理，保证建设工程质量，保护人民生命和财产安全，我国先后颁布了《建筑法》《建设工程质量管理条例》《实施工程建设强制性标准监督规定》《房屋建筑和市政基础设施工程竣工验收规定》《建筑节能工程施工质量验收标准》《建筑工程施工质量验收统一标准》等法律法规，建立起了比较成熟的建设工程质量法律法规体系。

建设工程质量责任制是涵盖了多方主体的质量责任制，包含建设单位、施工单位、勘察单位、设计单位、工程监理单位等的质量责任和义务，以及相关职能部门的监督管理责任和义务。

工程项目的竣工验收是施工全过程的最后一道工序，也是工程项目管理的最后一项工作。工程项目的竣工验收是建设投资成果转入生产或使用的标志。

建设工程质量保修制度是建设工程在办理竣工验收手续后，在规定的保修期限内，因勘察、设计、施工、材料等原因造成的质量缺陷应当由施工承包单位负责维修、返工或更换，由责任单位负责赔偿损失。

 巩固训练

一、单项选择题

1. 下列关于工程建设企业标准的说法中正确的是（　　）。
   A. 企业标准应当通过标准信息公共服务平台向社会公开
   B. 企业标准的技术要求应当高于推荐性标准的相关技术要求
   C. 企业可以制订企业标准限制行业竞争
   D. 国家实行企业标准自我声明公开和监督制度

2. 根据《标准化法》的规定，负责工程建设强制性国家标准的立项、编号和对外通报的单位（　　）。
   A. 省级人民政府标准化行政主管部门
   B. 国务院住房城乡建设主管部门
   C. 国家标准化管理委员会
   D. 国务院标准化行政主管部门

3. 根据《标准化法》规定，行业标准的制定主体是（　　）。
   A. 行业协会
   B. 社会团体
   C. 国务院有关行政主管部门
   D. 企事业单位

4. 下列文件中可以对强制性标准的制定作出规定的是（　　）。
   A. 部门规章
   B. 国务院决定
   C. 地方性法规
   D. 地方政府规章

5. 根据《建设工程质量管理条例》的规定，对于成片开发建设的住宅小区工程，建设单位拨付工程款、进行竣工验收，应当经（　　）签字。
   A. 建设单位技术负责人
   B. 施工企业法定代表人
   C. 总监理工程师
   D. 专业监理工程师

6. 根据《建设工程质量管理条例》的规定，下列建设工程质量保修期限的约定中，符合规定的是（　　）。
   A. 供冷系统质量保修期为 1 年
   B. 屋面防水工程质量保修期为 3 年
   C. 给排水管道工程质量保修期为 3 年
   D. 装修工程质量保修期为 1 年

7. 建设工程质保期的起算日是（　　）。
   A. 工程完工之日
   B. 工程竣工验收合格之日
   C. 工程开始使用之日
   D. 发包人签收竣工验收申请之日

8. 根据《建设工程质量管理条例》的规定，下列文件中未经审查批准不得使用的是（　　）。
   A. 技术档案文件
   B. 施工图设计文件
   C. 质量过程控制文件
   D. 施工管理资料文件

9. 根据《建设工程质量管理条例》的规定，涉及承重结构变动的装修工程，建设单位应当委托（　　）提出设计方案。
   A. 装修设计单位
   B. 原设计单位
   C. 装修施工单位
   D. 工程监理单位

10. 根据《建设工程质量管理条例》的规定，组织竣工验收的主体是（　　）。
    A. 施工企业
    B. 监理单位

C. 建设单位　　　　　　　　　　　　　D. 建设工程质量监督机构

11. 根据《建设工程质量管理条例》的规定，下列关于建设工程质量保修期的说法，正确的是（　　）。

A. 所有项目的保修期均有法律规定

B. 任何使用条件下，建设工程保修期均应符合法定最低保修期限

C. 地基基础工程保修期限为设计文件规定的该工程的合理使用年限

D. 供热系统最低保修期限为 5 年

12. 经监理单位审查，由勘察单位向施工企业提供与建设工程有关的原始资料，其真实性、准确性、齐全性的责任承担主体是（　　）。

A. 建设单位　　　　　　　　　　　　　B. 监理单位

C. 施工企业　　　　　　　　　　　　　D. 勘察单位

13. 建设工程未经竣工验收，发包人擅自使用后，在建设工程的合理使用寿命内对地基基础工程和主体结构质量承担民事责任的主体是（　　）。

A. 发包人　　　　　　　　　　　　　　B. 承包人

C. 监理单位　　　　　　　　　　　　　D. 实际施工人

14. 下列行为中属于工程质量不良行为的是（　　）。

A. 使用国家明令淘汰、禁止使用的危及施工安全的工艺、设备、材料的

B. 在尚未竣工的建筑物内设置员工集体宿舍的

C. 对建筑安全事故隐患不采取措施予以消除的

D. 未对涉及结构安全的试块取样检测的

15. 根据《消防法》的规定，下列关于建设工程竣工消防验收的说法，正确的是（　　）。

A. 经主管部门抽查不合格的，应当停止使用

B. 建设单位应当向应急管理部门申请消防验收

C. 建设单位验收后应当报主管部门审批

D. 建设工程未经主管部门消防验收的，一律禁止投入使用

16. 下列关于建设工程返修的说法中正确的是（　　）。

A. 返修仅适用于建设工程质量保修阶段

B. 返修的前提是工程质量不符合国家规定和合同约定的质量标准

C. 返修是无偿的

D. 返修仅限于因施工企业原因造成的质量问题

二、多项选择题

1. 根据《标准化法》的规定，标准包括（　　）。

A. 国家标准　　　　B. 行业标准　　　　C. 国际标准　　　　D. 地方标准

E. 企业标准

2. 根据《建设工程质量管理条例》的规定，属于建设工程竣工验收应当具备的条件有（　　）。

A. 完成建设工程设计和合同约定的各项内容

B. 有健全的财务管理档案

C. 有完整的技术档案和施工管理资料

D. 有监理单位出具的竣工验收报告

E. 有施工企业签署的工程保修书

3. 根据《工程建设国家标准管理办法》的规定，下列标准中属于强制性标准的有（   ）。

A. 工程建设通用的信息技术要求

B. 工程建设通用的有关安全、卫生和环保的标准

C. 工程建设通用的术语、符号、代号、制图方法标准

D. 工程建设通用的试验检验和评定方法

E. 工程建设勘察，规划，设计及验收等通用的综合标准和重要的通用的质量标准

4. 根据《建设工程质量管理条例》的规定，属于建设单位质量责任和义务的有（   ）。

A. 设计文件应当符合国家规定的设计深度要求，注明工程合理使用年限

B. 不得任意压缩合理工期

C. 不得明示施工企业使用不合格的建筑材料

D. 不得暗示施工企业使用不合格的建筑构配件

E. 应当就审查合格的施工图设计文件向施工企业作出详细说明

5. 根据《建设工程质量管理条例》的规定，监理工程师按照工程监理规范的要求，对建设工程实施监理的形式主要有（   ）。

A. 抽检　　　　　　B. 联合验收　　　C. 旁站　　　　　D. 巡视

E. 平行检验

6. 根据《建设工程质量管理条例》的规定，隐蔽工程在隐蔽前施工，企业应当及时通知单位有（   ）。

A. 勘察单位　　　　　　　　　　B. 设计单位

C. 建设单位　　　　　　　　　　D. 安全生产监督机构

E. 建设工程质量监督机构

7. 在某施工合同的履行过程中，施工企业未及时履行保修义务，建设单位使用不当，双方有同等责任。建筑物毁损的损失为 100 万元。下列关于责任承担的说法，正确的有（   ）。

A. 应当由施工企业和建设单位各自承担相应责任

B. 由施工企业负责维修，建设单位支付 50 万元

C. 应当由施工企业承担全部责任

D. 由施工企业负责维修，建设单位支付 100 万元

E. 建设单位另行组织维修的，费用全部由施工企业

三、简答题

1. 什么是建设工程质量？建设工程质量有何特性？

2. 影响建设工程质量的因素有哪些？

3. 工程建设标准的分类有哪些？

4. 简述建设单位的质量责任和义务。

5. 简述勘察、设计单位的质量责任和义务。

6. 简述工程监理单位的质量责任和义务。

7. 简述施工单位的质量责任和义务。

8. 简述进行建设工程竣工验收应当具备的条件。

9. 简述建设工程竣工验收报告的内容主要。

10. 简述建设工程质量保修书的交付时间及其主要内容。

11. 根据《建设工程质量管理条例》的规定，在正常使用条件下，建设工程的最低保修期限是多少？

四、案例分析题

➤案例简介

2018 年 5 月 10 日，某产业公司和某建设公司签订《工程施工合同书》，约定由某建设公司承建某产业公司厂房基础工程。合同签订后，某建设公司进行了施工。案涉工程于 2019 年 1 月 25 日停工，某建设公司于 2019 年 4 月 30 日撤场。某工程质量检验测试中心接受委托对乙厂房已完工程的现状进行了检测。某工程检测中心接受委托，对案涉工程质量作出了《司法鉴定书》。某建筑设计分院接受委托出具了案涉工程加固方案。依据上述质量鉴定报告和加固方案，2023 年 9 月 12 日，某造价咨询公司出具鉴定报告，结论为：乙厂房工程全部已施工工程费用合计 2 061 541 元；鉴定甲厂房基础和乙厂房基础及主体全部已施工部分的加固措施合计费用为 10 433 669 元。发包人某产业公司向法院提起诉讼，请求：判令承包人某建设公司返还多收取的工程款 3 541 549 元，赔偿工程质量缺陷整改修复费用 10 433 669 元，赔偿工程延期完工损失 16 394 193 元，承担违约金 100 万元，退还担保金 230 万元。

案例评析

➤问题

发包人某产业公司的诉求会得到法院的支持吗？为什么？

工作手册6　建设工程安全生产法律制度

国家优质工程奖　　　　中国四大名园

学习目标

通过学习，熟悉施工安全生产许可制度；掌握施工安全生产责任和安全生产教育培训制度；熟悉施工现场安全防护制度；熟悉施工安全事故的应急救援与调查处理；熟悉建设单位和相关单位的建设工程安全责任制度。

学习要求

职业能力目标	知识要点	权重
熟悉施工安全生产许可制度	申请领取安全生产许可证的条件；安全生产许可证的有效期和政府监督的规定；违法行为应承担的法律责任	15%
掌握施工安全生产责任和安全生产教育培训制度	施工单位的安全生产责任；施工项目负责人的安全生产责任；施工总承包和分包单位的安全生产责任；施工作业人员安全生产的权利和义务；施工单位安全生产教育培训的规定；违法行为应承担的法律责任	25%
熟悉施工现场安全防护制度	编制安全技术措施、专项施工方案和安全技术交底的规定；施工现场安全防护、安全费用和特种设备安全管理的规定；施工现场消防安全职责和应采取的消防安全措施；工伤保险和意外伤害保险的规定；违法行为应承担的法律责任	20%
熟悉施工安全事故的应急救援与调查处理	生产安全事故的等级划分标准；施工生产安全事故应急救援预案的规定；施工生产安全事故报告及采取相应措施的规定；违法行为应承担的法律责任	20%
熟悉建设单位和相关单位的建设工程安全责任制度	建设单位相关的安全责任；勘察、设计单位相关的安全责任；工程监理、检验检测单位相关的安全责任；机械设备等单位相关的安全责任；政府主管部门安全监督管理的相关规定	20%

案例导入

> **案例简介**

　　某施工单位按照合同约定对其施工并已完工的路面进行维修，路面经铲挖后形成凹凸和小沟，路边堆有砂石料，但在施工的路面和路两头均未设置任何提示过往行人及车辆注意安全的警示标志。吴某骑摩托车经过此路段时，因不明路况，摩托车碰到路面上的施工材料而翻倒，被鉴定为6级伤残。吴某受伤后多次要求该施工单位赔偿，但施工单位认为吴某受伤与其单位无关。吴某将施工单位起诉至人民法院。

案例评析

> **问题**

　　1. 本案例中的施工单位是否存在违法施工行为？
　　2. 该施工单位是否应当承担赔偿的民事法律责任？

6.1　施工安全生产许可证制度

　　根据《行政许可法》的规定，直接涉及国家安全、公共安全、经济宏观调控、生态环境保护以及直接关系人身健康、生命财产安全等特定活动，需要按照法定条件予以批准的事项，可以设定行政许可。

　　《安全生产许可证条例》中规定，国家对矿山企业、建筑施工企业和危险化学品、烟花爆竹、民用爆炸物品生产企业（以下统称"企业"）实行安全生产许可制度。企业未取得安全生产许可证的，不得从事生产活动。

《安全生产
行政许可法》

6.1.1　申请领取安全生产许可证的条件

　　根据《建筑施工企业安全生产许可证管理规定》第四条的规定，国家对建筑施工企业实行安全生产许可制度。建筑施工企业未取得安全生产许可证的，不得从事建筑施工活动。本规定所称建筑施工企业，是指从事土木工程、建筑工程、线路管道和设备安装工程及装修工程的新建、扩建、改建和拆除等有关活动的企业。建筑施工企业取得安全生产许可证，应当具备下列安全生产条件。

　　（1）建立、健全安全生产责任制，制定完备的安全生产规章制度和操作规程。

《安全生产许可证
条例》

　　（2）保证本单位安全生产条件所需资金的投入。

　　（3）设置安全生产管理机构，按照国家有关规定配备专职安全生产管理人员。

　　（4）主要负责人、项目负责人、专职安全生产管理人员经建设主管部门或者其他有关部门考核合格。

　　（5）特种作业人员经有关业务主管部门考核合格，取得特种作业操作资格证书。

　　（6）管理人员和作业人员每年至少进行1次安全生产教育培训并考核合格。

（7）依法参加工伤保险，依法为施工现场从事危险作业的人员办理意外伤害保险，为从业人员交纳保险费。

（8）施工现场的办公、生活区及作业场所和安全防护用具、机械设备、施工机具及配件符合有关安全生产法律、行政法规、标准和规程的要求。

（9）有职业危害防治措施并为作业人员配备符合国家标准或者行业标准的安全防护用具和安全防护服装。

（10）有对危险性较大的分部分项工程及施工现场易发生重大事故的部位、环节的预防、监控措施和应急预案。

（11）有生产安全事故应急救援预案、应急救援组织或者应急救援人员，配备必要的应急救援器材、设备。

（12）法律、法规规定的其他条件。

《建筑施工企业
安全生产许可证
管理规定》

6.1.2 安全生产许可证的有效期和政府监督的规定

1. 安全生产许可证的申请

根据《安全生产许可证条例》的规定，省、自治区、直辖市人民政府建设主管部门负责建筑施工企业安全生产许可证的颁发和管理，并接受国务院建设主管部门的指导和监督。

《建筑施工企业安全生产许可证管理规定》进一步明确，建筑施工企业申请安全生产许可证时，应当向建设主管部门提供下列材料。

（1）建筑施工企业安全生产许可证申请表。

（2）企业法人营业执照。

（3）第四条规定的相关文件、材料。

建筑施工企业申请安全生产许可证，应当对申请材料实质内容的真实性负责，不得隐瞒有关情况或者提供虚假材料。

> 🔗 **知识链接**
>
> 根据《建筑施工企业安全生产许可证管理规定》第七条的规定，住房城乡建设主管部门应当自受理建筑施工企业的申请之日起 45 日内审查完毕；经审查符合安全生产条件的，颁发安全生产许可证；不符合安全生产条件的，不予颁发安全生产许可证，书面通知企业并说明理由。企业自接到通知之日起应当进行整改，整改合格后方可再次提出申请。
>
> 住房城乡建设主管部门审查建筑施工企业安全生产许可证申请，涉及铁路、交通、水利等有关专业工程时，可以征求铁路、交通、水利等有关部门的意见。

2. 安全生产许可证的有效期

安全生产许可证的有效期为 3 年。安全生产许可证有效期满需要延期的，企业应当于期满前 3 个月向原安全生产许可证颁发管理机关办理延期手续。企业在安全生产许可证有效期内，严格遵守有关安全生产的法律法规，未发生死亡事故的，安全生产许可证有效期届满时，经原安全生产许可证颁发管理机关同意，不再审查。

3. 安全生产许可证的变更、注销及补办

建筑施工企业变更名称、地址、法定代表人等，应当在变更后 10 日内到原安全生产许可

证颁发管理机关办理安全生产许可证变更手续。建筑施工企业破产、倒闭、撤销的，应当将安全生产许可证交回原安全生产许可证颁发管理机关予以注销。建筑施工企业遗失安全生产许可证，应当立即向原安全生产许可证颁发管理机关报告，并在公众媒体上声明作废后，方可申请补办。

 知识链接

安全生产许可证颁发管理机关或者其上级行政机关发现有下列情形之一的，可以撤销已经颁发的安全生产许可证。

(1) 安全生产许可证颁发管理机关工作人员滥用职权、玩忽职守颁发安全生产许可证的。

(2) 超越法定职权颁发安全生产许可证的。

(3) 违反法定程序颁发安全生产许可证的。

(4) 对不具备安全生产条件的建筑施工企业颁发安全生产许可证的。

(5) 依法可以撤销已经颁发的安全生产许可证的其他情形。

4. 政府监管

建设主管部门在审核发放施工许可证时，应当对已经确定的建筑施工企业是否有安全生产许可证进行审查，对没有取得安全生产许可证的，不得颁发施工许可证。企业取得安全生产许可证后，不得降低安全生产条件，并应当加强日常安全生产管理，接受安全生产许可证颁发管理机关的监督检查。安全生产许可证颁发管理机关发现企业不再具备安全生产条件的，应当暂扣或者吊销安全生产许可证。企业不得转让、冒用安全生产许可证或者使用伪造的安全生产许可证。

6.1.3 违法行为应承担的法律责任

(1) 未取得安全生产许可证擅自从事施工活动应承担的法律责任。

根据《安全生产许可证条例》的规定，未取得安全生产许可证擅自进行生产的，责令停止生产，没收违法所得，并处10万元以上50万元以下的罚款；造成重大事故或者其他严重后果，构成犯罪的，依法追究刑事责任。

根据《建筑施工企业安全生产许可证管理规定》规定，建筑施工企业未取得安全生产许可证擅自从事建筑施工活动的，责令其在建项目停止施工，没收违法所得，并处10万元以上50万元以下的罚款；造成重大安全事故或者其他严重后果，构成犯罪的，依法追究刑事责任。

(2) 安全生产许可证有效期满未办理延期手续继续从事施工活动应承担的法律责任。

根据《安全生产许可证条例》的规定，安全生产许可证有效期满未办理延期手续，继续进行生产的，责令停止生产，限期补办延期手续，没收违法所得，并处5万元以上10万元以下的罚款；逾期仍不办理延期手续，继续进行生产的，依照未取得安全生产许可证擅自进行生产的规定处罚。

根据《建筑施工企业安全生产许可证管理规定》规定，安全生产许可证有效期满未办理延期手续，继续从事建筑施工活动的，责令其在建项目停止施工，限期补办延期手续，没收违法所得，并处5万元以上10万元以下的罚款；逾期仍不办理延期手续，继续从事建筑施工活动的，依照未取得安全生产许可证擅

《安全生产许可证条例》

自从事建筑施工活动的规定处罚。

（3）转让安全生产许可证等应承担的法律责任。

根据《安全生产许可证条例》的规定，转让安全生产许可证的，没收违法所得，处 10 万元以上 50 万元以下的罚款，并吊销其安全生产许可证；构成犯罪的，依法追究刑事责任；接受转让的，依照未取得安全生产许可证擅自进行生产的规定处罚。冒用安全生产许可证或者使用伪造的安全生产许可证的，依照未取得安全生产许可证擅自进行生产的规定处罚。

根据《建筑施工企业安全生产许可证管理规定》规定，建筑施工企业转让安全生产许可证的，没收违法所得，处 10 万元以上 50 万元以下的罚款，并吊销安全生产许可证；构成犯罪的，依法追究刑事责任；接受转让的，依照本规定第二十四条的规定处罚。冒用安全生产许可证或者使用伪造的安全生产许可证的，依照未取得安全生产许可证擅自从事建筑施工活动的规定处罚。

《建筑施工企业
安全生产许可证
管理规定》

（4）以不正当手段取得安全生产许可证应承担的法律责任。

根据《建筑施工企业安全生产许可证管理规定》的规定，建筑施工企业隐瞒有关情况或者提供虚假材料申请安全生产许可证的，不予受理或者不予颁发安全生产许可证，并给予警告，1 年内不得申请安全生产许可证。

重要提示

建筑施工企业以欺骗、贿赂等不正当手段取得安全生产许可证的，撤销安全生产许可证，3 年内不得再次申请安全生产许可证；构成犯罪的，依法追究刑事责任。

（5）暂扣安全生产许可证并限期整改的规定。

根据《建筑施工企业安全生产许可证管理规定》的规定，取得安全生产许可证的建筑施工企业，发生重大安全事故的，暂扣安全生产许可证并限期整改。建筑施工企业不再具备安全生产条件的，暂扣安全生产许可证并限期整改；情节严重的，吊销安全生产许可证。

（6）颁证机关工作人员违法行为应承担的法律责任。

根据《安全生产许可证条例》规定，安全生产许可证颁发管理机关工作人员有下列行为之一的，给予降级或者撤职的行政处分；构成犯罪的，依法追究刑事责任。

1）向不符合本条例规定的安全生产条件的企业颁发安全生产许可证的。

2）发现企业未依法取得安全生产许可证擅自从事生产活动，不依法处理的。

3）发现取得安全生产许可证的企业不再具备本条例规定的安全生产条件，不依法处理的。

4）接到对违反本条例规定行为的举报后，不及时处理的。

5）在安全生产许可证颁发、管理和监督检查工作中，索取或者接受企业的财物，或者谋取其他利益的。

案例应用6-1

➤案例简介

某建筑安装公司承担一住宅工程施工，该公司原已依法取得安全生产许可证，但在开工 6 个月后有效期满。因当时正值施工的高峰期，该公司忙于组织施工，未能按照规定办理延期手续。当地政府监管机构发现后，立即责令其停止施工，限期补办延期手续，但该公司为了赶工期，既没有停止施工，到期后也未去办理延期手续。

▶问题

　　1. 本事件中的建筑安装公司有哪些违法行为？

　　2. 违法者应当承担哪些法律责任？

▶案例评析

　　1. 本案例中的建筑安装公司有两项违法行为：一是安全生产许可证有效期满，未依法办理延期手续并继续从事施工活动；二是在政府监管机构责令停止施工、限期补办延期手续后，仍逾期不补办延期手续，并继续从事施工活动。根据《安全生产许可证条例》第九条的规定，安全生产许可证的有效期为3年。安全生产许可证有效期满需要延期的，企业应当于期满前3个月向原安全生产许可证颁发管理机关办理延期手续。

　　2. 对于该建筑安装公司的违法行为，应当依法作出相应处罚。根据《安全生产许可证条例》第二十条的规定，违反本条例规定，安全生产许可证有效期满未办理延期手续，继续进行生产的，责令停止生产，限期补办延期手续，没收违法所得，并处5万元以上10万元以下的罚款；逾期仍不办理延期手续，继续进行生产的，依照本条例第十九条的规定处罚。第十九条规定，违反本条例规定，未取得安全生产许可证擅自进行生产的，责令停止生产，没收违法所得，并处10万元以上50万元以下的罚款；造成重大事故或者其他严重后果，构成犯罪的，依法追究刑事责任。

6.2　施工安全生产责任和安全生产教育培训制度

　　施工安全生产责任制度和安全生产教育培训制度，是建设工程施工活动中重要的法律制度，《建筑法》《安全生产法》《建设工程安全生产管理条例》中对施工安全生产责任和安全生产教育培训制度作了相应规定。

《建筑法》

《安全生产法》

　　根据《建筑法》的规定，建筑工程安全生产管理必须坚持安全第一、预防为主的方针，建立健全安全生产的责任制度和群防群治制度。建筑施工企业应当建立健全劳动安全生产教育培训制度，加强对职工安全生产的教育培训；未经安全生产教育培训的人员，不得上岗作业。

　　根据《安全生产法》的规定，安全生产工作坚持中国共产党的领导。安全生产工作应当以人为本，坚持人民至上、生命至上，把保护人民生命安全摆在首位，树牢安全发展理念，坚持安全第一、预防为主、综合治理的方针，从源头上防范化解重大安全风险。安全生产工作实行管行业必须管安全、管业务必须管安全、管生产经营必须管安全，强化和落实生产经营单位主体责任与政府监管责任，建立生产经营单位负责、职工参与、政府监管、行业自律和社会监督的机制。平台经济等新兴行业、领域的生产经营单位应当根据本行业、领域的特点，建立健全并落实全员安全生产责任制，加强从业人员安全生产教育和培训，履行本法和其他法律、法规规定的有关安全生产义务。

根据《建设工程安全生产管理条例》的规定，施工单位主要负责人依法对本单位的安全生产工作全面负责。施工单位应建立健全安全生产责任制度和安全生产教育培训制度，制定安全生产规章制度和操作规程，保证本单位安全生产条件所需资金投入，对所承担的建设工程进行定期和专项安全检查，并做好安全检查记录。施工单位的项目负责人应当由取得相应执业资格的人员担任，对建设工程项目的安全施工负责，落实安全生产责任制度、安全生产规章制度和操作规程，确保安全生产费用的有效使用，并根据工程特点组织制定安全施工措施，消除安全事故隐患，及时、如实报告生产安全事故。

《建设工程安全生产管理条例》

6.2.1 施工单位的安全生产责任

1. 施工安全生产管理的方针

施工安全生产必须坚持"安全第一、预防为主、综合治理"的方针。它强调了安全生产的重要性，并要求施工单位在生产过程中始终把安全放在首位。

"安全第一"意味着在任何情况下，安全都应该是首要考虑的因素，不能为了赶进度或降低成本而忽视安全。施工单位需要确保所有工作都符合安全标准，为员工提供安全的工作环境。"预防为主"则强调通过事前的预防措施来避免事故的发生。这包括进行风险评估、制订安全措施、提供安全培训等，以减少潜在的安全隐患。"综合治理"则是指通过综合运用多种手段和方法，全面提升安全生产管理水平。这包括加强安全管理、完善安全制度、推广安全技术等，以形成一个全面、系统的安全生产管理体系。

"安全第一、预防为主、综合治理"方针是一个有机整体，施工单位需要建立健全安全生产责任制，加强安全生产教育和培训，定期进行安全检查，及时发现和消除安全隐患，确保施工生产的安全顺利进行。

知识链接

根据《安全生产法》的规定，安全生产工作应当以人为本，坚持安全发展，坚持安全第一、预防为主、综合治理的方针。

2. 施工单位的安全生产责任制度

（1）施工单位的安全生产责任（表6-1）。

表6-1 施工单位的安全生产责任

施工单位主要负责人	（1）建立、健全本单位安全生产责任制。 （2）组织制定本单位安全生产规章制度和操作规程。 （3）保证本单位安全生产投入的有效实施。 （4）督促、检查本单位的安全生产工作，及时消除生产安全事故隐患。 （5）组织制订并实施本单位的生产安全事故应急救援预案。 （6）及时、如实报告生产安全事故。 （7）组织制订并实施本单位安全生产教育和培训计划

续表

施工单位主要负责人	(1) 建立、健全本单位安全生产责任制。 (2) 组织制定本单位安全生产规章制度和操作规程。 (3) 保证本单位安全生产投入的有效实施。 (4) 督促、检查本单位的安全生产工作，及时消除生产安全事故隐患。 (5) 组织制订并实施本单位的生产安全事故应急救援预案。 (6) 及时、如实报告生产安全事故。 (7) 组织制订并实施本单位安全生产教育和培训计划
事故单位安全生产管理机构	(1) 宣传和贯彻国家有关安全生产法律法规和标准。 (2) 编制并适时更新安全生产管理制度并监督实施。 (3) 组织或参与企业生产安全事故应急救援预案的编制及演练。 (4) 组织开展安全教育培训与交流。 (5) 协调配备项目专职安全生产管理人员。 (6) 制订企业安全生产检查计划并组织实施。 (7) 监督在建项目安全生产费用的使用。 (8) 参与危险性较大工程安全专项施工方案专家论证会。 (9) 通报在建项目违规违章查处情况。 (10) 组织开展安全生产评优评先表彰工作。 (11) 建立企业在建项目安全生产管理档案。 (12) 考核评价分包企业安全生产业绩及项目安全生产管理情况。 (13) 参加生产安全事故的调查和处理工作。 (14) 企业明确的其他安全生产管理职责
专职安全生产管理人员的职责	(1) 负责施工现场安全生产日常检查并做好检查记录。 (2) 现场监督危险性较大工程安全专项施工方案实施情况。 (3) 对作业人员违章行为有权予以纠正或查处。 (4) 对施工现场存在的安全隐患有权责令立即整改。 (5) 对于发现的重大安全隐患，有权向企业安全生产管理机构报告。 (6) 依法报告生产安全事故情况

 知识链接

　　根据《建设工程安全生产管理条例》的规定，施工单位应当设立安全生产管理机构，配备专职安全生产管理人员。专职安全生产管理人员负责对安全生产进行现场监督检查。发现安全事故隐患，应当及时向项目负责人和安全生产管理机构报告；对违章指挥、违章操作的，应当立即制止。

　　（2）建设工程项目安全生产领导小组的职责。建筑施工企业应当在建设工程项目组建安全生产领导小组。建设工程实施总承包的，安全生产领导小组由总承包企业、专业承包企业和劳务分包企业项目经理、技术负责人和专职安全生产管理人员组成。

　　安全生产领导小组的主要职责如下。

　　1）贯彻落实国家有关安全生产法律法规和标准。

　　2）组织制定项目安全生产管理制度并监督实施。

3）编制项目生产安全事故应急救援预案并组织实施。

4）保证项目安全生产费用的有效使用。

5）组织编制危险性较大工程安全专项施工方案。

6）开展安全生产教育培训。

7）组织实施项目安全检查和隐患排查。

8）建立项目安全生产管理档案。

9）及时、如实报告安全生产事故。

专项施工方案
审查要点

（3）专职安全生产管理人员的配备要求。建筑施工企业安全生产管理机构专职安全生产管理人员的配备标准应满足表 6-2 的要求并应根据企业经营规模、设备管理和生产需要予以增加。

表 6-2　建筑施工企业安全生产管理机构专职安全生产管理人员的配备标准

建筑施工企业安全生产管理机构	专职安全生产管理人员的配备人数
建筑施工总承包资质序列企业	特级资质不少于 6 人
	一级资质不少于 4 人
	二级和二级以下资质不少于 3 人
建筑施工专业承包资质序列企业	一级资质不少于 3 人
	二级和三级以下资质企业不少于 2 人
建筑施工劳务分包资质序列企业	不少于 2 人
建筑施工企业的分公司、区域公司等较大的分支机构	依据实际生产情况配备不少于 2 人的专职安全生产管理人员

项目专职安全生产管理人员配备标准见表 6-3。

表 6-3　项目专职安全生产管理人员配备标准

工程类别		项目专职安全生产管理人员配备人数
总承包单位配备项目专职安全生产管理人员应当满足下列要求	建筑工程、装修工程按照建筑面积配备	1 万 m² 以下的工程不少于 1 人
		1 万～5 万 m² 的工程不少于 2 人
		5 万 m² 及以上的工程不少于 3 人，且按专业配备专职安全生产管理人员
	土木工程、线路管道、设备安装工程按照工程合同价配备	5 000 万元以下的工程不少于 1 人
		5 000 万～1 亿元的工程不少于 2 人
		1 亿元及以上的工程不少于 3 人，且按专业配备专职安全生产管理人员
分包单位配备项目专职安全生产管理人员应满足下列要求		专业承包单位应当配置至少 1 人，并根据所承担的分部分项工程的工程量和施工危险程度增加
		劳务分包单位施工人员在 50 人以下的，应当配备 1 名专职安全生产管理人员；50～200 人的，应当配备 2 名专职安全生产管理人员；200 人及以上的，应当配备 3 名及以上专职安全生产管理人员，并根据所承担的分部分项工程施工危险实际情况增加，不得少于工程施工人员总人数的 5‰

采用新技术、新工艺、新材料或致害因素多、施工作业难度大的工程项目，项目专职安全生产管理人员的数量应当根据施工实际情况，在以上规定的配备标准的基础上增加。

3. 施工单位负责人施工现场带班制度

（1）企业负责人。企业负责人带班检查是指由建筑施工企业负责人带队实施对工程项目质量安全生产状况及项目负责人带班生产情况的检查。建筑施工企业负责人，是指企业的法定代表人、总经理、主管质量安全和生产工作的副总经理、总工程师和副总工程师。

（2）带班制度。建筑施工企业负责人要定期带班检查，每月检查时间不少于其工作日的25%。建筑施工企业负责人带班检查时，应认真做好检查记录，并分别在企业和工程项目存档备查。

（3）需要带班的情况。工程项目进行超过一定规模的危险性较大的分部分项工程施工时，建筑施工企业负责人应到施工现场进行带班检查。工程项目出现险情或发现重大隐患时，建筑施工企业负责人应到施工现场带班检查，督促工程项目进行整改，及时消除险情和隐患。

对于有分公司（非独立法人）的企业集团，集团负责人因故不能到现场的，可书面委托工程所在地的分公司负责人对施工现场进行带班检查。

 知识链接

> 根据《国务院关于进一步加强企业安全生产工作的通知》的要求，强化生产过程管理的领导责任，企业主要负责人和领导班子成员要轮流现场带班。

4. 重大隐患治理挂牌督办制度

生产经营单位应当建立健全生产安全事故隐患排查治理制度，采取技术、管理措施，及时发现并消除事故隐患。事故隐患排查治理情况应当如实记录，并向从业人员通报。县级以上地方各级人民政府负有安全生产监督管理职责的部门应当建立健全重大事故隐患治理督办制度，督促生产经营单位消除重大事故隐患。

企业及工程项目的主要负责人对重大隐患排查治理工作全面负责。建筑施工企业应当定期组织安全生产管理人员、工程技术人员和其他相关人员排查每个工程项目的重大隐患，特别是对深基坑、高支模、地铁隧道等技术难度大、风险大的重要工程应重点定期排查。对排查出的重大隐患，应及时治理消除，并将相关情况进行登记存档。

住房城乡建设主管部门接到工程项目重大隐患举报，应立即组织核实，属实的由工程所在地住房城乡建设主管部门及时向承建工程的建筑施工企业下达《房屋市政工程生产安全重大隐患治理挂牌督办通知书》，并公开有关信息，接受社会监督。

承建工程的建筑施工企业接到《房屋市政工程生产安全重大隐患治理挂牌督办通知书》后，应立即组织治理。确认重大隐患消除后，向工程所在地住房城乡建设主管部门报送治理报告，并提请解除督办。工程所在地住房城乡建设主管部门收到建筑施工企业提出的重大隐患解除督办申请后，应当立即进行现场审查。审查合格的，按照规定解除督办；审查不合格的，继续实施挂牌督办。

安全文明施工管理要点

5. 建立健全群防群治制度

群防群治制度是《建筑法》中所规定的建筑工程安全生产管理的一项重要法律制度。它是施工企业进行民主管理的重要内容，也是群众路线在安全生产管理工作中的具体体现。广大职工群众在施工生产活动中既要遵守有关法律、法规和规章制度，不得违章作业，还拥有对于危及生命安全和身体健康的行为提出批评、检举和控告的权利。

6.2.2　施工项目负责人的安全生产责任

施工项目负责人是指建设工程项目的项目经理。为了加强对施工现场的管理，施工单位都要对每个建设工程项目委派一名项目负责人即项目经理，由项目负责人对该项目的施工管理全面负责。根据《建设工程安全生产管理条例》的规定，施工单位的项目负责人应当由取得相应执业资格的人员担任，对建设工程项目的安全施工负责，落实安全生产责任制度、安全生产规章制度和操作规程，确保安全生产费用的有效使用，并根据工程的特点组织制订安全施工措施，消除安全事故隐患，及时、如实报告生产安全事故。

1. 施工项目负责人的执业资格和安全生产责任

建造师经注册后，有权以建造师名义担任建设工程项目施工的项目经理及从事其他施工活动的管理。施工项目负责人的安全生产责任主要如下。

（1）对建设工程项目的安全施工负责。

（2）落实安全生产责任制度、安全生产规章制度和操作规程。

（3）确保安全生产费用的有效使用。

（4）根据工程的特点组织制订安全施工措施，消除安全事故隐患。

（5）及时、如实报告生产安全事故情况。

2. 施工单位项目负责人施工现场带班制度

根据《建筑施工企业负责人及项目负责人施工现场带班暂行办法》的规定，项目负责人是工程项目质量安全管理的第一责任人，应对工程项目落实带班制度负责。项目负责人带班生产是指项目负责人在施工现场组织协调工程项目的质量安全生产活动。

项目负责人在同一时期只能承担一个工程项目的管理工作。项目负责人带班生产时，要全面掌握工程项目质量安全生产状况，加强对重点部位、关键环节的控制，及时消除隐患。要认真做好带班生产记录并签字存档备查。项目负责人每月带班生产时间不得少于本月施工时间的80％。因其他事务需离开施工现场时，应向工程项目的建设单位请假，经批准后方可离开。离开期间应委托项目相关负责人负责其外出时的日常工作。

《建筑施工企业负责人及项目负责人施工现场带班暂行办法》

6.2.3　施工总承包和分包单位的安全生产责任

根据《建筑法》的规定，施工现场安全由建筑施工企业负责。实行施工总承包的，由总承包单位负责。分包单位向总承包单位负责，服从总承包单位对施工现场的安全生产管理。施工总承包和分包单位的安全责任见表6-4。

《建筑法》

表 6-4　施工总承包和分包单位的安全责任

单位主体	安全生产责任
总包单位	(1) 分包合同应当明确总分包双方的安全生产责任。 (2) 统一组织编制建设工程生产安全应急救援预案。 (3) 自行完成建设工程主体结构的施工和负责上报施工生产安全事故。 (4) 承担连带责任
分包单位	(1) 分包单位向总包单位负责，服从总包管理。 (2) 不服从管理导致生产安全事故，由分包承担主要责任

1. 总承包单位应当承担的法定安全生产责任

施工总承包是由一个施工单位对建设工程施工全面负责。该总承包单位不仅要负责建设工程的施工质量、合同工期、成本控制，还要对施工现场组织和安全生产进行统一协调管理。

（1）分包合同应当明确总分包双方的安全生产责任。根据《建设工程安全生产管理条例》规定，总承包单位依法将建设工程分包给其他单位的，分包合同中应当明确各自的安全生产方面的权利、义务。

施工总承包单位与分包单位的安全生产责任可分为法定责任和约定责任。所谓法定责任，即法律法规中明确规定的总承包单位、分包单位各自的安全生产责任；所谓约定责任，即总承包单位与分包单位通过协商，在分包合同中约定各自应当承担的安全生产责任。但是，安全生产的约定责任不能与法定责任相抵触。

（2）统一组织编制建设工程生产安全应急救援预案。建设工程的施工属高风险工作，极易发生安全事故。为了加强对施工安全突发事故的处理，提高应急救援快速反应能力，必须重视并编制施工安全事故应急救援预案。由于实行施工总承包的是由总承包单位对施工现场的安全生产负总责，因此总承包单位要统一组织编制建设工程生产安全事故应急救援预案。

知识链接

根据《建设工程安全生产管理条例》的规定，施工单位应当根据建设工程施工的特点、范围，对施工现场易发生重大事故的部位、环节进行监控，制定施工现场生产安全事故应急救援预案。实行施工总承包的，由总承包单位统一组织编制建设工程生产安全事故应急救援预案，工程总承包单位和分包单位按照应急救援预案，各自建立应急救援组织或者配备应急救援人员，配备救援器材、设备，并定期组织演练。

（3）负责上报施工生产安全事故。根据《建设工程安全生产管理条例》的规定，实行施工总承包的建设工程由总承包单位负责上报事故。据此，一旦发生施工生产安全事故，施工总承包单位应当依法向有关主管部门报告事故的基本情况。

（4）自行完成建设工程主体结构的施工。根据《建设工程安全生产管理条例》的规定，总承包单位应当自行完成建设工程主体结构的施工。这是为了落实施工总承包单位的安全生产责任，防止因转包和违法分包等行为导致施工生产安全事故的发生。

（5）承担连带责任。根据《建设工程安全生产管理条例》的规定，总承包单位和分包单位对分包工程的安全生产承担连带责任。该项规定既强化了总承包单位和分包单位双方的安全生产责任意识，也有利于保护受损害者的合法权益。

2. 分包单位应当承担的法定安全生产责任

根据《建筑法》的规定，分包单位向总承包单位负责，服从总承包单位对施工现场的安全生产管理。《建设工程安全生产管理条例》中进一步规定，分包单位应当服从总承包单位的安全生产管理，分包单位不服从管理导致生产安全事故的，由分包单位承担主要责任。

总承包单位依法对施工现场的安全生产负总责，这就要求分包单位必须服从总承包单位的安全生产管理。分包单位要服从总承包单位对施工现场的安全生产规章制度、岗位操作要求等安全生产管理；否则，一旦发生施工安全生产事故，分包单位要承担主要责任。

6.2.4 施工作业人员安全生产的权利和义务

根据《建筑法》的规定，建筑施工企业和作业人员在施工过程中，应当遵守有关安全生产的法律、法规和建筑行业安全规章、规程，不得违章指挥或者违章作业。作业人员有权对影响人身健康的作业程序和作业条件提出改进意见，有权获得安全生产所需要的防护用品。作业人员对危及生命安全和人身健康的行为有权提出批评、检举和控告。施工作业人员安全生产的权利和义务见表 6-5。

表 6-5　施工作业人员安全生产的权利和义务

施工作业人员的权利	（1）施工安全生产的知情权和建议权。 （2）施工安全防护用品的获得权。 （3）批评、检举、控告权及拒绝违章指挥权。 （4）紧急避险权。 （5）获得工伤保险和意外伤害保险赔偿的权利。 （6）请求民事赔偿权。 （7）依靠工会维权和被派遣劳动者的权利
施工作业人员的义务	（1）守法遵章和正确使用安全防护用具等的义务。 （2）接受安全生产教育培训的义务。 （3）施工安全事故隐患报告的义务。 （4）被派遣劳动者的义务

1. 施工作业人员应当享有的安全生产权利

按照《建筑法》《安全生产法》《建设工程安全生产管理条例》等法律、行政法规的规定，施工作业人员主要享有以下的安全生产权利。

（1）施工安全生产的知情权和建议权。施工作业人员是施工单位运行和施工生产活动的主体。充分发挥施工作业人员在企业中的主人翁作用，是搞好施工安全生产的重要保障。因此，施工作业人员对施工安全生产拥有知情权，并享有改进安全生产工作的建议权。

根据《安全生产法》的规定，生产经营单位的从业人员有权了解其作业场所和工作岗位存在的危险因素、防范措施及事故应急措施，有权对本单位的安全生产工作提出建议。《建筑法》还规定，作业人员有权对影响人身健康的作业程序和作业条件提出改进意见。《建设工程安全生产管理条例》则进一步规定，施工单位应当向作业人员提供安全防护用具和安全防护服装，并书面告知危险岗位的操作规程和违章操作的危害。

（2）施工安全防护用品的获得权。施工安全防护用品一般包括安全帽、安全带、安全网、安全绳及其他个人防护用品（如防护鞋、防护服装、防尘口罩）等。它是保护施工作业人员安全健康所必需的防御性装备，可有效地预防或减少伤亡事故的发生。

根据《建筑法》规定，作业人员有权获得安全生产所需的防护用品。《安全生产法》规定，生产经营单位必须为从业人员提供符合国家标准或者行业标准的劳动防护用品，并监督、教育从业人员按照使用规则佩戴、使用。

（3）批评、检举、控告权及拒绝违章指挥权。根据《建筑法》的规定，作业人员对危及生命安全和人身健康的行为有权提出批评、检举和控告。《安全生产法》中规定，从业人员有权对本单位安全生产工作中存在的问题提出批评、检举、控告；有权拒绝违章指挥和强令冒险作业。生产经营单位不得因从业人员对本单位安全生产工作提出批评、检举、控告或者拒绝违章指挥、强令冒险作业而降低其工资、福利等待遇或者解除与其订立的劳动合同。

> 🔗 知识链接
>
> 根据《建设工程安全生产管理条例》的规定，作业人员有权对施工现场的作业条件、作业程序和作业方式中存在的安全问题提出批评、检举和控告，有权拒绝违章指挥和强令冒险作业。

违章指挥是强迫施工作业人员违反法律、法规或者规章制度、操作规程进行作业的行为。法律赋予施工从业人员有拒绝违章指挥和强令冒险作业的权利，是为了保护施工作业人员的人身安全，也是警示施工单位负责人和现场管理人员须按照有关规章制度与操作规程进行指挥，并不得对拒绝违章指挥和强令冒险作业的人员进行打击报复。

（4）紧急避险权。在施工中遇直接危及人身安全的紧急情况时，施工作业人员享有停止作业和紧急撤离的权利。根据《安全生产法》的规定，从业人员发现直接危及人身安全的紧急情况时，有权停止作业或者在采取可能的应急措施后撤离作业场所。生产经营单位不得因从业人员在前款紧急情况下停止作业或者采取紧急撤离措施而降低其工资、福利等待遇或者解除与其订立的劳动合同。《建设工程安全生产管理条例》规定，在施工中发生危及人身安全的紧急情况时，作业人员有权立即停止作业或者在采取必要的应急措施后撤离危险区域。

（5）获得工伤保险和意外伤害保险赔偿的权利。根据《建筑法》规定，建筑施工企业应当依法为职工参加工伤保险缴纳工伤保险费。鼓励企业为从事危险作业的职工办理意外伤害保险，支付保险费。据此，施工作业人员除依法享有工伤保险的各项权利外，从事危险作业的施工人员还可以依法享有意外伤害保险的各项权利。

（6）请求民事赔偿权。根据《安全生产法》的规定，因生产安全事故受到损害的从业人员，除依法享有工伤社会保险外，依照有关民事法律尚有获得赔偿的权利，有权向本单位提出赔偿要求。

（7）依靠工会维权和被派遣劳动者的权利。根据《安全生产法》的规定，生产经营单位的工会依法组织职工参加本单位安全生产工作的民主管理和民主监督，维护职工在安全生产方面的合法权益。生产经营单位制定或者修改有关安全生产的规章制度，应当听取工会的意见。

工会对生产经营单位违反安全生产法律、行政法规，侵犯从业人员合法权益的行为，有权要求纠正；发现生产经营单位违章指挥、强令冒险作业或者发现事故隐患时，有权提出解决的建议，生产经营单位应当及时研究答复；发现危及从业人员生命安全的情况时，有权向生产经营单位建议组织从业人员撤离危险场所，生产经营单位必须立即作出处理。工会有权依法参加事故调查，向有关部门提出处理意见，并要求追究有关人员的责任。生产经营单位使用被派遣劳动者的，被派遣劳动者享有本法规定的从业人员的权利。

2. 施工作业人员应当履行的安全生产义务

按照《建筑法》《安全生产法》《建设工程安全生产管理条例》等法律、行政法规的规定，施工作业人员主要应当履行以下安全生产义务。

（1）守法遵章和正确使用安全防护用具等的义务。施工单位要依法保障施工作业人员的安全，施工作业人员也必须依法遵守有关的规章制度，做到不违章作业。

根据《建筑法》规定，建筑施工企业和作业人员在施工过程中，应当遵守有关安全生产的法律、法规和建筑行业安全规章、规程，不得违章指挥或者违章作业。根据《安全生产法》规定，从业人员在作业过程中，应当遵守本单位的安全生产规章制度和操作规程，服从管理，正确佩戴和使用劳动防护用品。《建设工程安全生产管理条例》进一步规定，作业人员应当遵守安全施工的强制性标准、规章制度和操作规程，正确使用安全防护用具、机械设备等。

（2）接受安全生产教育培训的义务。施工单位加强安全教育培训，使作业人员具备必要的施工安全生产知识，熟悉有关的规章制度和安全操作规程，掌握本岗位安全操作技能，是控制和减少施工安全事故的重要措施。

根据《安全生产法》的规定，从业人员应当接受安全生产教育和培训，掌握本职工作所需的安全生产知识，提高安全生产技能，增强事故预防和应急处理能力。根据《建设工程安全生产管理条例》的规定，作业人员进入新的岗位或者新的施工现场前，应当接受安全生产教育培训。未经教育培训或者教育培训考核不合格的人员，不得上岗作业。

（3）施工安全事故隐患报告的义务。施工安全事故通常都是由事故隐患或者其他不安全因素所酿成。因此，施工作业人员一旦发现事故隐患或者其他不安全因素，应当立即报告，以便及时采取措施，防患于未然。根据《安全生产法》的规定，从业人员发现事故隐患或者其他不安全因素，应当立即向现场安全生产管理人员或者本单位负责人报告；接到报告的人员应当及时予以处理。

（4）被派遣劳动者的义务。根据《安全生产法》的规定，生产经营单位使用被派遣劳动者的，被派遣劳动者应当履行本法规定的从业人员的义务。

6.2.5　施工单位安全生产教育培训的规定

1. 施工单位"安管人员"和特种作业人员的培训考核

（1）"安管人员"的考核。施工单位的主要负责人、项目负责人、专职安全生产管理人员应当经住房城乡建设主管部门或者其他有关部门考核合格后方可任职。

（2）特种作业人员的培训考核。建筑施工特种作业：建筑电工、建筑架子工、建筑起重信号司索工、建筑起重机械司机、建筑起重机械安装拆卸工、高处作业吊篮安装拆卸工、经省级建设主管部门认定的其他特种作业等特种作业人员，必须按照国家有关规定经过专门的安全作业培训，并取得特种作业操作资格证书后，方可上岗作业。

《建筑施工特种作业
人员管理规定》

🔆**重要提示**

根据《建设工程安全生产管理条例》的规定，垂直运输机械作业人员、安装拆卸工、爆破作业人员、起重信号工、登高架设作业人员等特种作业人员必须按照国家有关规定经过专门的安全作业培训，并取得特种作业操作资格证书后，方可上岗作业。《建筑施工特种作业人员管理规定》中进一步规定，建筑施工特种作业包括建筑电工；建筑架子工；建筑起重信号司索工；建筑起重机械司机；建筑起重机械安装拆卸工；高处作业吊篮安装拆卸工；经省级以上人民政府建设主管部门认定的其他特种作业。注意钢筋工不是特种作业人员。

2. 施工单位全员的安全生产教育培训

（1）生产经营单位使用被派遣劳动者的，应当将被派遣劳动者纳入本单位从业人员统一管理，对被派遣劳动者进行岗位安全操作规程和安全操作技能的教育与培训。劳务派遣单位应当对被派遣劳动者进行必要的安全生产教育培训。

（2）施工单位应当对管理人员和作业人员每年至少进行一次安全生产教育培训，其教育培训情况记入个人工作档案。安全生产教育培训考核不合格的人员，不得上岗。

3. 进入新岗位或者新施工现场前的安全生产教育培训

根据《建设工程安全生产管理条例》的规定，作业人员进入新的岗位或者新的施工现场前，应当接受安全生产教育培训。未经教育培训或者教育培训考核不合格的人员，不得上岗作业。建筑企业要对新职工进行至少32学时的安全培训，每年进行至少20学时的再培训。

4. 采用新技术、新工艺、新设备、新材料前的安全生产教育培训

根据《建设工程安全生产管理条例》的规定，施工单位采用新技术、新工艺、新设备、新材料时，应当对作业人员进行相应的安全生产教育培训。

5. 安全教育培训方式

高危企业新职工安全培训合格后，要在经验丰富的工人师傅带领下，实习至少2个月后方可独立上岗。

6.2.6　违法行为应承担的法律责任

1. 施工单位违法行为应承担的法律责任

根据《建筑法》的规定，建筑施工企业违反本法规定，对建筑安全事故隐患不采取措施予以消除的，责令改正，可以处以罚款；情节严重的，责令停业整顿，降低资质等级或者吊销资质证书；构成犯罪的，依法追究刑事责任。

根据《建设工程安全生产管理条例》的规定，违反本条例的规定，施工单位有下列行为之一的，责令限期改正；逾期未改正的，责令停业整顿，依照《安全生产法》中的有关规定处以罚款；造成重大安全事故，构成犯罪的，对直接责任人员，依照《刑法》中的有关规定追究刑事责任。

（1）未设立安全生产管理机构、配备专职安全生产管理人员或者分部分项工程施工时无专职安全生产管理人员现场监督的。

（2）施工单位的主要负责人、项目负责人、专职安全生产管理人员、作业人员或者特种作业人员，未经安全教育培训或者经考核不合格即从事相关工作的。

（3）未在施工现场的危险部位设置明显的安全警示标志，或者未按照国家有关规定在施工现场设置消防通道、消防水源、配备消防设施和灭火器材的。

（4）未向作业人员提供安全防护用具和安全防护服装的。

（5）未按照规定在施工起重机械和整体提升脚手架、模板等自升式架设设施验收合格后登记的。

（6）使用国家明令淘汰、禁止使用的危及施工安全的工艺、设备、材料的。

2. 施工管理人员违法行为应承担的法律责任

根据《建筑法》的规定，建筑施工企业的管理人员违章指挥、强令职工冒险作业，因而发生重大伤亡事故或者造成其他严重后果的，依法追究刑事责任。

根据《建设工程安全生产管理条例》的规定，施工单位的主要负责人、项目负责人未履行安全生产管理职责的，责令限期改正；逾期未改正的，责令施工单位停业整顿；造成重大安全事故、重大伤亡事故或者其他严重后果，构成犯罪的，依照刑法有关规定追究刑事责任。

施工单位的主要负责人、项目负责人有以上违法行为，尚不够刑事处罚的，处 2 万元以上 20 万元以下的罚款或者按照管理权限给予撤职处分；自刑罚执行完毕或者受处分之日起，5 年内不得担任任何施工单位的主要负责人、项目负责人。

注册执业人员未执行法律、行政法规和工程建设强制性标准的，责令停止执业 3 个月以上 1 年以下；情节严重的，吊销执业资格证书，5 年内不予注册；造成重大安全事故的，终身不予注册；构成犯罪的，依照刑法有关规定追究刑事责任。

3. 施工作业人员违法行为应承担的法律责任

根据《建设工程安全生产管理条例》的规定，作业人员不服管理、违反规章制度和操作规程冒险作业造成重大伤亡事故或者其他严重后果，构成犯罪的，依照刑法有关规定追究刑事责任。

4. 建筑施工特种作业人员违法行为应承担的法律责任

根据《建筑施工特种作业人员管理规定》的规定，有下列情形之一的，考核发证机关应当撤销资格证书。

（1）持证人弄虚作假骗取资格证书或者办理延期复核手续的。

（2）考核发证机关工作人员违法核发资格证书的。

（3）考核发证机关规定应当撤销资格证书的其他情形。

有下列情形之一的，考核发证机关应当注销资格证书：

（1）依法不予延期的。

（2）持证人逾期未申请办理延期复核手续的。

（3）持证人死亡或者不具有完全民事行为能力的。

（4）考核发证机关规定应当注销的其他情形。

《建筑施工特种作业人员管理规定》

5. 安全生产教育培训违法行为应承担的法律责任

对应持证未持证或者未经培训就上岗的人员，一律先离岗、培训持证后再上岗，并依法对企业按规定上限处罚，直至停产整顿和关闭。对存在不按大纲教学、不按题库考试、教考不分、乱办班等行为的安全培训和考试机构，一律依法严肃处罚。对各类生产安全责任事故，一律倒查培训、考试、发证不到位的责任。对因未培训、假培训或者未持证上岗人员的直接责任引发重特大事故的，所在企业主要负责人依法终身不得担任本行业企业矿长（厂长、经理），实际控制人依法承担相应责任。

案例应用6-2

▶案例简介

某市的高层建筑外墙装饰施工工地，某施工单位为赶在雨季到来前完成施工，又从另外工地调配来一批建筑施工工人，但未经安全培训教育就安排到相关岗位开始作业工作，2名工人被安排上高处作业吊篮至8层处从事外墙的装饰作业。他们在作业完成后为了图省事，直接从高处作业吊篮的悬吊平台向8层窗口爬去，结果失足从20多米高处坠落地面，最终造成1人死亡、1人重伤。

▶问题

1. 在本案例中，施工单位有何违法行为？
2. 该违法行为应当承担哪些法律责任？

用匠心焊就高铁
传奇——李万君

▶案例评析

1. 根据《安全生产法》的规定，生产经营单位应当对从业人员进行安全生产教育和培训，保证从业人员具备必要的安全生产知识，熟悉有关的安全生产规章制度和安全操作规程，掌握本岗位的安全操作技能。未经安全生产教育和培训合格的从业人员，不得上岗作业。《建设工程安全生产管理条例》中规定，作业人员进入新的岗位或者新的施工现场前，应当接受安全生产教育培训。未经教育培训或者教育培训考核不合格的人员，不得上岗作业。在本案例中，施工单位违法未对新进场的工人进行有针对性的安全培训教育，使两名作业人员违反了"操作人员必须从地面进出悬吊平台。在未采取安全保护措施的情况下，禁止从窗口、楼顶等其他位置进出悬吊平台"的安全操作规程，造成了伤亡事故的发生。

2. 根据《安全生产法》的规定，生产经营单位有下列行为之一的，责令限期改正；逾期未改正的，责令停产停业整顿，可以并处2万元以下的罚款：未按照本法第二十一条、第二十二条的规定对从业人员进行安全生产教育和培训，或者未按照本法第三十六条的规定如实告知从业人员有关的安全生产事项的。《建设工程安全生产管理条例》中规定，施工单位有下列行为之一的，责令限期改正；逾期未改正的，责令停业整顿。造成重大安全事故，构成犯罪的，对直接责任人员，依照刑法有关规定追究刑事责任；施工单位主要负责人、项目负责人、专职安全生产管理人员、作业人员或特种作业人员，未经安全教育培训或者经考核不合格即从事相关工作的。据此，该施工单位及其直接责任人员应当依法承担上述有关法律责任。

6.3　施工现场安全防护制度

6.3.1　编制安全技术措施、专项施工方案和安全技术交底的规定

1. 编制安全技术措施和施工现场临时用电方案

根据《建设工程安全生产管理条例》的规定，施工单位应当在施工组织设计中编制安全技

术措施和施工现场临时用电方案。

（1）安全技术措施可分为防止事故发生的安全技术措施和减少事故发生的技术措施。

（2）施工现场临时用电设备在 5 台及以上或设备总容量在 50 kW 及以上者，应编制用电组织设计；以下者，应制定安全用电和电气防火措施。

2. 编制安全专项施工方案

根据《建设工程安全生产管理条例》规定，对下列达到一定规模的危险性较大的分部分项工程编制专项施工方案，并附具安全验算结果，经施工单位技术负责人、总监理工程师签字后实施，由专职安全生产管理人员进行现场监督：基坑支护与降水工程；土方开挖工程；模板工程；起重吊装工程；脚手架工程；拆除、爆破工程；国务院住房城乡建设主管部门或者其他有关部门规定的其他危险性较大的工程。

对前款所列工程中涉及深基坑、地下暗挖工程、高大模板工程的专项施工方案，施工单位（实行总承包的为总承包单位）还应当组织专家进行论证、审查。专项方案经论证后需作重大修改的，施工单位应当按照论证报告修改并重新组织专家进行论证。

实行总承包的，专项施工方案应当由总承包单位编制；其中起重机械安装拆卸工程、深基坑工程、附着式升降脚手架等专业工程实行分包的，可由专业承包单位编制。

对于按规定需要验收的危险性较大的分部分项工程，施工单位、监理单位应当组织有关人员进行验收；验收合格的，经施工单位技术负责人及项目总监理工程师签字后，方可进入下一道工序。

3. 安全施工技术交底

根据《建设工程安全生产管理条例》的规定，建设工程施工前，施工单位负责项目管理的技术人员应当对有关安全施工的技术要求向施工作业班组、作业人员作出详细说明并由双方签字确认。

6.3.2 施工现场安全防护、安全费用和特种设备安全管理的规定

1. 施工现场安全防护

（1）施工单位在危险部位（施工现场入口处、施工起重机械、临时用电设施、脚手架、出入通道口、楼梯口、电梯井口、孔洞口、桥梁口、隧道口、基坑边沿、爆破物及有害危险气体和液体存放处）应当设置符合国家标准的安全警示标志。

（2）施工现场暂时停工的，施工单位应当做好现场防护，所需费用由责任方承担，或者按照合同约定执行。

（3）施工单位应当将施工现场的办公、生活区与作业区分开设置，并保持安全距离；办公、生活区的选址应符合安全性要求。职工的膳食、饮水、休息场所等应当符合卫生标准。

（4）施工单位不得在尚未竣工的建筑物内设置员工集体宿舍。

（5）施工现场使用的装配式活动房屋应当具有产品合格证。

（6）施工单位采购、租赁的安全防护用具、机械设备、施工机具及配件，应当具有生产（制造）许可证、产品合格证，并在进入施工现场前进行查验。

（7）使用承租的机械设备和施工机具及配件的，由施工总承包单位、分包单位、出租单位和安装单位共同进行验收，验收合格的方可使用。

（8）进行可能危及危险化学品管道安全的施工作业，施工单位应当在开工的 7 日前书面通知管道所属单位并与管道所属单位共同制订应急预案，采取相应的安全防护措施。管道所属单

位应当指派专门人员到现场进行管道安全保护指导。

2. 施工单位安全生产费用的提取和使用管理

（1）建设施工企业提取的安全费用列入工程造价（房屋建筑工程为 2.0%；市政公用工程为 1.5%）；总包单位应当将安全费用按比例直接支付分包单位并监督使用，分包单位不再重复提取。

（2）建筑工程安全防护、文明施工措施费用由文明施工费、环境保护费、临时设施费、安全施工费组成。

（3）建设单位、设计单位在编制工程概算时，应当依据工程所在地工程造价管理机构测定的相应费率，合理确定工程安全防护、文明施工费。

（4）投标方安全防护、文明施工措施的报价不得低于依据工程所在地工程造价管理机构测定费率计算所需费用总额的 90%。

（5）建设单位与施工单位在施工合同中对安全防护、文明施工措施费用预付、支付计划未作约定或约定不明确的，合同工期在一年内的，预付费用不低于费用总额的 50%；一年以上（含一年）的 30%。

（6）在规定的使用范围内，企业应当将安全费用优先用于满足安全生产监管部门对企业安全生产提出的整改措施或者达到安全生产标准所需的费用。

（7）企业提取的安全费用应当专户核算；年度结余资金结转下一年度使用；当年计提安全费用不足的，超出部分按正常成本费用渠道列支。

（8）实行总承包的，安全防护、文明施工措施费用由总承包单位统一管理；由分包单位实施的，由分包单位提出专项安全防护措施及施工方案后及时支付所需的费用。

（9）总承包单位不按规定和合同约定支付费用，造成分包单位不能及时落实安全防护措施导致发生事故的，由总承包单位负主要责任。

3. 特种设备安全管理

（1）特种设备的安装、改造和修理。

1）施工前施工单位应书面告知直辖市或设区的市级政府负责特种设备安全监督管理的部门。

2）施工单位应当在验收后 30 日内将相关技术资料和文件移交特种设备使用单位。

（2）特种设备的使用。特种设备的使用单位应当在特种设备投入使用前或者投入使用后 30 日内，向负责特种设备安全监督管理的部门办理使用登记，取得使用登记证书。

6.3.3　施工现场消防安全职责和应采取的消防安全措施

1. 施工单位消防安全责任人和消防安全职责

机关、团体、企业事业单位法定代表人是本单位消防安全第一责任人。

根据《消防法》的规定，机关、团体、企业、事业等单位应当履行下列消防安全职责。

（1）落实消防安全责任制，制定本单位的消防安全制度、消防安全操作规程，制定灭火和应急疏散预案。

（2）按照国家标准、行业标准配置消防设施、器材，设置消防安全标志，并定期组织检验、维修，确保完好有效。

《消防法》

（3）对建筑消防设施每年至少进行一次全面检测，确保完好有效，检测记录应当完整准确，存档备查。

（4）保障疏散通道、安全出口、消防车通道畅通，保证防火防烟分区、防火间距符合消防技术标准。

（5）组织防火检查，及时消除火灾隐患。

（6）组织进行有针对性的消防演练。

（7）法律、法规规定的其他消防安全职责。

单位的主要负责人是本单位的消防安全责任人。

2. 施工现场的消防安全要求

公共建筑在营业、使用期间不得进行外保温材料施工作业，居住建筑实行节能改造作业期间应撤离居住人员，严格分离用火用焊作业与保温施工作业，严禁在施工建筑内安排人员住宿。新建、改建、扩建工程的外保温材料一律不得使用易燃材料，严格限制使用可燃材料。施工单位应当在施工组织设计中编制消防安全技术措施和专项施工方案，并由专职安全管理人员进行现场监督。禁止在具有火灾、爆炸危险的场所使用明火；需要进行明火作业的，动火部门和人员应当按照用火管理制度办理审批手续。电焊、气焊、电工等特殊工种人员必须持证上岗。

3. 施工单位消防安全自我评估和防火检查

施工单位应及时纠正违章操作行为，及时发现火灾隐患并采取防范、整改措施。国家、省级等重点工程的施工现场应当进行每日防火巡查，其他施工现场也要根据需要组织防火巡查。

4. 施工单位的消防安全教育培训和消防演练

施工单位应当根据国家有关消防法规和建设工程安全生产法规的规定，建立施工现场消防组织，制订灭火和应急疏散预案，并至少每半年组织一次演练，提高施工人员及时报警、扑灭初期火灾和自救逃生能力。

6.3.4　工伤保险和意外伤害保险的规定

根据《建筑法》的规定，建筑施工企业应当依法为职工参加工伤保险缴纳工伤保险费。鼓励企业为从事危险作业的职工办理意外伤害保险，支付保险费。工伤保险是强制保险。

1. 工伤保险的规定

用人单位应当按时缴纳工伤保险费。职工个人不缴纳工伤保险费。用人单位缴纳工伤保险费的数额为本单位职工工资总额与单位缴费费率之积。跨地区、生产流动性较大的行业，可以采取相对集中的方式异地参加统筹地区的工伤保险。

2. 工伤认定

职工有下列情形之一的，应当认定为工伤。

（1）工作时间和工作场所内，因工作原因受到事故伤害。

（2）工作时间前后在工作场所内，从事与工作有关的预备性或收尾性工作受到事故伤害的。

（3）工作时间和工作场所内，因履行工作职责受到暴力等意外伤害的。

（4）患职业病的。

（5）因工外出期间，由于工作原因受到伤害或者发生事故下落不明的。

（6）在上下班途中，受到非本人主要责任的交通事故或者城市轨道交通、客运轮渡、火车事故伤害的。

（7）法律、行政法规规定应当认定为工伤的其他情形。

职工有下列情形之一的，视为工伤。

（1）在工作时间和工作岗位，突发疾病死亡或者在 48 h 之内经抢救无效死亡的。

（2）在抢险救灾等维护国家利益、公共利益活动中受到伤害的。

（3）职工原在军队服役，因战、因公负伤致残，已取得革命伤残军人证，到用人单位后旧伤复发的（享受一次性伤残补助金以外的工伤保险待遇）。

不得认定为工伤或者视同工伤的情形：故意犯罪的；醉酒或者吸毒的；自残或者自杀的。

根据《工伤保险条例》第十七条的规定，职工发生事故伤害或者按照职业病防治法规定被诊断、鉴定为职业病，所在单位应当自事故伤害发生之日或者被诊断、鉴定为职业病之日起 30 日内，向统筹地区社会保险行政部门提出工伤认定申请。遇有特殊情况，经报社会保险行政部门同意，申请时限可以适当延长。用人单位未按前款规定提出工伤认定申请的，工伤职工或者其直系亲属、工会组织在事故伤害发生之日或者被诊断、鉴定为职业病之日起 1 年内，可以直接向用人单位所在地统筹地区劳动保障行政部门提出工伤认定申请。

《工伤保险条例》

职工或近亲属认为是工伤，用人单位不认为是工伤的，由用人单位承担举证责任。

3. 工伤保险待遇

（1）工伤停工的停工留薪期一般不超过 12 个月，延长不得超过 12 个月。

（2）停止享受工伤待遇情形：丧失享受待遇条件的；拒不接受劳动能力鉴定的；拒绝治疗的。

（3）伤残等级与劳动能力：全部丧失：1～4 级；大部分丧失：5～6 级；部分丧失：7～10 级。

（4）社会保险行政部门认定下列单位为承担工伤保险责任单位的，人民法院应予支持。

1）职工与 2 个或 2 个以上单位建立劳动关系，工伤事故发生时，职工为之工作的单位为承担工伤保险责任的单位。

2）劳务派遣单位派遣的职工在用工单位工作期间因工伤亡的，派遣单位为承担工伤保险责任的单位。

3）单位指派到其他单位工作的职工因工伤亡的，指派单位为承担工伤保险责任的单位。

4）用工单位违反法律、行政法规规定将承包业务转包给不具备用工单位主体资格的组织或者自然人，该组织或者自然人聘用的职工从事承包业务时因工伤亡的，用工单位为承担工伤保险责任的单位。

5）个人挂靠其他单位对外经营，其聘用的人员因工伤亡的，被挂靠单位为承担工伤保险责任的单位。

（5）再次发生工伤的，按照新认定的伤残等级享受伤残津贴待遇。

4. 建筑行业的工伤保险制度

（1）建筑施工企业对相对固定的职工，应按用人单位参加工伤保险；对不能按用人单位参保、建筑项目使用的建筑业职工特别是农民工，按项目参加工伤保险。

（2）按用人单位参保的建筑施工企业应以工资总额为基数依法缴纳工伤保险费。以建设项目为单位参保的，可以按照项目工程总造价的一定比例计算缴纳工伤保险费。

（3）建设单位要在工程概算中将工伤保险费用单独列支，作为不可竞争费，不参与竞标，并在项目开工前由施工总承包单位一次性代缴本项目工伤保险费，覆盖项目使用的所有职工，包括专业承包单位、劳务分包单位使用的农民工。

（4）施工总承包单位应当对项目施工期内全部施工人员实行动态实名制管理。施工人员发生工伤后，以劳动合同为基础确认劳动关系。对未签订劳动合同的，由人力资源和社会保障部门参照工资支付凭证或记录、工作证、招工登记表、考勤记录及其他劳动者证言等证据，确认事实劳动关系。

（5）职工发生工伤事故，应当由其所在用人单位在 30 日内提出工伤认定申请。用人单位未在规定时限内提出工伤认定申请的，职工本人或其近亲属、工会组织可以在 1 年内提出工伤认定申请。对于事实清楚、权利义务关系明确的工伤认定申请，应当自受理工伤认定申请之日起 15 日内作出工伤认定的决定。

（6）对在参保项目施工期间发生工伤、项目竣工时尚未完成工伤认定或劳动能力鉴定的建筑业职工，其所在用人单位要继续保证其医疗救治和停工期间的法定待遇，待完成工伤认定及劳动能力鉴定后，依法享受参保职工的各项工伤保险待遇；其中应由用人单位支付的待遇，工伤职工所在用人单位要按时足额支付，也可根据其意愿一次性支付。针对建筑业工资收入分配的特点，对相关工伤保险待遇中难以按本人工资作为计发基数的，可以参照统筹地区上年度职工平均工资作为计发基数。

（7）未参加工伤保险的建设项目，职工发生工伤事故，依法由职工所在用人单位支付工伤保险待遇，施工总承包单位、建设单位承担连带责任；用人单位和承担连带责任的施工总承包单位、建设单位不支付的，由工伤保险基金先行支付。

（8）建设单位、施工总承包单位或具有用工主体资格的分包单位将工程（业务）发包给不具备用工主体资格的组织或个人，该组织或个人招用的劳动者发生工伤的，发包单位与不具备用工主体资格的组织或个人承担连带赔偿责任。

5. 建筑意外伤害保险

根据《建筑法》规定，鼓励企业为从事危险作业的职工办理意外伤害保险，支付保险费。《建设工程安全生产管理条例》规定，施工单位应当为施工现场从事危险作业的人员办理意外伤害保险。意外伤害保险费由施工单位支付。实行施工总承包的，由总承包单位支付意外伤害保险费。意外伤害保险期限自建设工程开工之日起至竣工验收合格止。

保险费应当列入建筑安装工程费用。保险费由施工企业支付，施工企业不得向职工摊派。施工企业应在工程项目开工前，办理完投保手续。施工企业应当选择能提供建筑安全生产风险管理、事故防范等安全服务和有保险能力的保险公司，以保证事故后能及时补偿与事故前能主动防范。施工企业在投保时可与保险机构商定具体服务内容。

6.3.5 违法行为应承担的法律责任

1. 施工现场安全防护违法行为应承担的法律责任

根据《建筑法》规定，建筑施工企业违反本法规定，对建筑安全事故隐患不采取措施予以消除的，责令改正，可以处以罚款；情节严重的，责令停业整顿，降低资质等级或者吊销资质证书；构成犯罪的，依法追究刑事责任。

根据《建设工程安全生产管理条例》的规定，施工单位有下列行为之一的，责令限期改正；逾期未改正的，责令停业整顿，并处 5 万元以上 10 万元以下的罚款；造成重大安全事故，构成犯罪的，对直接责任人员，依照《刑法》中的规定追究刑事责任。

（1）施工前未对有关安全施工的技术要求作出详细说明的。

（2）未根据不同施工阶段和周围环境及季节、气候的变化，在施工现场采取相应的安全施工措施，或者在城市市区内的建设工程的施工现场未实行封闭围挡的。

（3）在尚未竣工的建筑物内设置员工集体宿舍的。

（4）施工现场临时搭建的建筑物不符合安全使用要求的。

（5）未对因建设工程施工可能造成损害的毗邻建筑物、构筑物和地下管线等采取专项防护措施的。

施工单位有以上规定第（4）项和第（5）项行为，造成损失的，依法承担赔偿责任。

根据《安全生产法》规定，生产经营单位有下列行为之一的，责令限期改正，处五万元以下的罚款；逾期未改正的，处 5 万元以上 20 万元以下的罚款，对其直接负责的主管人员和其他直接责任人员处 1 万元以上 2 万元以下的罚款；情节严重的，责令停产停业整顿；构成犯罪的，依照《刑法》中的有关规定追究刑事责任：

（1）未在有较大危险因素的生产经营场所和有关设施、设备上设置明显的安全警示标志的。

（2）安全设备的安装、使用、检测、改造和报废不符合国家标准或者行业标准的。

（3）未对安全设备进行经常性维护、保养和定期检测的。

（4）关闭、破坏直接关系生产安全的监控、报警、防护、救生设备、设施，或者篡改、隐瞒、销毁其相关数据、信息的。

（5）未为从业人员提供符合国家标准或者行业标准的劳动防护用品的。

（6）危险物品的容器、运输工具，以及涉及人身安全、危险性较大的海洋石油开采特种设备和矿山井下特种设备未经具有专业资质的机构检测、检验合格，取得安全使用证或者安全标志，投入使用的。

（7）使用应当淘汰的危及生产安全的工艺、设备的。

（8）餐饮等行业的生产经营单位使用燃气未安装可燃气体报警装置的。

🔗 知识链接

根据《建设工程安全生产管理条例》的规定，施工单位有下列行为之一的，责令限期改正；逾期未改正的，责令停业整顿，并处 10 万元以上 30 万元以下的罚款；情节严重的，降低资质等级，直至吊销资质证书；造成重大安全事故，构成犯罪的，对直接责任人员，依照刑法有关规定追究刑事责任；造成损失的，依法承担赔偿责任。

（1）安全防护用具、机械设备、施工机具及配件在进入施工现场前未经查验或者查验不合格即投入使用的。

（2）使用未经验收或者验收不合格的施工起重机械和整体提升脚手架、模板等自升式架设设施的。

（3）委托不具有相应资质的单位承担施工现场安装、拆卸施工起重机械和整体提升脚手架、模板等自升式架设设施的。

（4）在施工组织设计中未编制安全技术措施、施工现场临时用电方案或者专项施工方案的。

2. 施工单位安全费用违法行为应承担的法律责任

根据《企业安全生产费用提取和使用管理办法》的规定，企业未按本办法提取和使用安全费用的，安全生产监督管理部门、煤矿安全监察机构和行业主管部门会同财政部门责令其限期改正，并依照相关法律法规进行处理、处罚。建设工程施工总承包单位未向分包单位支付必要的安全费用，以及承包单位挪用安全费用的，由建设、交通运输、铁路、水利、安全生产监督管理、煤矿安全监察等主管部门依照相关法规、行政法规处理、处罚。

 知识链接

> 施工单位挪用安全防护、文明施工措施费用的，由县级以上建设主管部门依据《建设工程安全生产管理条例》规定，责令限期整改，处挪用费用 20% 以上 50% 以下的罚款；造成损失的，依法承担赔偿责任。

根据《建筑工程安全防护、文明施工措施费用及使用管理规定》的规定，建设单位未按本规定支付安全防护、文明施工措施费用的，由县级以上建设行政主管部门依据《建设工程安全生产管理条例》规定，责令限期整改；逾期未改正的，责令该建设工程停止施工。

3. 特种设备安全违法行为应承担的法律责任

根据《中华人民共和国特种设备安全法》（以下简称《特种设备安全法》）规定，特种设备安装、改造、修理的施工单位在施工前未书面告知负责特种设备安全监督管理的部门即行施工的，或者在验收后 30 日内未将相关技术资料和文件移交特种设备使用单位的，责令限期改正；逾期未改正的，处 1 万元以上 10 万元以下罚款。

特种设备的制造、安装、改造、重大修理及锅炉清洗过程，未经监督检验的，责令限期改正；逾期未改正的，处 5 万元以上 20 万元以下罚款；有违法所得的，没收违法所得；情节严重的，吊销生产许可证。

特种设备生产单位有下列行为之一的，责令限期改正；逾期未改正的，责令停止生产，处 5 万元以上 50 万元以下罚款；情节严重的，吊销生产许可证。

（1）不再具备生产条件、生产许可证已经过期或者超出许可范围生产的。

（2）明知特种设备存在同一性缺陷，未立即停止生产并召回的。

《特种设备安全法》

特种设备生产单位生产、销售、交付国家明令淘汰的特种设备的，责令停止生产、销售，没收违法生产、销售、交付的特种设备，处 3 万元以上 30 万元以下罚款；有违法所得的，没收违法所得。特种设备生产单位涂改、倒卖、出租、出借生产许可证的，责令停止生产，处 5 万元以上 50 万元以下罚款；情节严重的，吊销生产许可证。

 知识链接

> 根据《消防法》的规定，有下列行为之一的，责令改正，处 5 千元以上 5 万元以下罚款。
> （1）消防设施、器材或者消防安全标志的配置、设置不符合国家标准、行业标准，或者未保持完好有效的。

（2）损坏、挪用或者擅自拆除、停用消防设施、器材的。

（3）占用、堵塞、封闭疏散通道、安全出口或者有其他妨碍安全疏散行为的。

（4）埋压、圈占、遮挡消火栓或者占用防火间距的。

（5）占用、堵塞、封闭消防车通道，妨碍消防车通行的。

（6）人员密集场所在门窗上设置影响逃生和灭火救援的障碍物的。

（7）对火灾隐患经消防救援机构通知后不及时采取措施消除的。

根据《建设工程消防设计审查验收管理暂行规定》规定，违反本规定的行为，依照《建筑法》《消防法》《建设工程质量管理条例》等法律、行政法规给予处罚；构成犯罪的，依法追究刑事责任。建设、设计、施工、工程监理、技术服务等单位及其从业人员违反有关建设工程法律法规和国家工程建设消防技术标准，除依法给予处罚或者追究刑事责任外，还应当依法承担相应的民事责任。

《建设工程消防设计审查验收管理暂行规定》

4. 施工现场消防安全违法行为应承担的法律责任

根据《消防法》的规定，有下列行为之一的，由住房城乡建设主管部门责令改正或者停止施工，并处1万元以上10万元以下罚款。

（1）建设单位要求建筑设计单位或者建筑施工企业降低消防技术标准设计、施工的。

（2）建筑设计单位不按照消防技术标准强制性要求进行消防设计的。

（3）建筑施工企业不按照消防设计文件和消防技术标准施工，降低消防施工质量的。

（4）监理单位与建设单位或者建筑施工企业串通，弄虚作假，降低消防施工质量的。

《消防法》

5. 施工现场食品安全违法行为应承担的法律责任

根据《食品安全法》的规定，违反本法规定，未取得食品生产经营许可从事食品生产经营活动，或者未取得食品添加剂生产许可从事食品添加剂生产活动的，由县级以上人民政府食品安全监督管理部门没收违法所得和违法生产经营的食品、食品添加剂以及用于违法生产经营的工具、设备、原料等物品；违法生产经营的食品、食品添加剂货值金额不足1万元的，并处5万元以上10万元以下罚款；货值金额1万元以上的，并处货值金额10倍以上20倍以下罚款。

明知从事前款规定的违法行为，仍为其提供生产经营场所或者其他条件的，由县级以上人民政府食品安全监督管理部门责令停止违法行为，没收违法所得，并处5万元以上10万元以下罚款；使消费者的合法权益受到损害的，应当与食品、食品添加剂生产经营者承担连带责任。

《食品安全法》

6. 工伤保险违法行为应承担的法律责任

根据《工伤保险条例》的规定，用人单位、工伤职工或者其近亲属骗取工伤保险待遇，医疗机构、辅助器具配置机构骗取工伤保险基金支出的，由社会保险行政部门责令退还，处骗取金额2倍以上5倍以下的罚款；情节严重，构成犯罪的，依法追究刑事责任。

用人单位依照本条例规定应当参加工伤保险而未参加的，由社会保险行政部门责令限期参加，补缴应当缴纳的工伤保险费，并自欠缴之日起，按日加收万分之五的滞纳金；逾期仍不缴纳的，处欠缴数额 1 倍以上 3 倍以下的罚款。依照本条例规定应当参加工伤保险而未参加工伤保险的用人单位职工发生工伤的，由该用人单位按照本条例规定的工伤保险待遇项目和标准支付费用。用人单位参加工伤保险并补缴应当缴纳的工伤保险费、滞纳金后，由工伤保险基金和用人单位依照本条例的规定支付新发生的费用。用人单位违反本条例的规定，拒不协助社会保险行政部门对事故进行调查核实的，由社会保险行政部门责令改正，处 2 000 元以上 2 万元以下的罚款。

🎯 案例应用6-3

➤案例简介

某建筑公司在城市市区承担某购物中心工程项目施工，在施工现场周边设置了 2 m 高的围挡，但因施工时间较长而管理疏忽，有几处已出现破洞。某一天，有两名 12 岁淘气的男孩从破洞处钻入工地现场玩耍，不小心被施工现场堆放的模板等材料碰伤，引起孩子家长与该建筑公司的赔偿纠纷。

➤问题

1. 本案例中的建筑公司是否存在违法行为？
2. 该违法行为应当承担哪些法律责任？

➤案例评析

1. 《建设工程安全生产管理条例》中规定，在城市市区内的建设工程，施工单位应当对施工现场实行封闭围挡。本案例中的某建筑公司虽然对施工现场设置了围挡，但由于疏于管理和维护，使围挡出现多处孔洞而未能真正形成封闭，违反了上述规定。

2. 《建设工程安全生产管理条例》中规定，施工单位有下列行为之一的，责令限期改正；逾期未改正的，责令停业整顿，并处 5 万元以上 10 万元以下的罚款；造成重大安全事故，构成犯罪的，对直接责任人员，依照刑法有关规定追究刑事责任：①施工前未对有关安全施工的技术要求作出详细说明的；②未根据不同施工阶段和周围环境及季节、气候的变化，在施工现场采取相应的安全施工措施，或者在城市市区内的建设工程的施工现场未实行封闭围挡的；③在尚未竣工的建筑物内设置员工集体宿舍的；④施工现场临时搭建的建筑物不符合安全使用要求的；⑤未对因建设工程施工可能造成损害的毗邻建筑物、构筑物和地下管线等采取专项防护措施的。施工单位有前款规定第④项、第⑤项行为，造成损失的，依法承担赔偿责任。

据此，政府主管部门应当依法对施工单位责令限期改正；逾期未改正的，责令停业整顿，并处 5 万元以上 10 万元以下的罚款。至于孩子家长所提出的赔偿问题，在《建设工程安全生产管理条例》中并未就此作出规定，而《民法典》中也无相应的明确规定。孩子擅入施工现场而受伤，孩子家长作为监护人未能尽到监护责任，是有重大过失的；建筑施工单位管理不到位，致使施工现场的围挡没有真正形成封闭，也是有一定责任的。双方如不能协商解决，可以起诉到法院裁决。

《民法典》

6.4　施工安全事故的应急救援与调查处理

施工安全事故是指在工程建设过程中由于责任过失造成工程倒塌或报废、机械设备毁坏和安全设施失当，造成人身伤亡或者重大经济损失的事故。国务院应急管理部门牵头建立全国统一的生产安全事故应急救援信息系统，国务院交通运输部、住房和城乡建设部、水利部、民航部等有关部门和县级以上地方人民政府建立健全相关行业、领域、地区的生产安全事故应急救援信息系统，实现互联互通、信息共享，通过推行网上安全信息采集、安全监管和监测预警，提升监管的精准化、智能化水平。

《中共中央、国务院关于推进安全生产领域改革发展的意见》中指出，完善事故调查处理机制。坚持问责与整改并重，充分发挥事故查处对加强和改进安全生产工作的促进作用。事故调查处理应当坚持实事求是、尊重科学的原则，及时、准确地查清楚事故经过、事故原因和事故损失，查明事故性质，认定事故责任，总结事故教训，提出整改措施，并对事故责任者依法追究责任。建立事故调查分析技术支撑体系，所有事故调查报告要设立技术和管理问题专篇，详细分析原因并全文发布，认真做好解释工作。

6.4.1　生产安全事故的等级划分标准

根据《生产安全事故报告和调查处理条例》的规定，根据生产安全事故（以下简称"事故"）造成的人员伤亡或者直接经济损失。生产安全事故的等级划分标准见表6-6。

表6-6　生产安全事故的等级划分标准

划分标准 事故级别	死亡人数	重伤人数	直接经济损失
特别重大事故	人数≥30人	人数≥100人	金额≥1亿元
重大事故	10人≤人数<30人	50人≤人数<100人	5 000万元≤金额<1亿元
较大事故	3人≤人数<10人	10人≤人数<50人	1 000万元≤金额<5 000万元
一般事故	人数<3人	人数<10人	金额<1 000万元

事故等级的划分包括人身、经济和社会三个要素，可以单独适用。人身要素就是人员伤亡的数量。施工生产安全事故危害的最严重后果，就是造成人员的死亡和重伤。人员伤亡数量被列为事故分级的第一要素。经济要素就是直接经济损失的数额。施工生产安全事故不仅会造成人员伤亡，往往还会造成直接经济损失。要保护国家、单位和人民群众的财产权，还应根据造成直接经济损失的多少来划分事故等级。社会要素就是社会影响。在实践中，有些生产安全事故的伤亡人数、直接经济损失数额虽然达不到法定标准，但是造成了恶劣的社会影响、政治影响和国际影响，也应当列为特殊事故进行调查处理。

6.4.2　施工生产安全事故应急救援预案的规定

建设工程施工生产安全事故多具有突发性、群体性等特点，施工单位应根据工程项目类型特点等做好事前控制措施，针对可能发生事故的类别、性质、特点和范围等，事先制定当事故发生时有关的组织、技术措施和其他应急措施，做好充分的应急救援准备工作，并采取系列主动控制措施，既可以降低安全事故发生的概率，又可以在事故发生时，能及时组织有效抢救，防止事故扩大，减少人员伤亡和财产损失。

根据《安全生产法》的规定，县级以上地方各级人民政府应当组织有关部门制订本行政区域内生产安全事故应急救援预案，建立应急救援体系。生产经营单位应当制订本单位生产安全事故应急救援预案，与所在地县级以上地方人民政府组织制订的生产安全事故应急救援预案相衔接，并定期组织演练。危险物品的生产、经营、储存单位，以及矿山、金属冶炼、城市轨道交通运营、建筑施工单位应当建立应急救援组织；生产经营规模较小的，可以不建立应急救援组织，但应当指定兼职的应急救援人员。

> 🔗 **知识链接**
>
> 根据《建设工程安全生产管理条例》的规定，施工单位应当制订本单位生产安全事故应急救援预案，建立应急救援组织或者配备应急救援人员，配备必要的应急救援器材、设备，并定期组织演练。

施工单位应当根据建设工程施工的特点、范围，对施工现场易发生重大事故的部位、环节进行监控，制订施工现场生产安全事故应急救援预案。实行施工总承包的，由总承包单位统一组织编制建设工程生产安全事故应急救援预案，总承包单位与分包单位按照应急救援预案，各自建立应急救援组织或者配备应急救援人员，配备救援器材、设备，并定期组织演练。

6.4.3 施工生产安全事故报告及采取相应措施的规定

根据《建筑法》的规定，施工中发生事故时，建筑施工企业应当采取紧急措施减少人员伤亡和事故损失，并按照国家有关规定及时向有关部门报告。

根据《建设工程安全生产管理条例》的规定，施工单位发生生产安全事故，应当按照国家有关伤亡事故报告和调查处理的规定，及时、如实地向负责安全生产监督管理的部门、住房城乡建设主管部门或者其他有关部门报告；特种设备发生事故的，还应当同时向特种设备安全监督管理部门报告。实行施工总承包的建设工程由总承包单位负责上报事故。

1. 建设工程施工生产安全事故报告的基本要求

根据《安全生产法》的规定，生产经营单位发生生产安全事故后，事故现场有关人员应当立即报告本单位负责人。单位负责人接到事故报告后，应当迅速采取有效措施，组织抢救，防止事故扩大，减少人员伤亡和财产损失，并按照国家有关规定立即如实报告当地负有安全生产监督管理职责的部门，不得隐瞒不报、谎报或迟报，不得故意破坏事故现场、毁灭有关证据。

（1）事故报告的时间。根据《生产安全事故报告和调查处理条例》的规定，事故发生后，事故现场有关人员应当立即向本单位负责人报告；单位负责人接到报告后，应当于 1 h 内向事故发生地县级以上人民政府安全生产监督管理部门和负有安全生产监督管理职责的有关部门报告。情况紧急时，事故现场有关人员可以直接向事故发生地县级以上人民政府安全生产监督管理部门和负有安全生产监督管理职责的有关部门报告。

《生产安全事故报告和调查处理条例》

安全生产监督管理部门和负有安全生产监督管理职责的有关部门接到事故报告后，应当依照下列规定上报事故情况，并通知公安机关、劳动保障行政部门、工会和人民检察院：

1）特别重大事故、重大事故逐级上报至国务院安全生产监督管理部门和负有安全生产监督管理职责的有关部门。

2）较大事故逐级上报至省、自治区、直辖市人民政府安全生产监督管理部门和负有安全生产监督管理职责的有关部门。

3）一般事故上报至设区的市级人民政府安全生产监督管理部门和负有安全生产监督管理职责的有关部门。

安全生产监督管理部门和负有安全生产监督管理职责的有关部门逐级上报事故情况，每级上报的时间不得超过 2 h。

施工安全事故现场是指安全事故具体发生地点及事故能够影响和波及的区域以及该区域内的物品、痕迹等所处的状态。施工安全事故有关人员主要是指事故发生单位在事故现场的有关工作人员，可以是事故的负伤者，也可以是在事故现场的其他工作人员。立即报告是指在事故发生后的第一时间用最快捷的报告方式进行报告。所谓单位负责人，可以是事故发生单位的主要负责人，也可以是事故发生单位主要负责人以外的其他分管安全生产工作的副职领导或其他负责人。

安全生产监督管理部门和负有安全生产监督管理职责的有关部门依照前款规定上报事故情况，应当同时报告本级人民政府。国务院安全生产监督管理部门和负有安全生产监督管理职责的有关部门，以及省级人民政府接到发生特别重大事故、重大事故的报告后，应当立即报告国务院。必要时，安全生产监督管理部门和负有安全生产监督管理职责的有关部门可以越级上报事故情况。

（2）事故报告的内容。根据《生产安全事故报告和调查处理条例》规定，报告事故应当包括下列内容。

1）事故发生单位概况。

2）事故发生的时间、地点及事故现场情况。

3）事故的简要经过。

4）事故已经造成或者可能造成的伤亡人数（包括下落不明的人数）和初步估计的直接经济损失。

5）已经采取的措施。

6）其他应当报告的情况。

（3）事故补报的要求。根据《生产安全事故报告和调查处理条例》规定，当事故报告后出现新情况的，应当及时补报。自事故发生之日起 30 日内，事故造成的伤亡人数发生变化的，应当及时补报。道路交通事故、火灾事故自发生之日起 7 日内，事故造成的伤亡人数发生变化的，应当及时补报。

2. 建设项目发生施工生产安全事故后应采取的相应措施

根据《安全生产法》的规定，生产经营单位发生生产安全事故时，单位的主要负责人应当立即组织抢救，并不得在事故调查处理期间擅离职守。

知识链接

　　根据《建设工程安全生产管理条例》第五十一条的规定，发生生产安全事故后，施工单位应当采取措施防止事故扩大，保护事故现场。需要移动现场物品时，应当做出标记和书面记录，妥善保管有关证物。

当建设工程发生安全事故时，有关单位负责人和相关人员应重点做好应急救援工作和事故现场保护工作。

（1）组织应急抢救工作。根据《生产安全事故报告和调查处理条例》规定，事故发生单位负责人接到事故报告后，应当立即启动事故相应应急预案，或者采取有效措施，组织抢救，防止事故扩大，减少人员伤亡和财产损失。

（2）妥善保护事故现场。根据《生产安全事故报告和调查处理条例》的规定，事故发生后，有关单位和人员应当妥善保护事故现场及相关证据，任何单位和个人不得破坏事故现场、毁灭相关证据。

因抢救人员、防止事故扩大及疏通交通等原因，需要移动事故现场物件的，应当作出标志，绘制现场简图并作出书面记录，妥善保存现场重要痕迹、物证。

事故现场是追溯判断发生事故原因和事故责任人责任的客观物质基础。因此，保护好事故现场不被破坏是进行准确事故调查和责任确认的重要基础。从事故报告到相关人员赶赴事故现场，需要一定时间，在此时间内如因事故救援、险情控制等方面可能会对现场造成一定程度的破坏，由此妥善保护事故现场尤为重要。

确因特殊情况需要移动事故现场物件需满足以下条件。

1）抢救人员、防止事故扩大及疏通交通的需要。

2）经事故单位负责人或者组织事故调查的安全生产监督管理部门和负有安全生产监督管理职责的有关部门同意。

3）作出标志，绘制现场简图，拍摄现场照片，对被移动物件贴上标签，并作出书面记录。

6.4.4　违法行为应承担的法律责任

施工安全事故应急救援与调查处理违法行为应承担的主要法律责任如下。

1. 制定事故应急救援预案违法行为应承担的法律责任

根据《特种设备安全监察条例》规定，特种设备使用单位有下列情形之一的，由特种设备安全监督管理部门责令限期改正；逾期未改正的，处 2 000 元以上 2 万元以下罚款；情节严重的，责令停止使用或者停产停业整顿。

根据《生产安全事故应急预案管理办法》的规定，生产经营单位应急预案未按照本办法规定备案的，由县级以上安全生产监督管理部门给予警告，并处 3 万元以下罚款。

2. 事故报告及采取相应措施违法行为应承担的法律责任

根据《安全生产法》的规定，生产经营单位主要负责人在本单位发生重大生产安全事故时，不立即组织抢救或者在事故调查处理期间擅离职守或者逃匿的，给予降职、撤职的处分，对逃匿的处 15 日以下拘留；构成犯罪的，依照刑法有关规定追究刑事责任。生产经营单位主要负责人对生产安全事故隐瞒不报、谎报或者拖延不报的，依照以上规定处罚。

根据《生产安全事故报告和调查条例》的规定，事故发生单位主要负责人有下列行为之一的，处上 1 年年收入 8%～40% 的罚款；属于国家工作人员的，并依法给予处分；构成犯罪的，依法追究刑事责任：不立即组织事故抢救的；迟报或者漏报事故的；在事故调查处理期间擅离职守的。

事故发生单位及其有关人员有下列行为之一的，对事故发生单位处 100 万元以上 500 万以下罚款；对主要负责人、直接负责的主管人员和其他直接责任人员处上 1 年年收入 60％～100％的罚款；属于国家工作人员的，并依法给予处分；构成违反治安管理行为的，由公安机关依法给予治安管理处罚；构成犯罪的，依法追究刑事责任。

（1）谎报或者瞒报事故的。

（2）伪造或者故意破坏事故现场的。

（3）转移、隐匿资金、财产，或者销毁有关证据、资料的。

（4）拒绝接受调查或者拒绝提供有关情况和资料的。

（5）在事故调查中作伪证或者指使他人作伪证的。

（6）事故发生后逃匿的。

3. 事故调查违法行为应承担的法律责任

根据《生产安全事故报告和调查处理条例》的规定，参与事故调查的人员在事故调查中有下列行为之一的，依法给予处分；构成犯罪的，依法追究刑事责任。

《生产安全事故报告和调查处理条例》

（1）对事故调查工作不负责任，致使事故调查工作有重大疏漏的。

（2）包庇、袒护负有事故责任的人员或者借机打击报复的。

4. 事故责任单位及主要负责人应承担的法律责任

根据《安全生产法》的规定，生产经营单位发生生产安全事故造成人员伤亡、他人财产损失的，应当依法承担赔偿责任；拒不承担或者其负责人逃匿的，由人民法院依法强制执行。生产安全事故的责任人未依法承担赔偿责任，经人民法院依法采取执行措施后，仍不能对受害人给予足额赔偿的，应当继续履行赔偿义务；受害人发现责任人有其他财产的，可以随时请求人民法院执行。

根据《生产安全事故报告和调查处理条例》的规定，事故发生单位对事故发生负有责任的，依照下列规定处以罚款。

（1）发生一般事故的，处 10 万元以上 20 万元以下的罚款。

（2）发生较大事故的，处 20 万元以上 50 万元以下的罚款。

（3）发生重大事故的，处 50 万元以上 200 万元以下的罚款。

（4）发生特别重大事故的，处 200 万元以上 500 万元以下的罚款。

🔗 **知识链接**

事故发生单位主要负责人未依法履行安全生产管理职责，导致事故发生的，依照下列规定处以罚款；属于国家工作人员的，并依法给予处分；构成犯罪的，依法追究刑事责任。

（1）发生一般事故的，处上 1 年年收入 30％的罚款。

（2）发生较大事故的，处上 1 年年收入 40％的罚款。

（3）发生重大事故的，处上 1 年年收入 60％的罚款。

（4）发生特别重大事故的，处上 1 年年收入 80％的罚款。

事故发生单位对事故发生负有责任的，由有关部门依法暂扣或者吊销其有关证照；对事故发生单位负有事故责任的有关人员，依法暂停或者撤销其与安全生产有关的执业资格、岗位证书；事故发生单位主要负责人受到刑事处罚或者撤职处分的，自刑罚执行完毕或者受处分之日起，5 年内不得担任任何生产经营单位的主要负责人。

🎯 案例应用6-4

▷案例简介

在某住宅小区的工地上，一台载满作业工人的施工升降机在上升过程中突然失控冲顶，从 100 m 的高处坠落，造成施工升降机上的 8 名施工人员全部随机坠落而遇难的惨剧。

▷问题

1. 本案例中的事故应当定为何等级？
2. 在事故发生后，施工单位应当依法采取哪些措施？

▷案例评析

1.《生产安全事故报告和调查处理条例》规定："较大事故，是指造成 3 人以上 10 人以下死亡，或者 10 人以上 50 人以下重伤，或者 10 000 万元以上 5 000 万元以下直接经济损失的事故。"据此，本案例中的事故应当定为较大事故。

2. 在事故发生后，施工单位应当按照《生产安全事故报告和调查处理条例》第九条、第十四条、第十六条和《建设工程安全生产管理条例》第五十条、第五十一条的规定采取下列措施。

（1）报告事故。事故发生后，事故现场有关人员应当立即向本单位负责人报告；单位负责人接到报告后，应当于 1 h 内向事故发生地县级以上人民政府安全生产监督管理部门、住房城乡建设主管部门或者其他有关部门报告。特种设备发生事故的，还应当同时向特种设备安全监督管理部门报告。情况紧急时，事故现场有关人员可以直接向事故发生地县级以上人民政府安全生产监督管理部门、住房城乡建设主管部门或者其他有关部门报告。实行施工总承包的建设工程，由总承包单位负责上报事故。

（2）启动事故应急预案，组织抢救。事故发生单位负责人接到事故报告，应立即启动事故相应应急预案，或采取有效措施，组织抢救，防止事故扩大，减少人员伤亡和财产损失。

（3）事故现场保护。有关单位和人员应当妥善保护事故现场及相关证据，任何单位和个人不得破坏事故现场、毁灭相关证据。因抢救人员、防止事故扩大及疏通交通等原因，需要移动事故现场物件的，应当作出标志，绘制现场简图并作出书面记录，妥善保存现场重要痕迹、物证。

6.5 建设单位和相关单位的建设工程安全责任制度

根据《建设工程安全生产管理条例》的规定，建设单位、勘察单位、设计单位、施工单位、工程监理单位及其他与建设工程安全生产有关的单位，必须遵守安全生产法律、法规的规定，保证建设工程安全生产，依法承担建设工程安全生产责任。

建设工程安全生产的重点是施工现场，其主要责任单位是施工单位，但与施工活动密切相关单位的活动也都影响着施工安全。因此，有必要对所有与建设工程施工活动有关的单位的安全责任作出明确规定。

6.5.1 建设单位相关的安全责任

建设单位是建设工程项目的投资方或建设方，在整个工程建设中居于主导地位。《建设工程安全生产管理条例》中明确规定，建设单位必须遵守安全生产法律、行政法规的规定，保证建设工程安全生产，依法承担建设工程安全生产责任。建设单位的安全责任见表6-7。

表6-7　建设单位的安全责任

单位主体	安全责任
建设单位	（1）依法办理有关批准手续。 （2）向施工单位提供真实、准确和完整的有关资料。 （3）不得提出违法要求和随意压缩合同工期。 （4）确定建设工程安全作业环境及安全施工措施所需费用。 （5）不得要求购买、租赁和使用不符合安全施工要求的用具设备等。 （6）申领施工许可证应当提供有关安全施工措施的资料。 （7）装修工程和拆除工程的规定。 （8）建设工程违法行为应承担的法律责任

1. 依法办理有关批准手续

根据《建筑法》的规定，有下列情形之一的，建设单位应当按照国家有关规定办理申请批准手续。

（1）需要临时占用规划批准范围以外场地的。

（2）可能损坏道路、管线、电力、邮电通信等公共设施的。

（3）需要临时停水、停电、中断道路交通的。

（4）需要进行爆破作业的。

（5）法律、法规规定需要办理报批手续的其他情形。

2. 向施工单位提供真实、准确和完整的有关资料

根据《建筑法》的规定，建设单位应当向建筑施工企业提供与施工现场相关的地下管线资料，建筑施工企业应当采取措施加以保护。

《建设工程安全生产管理条例》中进一步规定，建设单位应当向施工单位提供施工现场及毗邻区域内供水、排水、供电、供气、供热、通信、广播电视等地下管线资料，气象和水文观测资料，相邻建筑物和构筑物、地下工程的有关资料，并保证资料的真实准确、完整。

3. 不得提出违法要求和随意压缩合同工期

根据《建设工程安全生产管理条例》的规定，建设单位不得对勘察、设计、施工、工程监理等单位提出不符合建设工程安全生产法律、法规和强制性标准规定的要求，不得压缩合同约定的工期。

4. 确定建设工程安全作业环境及安全施工措施所需费用

根据《建设工程安全生产管理条例》的规定，建设单位在编制工程概算时，应当确定建设工程安全作业环境及安全施工措施所需费用。多年的实践表明，要保障施工安全生产，必须有合理的安全投入。因此，建设单位在编制工程概算时就应当合理确定保障建设工程施工安全所

需的费用，并依法足额向施工单位提供。

5. 不得要求购买、租赁和使用不符合安全施工要求的用具设备等

根据《建设工程安全生产管理条例》的规定，建设单位不得明示或者暗示施工单位购买、租赁、使用不符合安全施工要求的安全防护用具、机械设备、施工机具及配件、消防设施和器材。

6. 申领施工许可证应当提供有关安全施工措施的资料

根据《建筑法》的规定，申请领取施工许可证应当具备的条件之一，就是"有保证工程质量和安全的具体措施"。

根据《建设工程安全生产管理条例》规定，建设单位在领取施工许可证时，应当提供建设工程有关安全施工措施的资料。依法批准开工报告的建设工程，建设单位应当自开工报告批准之日起 15 日内，将保证安全施工的措施报送建设工程所在地的县级以上地方人民政府住房城乡建设主管部门或者其他有关部门备案。

7. 装修工程和拆除工程的规定

根据《建筑法》的规定，涉及建筑主体和承重结构变动的装修工程，建设单位应当在施工前委托原设计单位或者具有相应资质条件的设计单位提出设计方案；没有设计方案的，不得施工。房屋拆除应当由具备保证安全条件的建筑施工单位承担。

《建设工程安全生产管理条例》中进一步规定，建设单位应当将拆除工程发包给具有相应资质等级的施工单位。建设单位应当在拆除工程施工 15 日前，将下列资料报送建设工程所在地的县级以上地方人民政府住房城乡建设主管部门或者其他有关部门备案。

（1）施工单位资质等级证明。

（2）拟拆除建筑物、构筑物及可能危及毗邻建筑的说明。

（3）拆除施工组织方案。

（4）堆放、清除废弃物的措施。

8. 建设工程违法行为应承担的法律责任

根据《建设工程安全生产管理条例》的规定，建设单位未提供建设工程安全生产作业环境及安全施工措施所需费用的，责令限期改正；逾期未改正的，责令该建设工程停止施工。建设单位未将保证安全施工的措施或者拆除工程的有关资料报送有关部门备案的，责令其限期改正并给予警告。

6.5.2　勘察、设计单位相关的安全责任

工程勘察、设计作为工程建设的重要环节，对于保障安全施工有着重要的影响。勘察、设计等单位相关的安全责任见表 6-8。

表 6-8　勘察、设计等单位相关的安全责任

单位主体	安全责任
勘察单位	勘察单位应当按照工程建设强制性标准进行勘察，提供的文件应当真实、准确、满足建设工程安全生产的需要
设计单位	（1）按照法律、法规和工程建设强制性标准进行设计。 （2）提出防范生产安全事故的指导意见和措施建议。 （3）对设计成果承担责任

1. 勘察单位的安全责任

根据《建设工程安全生产管理条例》的规定，勘察单位应按照法律、法规和工程建设强制性标准进行勘察，提供的勘察文件应当真实、准确，满足建设工程安全生产的需要。勘察单位在勘察作业时，应当严格执行操作规程，采取措施保护各类管线、设施和周边建筑物、构筑物的安全。

2. 设计单位的安全责任

工程设计是工程建设的灵魂。在建设工程项目确定后，工程设计就成为工程建设中最重要、最关键的环节，对安全施工有着重要的影响。

（1）按照法律、行政法规和工程建设强制性标准进行设计。根据《建设工程安全生产管理条例》的规定，设计单位应当按照法律、法规和工程建设强制性标准进行设计，防止因设计不合理导致生产安全事故的发生。

工程建设强制性标准是工程建设技术和经验的总结与积累，对保证建设工程质量和安全起着至关重要的作用。从一些生产安全事故的原因分析，涉及设计单位责任的，主要是没有按照强制性标准进行设计，由于设计不合理导致施工过程中发生了安全事故。因此，设计单位在设计过程中必须考虑施工生产安全，严格执行强制性标准。

（2）提出防范生产安全事故的指导意见和措施建议。根据《建设工程安全生产管理条例》的规定，设计单位应当考虑施工安全操作和防护的需要，对涉及施工安全的重点部位和环节在设计文件中注明，并对防范生产安全事故提出指导意见。采用新结构、新材料、新工艺的建设工程和特殊结构的建设工程，设计单位应当在设计中提出保障施工作业人员安全和预防生产安全事故的措施建议。

（3）对设计成果承担责任。根据《建设工程安全生产管理条例》的规定，设计单位和注册建筑师等注册执业人员应当对其设计负责。

"谁设计，谁负责"是国际通行做法。如果由于设计责任造成事故的，设计单位要承担法律责任，还要对造成的损失进行赔偿。建筑师、结构工程师等注册执业人员应当在设计文件上签字盖章，对设计文件负责，也要承担相应的法律责任。

3. 勘察、设计单位应承担的法律责任

根据《建设工程安全生产管理条例》的规定，勘察、设计单位有下列行为之一的，责令限期改正，处 10 万元以上 30 万元以下的罚款；情节严重的，责令停业整顿，降低资质等级，直至吊销资质证书；造成重大安全事故，构成犯罪的，对直接责任人员，依照刑法有关规定追究刑事责任；造成损失的，依法承担赔偿责任。

（1）未按照法律、行政法规和工程建设强制性标准进行勘察、设计的。

（2）采用新结构、新材料、新工艺的建设工程和特殊结构的建设工程，设计单位未在设计中提出保障施工作业人员安全和预防生产安全事故的措施建议的。

注册执业人员未执行法律、法规和工程建设强制性标准的，责令停止执业 3 个月以上 1 年以下；情节严重的，吊销执业资格证书，5 年内不予注册；造成重大安全事故的，终身不予注册；构成犯罪的，依照刑法有关规定追究刑事责任。

6.5.3　工程监理、检验检测单位相关的安全责任

工程监理、检验检测单位相关的安全责任见表 6-9。

表 6-9　工程监理、检验检测单位相关的安全责任

单位主体	安全责任
监理单位	（1）对安全技术措施或专项方案进行审查。 （2）依法对施工安全事故隐患进行处理。 （3）承担建设工程安全生产的监理责任
设备检验检测单位	特种设备检验、检测机构及其检验、检测人员应当客观、公正、及时地出具检验、检测报告，并对结果和鉴定结论负责

1. 工程监理单位的安全责任

（1）对安全技术措施或专项方案进行审查。根据《建设工程安全生产管理条例》的规定，工程监理单位应当审查施工组织设计中的安全技术措施或者专项施工方案是否符合工程建设强制性标准。

（2）依法对施工安全事故隐患进行处理。根据《建设工程安全生产管理条例》的规定，工程监理单位在实施监理过程中，发现存在安全事故隐患的，应当要求施工单位整改；情况严重的，应当要求施工单位暂时停止施工，并及时报告建设单位。施工单位拒不整改或者不停止施工的，工程监理单位应当及时向有关主管部门报告。

（3）承担建设工程安全生产的监理责任。根据《建设工程安全生产管理条例》的规定，工程监理单位和监理工程师应当按照法律、法规和工程建设强制性标准实施监理，并对建设工程安全生产承担监理责任。

2. 设备检验检测单位的安全责任

（1）检验检测机构对检测合格的施工起重机械和整体提升脚手架、模板等自升式架设设施，应当出具安全合格证明文件，并对检测结果负责。

（2）承担安全评价、认证、检测、检验的机构应当具备国家规定的资质条件，并对其作出的安全评价、认证、检测、检验的结果负责。

（3）起重机械的安装、改造、重大修理过程，应当经特种设备检验机构安装安全技术规范的要求进行监督检验；未经监督检验或者监督检验不合格的，不得出厂或者交付使用。

 知识链接

　　根据《特种设备安全法》第九十五条第一款的规定，违反本法规定，特种设备生产、经营、使用单位或者检验、检测机构拒不接受负责特种设备安全监督管理的部门依法实施的监督检查的，责令限期改正；逾期未改正的，责令停产停业整顿，处2万元以上20万元以下罚款。

6.5.4　机械设备等单位相关的安全责任

1. 出租机械设备和施工机具及配件单位的安全责任

出租机械设备和施工机具及配件应当具有生产（制造）许可证、产品合格证。出租单位应当对出租的机械设备和施工机具及配件的安全性能进行检测，在签订租赁协议时，应当出具检测合格证明。禁止出租检测不合格的机械设备和施工机具及配件。建筑起重机械不得出租、使

用的情形见表6-10。

表6-10　建筑起重机械不得出租、使用的情形

	属国家明令淘汰或者禁止使用的	
不得出租、使用	超过安全技术标准或者制造厂家规定的使用年限的	予以报废办理注销手续
	经检验达不到安全技术标准规定的	
	没有完整安全技术档案的	
	没有齐全有效的安全保护装置的	

2. 施工起重机械和自升式架设设施安装、拆卸单位的安全责任

施工起重机械是指施工中用于垂直升降或者垂直升降并水平移动重物的机械设备，如塔式起重机、施工外用电梯、物料提升机等。自升式架设设施是指通过现有装置可将自身升高的架设设施，如整体提升脚手架、模板等。

《建筑起重机械安全
监督管理规定》

（1）安装、拆卸施工起重机械和自升式架设设施必须具备相应的资质。根据《建设工程安全生产管理条例》的规定，在施工现场安装、拆卸施工起重机械和整体提升脚手架、模板等自升式架设设施，必须由具有相应资质的单位承担。

（2）编制安装、拆卸方案和现场监督。根据《建设工程安全生产管理条例》的规定，安装、拆卸施工起重机械和整体提升脚手架、模板等自升式架设设施，应当编制拆装方案、制订安全施工措施，并由专业技术人员现场监督。

根据《建筑起重机械安全监督管理规定》的规定，建筑起重机械使用单位和安装单位应当在签订的建筑起重机械安装、拆卸合同中明确双方的安全生产责任。实行施工总承包的，施工总承包单位应当与安装单位签订建筑起重机械安装、拆卸工程安全协议书。

> **知识链接**
>
> 根据《建筑起重机械安全监督管理规定》第十二条的规定，安装单位应当履行下列安全职责。
>
> （1）按照安全技术标准及建筑起重机械性能要求，编制建筑起重机械安装、拆卸工程专项施工方案，并由本单位技术负责人签字。
>
> （2）按照安全技术标准及安装使用说明书等检查建筑起重机械及现场施工条件。
>
> （3）组织安全施工技术交底并签字确认。
>
> （4）制订建筑起重机械安装、拆卸工程生产安全事故应急救援预案。
>
> （5）将建筑起重机械安装、拆卸工程专项施工方案，安装、拆卸人员名单，安装、拆卸时间等材料报施工总承包单位和监理单位审核后，告知工程所在地县级以上地方人民政府建设主管部门。

（3）出具自检合格证明、进行安全使用说明、办理验收手续的责任。根据《建设工程安全生产管理条例》的规定，施工起重机械和整体提升脚手架、模板等自升式架设设施安装完毕后，安装单位应当自检，出具自检合格证明，并向施工单位进行安全使用说明，办理验收手续并签字。

根据《建筑起重机械安全监督管理规定》第十七条的规定,使用单位应当自建筑起重机械安装验收合格之日起 30 日内,将建筑起重机械安装验收资料、建筑起重机械安全管理制度、特种作业人员名单等,向工程所在地县级以上地方人民政府建设主管部门办理建筑起重机械使用登记。登记标志置于或者附着于该设备的显著位置。

根据《建筑起重机械安全监督管理规定》的规定,建筑起重机械安装完毕后,使用单位应当组织出租、安装、监理等有关单位进行验收,或者委托具有相应资质的检验检测机构进行验收。建筑起重机械经验收合格后方可投入使用,未经验收或者验收不合格的不得使用。实行施工总承包的,由施工总承包单位组织验收。建筑起重机械在验收前应当经有相应资质的检验检测机构监督检验合格。检验检测机构和检验检测人员对检验检测结果、鉴定结论依法承担法律责任。

(4)依法对施工起重机械和自升式架设设施进行检测。根据《建设工程安全生产管理条例》的规定,施工起重机械和整体提升脚手架、模板等自升式架设设施的使用达到国家规定的检验检测期限的,必须经具有专业资质的检验检测机构检测。经检测不合格的,不得继续使用。

(5)机械设备等单位违法行为应承担的法律责任。根据《建设工程安全生产管理条例》的规定,为建设工程提供机械设备和配件的单位,未按照安全施工的要求配备齐全有效的保险、限位等安全设施和装置的,责令限期改正,处合同价款 1 倍以上 3 倍以下的罚款;造成损失的,依法承担赔偿责任。

出租单位出租未经安全性能检测或者经检测不合格的机械设备和施工机具及配件的,责令停业整顿,并处 5 万元以上 10 万元以下的罚款;造成损失的,依法承担赔偿责任。

知识链接

根据《建设工程安全生产管理条例》第六十一条的规定,违反本条例的规定,施工起重机械和整体提升脚手架、模板等自升式架设设施安装、拆卸单位有下列行为之一的,责令限期改正,处 5 万元以上 10 万元以下的罚款;情节严重的,责令停业整顿,降低资质等级,直至吊销资质证书;造成损失的,依法承担赔偿责任。

(1)未编制拆装方案、制订安全施工措施的。

(2)未由专业技术人员现场监督的。

(3)未出具自检合格证明或者出具虚假证明的。

(4)未向施工单位进行安全使用说明,办理移交手续的。

6.5.5 政府主管部门安全监督管理的相关规定

政府主管部门安全监督管理的相关规定见表 6-11。

表 6-11　政府主管部门安全监督管理的相关规定

序号	项目	内容
1	建设工程安全生产的监督管理体制	（1）国务院负责安全生产监督管理的部门负责综合监督管理。 （2）住房城乡国务院建设主管部门对全国的建设工程安全生产实施监督管理。 （3）国务院铁路、交通、水利等有关部门按照国务院规定的职责分工，负责有关专业建设工程安全生产的监督管理
2	政府主管部门对安全施工措施的审查	（1）在审核发放施工许可证时，应当对建设工程是否有安全施工措施进行审查。 （2）审查时不得收费，没有安全施工措施的，不得颁发施工许可证
3	政府主管部门履行职责时有权采取的措施	（1）要求提供安全生产的文件和资料。 （2）进入施工现场进行检查。 （3）纠正施工中违反安全生产要求的行为。 （4）发现的安全事故隐患，责令立即排除，重大安全事故隐患排除前或者排除过程中无法保证安全的，责令从危险区域内撤出作业人员或者暂时停止施工
4	组织制定特大事故应急救援预案	县级以上政府组织制定本行政区域内特大生产安全事故应急救援预案，建立应急救援体系
5	重大生产安全事故抢救	地方政府和负有安全生产监督管理职责的部门负责人接到重大生产安全事故报告后，应立即赶到事故现场组织抢救工作
6	淘汰严重危及施工安全的工艺设备材料	国家对严重危及施工安全的工艺、设备、材料实行淘汰制度
7	受理检举、控告和投诉	县级以上政府建设主管部门应及时受理对建设工程生产安全事故及安全事故隐患的检举、控告和投诉

案例应用6-5

➤案例简介

某市招待所决定对 2 层砖混结构的住宿楼进行局部的拆装改建和重新装修，并将拆改和装修工程包给一个无资质的劳务队。该项工程未经有资质的建筑设计单位设计，也没有办理相关手续，仅由劳务队负责人口述了其施工方案，便开始组织施工。该劳务队负责人在现场指挥 4 人在 2 楼施工作业，安排 2 人在一楼施工作业。有 1 名工人在修凿砖柱（剩余墙体）时，突然发生坍塌，导致屋面梁和整个屋面板全部倒塌，劳务队施工人员全体被埋压。

➤问题

1. 本案例中建设单位有何违法行为？
2. 建设单位应当承担哪些法律责任？

➤案例评析

用匠心焊铸桥梁
传奇——王中美

1. 本案例中的建设单位主要有 3 项违法行为。

（1）未依法委托有资质的设计单位。根据《建筑法》第四十九条的规定，涉及建筑主体和承重结构变动的装修工程，建设单位应当在施工前委托原设计单位或者具有相应资质条件的设计单位提出设计方案；没有设计方案的，不得施工。

（2）将拆改和装修工程发包给一个无资质的劳务队。根据《建设工程安全生产管理条例》第十一条第一款的规定，建设单位应当将拆除工程发包给具有相应资质等级的施工单位。

（3）未依法办理拆除工程施工前的备案手续。根据《建设工程安全生产管理条例》第十一条第二款的规定，建设单位应当在拆除工程施工15日前，将下列资料报送建设工程所在地的县级以上地方人民政府住房城乡建设主管部门或者其他有关部门备案：施工单位资质等级证明；拟拆除建筑物、构筑物及可能危及毗邻建筑的说明；拆除施工组织方案；堆放、清除废弃物的措施。

2. 根据《建筑法》第七十条的规定，违反本法规定，涉及建筑主体或者承重结构变动的装修工程擅自施工的，责令改正，处以罚款；造成损失的，承担赔偿责任；构成犯罪的，依法追究刑事责任。《建设工程安全生产管理条例》第五十四条第二款规定，建设单位未将保证安全施工的措施或者拆除工程的有关资料报送有关部门备案的，责令限期改正，给予警告。《建设工程安全生产管理条例》第五十五条规定，违反本条例的规定，建设单位有下列行为之一的，责令限期改正，处20万元以上50万元以下的罚款；造成重大安全事故，构成犯罪的，对直接责任人员，依照刑法有关规定追究刑事责任；造成损失的，依法承担赔偿责任：对勘察、设计、施工、工程监理等单位提出不符合安全生产法律、法规和强制性标准规定的要求的；要求施工单位压缩合同约定的工期的；将拆除工程发包给不具有相应资质等级的施工单位的。据此，对建设单位应当责令改正，处以罚款，并依据事故等级和所造成损失，依法追究直接负责人员的刑事责任，依法承担赔偿责任。

小结

国家对建筑施工企业实行安全生产许可制度。建筑施工企业未取得安全生产许可证的，不得从事建筑施工活动。安全生产许可证的有效期为3年。安全生产许可证有效期满需要延期的，企业应当于期满前3个月向原安全生产许可证颁发管理机关办理延期手续。建筑施工企业变更名称、地址、法定代表人等，应当在变更后10日内到原安全生产许可证颁发管理机关办理安全生产许可证变更手续。未取得安全生产许可证擅自进行生产的，责令停止生产，没收违法所得并处10万元以上50万元以下的罚款；造成重大事故或者其他严重后果，构成犯罪的，依法追究刑事责任。建筑施工企业隐瞒有关情况或者提供虚假材料申请安全生产许可证的，不予受理或者不予颁发安全生产许可证，并给予警告，1年内不得申请安全生产许可证。建筑工程安全生产管理必须坚持安全第一、预防为主的方针，建立健全安全生产的责任制度和群防群治制度。建筑施工企业应当建立健全劳动安全生产教育培训制度，加强对职工安全生产的教育培训；未经安全生产教育培训的人员，不得上岗作业。施工安全生产必须坚持"安全第一、预防为主、综合治理"的方针。项目负责人是工程项目质量安全管理的第一责任人，应对工程项目落实带班制度负责。垂直运输机械作业人员、安装拆卸工、爆破作业人员、起重信号工、登高架设作业人员等特种作业人员必须按照国家有关规定经过专门的安全作业培训，并取得特种作业操作资格证书后，方可上岗作业。建筑企业要对新职工进行至少32学时的安全培训，每年进行至少20学时的再培训。机关、团体、企业事业单位法定代表人是本单位消防安全第一责任人。工伤保险是强制保险。意外伤害保险费由施工单位支付。根据生产安全事故造成的人员伤亡或者直接经济损失，生产安全事故的等级划分为特别重大事故、重大事故、较大事故和一般事故4个等级。建设单位、勘察单位、设计单位、施工单位、工程监理单位及其他与建设工程安全生产有关的单位，必须遵守安全生产法律、行政法规的规定，保证建设工程安全生产，依法承担建设工程安全生产责任。

 **巩固训练**

一、单项选择题

1. 下列安全生产条件中属于建筑施工企业取得安全生产许可证应当具备的条件是（　　　）。
   A. 有职业危害应急救援预案，并配备必要的应急救援器材和设备
   B. 管理人员和作业人员每年至少进行2次安全生产教育培训并考核合格
   C. 特种作业人员经有关业务主管部门考核合格，取得特种作业操作资格证书
   D. 设置安全生产管理机构，按照有关规定配备兼职安全生产管理人员

2. 下列关于建筑施工企业安全生产许可证的说法中正确的是（　　　）。
   A. 企业在安全生产许可证有效期内未发生死亡事故的，安全生产许可证自动续期
   B. 安全生产许可证的有效期为5年
   C. 安全生产许可证有效期满前30日可以向原颁发管理机关办理延期手续
   D. 安全生产许可证遗失补办，由申请人告知资质许可机关，由资质许可机关在官网发布信息

3. 下列安全生产责任中属于建设工程项目专职安全生产管理人员职责的是（　　　）。
   A. 组织制订并实施生产安全事故应急救援预案
   B. 保证本单位安全投入的有效实施
   C. 督促检查危险性较大工程的安全生产工作，及时消除生产安全事故隐患
   D. 现场监督危险性较大工程安全专项施工方案实施情况

4. 建筑施工企业负责人要定期带班检查、每月检查时间不少于其工作日的（　　　）。
   A. 15%　　　　　　B. 10%　　　　　　C. 25%　　　　　　D. 30%

5. 下列关于施工企业专职安全生产管理人员职责的说法，正确的是（　　　）。
   A. 如实记录安全生产教育和培训情况　　　B. 组织制定本单位安全生产操作规程
   C. 编制安全专项施工方案　　　　　　　　D. 建立健全本单位安全生产责任制

6. 根据《安全生产法》的规定，施工企业从业人员发现安全事故隐患，应当及时向（　　　）报告。
   A. 安全生产监督管理部门或者住房城乡建设主管部门
   B. 现场安全生产管理人员或者项目负责人
   C. 现场安全生产管理人员或者施工企业负责人
   D. 县级以上人民政府或者建设行政主管部门

7. 根据《建设工程安全生产管理条例》的规定，不属于施工总承包单位应承担的生产责任的是（　　　）。
   A. 统一组织编制建设工程生产安全应急救援预案
   B. 负责向有关部门上报施工生产安全事故
   C. 自行完成建设工程主体结构的施工
   D. 施工总承包单位与分包单位之间约定责任与法定责任相抵触时，以约定责任为准

8. 某工程的施工现场，施工人员发现脚手架有倒塌的危险时，停止作业并撤离现场。这是《安全生产法》规定从业人员所拥有的（　　　）。
   A. 拒绝作业权　　　B. 紧急避险权　　　C. 应急处理权　　　D. 回避求救权

9. 根据《安全生产许可证条例》的规定，必须持特种作业操作证书上岗的人员是（　　）。

    A. 项目经理　　　　　B. 兼职安全员　　　　　C. 建筑架子工　　　　　D. BIM 系统操作员

10. 根据国家有关消防法规和建设工程安全生产法规，施工单位应当建立现场消防组织，并且至少每（　　）组织 1 次演练。

    A. 季度　　　　　　　B. 半年　　　　　　　　C. 1 年　　　　　　　　D. 两年

11. 某工程项目工期为 12 个月，其中合同价款中安全防护、文明施工措施费用为 100 万元。在合同没有约定或约定不明情况下，建设单位预付该部分费用最低应为（　　）万元。

    A. 10　　　　　　　　B. 20　　　　　　　　　C. 30　　　　　　　　　D. 50

12. 某施工企业职员在工程施工中受伤。该职工认为应属于工伤，用人单位不认为是工伤的，则应由（　　）承担举证责任。

    A. 职工本人　　　　　　　　　　　　　B. 工伤治疗机构

    C. 社会保险行政部门　　　　　　　　　D. 用人单位

13. 根据《建设工程安全生产管理条例》规定，工程监理单位在实施监理过程中，发现存在安全事故隐患且情况严重的，应当（　　）。

    A. 要求施工单位整改，并及时报告有关主管部门

    B. 要求施工单位整改，并及时报告建设单位

    C. 要求施工单位暂时停止施工，并及时报告有关主管部门

    D. 要求施工单位暂时停止施工，并及时报告建设单位

14. 安全生产监督管理部门的下述做法正确的是（　　）。

    A. 要求施工单位购买其认可的安全防护用品

    B. 在安全设备检验时，仅收取检验成本费

    C. 在检查中发现事故隐患，责令立即排除

    D. 在检查中发现从业人员未戴安全帽，即要求停工整顿

15. 根据《建筑起重机械安全监督管理规定》的规定，下列关于建筑起重机械安装单位安全责任的说法中正确的是（　　）。

    A. 安装单位应当与建设单位签订建筑起重机械安装工程安全协议书

    B. 施工总承包企业不负责对建筑起重机械安装工程专项施工方案进行审查

    C. 待建筑起重器械安装完毕，建设主管部门应当参加验收

    D. 待建筑起重机械安装完毕，安装单位应当自检，出具自检合格证明

二、多项选择题

1. 根据《安全生产许可证条例》规定，企业取得安全生产许可证应当具备的条件有（　　）。

    A. 管理人员和作业人员每年至少进行 1 次安全生产教育培训并考核合格

    B. 依法为施工现场从事危险作业人员办理意外伤害保险，为从业人员交纳保险费

    C. 保证本单位安全生产条件所需资金的投入

    D. 有职业危害防治措施，并为作业人员配置符合相关标准的安全防护用具和安全防护服装

    E. 依法办理了建筑工程一切险及第三者责任险

2. 建筑施工企业应当定期组织（　　）排查每个工程项目的重大隐患。

    A. 安全生产管理人员　　　　　　　　B. 建设单位

    C. 监理单位　　　　　　　　　　　　D. 工程技术人员

    E. 其他相关人员

3. 下列关于建筑施工企业负责人带班检查说法中正确的有（　　）。

    A. 超过一定规模的危险性较大的分部分项工程施工时，施工企业负责人应到施工现场进行带班检查

    B. 工程出现险情或发现重大隐患时，施工企业负责人应到施工现场带班检查

    C. 应认真做好检查记录，并分别在企业和工程项目所在地建设行政主管部门存档备案

    D. 建筑施工企业负责人要定期带班检查，每月检查时间不少于其工作日的20%

    E. 对于有分公司的企业集团，集团负责人因故不能到现场的，可口头通知工程所在地的分公司负责人带班检查

4. 施工单位主要负责人的安全责任主要包括（　　）。

    A. 建立、健全本单位安全生产责任制

    B. 参与拟定本单位安全生产规章制度和操作规程

    C. 保证本单位安全生产投入的有效实施

    D. 组织制订并实施本单位的生产安全事故应急救援预案

    E. 及时、如实报告生产安全事故

5. 根据《建筑施工企业安全生产管理机构设置及专职安全生产管理人员配备办法》的规定，建筑施工总承包资质序列企业应满足的条件有（　　）。

    A. 特级资质不少于6人　　　　　　　B. 一级资质不少于4人

    C. 一级资质不少于3人　　　　　　　D. 二级和二级以下资质企业不少于3人

    E. 二级和二级以下资质企业不少于2人

6. 下列关于施工单位项目负责人安全生产责任的说法中正确的有（　　）。

    A. 制定施工单位安全生产责任制度　　B. 对建设工程项目的安全施工负责

    C. 落实安全生产规章制度　　　　　　D. 确保安全生产费用的有效使用

    E. 及时如实报告生产安全事故

7. 施工作业人员应当享有的安全生产权利有（　　）。

    A. 获得防护用品权　　B. 获得保险赔偿权　　C. 拒绝违章指挥权　　D. 安全生产决策权

    E. 紧急避险权

8. 下列关于安全专项施工方案审核的说法中正确的有（　　）。

    A. 专项方案应当由施工企业技术部门组织本企业施工技术、安全、质量等部门的专项技术人员进行审核

    B. 专项方案经审查合格的，由施工企业安全部门负责人签字

    C. 实行施工总承包的，专项方案应当由总承包企业技术负责人及相关专业承包单位技术负责人签字

    D. 不需专家论证的专项方案，经施工企业审核合格后报监理单位，由项目总监理工程师审核签字

    E. 超过一定规模的危险性较大的分部分项工程专项方案应当由施工企业组织召开专家论证会

9. 根据《工伤保险条例》的规定,可以认定为工伤或者视同工伤的有(   )。

A. 李某取得革命伤残军人证后到企业工作,旧伤复发

B. 张某患病后,精神抑郁,酗酒过度,需要治疗

C. 杨某在开车下班途中发生交通事故受伤,而该事故的责任认定书中认定杨某对此负次要责任

D. 陈某在工作场所与上司发生摩擦,一怒之下拿起剪刀刺伤了自己胸前的皮肤

E. 牛某因失恋,上班时间爬到公司楼顶跳楼自杀

10. 设计单位的安全责任包括(   )。

A. 按照法律、行政法规和工程建设强制性标准进行设计

B. 提出防范安全生产事故的指导意见和措施建议

C. 对安全技术措施或专项施工方案进行审查

D. 依法对施工安全事故隐患进行处理

E. 对设计成果承担责任

三、简答题

1. 建筑施工企业取得安全生产许可证,应当具备下列安全生产条件有哪些?

2. 施工单位主要负责人的安全生产责任包括哪些内容?

3. 建设工程项目安全生产领导小组的主要职责是什么?

4. 简述生产安全事故的等级划分标准。

5. 为保证建设工程安全生产,建设单位的安全责任包括哪些内容?

四、案例分析题

➤案例简介

某建筑公司中标某医院工程。在进行水电安装作业时,项目经理部安排民工为其线路沟进行打眼作业。由于作业面没有临时电源而无法进行工作,只得等待增设电源,这时,负责打眼的一名民工不听劝阻,擅自将电钻的电源强行与相邻的一根碘钨灯电源线相接,在连接时不慎触电事故,造成施工现场5人死亡,6人重伤,直接经济损失2 000万元。经事故调查,该项目部安全管理不到位,没有统一协调部署,施工前的准备工作滞后,没有给职工营造良好的工作环境。缺乏对职工进行安全生产有关法律、法规知识的培训教育,落实制度不严格,造成施工人员在法律知识和安全意识上淡漠,违章冒险蛮干。

➤问题

1. 我国生产安全事故的等级划分标准包括哪些内容?本案例属于什么等级事故?

2. 简要分析造成这起事故的原因。

3. 施工项目负责人的安全生产责任有哪些内容?

4. 为避免安全生产事故的发生,应当如何加强建筑安全生产管理?

案例评析

工作手册 7　建设工程施工环境保护、节约能源和文物保护制度

绿色建筑创新奖

世界上最大的
宫殿——故宫

🎯 学习目标

通过学习，熟悉环境保护的基本制度、水污染防治、大气污染防治、环境噪声污染防治、固体废物污染环境防治；熟悉节约能源制度，环境影响评价制度；了解文物保护的相关制度。

🎯 学习要求

职业能力目标	知识要点	权重
熟悉施工现场环境保护制度	环境保护基本制度、水污染防治、大气污染防治、环境噪声污染防治、固体废物污染环境防治	40%
熟悉施工节约能源制度	合理使用与节约能源的一般规定，建筑节能的规定，施工节能的规定，节能技术进步与激励措施	30%
了解施工文物保护制度	国家保护的文物范围，在文物保护单位保护范围和建设控制地带施工的规定，施工发现文物报告和保护的规定	30%

🎯 案例导入

➤案例简介

接群众举报，××市生态环境局执法人员对××成品油销售有限公司进行执法检查。经查，××成品油销售有限公司经营范围为汽油、柴油、润滑油的零售。根据《固定污染源排污许可分类管理名录》的规定，其属于"四十二、零售业 52-100：汽车、摩托车、零配件和燃料及其他动力销

案例评析

售 52-位于城市建成区的加油站"类，实行排污许可简化管理，需申请取得排污许可证。该公司未取得排污许可证开展经营活动，违法排放颗粒物、SO_2 等大气污染物，COD、氨氮等水污

染物。

> **问题**

1. 成品油销售有限公司违反了哪些规定?
2. 办理排污许可证申领需要提供哪些材料?
3. 生态环境主管部门可以采取的处罚措施有哪些?

7.1 施工现场环境保护制度

7.1.1 施工现场噪声污染的防治

噪声是指在工业生产、建筑施工、交通运输和社会生活中产生的干扰周围生活环境的声音。所谓噪声污染,是指超过噪声排放标准或者未依法采取防控措施产生噪声,并干扰他人正常生活、工作和学习的现象。噪声污染防治应当坚持统筹规划、源头防控、分类管理、社会共治、损害担责的原则。施工现场噪声污染的防治标准及申报工作见表 7-1。

表 7-1 施工现场噪声污染的防治标准及申报工作

噪声标准		夜间 (22:00—6:00) 55 dB (A) 昼间 (6:00—22:00) 70 dB (A)
申报	时间	开工前 15 日申报
	单位	施工单位
	部门	工程所在地县级以上地方人民政府生态环境主管部门
	内容	(1) 项目名称。 (2) 施工场所和期限。 (3) 可能产生的环境噪声值。 (4) 拟采取的降噪措施

1. 噪声污染防治的监督管理

《中华人民共和国噪声污染防治法》(以下简称《噪声污染防治法》)对噪声污染防治的监督管理作出以下规定。

(1) 排放噪声、产生振动,应当符合噪声排放标准及相关的环境振动控制标准和有关法律、行政法规、规章的要求。排放噪声的单位和公共场所管理者,应当建立噪声污染防治责任制度,明确负责人和相关人员的责任。

《噪声污染防治法》

(2) 新建、改建、扩建可能产生噪声污染的建设项目,应当依法进行环境影响评价。

(3) 建设项目的噪声污染防治设施应当与主体工程同时设计、同时施工、同时投产使用。建设项目在投入生产或使用之前,建设单位应当依照有关法律法规的规定,对配套建设的噪声污染防治设施进行验收,编制验收报告,并向社会公开。未经验收或验收不合格的,该建设项目不得投入生产或使用。

重要提示

在噪声敏感建筑物集中区域，禁止夜间进行产生噪声的建筑施工作业，但抢修、抢险施工作业，因生产工艺要求或者其他特殊需要必须连续施工作业的除外。

在城市市区范围内，建筑施工过程中使用机械设备，可能产生噪声污染的，施工单位必须在该工程开工 15 日以前向工程所在地县级以上地方人民政府环境保护部门申报该工程的项目名称、施工场所和期限、可能产生的环境噪声值及所采取的环境噪声污染防治措施。

（4）国家鼓励、支持低噪声工艺和设备的研究开发与推广应用，实行噪声污染严重的落后工艺和设备淘汰制度。国务院发展改革部门会同国务院有关部门确定噪声污染严重的工艺和设备淘汰期限，并纳入国家综合性产业政策目录。生产者、进口者、销售者或使用者应当在规定期限内停止生产、进口、销售或者使用列入前款规定目录的设备。工艺的采用者应当在规定期限内停止采用列入前款规定目录的工艺。

（5）生态环境主管部门和其他负有噪声污染防治监督管理职责的部门，有权对排放噪声的单位或场所进行现场检查。被检查者应当如实反映情况，提供必要的资料，不得拒绝或阻挠。实施检查的部门、人员对现场检查中知悉的商业秘密应当保密。检查人员进行现场检查，不得少于两人，并应当主动出示执法证件。

（6）在举行中等学校招生考试、高等学校招生统一考试等特殊活动期间，地方人民政府或者其指定的部门可以对可能产生噪声影响的活动，作出时间和区域的限制性规定，并提前向社会公告。

2. 工业噪声污染防治

《噪声污染防治法》对工业噪声污染防治作出了以下规定。

（1）工业企业选址应当符合国土空间规划以及相关规划要求，县级以上地方人民政府应当按照规划要求优化工业企业布局，防治工业噪声污染。

（2）排放工业噪声的企业事业单位和其他生产经营者，应当采取有效措施，减少振动、降低噪声，依法取得排污许可证或者填报排污登记表。实行排污许可管理的单位，不得无排污许可证排放工业噪声，并应当按照排污许可证的要求进行噪声污染防治。

知识链接

工业噪声，是指在工业生产活动中产生的干扰周围生活环境的声音。在噪声敏感建筑物集中区域，禁止新建排放噪声的工业企业，改建、扩建工业企业的，应当采取有效措施防止工业噪声污染。

（3）实行排污许可管理的单位应当按照规定，对工业噪声开展自行监测，保存原始监测记录，向社会公开监测结果，对监测数据的真实性和准确性负责。

3. 建筑施工噪声污染防治

《噪声污染防治法》对建筑施工噪声污染防治作出以下规定。

（1）在噪声敏感建筑物集中区域施工作业，应当优先使用低噪声施工工艺和设备。

（2）建设单位应当按照规定将噪声污染防治费用列入工程造价，在施工合同中明确施工单位的噪声污染防治责任。施工单位应当按照规定制订噪声污染防治实施方案，采取有效措施，减少振动、降低噪声。建设单位应当监督施工单位落实噪声污染防治实施方案。在噪声敏感建筑物集中区域施工作业，应当优先使用低噪声施工工艺和设备。在噪声敏感建筑物集中区域，禁止夜间进行产生噪声的建筑施工作业，但抢修、抢险施工作业，因生产工艺要求或者其他特殊需要必须连续施工作业的除外。因特殊需要必须连续施工作业的，应当取得地方人民政府住房和城乡建设部、生态环境主管部门或者地

《建筑施工场界环境噪声排放标准》

方人民政府指定的部门的证明，并在施工现场显著位置公示或者以其他方式公告附近居民。

重要提示

根据《建筑施工场界环境噪声排放标准》（GB 12523—2011）的规定，建筑施工场界环境的夜间是指 22：00 至次日 6：00；建筑施工场界环境噪声排放标准昼间不得超过 70 dB，夜间不得超过 55 dB。

7.1.2　施工现场大气污染的防治

防治大气污染，应当以改善大气环境质量为目标，坚持源头治理，规划先行，转变经济发展方式，优化产业结构和布局，调整能源结构。县级以上人民政府生态环境主管部门对大气污染防治实施统一监督管理。

《中华人民共和国大气污染防治法》（以下简称《大气污染防治法》）对施工现场大气污染防治作出的规定如下。

（1）建设单位应当将防治扬尘污染的费用列入工程造价，并在施工承包合同中明确施工单位扬尘污染防治责任。施工单位应当制订具体的施工扬尘污染防治实施方案。从事房屋建筑、市政基础设施建设、河道整治及建筑物拆除等施工单位，应当向负责监督管理扬尘污染防治的主管部门备案。

《大气污染防治法》

（2）施工单位应当在施工工地设置硬质围挡，并采取覆盖、分段作业、择时施工、洒水抑尘、冲洗地面和车辆等有效防尘降尘措施。建筑土方、工程渣土、建筑垃圾应当及时清运；在场地内堆存的，应当采用密闭式防尘网遮盖。工程渣土、建筑垃圾应进行资源化处理。

（3）施工单位应当在施工工地公示扬尘污染防治措施、负责人、扬尘监督管理主管部门等信息。

（4）暂时不能开工的建设用地，建设单位应当对裸露地面进行覆盖；超过 3 个月的，应当进行绿化、铺装或遮盖。

（5）禁止在人口集中地区和其他依法需要特殊保护的区域内焚烧沥青、油毡、橡胶、塑料、皮革、垃圾，以及其他产生有毒有害烟尘和恶臭气体的物质。

（6）运输煤炭、垃圾、渣土、砂石、土方、灰浆等散装、流体物料的车辆应当采取密闭或者其他措施防止物料遗撒造成扬尘污染，并按照规定路线行驶。装卸物料应当采取密闭或者喷淋等方式防治扬尘污染。

知识链接

　　施工现场大气污染的防治重点是防治烟尘污染。《绿色施工导则》中对于扬尘控制的规定如下。

　　(1) 运送土方、垃圾、设备及建筑材料等，不污损场外道路。运输容易散落、飞扬、流漏的物料的车辆，必须采取措施封闭严密，保证车辆清洁。施工现场出口应设置洗车槽。

　　(2) 土方作业阶段，采取洒水、覆盖等措施使作业区目测扬尘高度小于 1.5 m，并且不扩散到场区外。

　　(3) 结构施工、安装装饰装修阶段，作业区目测扬尘高度小于 0.5 m。

　　(4) 施工现场非作业区达到目测无扬尘的要求。

　　(5) 构筑物机械拆除前，做好扬尘控制计划。

　　(6) 构筑物爆破拆除前，做好扬尘控制计划。

　　(7) 在场界四周隔挡高度位置测得的大气总悬浮颗粒物（TSP）月平均浓度与城市背景值的差值不大于 0.08 mg/m³。

7.1.3　施工现场水污染的防治

　　水污染防治应当坚持预防为主、防治结合、综合治理的原则，优先保护饮用水水源，严格控制工业污染、城镇生活污染，防治农业面源污染，积极推进生态治理工程建设，预防、控制和减少水环境污染与生态破坏。对排污口的禁止性规定见表 7-2。

表 7-2　对排污口的禁止性规定

水域	法律规定
在饮用水水源保护区内	禁止设置排污口
在风景名胜区水体、重要渔业水体和其他具有特殊经济文化价值的水体的保护区内	不得新建排污口
在保护区附近新建排污口	应当保证保护区水体不受污染

　　《中华人民共和国水污染防治法》（以下简称《水污染防治法》）对施工现场水污染防治作出如下规定。

　　(1) 新建、改建、扩建直接或者间接向水体排放污染物的建设项目和其他水上设施，应当依法进行环境影响评价。建设项目的水污染防治设施应当与主体工程同时设计、同时施工、同时投入使用。

　　(2) 排放水污染物，不得超过国家或者地方规定的水污染物排放标准和重点水污染物排放总量控制指标。

《水污染防治法》

　　(3) 直接或者间接向水体排放工业废水和医疗污水，以及其他按照规定应当取得排污许可证方可排放的废水、污水的企业事业单位和其他生产经营者，应当取得排污许可证；城镇污水集中处理设施的运营单位，也应当取得排污许可证。排污许可证应当明确排放水污染物的种类、浓度、总量和排放去向等要求。排污许可的具体办法由国务院规定。

（4）禁止向水体排放油类、酸液、碱液或者剧毒废液。禁止在水体清洗装贮过油类或者有毒污染物的车辆和容器。

（5）禁止向水体排放、倾倒放射性固体废物或者含有高放射性和中放射性物质的废水。

（6）禁止向水体排放、倾倒工业废渣、城镇垃圾和其他废弃物。禁止将含有汞、镉、砷、铬、铅、氰化物、黄磷等的可溶性剧毒废渣向水体排放、倾倒或者直接埋入地下。存放可溶性剧毒废渣的场所，应当采取防水、防渗漏、防流失的措施。

（7）禁止利用渗井、渗坑、裂隙、溶洞，私设暗管，篡改、伪造监测数据，或者不正常运行水污染防治设施等逃避监管的方式排放水污染物。

（8）禁止利用无防渗漏措施的沟渠、坑塘等输送或者存贮含有毒污染物的废水、含病原体的污水和其他废弃物。

（9）兴建地下工程设施或者进行地下勘探、采矿等活动，应当采取防护性措施，防止地下水污染。人工回灌补给地下水，不得恶化地下水质。

（10）企业事业单位发生事故或者其他突发性事件，造成或者可能造成水污染事故的，应当立即启动本单位的应急方案，采取隔离等应急措施，防止水污染物进入水体，并向事故发生地的县级以上地方人民政府或者环境保护主管部门报告。

办理排污许可证申领
需要提供的材料

 知识链接

未取得排水许可证，排水户不得向城镇排水设施排放污水。

各类施工作业需要排水的，由建设单位申请领取排水许可证。

因施工作业需要向城镇排水设施排水的，排水许可证的有效期，由城镇排水主管部门根据排水状况确定，但不得超过施工期限。

排水户应当按照排水许可证确定的排水类别、总量、时限、排放口位置和数量、排放的污染物项目和浓度等要求排放污水。城镇排水主管部门实施排水许可不得收费。

7.1.4 施工现场固体废物污染的防治

国家对固体废物污染环境的防治，实行减少固体废物的产生量和危害性、充分合理利用固体废物和无害化处置固体废物的原则，促进清洁生产和循环经济发展。建设项目的环境影响评价文件确定需要配套建设的固体废物污染环境防治设施，必须与主体工程同时设计、同时施工、同时投入使用。固体废物污染防治相关要求见表7-3。

表7-3　固体废物污染防治相关要求

一般固体废物污染防治	转移固体废物出省、自治区、直辖市行政区域贮存、处置的，应当向固体废物移出地的环保部门提出申请。移出地环保部门应当商经接受地的环保部门同意后，方可批准转移该固体废物。未经批准的，不得转移
固体废物减量化和回收再利用	（1）加强建筑垃圾的回收再利用，力争建筑垃圾的再利用和回收率达到30%。 （2）建筑物拆除产生的废弃物的再利用和回收率大于40%。 （3）碎石类、土石方类建筑垃圾，力争再利用率大于50%

《中华人民共和国固体废物污染环境防治法》（以下简称《固体废物污染环境防治法》）对施工现场固体废物污染防治作出以下规定。

（1）产生固体废物的单位和个人，应当采取措施，防止或减少固体废物对环境的污染。

（2）收集、贮存、运输、利用、处置固体废物的单位和个人，必须采取防扬散、防流失、防渗漏或者其他防止污染环境的措施；不得擅自倾倒、堆放、丢弃、遗撒固体废物。禁止任何单位或者个人向江河、湖泊、运河、渠道、水库及其最高水位线以下的滩地和岸坡等法律、行政法规规定禁止倾倒、堆放废弃物的地点倾倒、堆放固体废物。

（3）转移固体废物出省、自治区、直辖市行政区域贮存、处置的，应当向固体废物移出地的省、自治区、直辖市人民政府环境保护行政主管部门提出申请。移出地的省、自治区、直辖市人民政府环境保护行政主管部门应当及时商经接受地的省、自治区、直辖市人民政府环境保护行政主管部门同意后，方可批准转移该固体废物出省、自治区、直辖市行政区域。未经批准的，不得转移。

（4）对危险废物的容器和包装物及收集、贮存、运输、处置危险废物的设施、场所，必须设置危险废物识别标志。

《固体废物污染
环境防治法》

（5）以填埋方式处置危险废物不符合国务院环境保护行政主管部门规定的，应当缴纳危险废物排污费。危险废物排污费用于污染环境的防治，不得挪作他用。

（6）收集、贮存、运输、处置危险废物的场所、设施、设备和容器、包装物及其他物品转作他用时，必须经过消除污染的处理，方可使用。

（7）产生、收集、贮存、运输、利用、处置危险废物的单位，应当制订意外事故的防范措施和应急预案，并向所在地县级以上地方人民政府环境保护行政主管部门备案；环境保护行政主管部门应当进行检查。

（8）因发生事故或者其他突发性事件，造成危险废物严重污染环境的单位，必须立即采取措施消除或者减轻对环境的污染危害，及时通报可能受到污染危害的单位和居民，并向所在地县级以上地方人民政府环境保护行政主管部门和有关部门报告，接受调查处理。

对于施工现场固体废物的减量化和回收再利用，《绿色施工导则》规定，制定建筑垃圾减量化计划，如住宅建筑，每万平方米的建筑垃圾不宜超过 400 t。

加强建筑垃圾的回收再利用，力争建筑垃圾的再利用和回收率达到 30%，建筑物拆除产生的废弃物的再利用和回收率大于 40%。对于碎石类、土石方类建筑垃圾，可采用地基填埋、铺路等方式提高再利用率，力争再利用率大于 50%。施工现场生活区设置封闭式垃圾容器，施工场地生活垃圾实行袋装化，及时清运。对建筑垃圾进行分类，并收集到现场封闭式垃圾站，集中运出。

《绿色施工导则》

根据《民法典》的规定，堆放物倒塌、滚落或者滑落造成他人损害，堆放人不能证明自己没有过错的，应当承担侵权责任。

案例应用7-1

➤案例简介

2024年5月22日××省环保局收到举报信，反映××县某水泥有限公司违法生产，污染严重，对周围居民造成极大影响。5月23日省环境监理总队接到省环保局转来的举报信后，5月24日派人和××县环保局共赴现场检查。在检查过程中约见了水泥公司的总经理张某和投诉人，经查明：水泥有限公司是当地招商企业，由张某等人投资200余万元兴建，2023年5月3日动工，2023年11月23日投产，截至2024年1月3日，未办理环保审批手续，也未办理工商营业执照。××县环保局曾于2023年10月18日对该公司下达了停止建设通知书。该公司从事水泥半成品加工，从其他厂家购买水泥熟料进行加工，生产425号硅酸盐水泥。该公司的主要生产设备是一台直径为2.2 m的球磨机，污染防治措施只有一套简易的布袋除尘装置。省环境监理总队建议责令水泥有限公司停止生产，按规定限期补办环保手续。

➤案例评析

1. ××省环保局认为水泥有限公司的行为，违反了《大气污染防治法》第七条规定，企业事业单位和其他生产经营者应当采取有效措施，防止、减少大气污染，对所造成的损害依法承担责任。

《环境保护法》

2. 《大气污染防治法》第九十九条规定，违反本法规定，有下列行为之一的，由县级以上人民政府生态环境主管部门责令改正或者限制生产、停产整治，并处10万元以上100万元以下的罚款；情节严重的，报经有批准权的人民政府批准，责令停业、关闭：（一）未依法取得排污许可证排放大气污染物的；（二）超过大气污染物排放标准或者超过重点大气污染物排放总量控制指标排放大气污染物的；（三）通过逃避监管的方式排放大气污染物的。因此，对某水泥厂作出如下行政处罚：①责令水泥厂立即停止生产；②处10万元罚款。

3. 《环境保护法》第四十一条规定，建设项目中防治污染的设施，应当与主体工程同时设计、同时施工、同时投产使用。防治污染的设施应当符合经批准的环境影响评价文件的要求，不得擅自拆除或者闲置。在本案例中，水泥厂违反该项制度，违反了《大气污染防治法》中的有关规定，依法应当承担法律责任。

7.2　施工节约能源制度

能源是指煤炭、石油、天然气、生物质能和电力、热力，以及其他直接或者通过加工、转换而取得有用能的各种资源。节约能源（以下简称节能）是指加强用能管理，采取技术上可行、经济上合理及环境和社会可以承受的措施，从能源生产到消费的各个环节，降低消耗、减少损失和污染物排放、制止浪费，有效、合理地利用能源。节约资源是我国的基本国策。国家实施节约与开发并举、把节约放在首位的能源发展战略。国家鼓励、支持开发和利用新能源、可再生能源。

在工程建设领域，节约能源主要包括建筑节能和施工节能两个方面。施工合理使用与节约能源的规定建筑节能是解决建设项目建成后使用过程中的节能问题。根据《民用建筑节能条例》的规定，民用建筑节能是指在保证民用建筑使用功能和室内热环境质量的前提下，降低其使用过程中能源消耗的活动。施工节能则是要解决施工过程中的节约能源问题，如《绿色施工导则》中规定，绿色施工是指工程建设中，在保证质量、安全等基本要求的前提下，通过科学管理和技术进步，最大限度地节约资源与减少对环境负面影响的施工活动，实现四节一环保（节能、节地、节水、节材和环境保护）。施工节约能源的相关规定见表 7-4。

《民用建筑节能条例》

表 7-4　施工节约能源的相关规定

规定类别	具体要求
节材	①鼓励使用散装水泥。 ②推广使用预拌混凝土和预拌砂浆。 ③禁止损毁耕地烧砖。 ④图纸会审时，要达到材料损耗率比定额损耗率降低 30%。 ⑤就地取材，施工现场 500 km 以内生产的建筑材料用量占建筑材料总质量的 70% 以上
节水	①优先采用中水搅拌、中水养护，有条件的地区应收集雨水养护。 ②处于基坑降水阶段的工地，宜优先采用地下水作为混凝土搅拌用水、养护用水、冲洗用水和部分生活用水。 ③现场机具、车辆冲洗，喷洒路面，绿化浇灌等用水优先采用非传统水源，尽量不使用市政自来水。 ④力争施工中非传统水源和循环水的再利用量大于 30%
节能	①制定合理施工能耗指标，提高施工能源利用率。 ②施工现场分别设定生产、生活、办公和施工设备的用电控制指标。 ③照明设计以满足最低照度为原则，照度不应超过最低照度的 20%
节地	①临时设施的占地面积应按用地指标所需的最低面积设计。 ②临时设施占地面积有效利用率大于 90%
环境保护	①遵守环境保护法律法规，采取有效措施防止环境污染。 ②减少施工噪声、扬尘、废水和固体废物的排放。 ③对施工现场进行定期环境监测，确保达标。 ④推广使用环保材料和施工工艺，减少其对环境的影响。 ⑤加强施工人员的环保意识和培训，确保环保措施的有效实施

7.2.1　合理使用与节约能源的一般规定

1. 节能的产业政策

根据《节约能源法》的规定，国家实行有利于节能和环境保护的产业政策，限制发展高耗能、高污染行业，发展节能环保型产业。

国家对落后的耗能过高的用能产品、设备和生产工艺实行淘汰制度。禁止使用国家明令淘汰的用能设备、生产工艺。国家鼓励企业制定严于国家标准、行业标准的企业节能标准。

《节约能源法》

2. 用能单位的法定义务

用能单位应当按照合理用能的原则，加强节能管理，制订并实施节能计划和节能技术措施，降低能源消耗。用能单位应当建立节能目标责任制，对节能工作取得成绩的集体、个人给予奖励。用能单位应当定期开展节能教育和岗位节能培训。用能单位应当加强能源计量管理，按照规定配备和使用经依法检定合格的能源计量器具。能源生产经营单位不得向本单位职工无偿提供能源。任何单位不得对能源消费实行包费制。

重要提示

关于建筑节能的规定如下。

（1）任何单位不得对能源消费实行包费制。

（2）临时设施占地面积有效利用率大于90%。

（3）不符合强制性节能标准的项目，依法负责项目审批或者核准的机关不得批准或者核准建设；建设单位不得开工建设；已经建成的，不得投入生产、使用。

3. 循环经济的法律要求

循环经济是指在生产、流通和消费等过程中进行的减量化、再利用、资源化活动的总称。减量化是指在生产、流通和消费等过程中减少资源消耗与废物产生；再利用是指将废物直接作为产品或者经修复、翻新、再制造后继续作为产品使用，或者将废物的全部或者部分作为其他产品的部件予以使用；资源化是指将废物直接作为原料进行利用或者对废物进行再生利用。

《循环经济促进法》

根据《中华人民共和国循环经济促进法》（以下简称《循环经济促进法》）规定，发展循环经济应当在技术可行、经济合理和有利于节约资源、保护环境的前提下，按照减量化优先的原则实施。在废物再利用和资源化过程中，应当保障生产安全，保证产品质量符合国家规定的标准，并防止产生再次污染。

7.2.2　建筑节能的规定

根据《节约能源法》的规定，国家实行固定资产投资项目节能评估和审查制度。不符合强制性节能标准的项目，建设单位不得开工建设；已经建成的，不得投入生产、使用。政府投资项目不符合强制性节能标准的，依法负责项目审批的机关不得批准建设。

《节约能源法》

国家鼓励在新建建筑和既有建筑节能改造中使用新型墙体材料等节能建筑材料与节能设备，安装和使用太阳能等可再生能源利用系统。建筑工程的建设、设计、施工和监理单位应当遵守建筑节能标准。不符合建筑节能标准的建筑工程，建设主管部门不得批准开工建设；已经开工建设的，应当责令停止施工、限期改正；已经建成的，不得销售或者使用。

重要提示

根据《循环经济促进法》的规定，国家鼓励利用无毒无害的固体废物生产建筑材料，鼓励使用散装水泥、推广使用预拌混凝土和预拌砂浆。禁止损毁耕地烧砖。

1. 采用太阳能、地热能等可再生能源

根据《民用建筑节能条例》的规定，国家鼓励和扶持在新建建筑与既有建筑节能改造中采用太阳能、地热能等可再生能源。在具备太阳能利用条件的地区，有关地方人民政府及其部门应当采取有效措施，鼓励和扶持单位、个人安装使用太阳能热水系统、照明系统、供热系统、采暖制冷系统等太阳能利用系统。

2. 新建建筑节能的规定

国家推广使用民用建筑节能的新技术、新工艺、新材料和新设备，限制使用或禁止使用能源消耗高的技术、工艺、材料和设备。国务院节能工作主管部门、建设主管部门应当制定、公布并及时更新推广使用、限制使用、禁止使用目录。

《民用建筑
节能条例》

国家限制进口或者禁止进口能源消耗高的技术、材料和设备。

建设单位、设计单位、施工单位不得在建筑活动中使用列入禁止使用目录的技术、工艺、材料和设备。

（1）施工图审查机构的节能义务。施工图设计文件审查机构应当按照民用建筑节能强制性标准对施工图设计文件进行审查；经审查不符合民用建筑节能强制性标准的，县级以上地方人民政府建设主管部门不得颁发施工许可证。

（2）建设单位的节能义务。建设单位不得明示或暗示设计单位、施工单位违反民用建筑节能强制性标准进行设计、施工，不得明示或暗示施工单位使用不符合施工图设计文件要求的墙体材料、保温材料、门窗、采暖制冷系统和照明设备。按照合同约定由建设单位采购墙体材料、保温材料、门窗、采暖制冷系统和照明设备的，建设单位应当保证其符合施工图设计文件要求。建设单位组织竣工验收应当对民用建筑是否符合民用建筑节能强制性标准进行查验；对不符合民用建筑节能强制性标准的，不得出具竣工验收合格报告。

（3）设计单位、施工单位、工程监理单位的节能义务。设计单位、施工单位、工程监理单位及其注册执业人员，应当按照民用建筑节能强制性标准进行设计、施工、监理。

施工单位应当对进入施工现场的墙体材料、保温材料、门窗、采暖制冷系统和照明设备进行查验；对不符合施工图设计文件要求的，不得使用。

 知识链接

根据《民法典》的规定，建筑物、构筑物或者其他设施及其搁置物、悬挂物发生脱落、坠落造成他人损害，所有人、管理人或者使用人不能证明自己没有过错的，应当承担侵权责任。所有人、管理人或者使用人赔偿后，有其他责任人的，有权向其他责任人追偿。

工程监理单位发现施工单位不按照民用建筑节能强制性标准施工的，应当要求施工单位改正；施工单位拒不改正的，工程监理单位应当及时报告建设单位，并向有关主管部门报告。墙体、屋面的保温工程施工时，监理工程师应当按照工程监理规范的要求，采取旁站、巡视和平行检验等形式实施监理。未经监理工程师签字，墙体材料、保温材料、门窗、采暖制冷系统和照明设备不得在建筑上使用或安装，施工单位不得进行下一道工序的施工。

3. 既有建筑节能的规定

既有建筑节能改造，是指对不符合民用建筑节能强制性标准的既有建筑的围护结构、供热系统、采暖制冷系统、照明设备和热水供应设施等实施节能改造的活动。

实施既有建筑节能改造时应当符合民用建筑节能强制性标准，优先采用遮阳、改善通风等低成本改造措施。既有建筑围护结构的改造和供热系统的改造，应当同步进行。

对实行集中供热的建筑进行节能改造，应当安装供热系统调控装置和用热计量装置；对公共建筑进行节能改造，还应当安装室内温度调控装置和用电分项计量装置。国家机关办公建筑的节能改造费用由县级以上人民政府纳入本级财政预算。国家鼓励社会资金投资既有建筑节能改造。

7.2.3 施工节能的规定

公民应当增强节约资源和保护环境意识，合理消费，节约资源。国家鼓励和引导公民使用节能、节水、节材和有利于保护环境的产品及再生产品，减少废物的产生量和排放量。建筑设计、建设、施工等单位应当按照国家有关规定和标准，对其设计、建设、施工的建筑物及构筑物采用节能、节水、节地、节材的技术工艺和小型、轻型、再生产品。有条件的地区，应当充分利用太阳能、地热能、风能等可再生能源。

《循环经济促进法》

1. 节材与材料资源利用

根据《循环经济促进法》的规定，国家鼓励利用无毒无害的固体废物生产建筑材料，鼓励使用散装水泥，推广使用预拌混凝土和预拌砂浆。禁止损毁耕地烧砖。在国务院或者省、自治区、直辖市人民政府规定的期限和区域内，禁止生产、销售和使用黏土砖。

💡**重要提示**

（1）进行图纸会审时，应审核节材与材料资源利用的相关内容，达到材料损耗率比定额损耗率降低30%。

（2）施工现场500 km以内生产的建筑材料用量占建筑材料总质量的70%。

《绿色施工导则》中进一步对节材与材料资源利用的技术要点作出规定。

（1）降低材料损耗率；减少库存。

（2）应就地取材，防止损坏和遗撒；避免和减少二次搬运。

（3）推广使用商品混凝土和预拌砂浆、高强度钢筋和高性能混凝土。推广钢筋专业化加工和配送，优化钢结构制作和安装方案，装饰贴面类材料在施工前，应进行总体排版策划。采用非木质的新材料或人造板材代替木质板材。

（4）门窗、屋面、外墙等围护结构选用耐候性及耐久性良好的材料。

（5）应选用耐用、维护与拆卸方便的周转材料和机具。

（6）现场办公和生活用房采用周转式活动房。力争工地临建房、临时围挡材料的可重复使用率达到70%。

2. 节水与水资源利用

根据《循环经济促进法》的规定，国家鼓励和支持使用再生水。在有条件使用再生水的地区，限制或者禁止将自来水作为城市道路清扫、城市绿化和景观用水使用。企业应当发展串联用水系统和循环用水系统，提高水的重复利用率。企业应当采用先进技术、工艺和设备，对生产过程中产生的废水进行再生利用。

《绿色施工导则》

《绿色施工导则》进一步对节水与水资源利用的技术要点作出以下规定。

（1）现场搅拌用水、养护用水应采取有效的节水措施。现场机具、设备、车辆冲洗用水必须设置循环用水装置。

（2）项目临时用水应使用节水型产品，对生活用水与工程用水确定用水定额指标并分别计量管理。

（3）优先采用中水搅拌、中水养护，有条件的地区和工程应收集雨水养护。

（4）处于基坑降水阶段的工地，宜优先采用地下水作为混凝土搅拌用水、养护用水、冲洗用水和部分生活用水。

（5）现场机具、设备、车辆冲洗、喷洒路面、绿化浇灌等用水，优先采用非传统水源，尽量不使用市政自来水。

（6）大型施工现场，尤其是雨量充沛地区的大型施工现场建立雨水收集利用系统，充分收集自然降水用于施工和生活中适宜的部位。

> **🔗 知识链接**
>
> 非传统水源利用的节水要点如下。
> （1）优先采用中水搅拌、中水养护，有条件的地区和工程应收集雨水养护。
> （2）处于基坑降水阶段的工地，宜优先采用地下水作为混凝土搅拌用水、养护用水、冲洗用水和部分生活用水。
> （3）现场机具、设备、车辆冲洗，喷洒路面，绿化浇灌等用水，优先采用非传统水源，尽量不使用市政自来水。
> （4）力争施工中非传统水源和循环水的再利用量大于 30%。

3. 节能与能源利用

《绿色施工导则》对节能措施，机械设备与机具，生产、生活及办公临时设施，施工用电及照明等分别作出规定。

（1）节能措施。

1）制订合理施工能耗指标，提高施工能源利用率。

2）优先使用国家、行业推荐的节能、高效、环保的施工设备和机具，如选用变频技术的节能施工设备等。

3）施工现场分别设定生产、生活、办公和施工设备的用电控制指标，定期进行计量、核算、对比分析，并有预防与纠正措施。

4）在施工组织设计中，应合理安排施工顺序、工作面，以减少作业区域的机具数量，相邻作业区充分利用共有的机具资源。

5）根据当地气候和自然资源条件，充分利用太阳能、地热等可再生能源。

> **🔗 知识链接**
>
> 根据《民用建筑节能条例》的规定，注册执业人员未执行民用建筑节能强制性标准的，由县级以上人民政府建设主管部门责令停止执业 3 个月以上 1 年以下，情节严重的，由颁发资格证书的部门吊销执业资格证书，5 年内不得注册。

（2）机械设备与机具。

1）建立施工机械设备管理制度，开展用电、用油计量，完善设备档案，及时做好维修保养工作，使机械设备保持低耗、高效的状态。

2）选择功率与负载相匹配的施工机械设备，避免大功率施工机械设备低负载长时间运行。

3）合理安排工序，提高各种机械的使用率和满载率，降低各种设备的单位耗能。

（3）生产、生活及办公临时设施。

1）利用场地的自然条件合理设计生产、生活及办公临时设施的体形、朝向、间距和窗墙面积比，使其获得良好的日照、通风和采光。南方地区可根据需要在其外墙增设遮阳设施。

2）临时设施宜采用节能材料，墙体、屋面使用隔热性能好的材料，减少夏天空调、冬天取暖设备的使用时间及耗能量。

3）合理配置采暖、空调、风扇数量，规定使用时间，实行分段分时使用，节约用电。

（4）施工用电及照明。

1）临时用电优先选用节能电线和节能灯具，临电线路合理设计、布置，临电设备宜采用自动控制装置。采用声控、光控等节能照明灯具。

2）照明设计以满足最低照度为原则，照度不应超过最低照度的20％。

4. 节地与施工用地保护

《绿色施工导则》对临时用地指标，临时用地保护，施工总平面布置等分别作出规定。

（1）临时用地指标。

1）根据施工规模及现场条件等因素合理确定临时设施，如临时加工厂、现场作业棚及材料堆场、办公生活设施等的占地指标。临时设施的占地面积应按用地指标所需最低面积设计。

2）要求平面布置合理、紧凑，在满足环境、职业健康与安全及文明施工要求的前提下尽可能减少废弃地和死角，临时设施占地面积有效利用率大于90％。

（2）临时用地保护。

1）应对深基坑施工方案进行优化，减少土方开挖和回填量，最大限度地减少对土地的扰动，保护周边自然生态环境。

2）红线外临时占地应尽量使用荒地、废地，少占用农田和耕地。工程完工后，及时对红线外占地恢复原地形、地貌，使施工活动对周边环境的影响降至最低。

3）利用和保护施工用地范围内原有绿色植被。对于施工周期较长的现场，可按建筑永久绿化的要求，安排场地新建绿化。

（3）施工总平面布置。

1）红线外临时用地应尽量使用荒地、废地，少占用农田和耕地。

2）工程完工后，及时对红线外占地恢复原地形、地貌。

3）利用和保护施工用地范围内原有绿色植被。对于施工周期较长的现场，可按建筑永久绿化的要求，安排场地新建绿化。

4）施工现场搅拌站、仓库、加工厂、作业棚、材料堆场等布置应尽量靠近已有交通线路或即将修建的正式或临时交通线路，缩短运输距离。

5）生活区与生产区应当分开布置，并设置标准的分隔设施。

6）施工现场围墙可采用连续封闭的轻钢结构预制装配式活动围挡，减少建筑垃圾，保护土地。

7）施工现场道路按照永久道路和临时道路相结合的原则布置。施工现场内形成环形通路，减少道路占用土地。

8）临时设施布置应注意远近结合（本期工程与下期工程），努力减少和避免大量临时建筑拆迁与场地搬迁。

7.2.4 节能技术进步及激励措施

1. 节能技术进步

《节约能源法》中规定，国家鼓励、支持节能科学技术的研究、开发、示范和推广，促进节能技术创新与进步。

（1）政府政策引导。国务院管理节能工作的部门会同国务院科技主管部门发布节能技术政策大纲，指导节能技术研究、开发和推广应用。县级以上各级人民政府应当把节能技术研究开发作为政府科技投入的重点领域，支持科研单位和企业开展节能技术应用研究，制定节能标准，开发节能共性和关键技术，促进节能技术创新与成果转化。

《节约能源法》

（2）政府资金扶持。《循环经济促进法》中规定，国务院和省、自治区、直辖市人民政府设立发展循环经济的有关专项资金，支持循环经济的科技研究开发、循环经济技术和产品的示范与推广、重大循环经济项目的实施、发展循环经济的信息服务等。

2. 节能激励措施

按照《节约能源法》《循环经济促进法》的规定，相关的节能激励措施主要有以下几条。

（1）财政安排节能专项资金。中央财政和省级地方财政安排节能专项资金，支持节能技术研究开发、节能技术和产品的示范与推广、重点节能工程的实施、节能宣传培训、信息服务和表彰奖励等。

（2）税收优惠。国家对生产、使用列入国务院管理节能工作的部门会同国务院有关部门制定并公布的节能技术、节能产品推广目录的需要支持的节能技术、节能产品，实行税收优惠等扶持政策。

（3）信贷支持。国家引导金融机构增加对节能项目的信贷支持，为符合条件的节能技术研究开发、节能产品生产，以及节能技术改造等项目提供优惠贷款。国家推动和引导社会有关方面加大对节能的资金投入，加快节能技术改造速度。

（4）价格政策。国家实行有利于节能的价格政策，引导施工单位和个人节能。国家运用财税、价格等政策，支持推广电力需求侧管理、合同能源管理、节能自愿协议等节能办法。

（5）表彰奖励。各级人民政府对在节能管理、节能科学技术研究和推广应用中有显著成绩以及检举严重浪费能源行为的单位和个人，给予表彰和奖励。

🔗 知识链接

《节约能源法》中对于节能技术进步的相关规定：国家鼓励、支持节能科学技术的研究、开发、示范和推广，促进节能技术创新与进步。国务院管理节能工作的部门会同国务院科技主管部门发布节能技术政策大纲，指导节能技术研究、开发和推广应用。国务院和省、自治区、直辖市人民政府及其有关部门应当将循环经济重大科技攻关项目的自主创新研究、应用示范和产业化发展列入国家或者省级科技发展规划和高技术产业发展规划并安排财政性资金予以支持。

🎯 案例应用7-2

▶案例简介

A公司为甲市一家建筑公司。2024年5月28日，该公司承建了某房地产公司开发建设的B小区高层住宅楼项目。该工程的施工图设计文件通过了有关部门的审查，但作为建设单位的某公司为节省开支，擅自修改了节能设计部分，并指使A公司按其修改进行施工。A公司认为修改后的设计文件违反了建筑节能标准，于是试图拒绝某公司的要求，但某公司态度强硬并以拒付工程款相要挟，A公司只得按某公司要求进行施工。2024年7月8日甲市建设局启动了建筑节能专项检查，在对A公司施工建设的B小区高层住宅楼项目进行检查时发现，该住宅楼卫生间厨房的外墙保温取消，其他外墙的保温操作或施工厚度未达到设计要求，违反了建筑节能强制性标准。

▶案例评析

《民用建筑节能条例》中的规定如下。

第三十七条　违反本条例规定，建设单位有下列行为之一的，由县级以上地方人民政府建设主管部门责令改正，处20万元以上50万元以下的罚款。

（一）明示或者暗示设计单位、施工单位违反民用建筑节能强制性标准进行设计、施工的。

（二）明示或者暗示施工单位使用不符合施工图设计文件要求的墙体材料、保温材料、门窗、采暖制冷系统和照明设备的。

（三）采购不符合施工图设计文件要求的墙体材料、保温材料、门窗、采暖制冷系统和照明设备的。

（四）使用列入禁止使用目录的技术、工艺、材料和设备的。

第四十条　违反本条例规定，施工单位未按照民用建筑节能强制性标准进行施工的，由县级以上地方人民政府建设主管部门责令改正，处民用建筑项目合同价款2%以上4%以下的罚款；情节严重的，由颁发资质证书的部门责令停业整顿，降低资质等级或者吊销资质证书；造成损失的，依法承担赔偿责任。

因此，建设单位违反《民用建筑节能条例》的第三十七条规定，明示或者暗示施工单位违反民用建筑节能强制性标准进行施工，处20万元以上50万元以下的罚款。

施工单位违反《民用建筑节能条例》第四十条的规定，未按照民用建筑节能强制性标准进行施工，B小区高层住宅楼卫生间厨房的外墙保温取消，其他外墙的保温操作或施工厚度未达到设计要求，违反了建筑节能强制性标准。由县级以上地方人民政府建设主管部门责令改正，处民用建筑项目合同价款2%以上4%以下的罚款；造成损失的，依法承担赔偿责任。

7.3　施工文物保护制度

7.3.1　受国家保护的文物范围

1. 国家保护文物的范围

《文物保护法》

根据《中华人民共和国文物保护法》（以下简称《文物保护法》）的规定，在中华人民共和国境内，下列文物受国家保护。

（1）具有历史、艺术、科学价值的古文化遗址、古墓葬、古建筑、石窟寺和石刻、壁画。

（2）与重大历史事件、革命运动或者著名人物有关的以及具有重要纪念意义、教育意义或者史料价值的近代现代重要史迹、实物、代表性建筑。

（3）历史上各时代珍贵的艺术品、工艺美术品。

（4）历史上各时代重要的文献资料以及具有历史、艺术、科学价值的手稿和图书资料等。

（5）反映历史上各时代、各民族社会制度、社会生产、社会生活的代表性实物。

具有科学价值的古脊椎动物化石和古人类化石同文物一样受国家保护。

2. 水下文物的保护范围

根据《中华人民共和国水下文物保护管理条例》（以下简称《水下文物保护管理条例》）的规定，水下文物是指遗存于下列水域的具有历史、艺术和科学价值的人类文化遗产。

（1）遗存于中国内水、领海内的一切起源于中国的、起源国不明的和起源于外国的文物。

（2）遗存于中国领海以外依照中国法律由中国管辖的其他海域内的起源于中国的和起源国不明的文物。

（3）遗存于外国领海以外的其他管辖海域及公海区域内的起源于中国的文物。

以上规定内容不包括1911年以后的与重大历史事件、革命运动及著名人物无关的水下遗存。

3. 文物保护单位和文物的分级

古文化遗址、古墓葬、古建筑、石窟寺、石刻、壁画、近代现代重要史迹和代表性建筑等不可移动文物，根据它们的历史、艺术、科学价值，可以分别确定为全国重点文物保护单位，省级文物保护单位，市、县级文物保护单位。

历史上各时代重要实物、艺术品、文献、手稿、图书资料、代表性实物等可移动文物，可分为珍贵文物和一般文物；珍贵文物可分为一级文物、二级文物、三级文物。

不可移动文物保护如下。

（1）尚未核定公布为文物保护单位的由县级人民政府文物行政部门予以登记并公布。

（2）文物保护单位的周围可以设立建设控制地带。

（3）历史文化名城和历史文化街区、村镇的保护办法，由国务院制定。

（4）属于国家所有的文物范围。

中华人民共和国境内地下、内水和领海中遗存的一切文物属于国家所有。文物归属及具体范围规定见表7-5。

表7-5　文物归属及具体范围规定

文物归属	具体范围
属于国家所有	（1）属于国家所有的不可移动文物范围。 （2）属于国家所有的可移动文物范围。 （3）属于国家所有的水下文物范围
属于集体所有和私人所有	《文物保护法》规定，属于集体所有和私人所有的纪念建筑物、古建筑和祖传文物及依法取得的其他文物，其所有权受法律保护。文物的所有者必须遵守国家有关文物保护的法律、行政法规的规定

（1）属于国家所有的不可移动文物范围。古文化遗址、古墓葬、石窟寺属于国家所有。国家指定保护的纪念建筑物、古建筑、石刻、壁画、近代现代代表性建筑等不可移动文物，除国家另有规定的外，属于国家所有。

国有不可移动文物的所有权不因其所依附的土地所有权或者使用权的改变而改变。

（2）属于国家所有的可移动文物范围。

1）中国境内出土的文物，国家另有规定的除外。

2）国有文物收藏单位及其他国家机关、部队和国有企业、事业组织等收藏、保管的文物。

3）国家征集、购买的文物。

4）公民、法人和其他组织捐赠给国家的文物。

5）法律规定属于国家所有的其他文物。

属于国家所有的可移动文物的所有权不因其保管、收藏单位的终止或者变更而改变。

国有文物所有权受法律保护，不容侵犯。

《水下文物保护
管理条例》

（3）属于国家所有的水下文物范围。《水下文物保护管理条例》规定，遗存于中国内水、领海内的一切起源于中国的、起源国不明的和起源于外国的文物；遗存于中国领海以外依照中国法律由中国管辖的其他海域内的起源于中国的和起源国不明的文物；遗存于外国领海以外的其他管辖海域及公海区域内的起源于中国的文物。遗存于外国领海以外的其他管辖海域及公海区域内的起源国不明的文物，国家享有辨认器物物主的权利。

4. 属于集体所有和私人所有的文物保护范围

根据《文物保护法》的规定，属于集体所有和私人所有的纪念建筑物、古建筑和祖传文物，以及依法取得的其他文物，其所有权受法律保护。文物的所有者必须遵守国家有关文物保护的法律、法规的规定。

7.3.2 在文物保护单位保护范围和建设控制地带施工的规定

1. 文物保护单位的保护范围

各级文物保护单位，分别由省、自治区、直辖市人民政府和市、县级人民政府划定必要的保护范围，作出标志说明，建立记录档案，并区别情况分别设置专门机构或者专人负责管理。全国重点文物保护单位的保护范围和记录档案，由省、自治区、直辖市人民政府文物行政部门报国务院文物行政部门备案。

《文物保护法实施
条例》

2. 文物保护单位的建设控制地带

根据《中华人民共和国文物保护法实施条例》（以下简称《文物保护法实施条例》）规定，文物保护单位的建设控制地带，是指在文物保护单位的保护范围外，为保护文物保护单位的安全、环境、历史风貌对建设项目加以限制的区域。文物保护单位的建设控制地带，应当根据文物保护单位的类别、规模、内容，以及周围环境的历史和现实情况合理划定。

 知识链接

在历史文化名城、名镇、名村保护范围内禁止进行下列活动。

（1）开山、采石、开矿等破坏传统格局和历史风貌的活动。

（2）占用保护规划确定保留的园林绿地、河湖水系、道路等。

（3）修建生产、储存爆炸性、易燃性、放射性、毒害性、腐蚀性物品的工厂、仓库等。

（4）在历史建筑上刻划、涂污。

7

全国重点文物保护单位的建设控制地带，经省、自治区、直辖市人民政府批准，由省、自治区、直辖市人民政府的文物行政主管部门会同城乡规划行政主管部门划定并公布。省级、设区的市、自治州级和县级文物保护单位的建设控制地带，经省、自治区、直辖市人民政府批准，由核定公布该文物保护单位的人民政府的文物行政主管部门会同城乡规划行政主管部门划定并公布。

3. 历史文化名城名镇名村的保护

根据《历史文化名城名镇名村保护条例》的规定，具备下列条件的城市、镇、村庄可以申报历史文化名城、名镇、名村。

（1）保存文物特别丰富。

（2）历史建筑集中成片。

（3）保留着传统格局和历史风貌。

《历史文化名城名镇名村保护条例》

（4）历史上曾经作为政治、经济、文化、交通中心或者军事要地，或者发生过重要历史事件，或者其传统产业、历史上建设的重大工程对本地区的发展产生过重要影响，或者能够集中反映本地区建筑的文化特色、民族特色。

申报历史文化名城的，在所申报的历史文化名城保护范围内还应当有 2 个以上的历史文化街区。

4. 在文物保护单位保护范围和建设控制地带施工的规定

根据《文物保护法》的规定，在文物保护单位的保护范围和建设控制地带内，不得建设污染文物保护单位及其环境的设施，不得进行可能影响文物保护单位安全及其环境的活动。对已有的污染文物保护单位及其环境的设施，应当限期治理。

（1）文物保护单位的修缮、迁移、重建，由取得文物保护工程资质证书的单位承担。

（2）在历史文化名城、名镇、名村保护范围内从事建设活动的规定。《历史文化名城名镇名村保护条例》规定，在历史文化名城、名镇、名村保护范围内禁止进行下列活动。

1）开山、采石、开矿等破坏传统格局和历史风貌的活动。

2）占用保护规划确定保留的园林绿地、河湖水系、道路等。

3）修建生产、储存爆炸性、易燃性、放射性、毒害性、腐蚀性物品的工厂、仓库等。

4）在历史建筑上刻划、涂污。

（3）在文物保护单位保护范围和建设控制地带内从事建设活动的相关规定。根据《文物保护法》的规定，文物保护单位的保护范围内不得进行其他建设工程或者爆破、钻探、挖掘等作业。但是，因特殊情况需要在文物保护单位的保护范围内进行其他建设工程或者爆破、钻探、挖掘等作业的，必须保证文物保护单位的安全，并经核定公布该文物保护单位的人民政府批准，在批准前应当征得上一级人民政府文物行政部门同意；在全国重点文物保护单位的保护范围内进行其他建设工程或者爆破、钻探、挖掘等作业的，必须经省、自治区、直辖市人民政府批准，在批准前应当征得国务院文物行政部门同意。

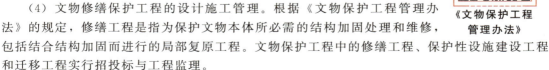

《文物保护工程管理办法》

（4）文物修缮保护工程的设计施工管理。根据《文物保护工程管理办法》的规定，修缮工程是指为保护文物本体所必需的结构加固处理和维修，包括结合结构加固而进行的局部复原工程。文物保护工程中的修缮工程、保护性设施建设工程和迁移工程实行招投标与工程监理。

根据《文物保护法实施条例》的规定，承担文物保护单位的修缮、迁移、重建工程的单位，应当同时取得文物行政主管部门发给的相应等级的文物保护工程资质证书和住房城乡建设主管部门发给的相应等级的资质证书。其中，不涉及建筑活动的文物保护单位的修缮、迁移、重建，应当由取得文物行政主管部门发给的相应等级的文物保护工程资质证书的单位承担。

知识链接

根据《民法典》的规定，在公共场所或者道路上挖掘、修缮安装地下设施等造成他人损害，施工人不能证明已经设置明显标志和采取安全措施的，应当承担侵权责任。

窨井等地下设施造成他人损害，管理人不能证明尽到管理职责的，应当承担侵权责任。

文物行政主管部门在审批文物保护单位的修缮计划和工程设计方案前，应当征求上一级人民政府文物行政主管部门的意见。文物修缮保护工程应当接受审批机关的监督和指导。工程竣工时，应当报审批机关验收。

7.3.3 施工发现文物报告和保护的规定

1. 配合建设工程进行考古发掘工作的规定

进行大型基本建设工程，建设单位应当事先报请省、自治区、直辖市人民政府文物行政部门组织从事考古发掘的单位在工程范围内有可能埋藏文物的地方进行考古调查、勘探。

确因建设工期紧迫或者有自然破坏危险，对古文化遗址、古墓葬急需进行抢救发掘的，由省、自治区、直辖市人民政府文物行政部门组织发掘，并同时补办审批手续。

重要提示

文物保护中关于违法行为应承担的法律责任如下。

（1）构成犯罪的行为，要追究刑事责任。

（2）发现文物隐匿不报或者未按照规定移交拣选文物的，由人民政府文物主管部门会同公安机关追缴文物，情节严重的，处 5 000 元以上 5 万元以下罚款。

（3）刻划、涂污或者文物尚不严重的，或者毁损依法设立的文物保护单位标志的，由公安机关或者文物所在单位给予警告，可以并处罚款。

（4）无相应的资质擅自承担文物保护单位的修缮、迁移、重建工作的，先责令改正，逾期不改正的，处 5 万元以上 50 万元以下罚款。

（5）破坏水下文物，私自勘探、发掘、打捞水下文物或者隐匿、私分、贩运、非法出售、出口水下文物的，依法给予行政处罚或者追究刑事责任。

2. 施工发现文物的报告和保护

在进行建设工程或者在农业生产中，任何单位或者个人发现文物，应当保护现场，立即报告当地文物行政部门，文物行政部门接到报告后，如无特殊情况，应当在 24 h 内赶赴现场，并在 7 日内提出处理意见。文物行政部门可以报请当地人民政府通知公安机关协助保护现场；发现重要文物的，应当立即上报国务院文物行政部门，国务院文物行政部门应当在接到报告后 15 日内提出处理意见。

3. 水下文物的报告和保护

根据《水下文物保护管理条例》规定，应当及时报告所在地或者就近的地方人民政府文物主管部门，并上交已经打捞出水的文物。文物主管部门接到报告后，如无特殊情况，应当在 24 h 内赶赴现场，立即采取措施予以保护，并在 7 日内提出处理意见；发现水下文物已经移动位置或者遭受实际破坏的，应当进行抢救性保护，并作详细记录；对已经打捞出水的文物，应当及时登记造册、妥善保管。

《水下文物保护管理条例》

案例应用7-3

➤案例简介

××中草药种植专业合作社是一家从事中草药种植、销售等经营活动的农民专业合作社，杨某为该合作社负责人，吴某为股东。2024 年 4 月，该合作社承租××县××镇××村约 300 亩山林，准备用于种植中草药及苗圃。因该片山林位于全国重点文物保护单位——××古墓群范围内，同年 5 月，杨某与县文物局签订了文物保护责任书，承诺不使用挖掘机施工作业。但在古墓范围内施工的过程中，杨某、吴某仍擅自使用挖掘机进行清理表层土壤、挖沟等施工作业。同年 8 月，县文物局执法人员巡查时发现该情况并予以制止。经鉴定，古墓本体受到严重破坏，对古墓葬的历史、艺术、科学价值造成严重破坏。

➤案例评析

县人民法院认为，被告人杨某、吴某故意损毁被确定为全国重点文物保护单位的古墓文物，均构成故意损毁文物罪。二被告人归案后能如实供述犯罪事实，自愿认罪认罚，依法可以从轻处罚，分别判处有期徒刑三年，缓刑三年，并处罚金 1 万元。该判决已生效。

本案例是故意损毁文物引发的刑事案件。案发地位于××县古墓群范围内，该古墓葬群及其出土文物集中反映了西周至春秋时期的社会生产、生活状况，是研究吴越文化的重要资料，对研究商周时期中原文化和周边文化的关系、中华文明的一体化进程等重大课题具有重要的意义。杨某、吴某在与县文物局签订文物保护责任书后，仍然明知故犯，严重破坏了古墓本体，依法应当承担刑事责任。人民法院在依法审判的同时，采取"以案说法"形式在古墓群保护区内进行宣讲，引导社会公众提高文物保护意识和自觉性，起到了"惩处一个、警示一片"的教育作用。该案例是人民法院、文物行政部门秉持统筹好文物保护与经济社会发展的理念，依法履职尽责，通过严格、妥善查处发生在人民群众周边、与生产生活密切相关的案件努力提升文物保护水平和效果的代表性案例。加强文物保护，坚定文化自信，是我国文化建设的重要任务，也是每个公民应尽的责任。

小结

建设工程项目中的污染防治措施，必须与主体工程同时设计、同时施工、同时投产使用的"三同时"制度。禁止夜间进行产生噪声的建筑施工作业，但抢修、抢险施工作业，因生产工艺要求或者其他特殊需要必须连续施工作业的除外。夜间是指晚上十点至次日早晨六点之间的期间；建筑施工场界环境噪声排放标准昼间不得超过 70 dB，夜间不得超过 55 dB。国家对固体废物污染环境的防治，实行减少固体废物的产生量和危害性、充分合理利用固体废物和无害化处置固体废物的原则，促进清洁生产和循环经济发展。所谓"四节一环保"，是指"节能、节地、节水、节材和环境保护"。节约资源是我国的基本国策。国家鼓励、支持开发和利用新能源、可再生能源。在工程建设领域，节约能源主要包括建筑节能和施工节能两个方面。国家对落后的耗能过高的用能产品、设备和生产工艺实行淘汰制度。在进行建设工程或者在农业生产中，任何单位或者个人发现文物，应当保护现场，立即报告当地文物行政部门，文物行政部门接到报告后，如无特殊情况，应当在24 h内赶赴现场，并在7日内提出处理意见。

环境保护技术要点

 巩固训练

一、单项选择题

1. 按照《建筑施工场界环境噪声排放标准》（GB 12523—2011）的规定，建筑施工场界环境噪声排放限值为（　　）。
   A. 昼间60 dB，夜间50 dB
   B. 昼间65 dB，夜间50 dB
   C. 昼间70 dB，夜间55 dB
   D. 昼间75 dB，夜间60 dB

2. 某施工企业在混凝土搅拌场所私设排污口，将废水直接排放，致使村里的十几亩水稻受损严重。有权作出行政罚款的主管部门是（　　）。
   A. 该村的村民委员会
   B. 住房城乡建设主管部门
   C. 环保行政主管部门
   D. 规划行政主管部门

3. 注册执业人员未执行民用建筑节能强制性标准的，由县级以上人民政府建设主管部门责令停止执业（　　），情节严重的，由颁发资格证书部门吊销执业资格证书，5年内不得注册。
   A. 3个月以上6个月以下
   B. 3个月以上1年以下
   C. 6个月以上2年以下
   D. 1年以上3年以下

4. 根据《建筑施工场界环境噪声排放标准》（GB 12523—2011）的规定，建筑施工场界环境的夜间是指（　　）期间。
   A. 21点至次日6点
   B. 22点至次日8点
   C. 21点至次日8点
   D. 22点至次日6点

5. 根据《绿色施工导则》在土方作业阶段采取洒水、覆盖等措施后，作业区目测扬尘高度应当小于（　　）m。
   A. 2
   B. 1.5
   C. 1
   D. 0.5

6. 可以在历史文化名城、名镇、名村保护范围内进行的活动是（　　）。
   A. 开山、采石、开矿等破坏传统格局和历史风貌的活动
   B. 占用保护规划确定保留的园林绿地
   C. 在核心保护范围内进行影视摄制、举办大型群众性活动
   D. 修建生产、储存爆炸性、易燃性物品的工厂、仓库

7. 包含大气污染防治设施的建设工程项目，其防治污染的设施必须经（　　）验收合格后，该项目方可投入生产或使用。

   A. 建设单位的上级主管部门　　　　　　B. 工程质量监督机构

   C. 生态环境主管部门　　　　　　　　　D. 安全生产行政管理部门

8. 根据《大气污染防治法》的规定，建设项目的（　　）必须对建设项目可能产生的大气污染和对生态环境的影响作出评价，规定防治措施，并按照规定的程序报生态环境主管部门审查批准。

   A. 施工组织设计文件　　　　　　　　　B. 环境影响报告表

   C. 环境影响报告书　　　　　　　　　　D. 环境影响登记表

9. 建筑施工噪声排放限值的测量位置是建筑施工场地的（　　）。

   A. 中心　　　　　B. 毗邻建筑物　　　　C. 边界　　　　D. 周边 50 m

10. 根据《绿色施工导则》的规定，建筑垃圾的再利用和回收率力争达到（　　）。

    A. 20%　　　　　B. 40%　　　　　C. 50%　　　　　D. 30%

11. 工程监理单位发现施工单位不按照民用建筑节能强制性标准施工的，首先应当（　　）。

    A. 及时报告建设单位　　　　　　　　　B. 向有关主管部门报告

    C. 要求施工单位改正　　　　　　　　　D. 要求施工单位暂停施工

12. 根据《建设工程安全生产管理条例》的规定，在城市市区内的施工现场未实行封闭围挡的，一般情况下可能承担的法律责任是（　　）。

    A. 处以 20 万元罚款　　　　　　　　　B. 责令施工企业限期改正

    C. 吊销施工企业营业执照　　　　　　　D. 降低施工企业资质等级

13. 暂时不能开工的建设用地，超过（　　）个月的，应当进行绿化、铺装或者遮盖。

    A. 1　　　　　B. 3　　　　　C. 2　　　　　D. 6

14. 下列关于国家所有的文物的说法，正确的是（　　）。

    A. 遗存于公海区域内的起源于中国的文物，属于国家所有

    B. 国有不可移动文物的所有权因其所依附的土地所有权或者使用权的改变而改变

    C. 古文化遗址、古墓葬、石窟寺属于国家所有

    D. 属于国家所有的可移动文物的所有权因其保管收藏单位的终止或者变更而改变

15. 根据《文物保护法》的规定，下列文物中不属于国家所有文物的是（　　）。

    A. 某公民收藏的古玩字画　　　　　　　B. 古文化遗址、古墓葬

    C. 遗存于中国领海起源于外国的文物　　D. 国有企业收藏的文物

二、多项选择题

1. 在城市市区噪声敏感建筑物集中区域内，禁止夜间进行产生环境噪声污染的建筑施工作业，但（　　）除外。

   A. 抢修作业　　　　　　　　　　　　　B. 抢险作业

   C. 因特殊需要必须连续作业的　　　　　D. 监理单位同意的

   E. 因生产工艺上要求必须连续作业的

2. 在城市市区范围内，建筑施工过程中使用机械设备，可能产生环境噪声污染的，施工企业必须在工程开工 15 日以前向工程所在地县级以上地方人民政府环境保护行政主管

部门申报该工程的（　　　）。

 A. 项目名称   B. 施工场所和期限

 C. 产生噪声的原因   D. 可能产生的环境噪声值

 E. 所采取的环境噪声污染防治措施

3. 当某工程完工后，油漆工人将余下之含苯涂料及其包装物（油漆桶）置于当前处于干涸状态的河道旁边，其行为违反了（　　　）。

 A.《水污染防治法》   B.《大气污染防治法》

 C.《固体废物污染环境防治法》   D.《危险废物污染防治法》

 E.《环境影响评价法》

4. 根据《绿色施工导则》的规定，"四节一环保"中的"四节"包括（　　　）。

 A. 节能   B. 节电   C. 节水   D. 节材

 E. 节地

5. 根据《环境保护法》的规定，建设项目中防治污染的设施与主体工程应当（　　　）。

 A. 同时招标   B. 同时竣工   C. 同时设计   D. 同时施工

 E. 同时投产使用

6. 某省辖区某市市区内发现的古文化遗址被确定为全国重点文物保护单位，则其建设控制地带由（　　　）来划定。

 A. 省文物行政主管部门   B. 市文物行政主管部门

 C. 省城乡规划行政主管部门   D. 市城乡规划行政主管部门

 E. 国家文物局

三、简答题

1.《噪声污染防治法》对建筑施工噪声污染防治作出了哪些规定？

2. 按照《节约能源法》《循环经济促进法》的规定，主要有哪些相关的节能激励措施？

3. 申报历史文化名城、名镇、名村须具备哪些条件？

四、案例分析题

▶案例简介

某城市中心区计划建设一座大型住宅建设项目，该项目占地面积较大，且临近历史古迹，对环境保护、节约能源和文物保护等方面有较高的要求。因此，需要进行深入的案例分析，以确保项目的顺利进行并符合相关法规和标准。

▶问题

1. 该项目施工过程中可能会产生大量建筑垃圾和噪声污染，采取哪些有效措施减少对周围环境的影响？

2. 该项目为大型住宅建设项目，能源消耗量较大，如何才能实现节能减排，降低运营成本？

3. 由于该项目邻近历史古迹，在施工过程中应如何保护当地文化遗产才能避免对各种文物造成损害？

案例评析

工作手册 8　解决建设工程纠纷法律制度

中国建设工程鲁班奖

中国四大名亭

学习目标

通过学习，熟悉建设工程纠纷主要种类和法律解决途径；掌握民事诉讼制度和仲裁制度；熟悉调解、和解制度与争议评审；熟悉行政复议和行政诉讼制度。

学习要求

职业能力目标	知识要点	权重
熟悉建设工程纠纷主要种类和法律解决途径	建设工程纠纷的主要种类，民事纠纷的法律解决途径，行政纠纷的法律解决途径	20%
掌握民事诉讼制度和仲裁制度	民事诉讼的法院管辖，民事诉讼当事人和代理人的规定，民事诉讼证据的种类和保全，民事诉讼时效，民事诉讼的审判程序和执行程序，仲裁协议的规定、申请和受理，仲裁的开庭和裁决，仲裁裁决的执行，涉外仲裁的特别规定	40%
熟悉调解、和解制度与争议评审	国家调解的规定，和解的规定，争议评审机制的规定	20%
熟悉行政复议和行政诉讼制度	行政许可和行政强制的种类及法定程序，行政复议范围和行政诉讼受案范围，行政复议的申请、受理和决定的有关规定，行政诉讼的法院管辖、起诉和受理，行政诉讼的审理、判决和执行，行使行政职权时侵权的赔偿责任	20%

案例导入

▶案例简介

某大型建筑工程项目由甲、乙、丙三人合伙投资。合同约定了工程范围、工期、质量标准、工程造价等内容，但未约定风险承担。后因工程质量出现问题，甲、乙、丙三人之间产生了纠纷。甲认为丙应该对工程问题承担全部责任，丙则认为甲、乙也应该承担相应的责任。

案例评析

▶问题

1. 该工程质量问题应该由谁来承担责任？
2. 民事纠纷的法律解决途径有哪些？

8.1 建设工程纠纷主要种类和法律解决途径

8.1.1 建设工程纠纷的主要种类

1. 建设工程民事纠纷

建设工程领域中较为普遍和重要的民事纠纷主要有合同纠纷与侵权纠纷。发包人和承包人就有关工期、质量、造价等产生的建设工程合同争议，是建设工程领域最常见的民事纠纷。民事纠纷具有以下特点。

（1）民事纠纷主体之间的法律地位平等。

（2）民事纠纷的内容是对民事权利义务的争议。

（3）民事纠纷的可处分性。

知识链接

建设工程纠纷包括勘察、设计、施工、监理合同纠纷；合同效力纠纷；结算纠纷；黑白合同纠纷；造价司法鉴定范围纠纷；工程质量、工期、农民工利益纠纷。

2. 建设工程行政纠纷

（1）行政行为特征。行政机关的行政行为具有以下特征。

1）行政行为是执行法律的行为。任何行政行为均须具有法律根据，且具有从属法律性，没有法律的明确规定或授权，行政主体不得作出任何行政行为。

2）行政行为具有一定的裁量性。这是由立法技术本身的局限性和行政管理的广泛性、变动性、应变性所决定的。

3）行政主体在实施行政行为时具有单方意志性，不必与行政相对方协商或征得其同意，便可依法自主作出。

《民法典》

4）行政行为是以国家强制力保障实施的，带有强制性。行政相对方必须服从并配合行政行为，否则行政主体将予以制裁或强制执行。

5）行政行为以无偿为原则，以有偿为例外。只有当特定行政相对人承担了特别公共负担，或者分享了特殊公共利益时，方可为有偿的。

（2）行政行为主要类型及内容。在建设工程领域，行政机关易引发行政纠纷的具体行政行为主要类型及内容见表8-1。

表8-1　行政纠纷的具体行政行为主要类型及内容

类型	内容
行政许可	即行政机关根据公民、法人或者其他组织的申请，经依法审查，准予其从事特定活动的行政管理行为，如施工许可、专业人员执业资格注册、企业资质等级核准、安全生产许可等
行政处罚	常见的行政处罚为警告、罚款、没收违法所得、责令停业整顿、降低资质等级、吊销资质证书等
行政强制	包括行政强制措施和行政强制执行
行政裁决	如劳动工资、经济补偿纠纷等的裁决

知识链接

《民法典》中关于勘察、设计、施工、监理等合同的相关规定如下。

第七百八十八条　建设工程合同是承包人进行工程建设，发包人支付价款的合同。建设工程合同包括工程勘察、设计、施工合同。

第七百九十四条　勘察、设计合同的内容一般包括提交有关基础资料和概预算等文件的期限、质量要求、费用以及其他协作条件等条款。

第七百九十五条　施工合同的内容一般包括工程范围、建设工期、中间交工工程的开工和竣工时间、工程质量、工程造价、技术资料交付时间、材料和设备供应责任、拨款和结算、竣工验收、质量保修范围和质量保证期、相互协作等条款。

第七百九十六条　建设工程实行监理的，发包人应当与监理人采用书面形式订立委托监理合同。发包人与监理人的权利和义务以及法律责任，应当依照本编委托合同以及其他有关法律、行政法规的规定。

8.1.2　民事纠纷的法律解决途径

民事纠纷的法律解决途径主要有和解、调解、仲裁、诉讼四种。民事纠纷的法律解决途径见表8-2。

《民事诉讼法》

表 8-2　民事纠纷的法律解决途径

途径	内容		
和解	（1）和解可以在民事纠纷的任何阶段进行	无论是否已经进入诉讼或仲裁程序，只要终审裁判未生效或仲裁裁决未作出，当事人均可自行和解	
	（2）和解达成的协议不具有强制执行力	在性质上仍属于当事人之间的约定。如果一方当事人不按照和解协议执行，另一方当事人不可以请求法院执行，但可以要求对方就不执行该和解协议承担违约责任。	
调解	调解的主要方式是人民调解、行政调解、仲裁调解、司法调解、行业调解及专业机构调解		
仲裁	（1）概念	仲裁是当事人根据在纠纷发生前或纠纷发生后达成的协议，自愿将纠纷提交第三方（仲裁机构）作出裁决，纠纷各方都有义务执行该裁决的一种解决纠纷的方式	
	（2）仲裁与诉讼不同	①仲裁具有民间性质，其受理案件的管辖权来自当事人的授权。有效的仲裁协议可以排除法院的管辖权；纠纷发生后，一方当事人提起仲裁的，另一方必须仲裁	
		②诉讼是法院行使国家所赋予的审判权，向法院起诉不需要双方当事人在诉讼前达成协议，只要一方当事人向有审判管辖权的法院起诉，经法院受理后，另一方必须应诉	
	（3）范围	①调整范围仅限于民商事仲裁，即"平等主体的公民、法人和其他组织之间发生的合同纠纷和其他财产权纠纷"。②劳动争议仲裁和农业承包合同纠纷仲裁等不受《仲裁法》的调整	
	（4）基本特点	①自愿性	当事人的自愿性是仲裁最突出的特点
		②专业性	专家裁案是民商事仲裁的重要特点之一
		③独立性	仲裁委员会独立于行政机关，与行政机关没有隶属关系。仲裁委员会之间也没有隶属关系
		④保密性	仲裁以不公开审理为原则。可以有效地保护当事人的商业秘密和商业信誉
		⑤快捷性	仲裁实行一裁终局制度，仲裁裁决一经作出即发生法律效力
		⑥域外执行力	《承认及执行外国仲裁裁决公约》，仲裁裁决书可以在其缔约国得到承认和执行。
诉讼	民事诉讼的基本特征	①公权性	由人民法院代表国家意志行使司法审判权，通过司法手段解决平等民事主体之间的纠纷
		②程序性	分为一审程序、二审程序和执行程序三大诉讼阶段
		③强制性	强制性是公权力的重要属性。起诉、执行（不需要双方达成一致）

根据《民事诉讼法》第二十三条规定，下列民事诉讼由原告住所地人民法院管辖；原告住所地与经常居住地不一致的，由原告经常居住地人民法院管辖。

（一）对不在中华人民共和国领域内居住的人提起的有关身份关系的诉讼。

（二）对下落不明或者宣告失踪的人提起的有关身份关系的诉讼。

（三）对被采取强制性教育措施的人提起的诉讼。

（四）对被监禁的人提起的诉讼。

8.1.3　行政纠纷的法律解决途径

《行政诉讼法》

行政纠纷的法律解决途径主要有两种，即行政复议和行政诉讼。

1. 行政复议

行政复议是公民、法人或其他组织（作为行政相对人）认为行政机关的具体行政行为侵犯其合法权益，依法请求法定的行政复议机关审查该具体行政行为的合法性、适当性。该复议机关依照法定程序对该具体行政行为进行审查，并作出行政复议决定的法律制度。

行政复议的基本特点如下。

（1）提出行政复议的，必须是认为行政机关行使职权的行为侵犯其合法权益的公民、法人和其他组织。

（2）当事人提出行政复议的时间必须在行政机关已作出行政决定之后，如果行政机关尚未作出决定，则不存在复议问题。复议的任务是解决行政争议，而不是解决民事或其他争议。

（3）当事人对行政机关的行政决定不服，只能依照法律规定向有行政复议权的行政机关申请复议。

（4）行政复议以书面审查为主，以不调解为原则。行政复议的结论作出后，即具有法律效力。只要法律未规定复议决定为终局裁决的，当事人对复议决定不服的，仍可以按《行政诉讼法》的规定，向人民法院提请诉讼。

2. 行政诉讼

行政诉讼是公民、法人或其他组织依法请求法院对行政机关具体行政行为的合法性进行审查并依法裁判的法律制度。

行政诉讼的主要特征如下。

（1）行政诉讼是法院解决行政机关实施具体行政行为时与公民、法人或其他组织发生的争议；

（2）行政诉讼为公民、法人或其他组织提供法律救济的同时，具有监督行政机关依法行政的功能；

（3）行政诉讼的被告与原告是恒定的，即被告只能是行政机关，原告则是作为行政行为相对人的公民、法人或其他组织，而不可能互易诉讼身份。

除法律、法规规定必须先申请行政复议的外，行政纠纷当事人可以自主选择申请行政复议还是提起行政诉讼。行政纠纷当事人对行政复议决定不服的，除法律规定行政复议决定为最终裁决的外，可以依照《行政诉讼法》的规定向人民法院提起行政诉讼。

8

◎ 案例应用8-1

▶**案例简介**

甲、乙、丙三人合伙承包了一项建筑工程。按照承包合同约定，工程项目完成后，三人共同分享利润。工程如期完成，但三人之间因利润分配问题产生了纠纷。

甲认为自己投入的资金较多，应该多分一些利润；乙则认为自己在工程中付出了更多的劳动，应该多分一些利润；丙则认为自己在联系业务方面发挥了重要的作用，也应该多分一些利润。三人各执一词，无法达成一致意见。

▶**案例评析**

在这种情况下，可以考虑通过以下途径解决纠纷。

（1）和解：第三人可以尝试通过协商的方式解决纠纷。可以制订一份新的利润分配方案，并签署书面协议，以确保各方履行协议内容。

（2）调解：如果和解无果，可以寻求第三方调解。可以选择一位有经验的调解员或者律师来协调解决纠纷。在调解过程中，三人需要充分表达自己的诉求和理由，并尽可能达成一致意见。

（3）仲裁：如果调解无果，可以考虑通过仲裁解决纠纷。三人可以选择一位仲裁员或者仲裁机构进行仲裁。在仲裁过程中，仲裁员会根据事实和法律规定对纠纷进行裁决，并确定利润分配方案。仲裁结果具有法律效力，各方必须履行。

（4）诉讼：如果其他途径无法解决纠纷，可以考虑通过诉讼解决。第三人可以向法院提起诉讼，要求法院对纠纷进行裁决。在诉讼过程中，法院会根据事实和法律规定对纠纷进行审理，并确定利润分配方案。诉讼结果具有最终的法律效力。

综上所述，对于该工程案例的民事纠纷解决途径可以根据具体情况选择和解、调解、仲裁或诉讼等方式。无论选择何种途径，都需要充分准备证据和法律依据，以确保自己的诉求得到支持。

8.2　民事诉讼制度

民事诉讼中的管辖是指各级法院之间和同级法院之间受理第一审民事案件的分工与权限。

8.2.1　民事诉讼的法院管辖

1. 级别管辖

级别管辖是指按照一定的标准，划分上下级法院之间受理第一审民事案件的分工和权限。我国法院有四级，分别是基层人民法院、中级人民法院、高级人民法院和最高人民法院，每一级均受理一审民事案件。《民事诉讼法》主要根据案件的性质、复杂程度和案件影响来确定级别管辖。在实践中争议标的金额的大小，往往是确定级别管辖的重要依据，但各地人民法院确定的级别管辖争议标的数额标准不尽相同。

《民事诉讼法》

知识链接

　　根据《全国各省、自治区、直辖市高级人民法院和中级人民法院管辖第一审民商事案件标准》，高级人民法院管辖下列第一审民商事案件。

　　广东高级人民法院，可管辖诉讼标的额在 3 亿元以上的第一审民商事案件，以及诉讼标的额在 2 亿元以上且当事人一方住所地不在本辖区或者涉外、涉港澳台的第一审民商事案件。

　　北京、上海、江苏、浙江高级人民法院，可管辖诉讼标的额在 2 亿元以上的第一审民商事案件，以及诉讼标的额在 1 亿元以上且当事人一方住所地不在本辖区或者涉外、涉港澳台的第一审民商事案件。

　　天津、重庆、山东、福建、湖北、湖南、河南、辽宁、吉林、黑龙江、广西、安徽、江西、四川、陕西、河北、山西、海南、云南高级人民法院，可管辖诉讼标的额在 1 亿元以上的第一审民商事案件，以及诉讼标的额在 5 000 万元以上且当事人一方住所地不在本辖区或者涉外、涉港澳台的第一审民商事案件。

　　甘肃、贵州、新疆、内蒙古高级人民法院和新疆生产建设兵团分院，可管辖诉讼标的额在 5 000 万元以上的第一审民商事案件，以及诉讼标的额在 2 000 万元以上且当事人一方住所地不在本辖区或者涉外、涉港澳台的第一审民商事案件。

　　青海、宁夏高级人民法院可管辖诉讼标的额在 2 000 万元以上的第一审民商事案件，以及诉讼标的额在 1 000 万元以上且当事人一方住所地不在本辖区或者涉外，涉港澳台的第一审民商事案件。

　　西藏高级人民法院可管辖诉讼标的额在 2 000 万元以上的第一市民商事案件，以及诉讼标的额在 500 万元以上且当事人一方住所地不在本辖区或者涉外、涉港澳台的第一审民商事案件。

　　中级人民法院管辖的第一审民商事案件由高级人民法院自行确定，并经最高人民法院批准。

2. 地域管辖

　　地域管辖是指按照各法院的辖区和民事案件的隶属关系，划分同级法院受理第一审民事案件的分工和权限。地域管辖实际上是以法院与当事人、诉讼标的以及法律事实之间的案由关系和关联关系中确定的，主要包括以下几种情况。

知识链接

　　《民事诉讼法》中关于地域管辖的规定如下。

　　第二十二条　对公民提起的民事诉讼，由被告住所地人民法院管辖；被告住所地与经常居住地不一致的，由经常居住地人民法院管辖。

　　对法人或者其他组织提起的民事诉讼，由被告住所地人民法院管辖。

　　同一诉讼的几个被告住所地、经常居住地在两个以上人民法院辖区的，各该人民法院都有管辖权。

　　（1）一般地域管辖。一般地域管辖，是以当事人与法院的隶属关系来确定诉讼管辖，通常实行"原告就被告"原则，即以被告住所地作为确定管辖的标准。

（2）特殊地域管辖。特殊地域管辖是指以被告住所地，诉讼标的所在地、法律事实所在地为标准确定的管辖。因合同纠纷提起的诉讼，由被告住所地或者合同履行地人民法院管辖。合同或者其他财产权益纠纷的当事人可以书面协议选择被告住所地、合同履行地、合同签订地、原告住所地、标的物所在地等与争议有实际联系的地点的人民法院管辖，但不得违反本法对级别管辖和专属管辖的规定。

对于建设工程施工合同纠纷，《最高人民法院关于审理建设工程施工合同纠纷案件适用法律问题的解释》中规定，建设工程施工合同纠纷以施工行为地为合同履行地。

（3）专属管辖。专属管辖是指法律规定某些特殊类型的案件专门由特定的法院管辖。根据《最高人民法院关于审理建设工程施工合同纠纷案件适用法律问题的解释》的规定，建设工程施工合同纠纷不适用专属管辖，而应当按照《民事诉讼法》第二十四条的规定，适用合同纠纷的地域管辖原则，即由被告住所地或合同履行地人民法院管辖。发包人和承包人也可根据《民事诉讼法》的规定，在发包人住所地、承包人住所地、合同签订地、施工行为地（工程所在地）的范围内，通过协议确定管辖法院。

《最高人民法院关于审理建设工程施工合同纠纷案件适用法律问题的解释》

 知识链接

《民事诉讼法》中关于3种适用专属管辖的案件如下。

第三十四条　下列案件，由本条规定的人民法院专属管辖：

（一）因不动产纠纷提起的诉讼，由不动产所在地人民法院管辖；

（二）因港口作业中发生纠纷提起的诉讼，由港口所在地人民法院管辖；

（三）因继承遗产纠纷提起的诉讼，由被继承人死亡时住所地或者主要遗产所在地人民法院管辖。

3. 移送管辖

人民法院发现受理的案件不属于本院管辖的，应当移送有管辖权的人民法院，受移送的人民法院应当受理。受移送的人民法院认为受移送的案件按照规定不属于本院管辖的，应当报请上级人民法院指定管辖，不得再自行移送。

4. 指定管辖

有管辖权的人民法院由于特殊原因，不能行使管辖权的，由上级人民法院指定管辖。人民法院之间因管辖权发生争议，由争议双方协商解决；协商解决不了的，报请其共同上级人民法院指定管辖。

知识链接

最高人民法院《关于审理民事级别管辖异议案件若干问题的规定》中规定如下。

第一条　被告在提交答辩状期间提出管辖权异议，认为受诉人民法院违反级别管辖规定，案件应当由上级人民法院或者下级人民法院管辖的，受诉人民法院应当审查，并在受理异议之日起十五日内作出裁定：

（一）异议不成立的，裁定驳回；

（二）异议成立的，裁定移送有管辖权的人民法院。

5. 管辖权异议

管辖权异议是指当事人向受诉法院提出的该法院对案件无管辖权的主张。根据《民事诉讼法》规定，人民法院受理案件后，当事人对管辖权有异议的，应当在提交答辩状期间提出。人民法院对当事人提出的异议，应当审查。异议成立的，裁定将案件移交有管辖权的人民法院；异议不成立的，裁定驳回。

《最高人民法院关于审理民事级别管辖异议案件若干问题的规定》

8.2.2　民事诉讼当事人和代理人的规定

1. 诉讼当事人

民事诉讼当事人是指因民事权利、义务关系发生纠纷，以自己的名义进行诉讼，由人民法院裁判的利害关系人。狭义的民事诉讼当事人包括原告和被告；广义的民事诉讼当事人包括原告、被告、共同诉讼人和第三人。

💡 **重要提示**

共同诉讼人是指当事人一方或双方为两人以上，诉讼标的是共同的或者诉讼标的是同一种类，可以合并审理，一同在人民法院进行诉讼的人。

第三人的权利如下。

（1）有独立请求权的第三人：对他人争议的标的具有独立请求权，有权提起诉讼。

（2）无独立请求权的第三人：虽无独立请求权，但案件处理结果与其有法律上的利害关系，可以申请参加诉讼，法院也可以通知他诉讼。

第三人行使撤销之诉的法定期限：第三人因不能归责于本人的事由未参加诉讼，但有证据证明生效判决的部分内容错误，损害其民事权益，则第三人行使撤销之诉的法定期限是6个月。

---

2. 诉讼代理人

民事诉讼代理人是指以当事人的名义，在一定权限范围内为当事人的利益进行诉讼活动的人。诉讼代理人通常可分为法定诉讼代理人、委托诉讼代理人和指定诉讼代理人。在建设工程领域，最常见的是委托诉讼代理人。

诉讼代理人代为承认、放弃、变更诉讼请求，进行和解、提起反诉或上诉，必须有委托人的特别授权。授权委托书仅写"全权代理"而无具体授权的情形，不能认定为诉讼代理人已获得特别授权。

8.2.3　民事诉讼证据的种类、保全和应用

1. 证据的种类

（1）书证。书证是指以所载文字、符号、图案等方式所表达的思想内容来证明案件事实的书面材料或者其他物品。书证一般表现为各种书面形式文件或纸面文字材料（但非纸类材料也可成为书证载体），如合同文件、各种信函、会议纪要、电报、传真、电子邮件、图纸、图表等。

（2）物证。物证是指能够证明案件事实的物品及其痕迹，凡是以其存在的外形、质量、规格、损坏程度等物体的内部或者外部特征来证明待证事实的一部分或者全部的物品及痕迹，均

建设工程法规

属于物证范畴。例如，在工程实践中，在对建筑材料、设备及工程质量进行鉴定的过程中所涉及的各种证据。

（3）视听资料。视听资料是指利用录音、录像等技术手段反映的声音、图像及电子计算机储存的数据证明案件事实的证据。存有疑点的视听资料，不能单独作为认定案件事实的依据。对于未经对方当事人同意私自录制其谈话取得的资料，只要不是以侵害他人合法权益（如侵害隐私）或者违反法律禁止性规定的方法（如窃听）取得的，仍可以作为认定案件事实的依据。

💡**重要提示**

根据《民事诉讼法》的规定，书证应当提交原件。物证应当提交原物。提交原件或者原物确有困难的，可以提交复制品、照片、副本、节录本。

在民事诉讼和仲裁过程中，应当遵循"优先提供原件或者原物"原则。如需自己保存证据原件、原物或者提供原件、原物确有困难的，可以提供经人民法院核对无异的复制件或者复制品。但是，无法与原件、原物核对的复印件、复制品，不能单独作为认定案件事实的依据。

（4）证人证言。证人是指了解案件情况并向法院、仲裁机构或当事人提供证词的人。证人就案件情况所做的陈述即证人证言。

1）凡是知道案件情况的单位和个人，都有义务出庭作证。

2）有关单位的负责人应当支持证人作证。

3）证人确有困难不能出庭的，经人民法院许可，可以提交书面证言。

4）不能正确表达意志的人，不能作证。

5）与一方当事人或者其代理人有利害关系的证人出具的证言，以及无正当理由未出庭作证的证人证言，不能单独作为认定案件事实的依据。

（5）当事人陈述。当事人陈述是指当事人在诉讼或仲裁中，就本案例的事实向法院或仲裁机构所做的陈述。人民法院对当事人的陈述，应当结合本案的其他证据，审查确定能否作为认定事实的根据。当事人对自己的主张，只有本人陈述而不能提出其他相关证据的，其主张不予支持。但对方当事人认可的除外。

（6）鉴定结论。当事人申请鉴定，应当注意在举证期限内提出。对需要鉴定的事项负有举证责任的当事人，在人民法院指定的期限内无正当理由不提出鉴定申请，应当对该事实承担举证不能的法律后果。当事人申请鉴定经人民法院同意后，由双方当事人协商确定有鉴定资格的鉴定机构、鉴定人员，协商不成的，由人民法院指定。

当事人对人民法院委托的鉴定部门作出的鉴定结论有异议申请重新鉴定，提出证据证明存在下列情形之一的，人民法院应予准许。

1）鉴定机构或者鉴定人员不具备相关的鉴定资格的。

2）鉴定程序严重违法的。

3）鉴定结论明显依据不足的。

4）经过质证认定不能作为证据使用的其他情形。

对于有缺陷的鉴定结论，可以通过补充鉴定、重新质证或者补充质证等方法解决的，不予重新鉴定。一方当事人自行委托有关部门作出的鉴定结论，另一方当事人有证据足以反驳并申请重新鉴定的，人民法院应予准许。

（7）勘验笔录。勘验笔录是指人民法院为了查明案件的事实，指派勘验人员对与案件争议有关的现场、物品或物体进行查验、拍照、测量，并将查验的情况与结果制成笔录。

根据《民事诉讼法》规定，勘验物证或者现场，勘验人必须出示人民法院的证件，并邀请当地基层组织或者当事人所在单位派人参加。当事人或者当事人的成年家属应当到场，拒不到场的，不影响勘验的进行。勘验笔录应由勘验人、当事人和被邀参加人签名或者盖章。

（8）电子数据。电子证据是指与案件事实有关的电子邮件等以电子形式存在的证据。它是基于电子技术生成的，以数字化形式存在于磁盘等载体的内容可与载体分离，并可多次复制到其他载体的信息。

2. 证据的保全

（1）概念。证据保全，是指在证据可能灭失或以后难以取得的情况下，法院根据申请人的申请或依职权，对证据加以固定和保护的制度。

（2）作用。民事诉讼或仲裁均是以证据为基础展开的。依据有关证据，当事人和法院、仲裁机构才能够了解或查明案件真相，确定争议的原因，从而正确地处理纠纷。但是，从纠纷的产生直至案件开庭审理必然有一个时间间隔。在证据可能灭失或者以后难以取得的情况下，当事人或利害关系人可以向人民法院申请保全证据，人民法院也可以主动采取保全措施。

《最高人民法院关于民事诉讼证据的若干规定》

（3）申请。根据《最高人民法院关于民事诉讼证据的若干规定》的规定，当事人依据《民事诉讼法》的规定向人民法院申请保全证据的，不得迟于举证期限届满前 7 日。当事人申请保全证据的，人民法院可以要求其提供相应的担保。

🔗 **知识链接**

> 根据《仲裁法》规定，在证据可能灭失或者以后难以取得的情况下，当事人可以申请证据保全。当事人申请证据保全的，仲裁委员会应当将当事人的申请提交证据所在地的基层人民法院。

（4）实施。人民法院进行证据保全，可以根据具体情况，采用查封、扣押、拍照、录音、录像、复制、鉴定、勘验、制作笔录等方法。人民法院进行证据保全，可以要求当事人或者诉讼代理人到场。

3. 证据的应用

（1）举证时限。举证时限是指法律规定或法院、仲裁机构指定的当事人能够有效举证的期限。

1）人民法院在送达案件受理通知书和应诉通知书的同时向当事人送达举证通知书，举证通知书应载明人民法院根据案件情况指定的举证期限，以及逾期提供证据的法律后果。

2）在适用一审普通程序审理民事案件时，人民法院指定当事人提供证据证明其主张的基础事实的期限，该期限不得少于 30 日。但是，人民法院在征得双方当事人同意后，指定的举证期限可以少于 30 日。

知识链接

《最高人民法院关于民事诉讼证据的若干规定》中对书证、物证、视听资料进行质证规定如下。

第六十一条 对书证、物证、视听资料进行质证时，当事人应当出示证据的原件或者原物。但有下列情形之一的除外：

（一）出示原件或者原物确有困难并经人民法院准许出示复制件或者复制品的；

（二）原件或者原物已不存在，但有证据证明复制件、复制品与原件或者原物一致的。

3）当事人应当在举证期限内向法院提交证据材料，当事人在举证期限内不提交的，视为放弃举证权利。

4）当事人在举证期限内提交证据材料确有困难的，应在举证期限内申请延期举证，经法院批准，可以适当延长举证期限。

（2）证据交换。证据交换是指在诉讼答辩期届满后开庭审理前，在法院的主持下，当事人之间相互明示其持有证据的过程。法院对于证据较多或复杂疑难的案件，应当组织当事人在答辩期届满后、开庭审理前交换证据。证据交换应当在审判人员的主持下进行。

（3）质证。质证是指当事人在法庭的主持下，围绕证据的真实性、合法性、关联性，针对证据证明力有无及证明力大小，进行质疑、说明与辩驳的过程。《最高人民法院关于民事诉讼证据的若干规定》中规定，证据应当在法庭上出示，由当事人质证。未经质证的证据，不能作为认定案件事实的依据。

《最高人民法院关于民事诉讼证据的若干规定》

（4）认证。认证是指证据的审核认定，是指法院对经过质证或当事人在证据交换中认可的各种证据材料作出审查判断，确认其能否作为认定案件事实的根据。认证是正确认定案件事实的前提和基础。其具体内容是对证据有无证明力和证明力大小进行审查确认。

法院及审判人员对证据的审核认定应遵循以下规则。

1）对单一证据的审核认定。

2）不能作为或不能单独作为认定案件事实依据的证据。

3）可以作为认定案件事实依据的证据。

4）数个证据对同一事实的证明力。

8.2.4 民事诉讼时效的规定

1. 定义

诉讼时效是指权利人在法定的时效期间内，未行使其权利的，依据法律规定消灭其胜诉权的制度。

2. 不适用于诉讼时效的情形

当事人可以对债权请求权提出诉讼时效抗辩，但对下列债权请求权提出诉讼时效抗辩的，法院不予支持。

（1）支付存款本金及利息请求权。

《民事诉讼法》

（2）兑付国债、金融债券及向不特定对象发行的企业债券本息请求权。

（3）基于投资关系产生的缴付出资请求权。

（4）其他依法不适用诉讼时效规定的债权请求权。

3. 诉讼时效期间的种类

（1）普通诉讼时效：根据《民法典》的规定，向人民法院请求保护民事权利的诉讼时效期间为 3 年。

（2）特殊诉讼时效：因国际货物买卖合同和技术进出口合同争议的时效期间为 4 年；就海上货物运输向承运人要求赔偿的请求权，时效期间为 1 年。

《民法典》

（3）权利的最长保护期限：诉讼时效期间自权利人知道或应当知道权利受到损害及义务人之日起计算。但是，从权利被侵害之日起超过 20 年的，法院不予保护；有特殊情况的，人民法院可以根据权利人的申请决定延长。

4. 诉讼时效期间的起算

诉讼时效期间的起算见表 8-3。

表 8-3 诉讼时效期间的起算

序号	类型	起算时间
1	人身损害赔偿	（1）伤害明显的，从受伤害之日起算。 （2）伤害当时未曾发现，后经检查确诊并能证明是由侵害引起的，从伤势确诊之日起算
2	当事人约定同一债务分期履行	从最后一期履行期限届满之日起算
3	未约定履行期限的合同	（1）可以确定履行期限的，诉讼时效期间从履行期限届满之日起算。 （2）不能确定履行期限的，诉讼时效期间从债权人要求债务人履行义务的宽限期届满之日起算，但债权人在债权人第一次向其主张权利之时即明确表示不履行义务的，诉讼时效期间从债务人明确表示不履行义务之日起算
4	合同被撤销，返还财产、赔偿损失请求权	诉讼时效期间从合同被撤销之日起算
5	返还不当得利请求权	从当事人一方知道或者应当知道不当得利事实及对方当事人之日起算
6	管理人因无因管理行为产生的给付必要管理费用、赔偿损失请求权	从无因管理行为结束并且管理人知道或者应当知道本人之日起算

5. 诉讼时效中止

在诉讼时效期间的最后 6 个月内，因下列障碍，不能行使请求权的，诉讼时效中止。

（1）不可抗力。

（2）无民事行为能力人或者限制民事行为能力人没有法定代理人，或者法定代理人死亡、丧失民事行为能力、丧失代理权。

（3）继承开始后未确定继承人或者遗产管理人。

（4）权利人被义务人或者其他人控制。

（5）其他导致权利人不能行使请求权的障碍。

自中止时效的原因消除之日起满六个月，诉讼时效期间届满。

6. 诉讼时效中断

有下列情形之一的，诉讼时效中断，从中断、有关程序终结时起，诉讼时效期间重新计算。

（1）权利人向义务人提出履行请求。

（2）义务人同意履行义务。

（3）权利人提起诉讼或者申请仲裁。

（4）与提起诉讼或者申请仲裁具有同等效力的其他情形。

8.2.5 民事诉讼的审判程序

民事诉讼的审判程序见表 8-4。

表 8-4 民事诉讼的审判程序

民事诉讼	一审程序	二审程序	执行程序
普通程序	立案起，6 个月内审结，可延长 6 个月		被执行人未履行生效法律文书确定的义务，并具有下列情形之一的，人民法院应当将其纳入失信被执行人名单，依法对其进行信用惩戒：
简易程序	立案起，3 个月内审结	1. 上诉的判决案件，3 个月审结。 2. 上诉的裁定案件，30 日内审结	
起诉	1. 起诉条件： （1）原告是与本案有直接利害关系的公民、法人和其他组织。 （2）有明确的被告。 （3）有具体的诉讼请求．事实和理由。 （4）属于人民法院受理民事诉讼的范围和受诉人民法院管辖。 2. 起诉方式，应当以书面起诉为原则，口头起诉为例外	1. 不服第一审判决的，判决书送达之日起的 15 日内，向上一级人民法院上诉。 2. 不服第一审裁定的，裁定书送达之日起的 10 日内，向上一级人民法院上诉	（1）有履行能力而拒不履行生效法律文书确定义务的。 （2）以伪造证据、暴力、威胁等方法妨碍、抗拒执行的。 （3）以虚假诉讼、虚假仲裁或者以隐匿、转移财产等方法规避执行的。 （4）违反财产报告制度的。 （5）违反限制消费令的。 （6）无正当理由拒不履行执行和解协议的
受理	1. 符合起诉条件的，应在 7 日内立案。 2. 不符合起诉条件的，应在 7 日内作出裁定		
开庭审理	公开审理是人民法院审理案件的一项基本原则，例外情况除外	（1）事实清楚，适用法律正确的，维持原判决。 （2）认定事实错误或者适用法律错误的，依法改判、撤销或者变更。 （3）基本事实不清的，裁定撤销原判决，发回重审，或者查清事实后改判。 （4）严重违反法定程序的，发回原审人民法院重审	

8.2.6 民事诉讼的执行程序

执行程序是指人民法院的执行机构依照法定的程序,对发生法律效力并具有给付内容的法律文书。以国家强制力为后盾,依法采取强制措施。迫使具有给付义务的当事人履行其给付义务的行为。

1. 执行依据

(1) 人民法院制作的发生法律效力的民事判决书、裁定书及生效的调解书等。

(2) 人民法院作出的具有财产给付内容的发生法律效力的刑事判决书、裁定书。

(3) 仲裁机构制作的依法由人民法院执行的生效仲裁裁决书、仲裁调解书。

(4) 公证机关依法作出的赋予强制执行效力的公证债权文书。

(5) 人民法院作出的先予执行的裁定、执行回转的裁定,以及承认并协助执行外国判决、裁定或裁决的裁定。

(6) 我国行政机关作出的法律明确规定由人民法院执行的行政决定。

(7) 人民法院依督促程序发布的支付令等。

2. 执行案件的管辖

发生法律效力的民事判决、裁定,以及刑事判决、裁定中的财产部分,由第一审人民法院或者与第一审人民法院同级的被执行的财产所在地人民法院执行。申请执行人向被执行的财产所在地人民法院申请执行的,应当提供该人民法院辖区有可供执行财产的证明材料。人民法院受理执行申请后,当事人对管辖权有异议的,应当自收到执行通知书之日起 10 日内提出。

3. 执行程序

(1) 当事人申请执行。人民法院作出的判决、裁定等法律文书,当事人必须履行,如果无故不履行,另一方当事人可向有管辖权的人民法院申请强制执行。申请强制执行应提交申请强制执行书,并附作为执行根据的法律文书。申请强制执行,还须遵守申请执行期限。

(2) 直接移交执行。对于具有执行内容的生效裁判文书,由审判该案的审判人员将案件直接交付执行人员,随即开始执行程序。

(3) 向上一级人民法院申请执行。人民法院自收到申请执行书之日起超过 6 个月未执行的,申请执行人可以向上一级人民法院申请执行。上一级人民法院经审查,可以责令原人民法院在一定期限内执行,也可以决定由本院执行或者指令其他人民法院执行。

4. 执行中的其他问题

(1) 委托执行。被执行人或被执行的财产在外地的,可以委托当地人民法院代为执行。受委托人民法院收到委托函件后,必须在 15 日内开始执行,不得拒绝。

(2) 执行异议。

1) 当事人、利害关系人提出的异议。

2) 案外人提出的异议。

(3) 执行和解。在执行中,双方当事人自行和解达成协议的,执行员应当将协议内容记入笔录,由双方当事人签名或者盖章。

5. 执行措施

(1) 查封、冻结、划拨被执行人的存款。

(2) 扣留、提取被执行人的收入。

（3）查封、扣押、拍卖、变卖被执行人的财产。

（4）对被执行人及其住所或财产隐匿地进行搜查。

（5）强制被执行人和有关单位、公民交付法律文书指定的财物或票证。

（6）强制被执行人迁出房屋或退出土地。

（7）强制被执行人履行法律文书指定的行为。

（8）办理财产权证照转移手续。

（9）强制被执行人支付迟延履行期间的加倍债务利息或迟延履行金。

（10）依申请执行人申请，通知对被执行人负有到期债务的第三人向申请执行人履行债务。

6. 执行中止

有下列情形之一的，人民法院应裁定中止执行。

（1）申请人表示可以延期执行的。

（2）案外人对执行标的提出确有理由异议的。

（3）作为一方当事人的公民死亡，需要等待继承人继承权利或承担义务的。

（4）作为一方当事人的法人或其他组织终止，尚未确定权利义务承受人的。

（5）人民法院认为应当中止执行的其他情形，如被执行人确无财产可供执行等。中止的情形消失后，恢复执行。

7. 执行终结

有下列情形之一的，人民法院应当裁定终结执行。

（1）申请人撤销申请的。

（2）据以执行的法律文书被撤销的。

（3）作为被执行人的公民死亡，无遗产可供执行，又无义务承担人的。

（4）追索赡养费、抚养费、抚育费案件的权利人死亡的。

（5）作为被执行人的公民因生活困难无力偿还借款，无收入来源，又丧失劳动能力的。

（6）人民法院认为应当终结执行的其他情形。

🎯 案例应用8-2

➤案例简介

某房地产开发公司与某建筑公司签订了一份建筑工程合同。合同约定了工程范围、工期、质量标准等内容，并约定了工程款的支付方式。工程完工后，房地产开发公司未按照约定支付工程款，建筑公司多次催讨未果，遂向法院提起诉讼。

法院经审理后认为，房地产开发公司未按照约定支付工程款，构成违约。根据《民法典》合同编的规定，当事人一方不履行合同义务或者履行合同义务不符合约定的，应当承担继续履行、采取补救措施或者赔偿损失等违约责任。因此，法院判决房地产开发公司向建筑公司支付剩余工程款及利息。

➤案例评析

此案例涉及民事诉讼中的合同纠纷。在本案例中，建筑公司与房地产开发公司之间存在建筑工程合同关系，因房地产开发公司未按照约定支付工程款而引发诉讼。根据民事诉讼制度的规定，当事人可以通过民事诉讼维护自己的合法权益。

在这个案例中，法院依据《民法典》的规定对合同纠纷进行审理，并作出了相应的判决。通过这个案例，可以看到民事诉讼制度在解决建设工程领域纠纷中的重要作用。在实践中，当事人可以通过民事诉讼制度维护自己的合法权益，解决建设工程领域的纠纷问题。

8.3　仲裁制度

8.3.1　仲裁协议的规定

仲裁协议是指双方当事人自愿将他们之间已经发生或者可能发生的可仲裁事项提交仲裁裁决的书面协议。

1. 仲裁协议的形式

根据《仲裁法》的规定，仲裁协议包括合同中订立的仲裁条款和以其他书面方式在纠纷发生前或者纠纷发生后达成的请求仲裁的协议。据此，仲裁协议应当采用书面形式，口头方式达成的仲裁意思表示无效。仲裁协议既可以表现为合同中的仲裁条款，也可以表现为独立于合同而存在的仲裁协议书。而在实践中，仲裁条款是最常见的仲裁协议形式。

《仲裁法》

2. 仲裁协议的内容

根据《仲裁法》的规定，仲裁协议应当具有下列内容。

（1）请求仲裁的意思表示。

（2）仲裁事项。

（3）选定的仲裁委员会。

上述三项内容必须同时具备，仲裁协议才能有效。

🔗 **知识链接**

《仲裁法》中关于仲裁委员会的相关规定如下。

第十一条　仲裁委员会应当具备下列条件：

（一）有自己的名称、住所和章程；

（二）有必要的财产；

（三）有该委员会的组成人员；

（四）有聘任的仲裁员。

仲裁委员会的章程应当依照本法制定。

第十二条　仲裁委员会由主任1人、副主任2～4人和委员7～11人组成。

仲裁委员会的主任、副主任和委员由法律、经济贸易专家和有实际工作经验的人员担任。仲裁委员会的组成人员中，法律、经济贸易专家不得少于2/3。

---

3. 仲裁协议的效力

（1）对当事人的法律效力。仲裁协议一经有效成立，即对双方当事人产生法律效力，双方当事人都受到他们所签订的仲裁协议的约束。当纠纷发生后，当事人只能通过向仲裁协议中所确定的仲裁机构申请仲裁的方式解决该纠纷，而丧失了就该纠纷向法院提起诉讼的权利。

（2）对法院的约束力。有效的仲裁协议排除法院的司法管辖权。根据《仲裁法》的规定，当事人达成仲裁协议，一方向人民法院起诉未声明有仲裁协议，人民法院受理后，另一方在首次开庭前提交仲裁协议的，人民法院应当驳回起诉，但仲裁协议无效的除外；另一方在首次开庭前未对人民法院受理该案提出异议的，视为放弃仲裁协议，人民法院应当继续审理。

（3）对仲裁机构的法律效力。仲裁协议是仲裁委员会受理仲裁案件的前提，是仲裁庭审理和裁决案件的依据。仲裁委员会只能对当事人在仲裁协议中约定的争议事项进行仲裁，对超出仲裁协议约定范围的其他争议事项无权仲裁。根据《仲裁法》的规定，当事人采用仲裁方式解决纠纷，应当双方自愿，达成仲裁协议。没有仲裁协议，一方申请仲裁的，仲裁委员会不予受理。

（4）仲裁协议的独立性。《仲裁法》中规定，仲裁协议独立存在，合同的变更、解除、终止或者无效，不影响仲裁协议的效力。

（5）仲裁协议效力的确认。当事人对仲裁协议效力有异议的，应当在仲裁庭首次开庭前提出。当事人向人民法院申请确认仲裁协议效力的案件，由仲裁协议约定的仲裁机构所在地、仲裁协议签订地、申请人住所地、被申请人住所地的中级人民法院或者专门人民法院管辖。仲裁协议的规定见表 8-5。

表 8-5 仲裁协议的规定

要素	具体规定
基本制度	（1）协议仲裁制度：订立仲裁协议为前提。 （2）排除法院管辖制度：达成仲裁协议，一方向法院起诉，法院不予受理。 （3）一裁终局制：裁决作出后，同一纠纷不得再申请仲裁或起诉
形式	《仲裁法》中规定，仲裁协议包括合同中订立的仲裁条款和其他以书面形式在纠纷发生前或者纠纷发生后达成的请求仲裁的协议。据此，仲裁协议应当采用书面形式，口头方式达成的仲裁意思表示无效
内容	仲裁协议应当具有下列内容：①请求仲裁的意思表示；②仲裁事项；③选定的仲裁委员会。这三项内容必须同时具备，仲裁协议才能有效
效力	（1）对当事人的效力：当事人只能就该纠纷申请仲裁，不能提起诉讼。 （2）对法院的效力：有效的仲裁协议排除法院对仲裁约定争议的司法管辖权。 （3）对仲裁机构的效力：仲裁协议是仲裁机构受理案件的基础和依据。 （4）仲裁协议独立存在，合同的变更、解除、终止或者无效，均不影响仲裁协议的效力。 （5）仲裁效力的确认：当事人对仲裁协议有异议、意见不统一时，由法院裁定

8.3.2　仲裁的申请和受理

1. 申请仲裁的条件

当事人申请仲裁，应当符合下列条件。

（1）有效的仲裁协议。

（2）有具体的仲裁请求和事实、理由。

（3）属于仲裁委员会的受理范围。

2. 申请仲裁的文件

当事人申请仲裁，应当向仲裁委员会递交仲裁协议、仲裁申请书及副本。

用匠心砌筑建筑
梦想——邹彬

3. 审查与受理

仲裁委员会在收到仲裁申请书之日起的 5 日内，经审查认为符合受理条件的，应当受理，并通知当事人；认为不符合受理条件的，应当书面通知当事人不予受理，并说明理由。

4. 财产保全和证据保全

当事人要求采取保全措施的，应向仲裁委员会提出书面申请，由仲裁委员会将保全申请转交被申请人住所地或其财产所在地或证据所在地有管辖权的人民法院作出裁定；当事人也可以直接向有管辖权的人民法院提出保全申请。申请人在人民法院采取保全措施后 30 日内不依法申请仲裁的，人民法院应当解除保全。

 知识链接

《仲裁法》中关于仲裁申请书应当载明事项的规定如下。

第二十三条　仲裁申请书应当载明下列事项：

（一）当事人的姓名、性别、年龄、职业、工作单位和住所，法人或者其他组织的名称、住所和法定代表人或者主要负责人的姓名、职务；

（二）仲裁请求和所根据的事实、理由；

（三）证据和证据来源、证人姓名和住所。

8.3.3　仲裁审理的法定程序

仲裁审理的法定程序主要包括仲裁庭的组成、开庭和审理、仲裁和解与调解、仲裁裁决等过程。

1. 仲裁庭的组成

仲裁案件采用普通程序或者简易程序来审理。采用普通程序审理仲裁案件，由 3 名仲裁员组成合议仲裁庭；采用简易程序审理仲裁案件，由 1 名仲裁员组成独任仲裁庭。当事人另有约定的除外。

（1）合议仲裁庭。当事人约定由 3 名仲裁员组成仲裁庭的，应当各自选定 1 名或者各自委托仲裁委员会主任指定 1 名仲裁员，第 3 名仲裁员由当事人共同选定或者共同委托仲裁委员会主任指定。第 3 名仲裁员是首席仲裁员。

（2）独任仲裁庭。当事人约定 1 名仲裁员组成仲裁庭的，应当由当事人共同选定或者共同委托仲裁委员会主任指定仲裁员。当事人没有在仲裁规定的期限内约定仲裁庭的组成方式或者选定仲裁员的，由仲裁委员会主任指定。

2. 开庭和审理

仲裁审理的方式可分为开庭审理和书面审理两种。

仲裁庭可以作出缺席裁决。申请人经书面通知，无正当理由开庭时不到庭或者未经仲裁庭许可中途退庭的，可以视为撤回仲裁申请；如果被申请人提出了反请求，不影响仲裁庭就反请求进行审理，并作出裁决。被申请人经书面通知，无正当理由不到庭或者未经仲裁庭许可中途退庭的，仲裁庭可以进行缺席审理并作出裁决；如果被申请人提出了反请求的，视为撤回仲裁反请求。

3. 仲裁和解与调解

当事人申请仲裁后，可以自行和解。达成和解协议的，可以请求仲裁庭根据和解协议作出裁决书，也可以撤回仲裁申请。当事人达成和解协议，撤回仲裁申请后反悔的，仍可以根据仲裁协议申请仲裁。

仲裁庭在作出裁决前，可以先行调解。当事人自愿调解的，仲裁庭应当调解。调解不成的，应当及时作出裁决。调解达成协议的，仲裁庭应当制作调解书或者根据协议的结果制作裁决书。调解书与裁决书具有同等法律效力。调解书经双方当事人签收后，即发生法律效力。在调解书签收前当事人反悔的，仲裁庭应当及时作出裁决。

4. 仲裁裁决

仲裁裁决是由仲裁庭作出的具有强制执行效力的法律文书。仲裁庭无法形成多数意见时，裁决按照首席仲裁员的意见作出。裁决书自作出之日起发生法律效力。

> 🔗 **知识链接**
>
> 裁决书的效力如下。
>
> （1）仲裁实行一裁终局制度，当事人不得就已经裁决的事项再申请仲裁，也不得就此提起诉讼。
>
> （2）仲裁裁决具有强制执行力，一方当事人不履行的，对方当事人可以向法院申请强制执行。
>
> （3）仲裁裁决在所有《承认及执行外国仲裁裁决公约》缔约国（或地区）可以得到承认和执行。

8.3.4 仲裁裁决的执行

1. 仲裁裁决的强制执行力

根据《仲裁法》规定，仲裁裁决作出后，当事人应当履行裁决。一方当事人不履行的，另一方当事人可以依照《民事诉讼法》中的有关规定向人民法院申请执行。申请执行时效的中止、中断，适用法律有关诉讼时效中止、中断的规定。

（1）申请仲裁裁决强制执行的期限，自仲裁裁决书规定履行期限或仲裁机构的仲裁规则规定履行期间的最后 1 日起算。

（2）仲裁裁决书规定分期履行的，依规定的每次履行期间的最后 1 日起算。

（3）仲裁裁决书未规定履行期间的，从仲裁裁决书生效之日起算。

> 🔗 **知识链接**
>
> 申请仲裁裁决强制执行必须在法律规定的期限内提出。根据《民事诉讼法》的规定，申请执行的期间为 2 年。

2. 仲裁裁决的不予执行和撤销

被申请人提出证据证明裁决有下列情形之一的，经人民法院组成合议庭审查核实，裁定不予执行。

（1）当事人在合同中或者事后未达成仲裁协议的。

（2）裁决的事项不属于仲裁协议的范围或者仲裁机构无权仲裁的。

（3）仲裁庭的组成或者仲裁的程序违反法定程序。

（4）裁决所根据的证据是伪造的。

（5）对方当事人向仲裁机构隐瞒了足以影响公正裁决的证据。

（6）仲裁员在仲裁该案时有索贿受贿、徇私舞弊、枉法裁决行为的。

仲裁裁决被法院依法裁定不予执行的，当事人就该纠纷可以重新达成仲裁协议，并依据该仲裁协议申请仲裁，也可以向法院提起诉讼。人民法院认定该裁决违背社会公共利益的，应当裁定撤销。当事人申请撤销裁决的，应当在收到裁决书之日起 6 个月内提出。仲裁裁决被人民法院依法撤销后，当事人之间的纠纷并未解决。根据《仲裁法》规定，当事人就该纠纷可以根据双方重新达成的仲裁协议申请仲裁，也可以向人民法院起诉。

8.3.5　涉外仲裁的特别规定

1. 涉外仲裁的基本类型

在我国，就主体而言，涉外仲裁基本包括以下 3 种类型。

（1）一方当事人是中国公司，另外一方是外国公司。

（2）双方当事人都是外国公司。

（3）涉及港澳台的仲裁参照涉外案件处理。

用匠心与担当铺就
天路传奇——李金城

2. 涉外仲裁机构

根据《仲裁法》规定，涉外的仲裁机构是中国国际经济贸易仲裁委员会和中国海事仲裁委员会。

3. 涉外仲裁案件的证据、财产保全

（1）当事人申请采取财产保全的，中华人民共和国的涉外仲裁机构应当将当事人的申请，提交被申请人住所地或者财产所在地的中级人民法院裁定。

（2）涉外仲裁案件的财产、证据保全均由被申请人住所地或者财产所在地的中级人民法院裁定并执行。

4. 涉外仲裁案件裁决的执行

根据《仲裁法》规定，涉外仲裁委员会作出的发生法律效力的仲裁裁决，当事人请求执行的，如果被执行人或者其财产不在中华人民共和国领域内，应当由当事人直接向有管辖权的外国法院申请承认和执行。

🎯 案例应用8-3

➤ 案例简介

甲、乙两公司合作完成了一项建筑工程。合同中约定了工程的质量标准、工期、付款方式等条款。待工程完工后，甲公司发现乙公司完成的工程部分存在质量问题，遂向乙公司提出了索赔要求。乙公司不同意甲公司的索赔要求，双方无法达成一致，于是甲公司向仲裁机构申请仲裁。

仲裁过程如下。

（1）甲公司向仲裁机构提交了仲裁申请书，包括索赔要求、证据等材料。

（2）仲裁机构根据甲公司的申请书，向乙公司发出了答辩通知，要求乙公司在规定时间内提交答辩书及相关证据材料。

（3）仲裁庭在开庭前组织双方当事人进行调解，但由于双方分歧较大，调解未果。

8

（4）开庭审理时，甲、乙两公司分别向仲裁庭提交了证据材料，并对对方的证据进行了质证。仲裁庭根据双方的证据和合同约定，对案件进行了审理。

（5）仲裁庭经过审理，认为乙公司完成的工程部分存在质量问题，违反了合同约定，因此裁定乙公司向甲公司支付赔偿金。

（6）仲裁裁决生效后，乙公司未在规定时间内履行裁决，甲公司向法院申请强制执行。法院依法对乙公司的财产进行了查封、拍卖等强制执行措施，最终使甲公司获得了赔偿金。

▶案例评析

在此案例中，仲裁制度发挥了重要的作用。通过仲裁机构的介入，双方当事人可以在平等、公正的环境下进行争议解决。仲裁庭的审理过程也保证了双方的合法权益得到保护，避免了在诉讼过程中可能出现的司法不公等问题。同时，仲裁裁决具有法律效力，可以强制执行，有利于维护当事人的合法权益。

仲裁制度在工程领域中的应用具有重要的意义。通过仲裁机构对工程纠纷进行裁决，可以有效地解决双方当事人的争议，保护当事人的合法权益。同时，仲裁制度也具有高效、灵活、保密等特点，有利于维护企业的商业利益和声誉。在实际应用中，当事人可以根据具体情况选择仲裁或诉讼等方式解决纠纷。

8.4 调解、和解制度与争议评审

8.4.1 调解的规定

1. 人民调解

（1）人民调解的原则和人员机构。人民调解的基本原则是当事人自愿原则；当事人平等原则；合法原则；尊重当事人权利原则。

人民调解的组织形式是人民调解委员会。《中华人民共和国人民调解法》（以下简称《人民调解法》）中规定，人民调解委员会是村民委员会和居民委员会下设的调解民间纠纷的群众性自治组织，在人民政府和基层人民法院指导下进行工作。人民调解委员会由 3～9 人组成，设主任 1 人，必要时可以设副主任若干人。

《人民调解法》

🔗知识链接

《人民调解法》中关于人民调解员的规定如下。

人民调解员由人民调解委员会委员和人民调解委员会聘任的人员担任。

人民调解员应当由公道正派、热心人民调解工作，并具有一定文化水平、政策水平和法律知识的成年公民担任。

县级人民政府司法行政部门应当定期对人民调解员进行业务培训。

（2）人民调解的程序和调解协议。人民调解应当遵循的程序主要是当事人申请调解；人民调解委员会主动调解；指定调解员或由当事人选定调解员进行调解；达成协议；调解结束。

经人民调解委员会调解达成调解协议的，可以制作调解协议书。当事人认为无须制作调解协议的，可以采取口头协议的方式，人民调解员应当记录协议内容。经人民调解委员会调解达成的调解协议具有法律约束力，当事人应当按照约定履行。当事人就调解协议的履行或者调解协议的内容发生争议的，一方当事人可以向法院提起诉讼。

经人民调解委员会调解达成调解协议后，双方当事人认为有必要的，可以自调解协议生效之日起 30 日内共同向人民法院申请司法确认，人民法院依法确认调解协议有效，一方当事人拒绝履行或者未全部履行的，对方当事人可以向人民法院申请强制执行。

2. 行政调解

行政调解分为两种：第一，基层人民政府，即乡、镇人民政府对一般民间纠纷的调解；第二，国家行政机关依照法律规定对某些特定民事纠纷或经济纠纷或劳动纠纷等进行的调解。

行政调解属于诉讼外调解。行政调解达成的协议不具有强制约束力。

3. 仲裁调解

仲裁调解是指在仲裁庭的主持下，仲裁当事人在自愿协商、互谅互让基础上达成协议，从而解决纠纷的一种制度。

《仲裁法》

根据《仲裁法》规定，仲裁庭在作出裁决前，可以先行调解。当事人自愿调解的，仲裁庭应当进行调解。调解不成的，应当及时作出裁决。调解达成协议的，仲裁庭应当制作调解书或者根据协议的结果制作裁决书。调解书与裁决书具有同等法律效力。调解书应当写明仲裁请求和当事人协议的结果。调解书由仲裁员签名，加盖仲裁委员会印章，送达双方当事人。调解书经双方当事人签收后，即发生法律效力。在调解书签收前当事人反悔的，仲裁庭应当及时作出裁决。

4. 法院调解

（1）调解方法。根据《民事诉讼法》的规定，人民法院进行调解，可以由审判员一人主持，也可以由合议庭主持，并尽可能就地进行。人民法院进行调解，可以采用简便方式通知当事人、证人到庭。

《民事诉讼法》

（2）调解协议。根据《民事诉讼法》的规定，调解达成协议，必须双方自愿，不得强迫。调解协议的内容不得违反法律规定。调解达成协议，人民法院应当制作调解书。调解书应当写明诉讼请求、案件的事实和调解结果。调解书由审判人员、书记员署名，加盖人民法院印章，送达双方当事人。调解书经双方当事人签收后，即具有法律效力。

🔗 **知识链接**

《民事诉讼法》中关于人民法院可以不制作调解书的规定如下。

下列案件调解达成协议，人民法院可以不制作调解书：

（1）调解和好的离婚案件；

（2）调解维持收养关系的案件；

（3）能够即时履行的案件；

（4）其他不需要制作调解书的案件。

对不需要制作调解书的协议，应当记入笔录，由双方当事人、审判人员、书记员签名或者盖章后，即具有法律效力。

5. 专业机构调解

专业机构调解是当事人在发生争议前或争议后，协议约定由指定的具有独立调解规则的机构按照其调解规则进行调解。所谓调解规则，是指调解机构、调解员及调解当事人之间在调解过程中所应遵守的程序性规范。专业调解机构进行调解达成的调解协议对当事人双方均有约束力。调解的方式见表 8-6。

表 8-6　调解的方式

方式	规定
人民调解	自调解协议生效之日起 30 日内共同向调解组织所在地基层人民法院申请对调解协议司法确认。经司法确认后，方具备强制执行的效力
行政调解	诉讼外调解，所达成协议不具强制约束力
仲裁调解	调解书经双方签收后即发生法律效力，与裁决书具有同等法律效力
法院调解	调解书经双方签收后即发生法律效力，效力与判决书相同
专业机构调解	调解协议具有合同约束力，可通过司法确认或申请和解裁决书获得强制执行力

8.4.2　和解的规定

在我国，诉讼和解是指在民事诉讼过程中，当事人双方在自行协商的基础上达成解决争议的协议，并请求法院结束诉讼程序的一种制度。和解与调解的区别：和解是当事人之间自愿协商，达成协议，没有第三人参加；调解是在第三人主持下进行疏导、劝说，使之相互谅解，自愿达成协议。仲裁中的和解与调解见表 8-7。

表 8-7　仲裁中的和解与调解

区别 方式	仲裁中的和解	仲裁中的调解
定义	仲裁过程中，双方当事人在没有仲裁员参与的情况下，通过自行协商就争议事项达成解决问题的协议	仲裁庭在作出裁决前，主持双方当事人自愿协商、互谅互让，从而达成解决纠纷的协议
主体	双方当事人自行进行	仲裁庭主持下进行
参与人员	仅双方当事人	双方当事人及仲裁庭成员
程序灵活性	极高，双方可随时进行协商	较高，但需在仲裁庭主持下进行
法律效力	和解协议本身不具有直接的法律强制力，但仲裁庭可根据和解协议作出裁决书，该裁决书具有法律强制力	调解书与裁决书具有同等法律效力，一方不履行，另一方可申请法院强制执行
结果	可达成和解协议，并可请求仲裁庭根据和解协议作出裁决书，或撤回仲裁申请	可达成调解协议，调解书经双方签收后发生法律效力，也可请求仲裁庭根据协议内容制作裁决书
终止条件	双方达成和解协议或一方撤回仲裁申请	双方达成调解协议，或任何一方在调解过程中提出终止调解，仲裁庭应终止调解并继续仲裁程序

1. 和解的类型

（1）诉讼前的和解。诉讼前的和解是指当事人在起诉之前通过协商、协议或其他方式自愿达成共识，解决争议，避免进入法院诉讼程序。它是自愿的，不受外界强制力的影响，让当事人在平等自愿的基础上通过协商解决纠纷。诉讼前的和解具有自愿性、灵活性、快捷高效、保密性等特点。

（2）诉讼中的和解。诉讼阶段的和解没有法律效力。当事人和解后，可以请求法院调解，制作调解书，经当事人签名盖章产生法律效力，从而结束全部或部分诉讼程序。

（3）执行中的和解。

1）执行中的和解是在发生法律效力的民事判决、裁定后，法院在执行中，当事人互相协商，达成协议，解决双方的争执。

2）在执行中，双方当事人自行和解达成协议的，执行员应当将协议内容记入笔录，由双方当事人签名或者盖章。一方当事人不履行和解协议的，人民法院可以根据对方当事人的申请，恢复对原生效法律文书的执行。

（4）仲裁中的和解。

1）当事人申请仲裁后，可以自行和解。和解是双方当事人的自愿行为，不需要仲裁庭的参与。

2）达成和解协议的，可以请求仲裁庭根据和解协议作出裁决书，也可以撤回仲裁申请。当事人达成和解协议，撤回仲裁申请后又反悔的，可以根据原仲裁协议重新申请仲裁。

诉讼和解的适用范围如下。

诉讼和解作为民事诉讼中当事人在自主交涉、相互协商基础上对于纠纷的解决，虽然原则上大多数民事案件都可适用，但是，基于诉讼中的一些特殊情况，以及按照法律的规定，以下情况不能适用诉讼和解。

（1）按照《民事诉讼法》规定适用特别程序、公示催告程序、督促程序的民事案件不适用诉讼和解。

（2）单纯的确认之诉，即确认民事行为无效、经济合同无效、确认身份关系以及婚姻关系等案件不适用和解。

（3）对于当事人人数众多，在起诉时尚未确定的诉讼案件，不适用诉讼和解。

（4）对于涉及身份关系，诸如亲子关系、收养关系、婚姻关系的案件，不适用诉讼和解。

2. 和解的效力

（1）和解协议不具有强制约束力，如果一方当事人不按照和解协议执行，另一方当事人不可以请求人民法院强制执行，但可以向法院提起诉讼，也可以根据仲裁协议申请仲裁。

（2）法院或仲裁庭通过对和解协议的审查，对于意思真实而又不违反法律强制性或禁止性规定的和解协议予以支持，也可以支持遵守协议方要求违反协议方就不执行该和解协议承担违约责任的请求。但是，对于一方非自愿作出的或违反法律强制性或禁止性规定的和解协议不予支持。

8.4.3 争议评审机制的规定

采用争议评审的方式，有利于及时化解争议，防止争议扩大与拖延而造成不必要的损失或浪费，保障建设工程的顺利进行。

建设工程争议评审（以下简称"争议评审"），是指在工程开始时或工程进行过程中当事人选择的独立于任何一方当事人的争议评审专家（通常是 3 人，小型工程仅 1 人）组成评审小组，就当事人发生的争议及时提出解决问题的建议或者作出决定的实时争议解决方式。当事人通过协议授权评审组调查、听证、建议或者裁决。一个评审组在工程进程中可能会持续解决很多的争议。如果当事人不接受评审组的建议或者裁决，仍可通过仲裁或诉讼的方式解决争议。

重要提示

在争议评审期间，争议双方按总监理工程师的确定执行。

争议评审与其他争议解决机制相比的优势是专业性、快速反应、现场解决问题、创造良好气氛、争议双方不需要律师的介入，以及双方最终仍保留诉讼或仲裁的救济途径。

1. 我国争议评审制度的实践

在我国，争议评审制度的运用还较少，只有一些世界银行贷款项目如二滩水电站工程项目、黄河小浪底水利枢纽项目、万家寨水利工程项目、昆明掌鸠河引水供水工程等运用了争议评审机制，均取得了良好的效果。

2. 我国对争议评审的规定

根据《中华人民共和国标准施工招标文件》的规定，采用争议评审的，发包人和承包人应在开工日后的 28 日内或在争议发生后，协商成立争议评审组。争议评审组由有合同管理和工程实践经验的专家组成。

发包人和承包人接受评审意见的，由监理人根据评审意见拟定执行协议，经争议双方签字后作为合同的补充文件，并应遵照执行。发包人或承包人不接受评审意见，并要求提交仲裁或提起诉讼的，应在收到评审意见后的 14 日内将仲裁或起诉意向书面通知另一方，并抄送监理人，但在仲裁或诉讼结束前应暂按总监理工程师的决定执行。

案例应用8-4

➤案例简介

在某大型公共建设项目在施工过程中，由于地质条件的变化和工程设计的调整，施工方和设计方之间产生了严重的争议。双方在工程进度、施工方案和费用分担等方面存在较大分歧，双方经过多次协商和沟通，无法达成一致意见，影响了工程的顺利进行。

为了解决这一争议，双方决定采用调解的方式。他们邀请了一位经验丰富的调解员，由调解员对双方的意见进行了解和梳理。调解员通过与双方沟通，了解了双方的诉求和关切点，并尝试找到双方都能接受的解决方案。经过多次沟通和协商，双方最终达成了调解协议，明确了工程进度、施工方案和费用分担等事项，并约定了争议解决的方式。

然而，在施工过程中，双方又出现了一些新的争议。为了及时解决这些争议，双方决定采用争议评审的方式。他们邀请了一位经验丰富的评审专家，由专家对争议问题进行评估和判断。评审专家通过对工程图纸、合同条款和技术规范进行审查，最终给出了公正客观的评审意见。双方根据评审意见进行了协商和调整，最终顺利完成了工程项目的建设。

➤案例评析

该案例表明，调解、和解制度和争议评审是解决建设工程争议的有效方式。通过这些方式，可以促进双方之间的沟通和理解，找到双方都能接受的解决方案，避免因争议而导致的工程延误和质量问题。同时，这些方式也有助于维护双方的利益和合作关系，从而可以促进工程的顺利进行。

8.5　行政复议和行政诉讼制度

8.5.1　行政许可的种类及法定程序

行政许可是指行政机关根据公民、法人或其他组织的申请，经依法审查，准予其从事特定活动的行为。设定和实施行政许可应依照法定的权限、范围、条件和程序并应遵循公开、公平、公正、非歧视的原则。县级以上人民政府应建立健全对行政机关实施行政许可的监督制度，加强对行政机关实施行政许可的监督检查。

《行政许可法》

1. 行政许可的种类

（1）普通许可。普通许可指的是准许符合法定条件的相对人行使某种权利的行为。

（2）特许。特许是行政机关代表国家向被许可人授予某种权利或者对有限资源进行有效配置的管理方式。

（3）认可。认可是对相对人是否具有某种资格、资质的认定，通常采取向取得资格的人员颁发资格、资质证书的方式。

（4）核准。核准是行政机关按照技术标准、经济技术规范，对申请人是否具备特定标准、规范的判断和确定。

（5）登记。登记是行政机关对个人、企业是否具有特定民事权利能力和行为能力的主体资格与特定身份的确定。

2. 行政许可的设定

（1）法律可以设定行政许可。

（2）尚未制定法律的，行政法规可以设定行政许可。必要时，国务院可以采用发布决定的方式设定行政许可。实施后，除临时性行政许可事项外，国务院应当及时提请全国人民代表大会及其常务委员会制定法律，或者自行制定行政法规。

（3）尚未制定法律、行政法规的，地方性法规可以设定行政许可；尚未制定法律、行政法规和地方性法规的，因行政管理的需要，确需立即实施行政许可的，省、自治区、直辖市人民政府规章可以设定临时性的行政许可。临时性的行政许可实施满1年需要继续实施的，应当提请本级人民代表大会及其常务委员会制定地方性法规。

（4）地方性法规和省、自治区、直辖市人民政府规章，不得设定应当由国家统一确定的公民、法人或者其他组织的资格、资质的行政许可；不得设定企业或者其他组织的设立登记及其前置性行政许可。其设定的行政许可不得限制其他地区的个人或者企业到本地区从事生产经营和提供服务，不得限制其他地区的商品进入本地区市场。

除以上规定的外，其他规范性文件一律不得设定行政许可。行政许可的设定见表8-8。

表 8-8 行政许可的设定

可以设定行政许可事项	可以不设行政许可事项
涉及国家、公共安全、人身、财产等特定活动	公民、法人或其他能够自主决定的
有限资源开发、公共资源配置、公共利益的市场准入	市场竞争机制能有效调节的
关系安全、健康财产的设备产品等需要通过检测方式审定	行业组织或中介机构能自律管理的
企业或其他组织设立等需要确定主体资格	行政机关采用事后监督等行政方式能解决的

3. 行政许可的法定程序

行政许可的法定程序为申请与受理；审查与决定；期限；听证；变更与延续。

8.5.2 行政强制的种类及法定程序

1. 行政强制的种类

行政强制的种类包括行政强制措施和行政强制执行。

（1）行政强制措施的种类：限制公民人身自由；查封场所、设施或者财物；扣押财物；冻结存款、汇款；其他行政强制措施。

（2）行政强制执行的方式：加处罚款或者滞纳金；划拨存款、汇款；拍卖或者依法处理查封、扣押的场所、设施或者财物；排除妨碍、恢复原状；代履行；其他强制执行方式。

2. 行政强制的法定程序

（1）行政强制措施的实施程序。行政机关实施行政强制措施应当遵守下列规定。

1）实施前须向行政机关负责人报告并经批准。

2）由两名以上行政执法人员实施。

3）出示执法身份证件。

4）通知当事人到场。

5）当场告知当事人采取行政强制措施的理由、依据，以及当事人依法享有的权利、救济途径。

6）听取当事人的陈述和申辩。

7）制作现场笔录。

8）现场笔录由当事人和行政执法人员签名或者盖章，当事人拒绝的，在笔录中予以注明。

9）当事人不到场的，邀请见证人到场，由见证人和行政执法人员在现场笔录上签名或盖章。

10）法律、法规规定的其他程序。

（2）行政强制执行的实施程序。

1）行政机关作出强制执行决定前，应当事先催告当事人履行义务。

2）当事人收到催告书后有权进行陈述和申辩。

3）经催告，当事人逾期仍不履行行政决定，且无正当理由的，行政机关可以作出强制执行决定。

4）催告书、行政强制执行决定书应当直接送达当事人。

《行政强制法》

重要提示

申请人民法院强制执行程序：当事人在法定期限内不申请行政复议或者提起行政诉讼，又不履行行政决定的，没有行政强制执行权的行政机关可以自期限届满之日起 3 个月内，按照《中华人民共和国行政强制法》有关规定申请人民法院强制执行。行政机关申请人民法院强制执行前，应当催告当事人履行义务。催告书送达 10 日后当事人仍未履行义务的，行政机关可以向所在地有管辖权的人民法院申请强制执行；执行对象是不动产的，向不动产所在地有管辖权的人民法院申请强制执行。

8.5.3　行政复议范围和行政诉讼受案范围

1. 行政复议范围

行政复议是为了防止和纠正违法的或者不当的具体行政行为，保护公民、法人和其他组织的合法权益，保障和监督行政机关依法行使职权。因此，只要是公民、法人或者其他组织认为行政机关的具体行政行为侵犯其合法权益，就有权向行政机关提出行政复议申请。

（1）可以提起行政复议的情况。根据 2023 年 9 月经修改后颁布的《行政复议法》的规定，有 15 项可申请行政复议的具体行政行为，结合建设工程实践，其中 7 种尤为重要。

1）对行政机关作出的行政处罚决定不服。

2）对行政机关作出的行政强制措施、行政强制执行决定不服。

《行政复议法》

3）申请行政许可，行政机关拒绝或者在法定期限内不予答复，或者对行政机关作出的有关行政许可的其他决定不服。

4）对行政机关作出的不予受理工伤认定申请的决定或者工伤认定结论不服。

5）认为行政机关违法集资、摊派费用或者违法要求履行其他义务。

6）认为行政机关不依法订立、不依法履行、未按照约定履行或者违法变更、解除政府特许经营协议、土地房屋征收补偿协议等行政协议。

7）认为行政机关的其他行政行为侵犯其合法权益。

（2）公民、法人或者其他组织认为行政行为侵犯其合法权益的，可以自知道或应当知道该行政行为之日起 60 日内提出行政复议申请；法律规定的申请期限超过 60 日的除外。

（3）因不可抗力或者其他正当理由耽误法定申请期限的，申请期限自障碍消除之日起继续计算。

（4）对履行行政复议机构职责的地方人民政府司法行政部门的行政行为不服的，可以向本级人民政府申请行政复议，也可以向上一级司法行政部门申请行政复议。

重要提示

不能提出行政复议的情况如下。

（1）不服行政机关作出行政处分和人事处理决定的，可以提出申诉。

（2）不服行政机关对民事纠纷作出的调解或者其他处理的，应当提起诉讼或者仲裁。

2. 行政诉讼受案范围

行政诉讼受案范围是指行政争议可以进入行政诉讼加以解决。该受案范围确定了行政机关行政行为受司法监督的限度，以及公民、法人或其他组织获得司法救济的范围。

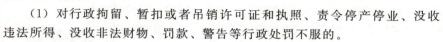

根据《行政诉讼法》的规定，人民法院不受理公民、法人或者其他组织对下列事项提起的诉讼。

（1）国防、外交等国家行为。

（2）行政法规、规章或者行政机关制定、发布的具有普遍约束力的决定、命令。

（3）行政机关对行政机关工作人员的奖惩、任免等决定。

（4）法律规定由行政机关最终裁决的行政行为。

根据《行政诉讼法》规定，人民法院受理公民、法人或者其他组织提起的下列诉讼。

《行政诉讼法》

（1）对行政拘留、暂扣或者吊销许可证和执照、责令停产停业、没收违法所得、没收非法财物、罚款、警告等行政处罚不服的。

（2）对限制人身自由或者对财产的查封、扣押、冻结等行政强制措施和行政强制执行不服的。

（3）申请行政许可，行政机关拒绝或者在法定期限内不予答复，或者对行政机关作出的有关行政许可的其他决定不服的。

（4）对行政机关作出的关于确认土地、矿藏、水流、森林、山岭、草原、荒地、滩涂、海域等自然资源的所有权或者使用权的决定不服的。

（5）对征收、征用决定及其补偿决定不服的。

（6）申请行政机关履行保护人身权、财产权等合法权益的法定职责，行政机关拒绝履行或者不予答复的。

（7）认为行政机关侵犯其经营自主权或者农村土地承包经营权、农村土地经营权的。

（8）认为行政机关滥用行政权力排除或者限制竞争的。

（9）认为行政机关违法集资、摊派费用或者违法要求履行其他义务的。

（10）认为行政机关没有依法支付抚恤金、最低生活保障待遇或者社会保险待遇的。

（11）认为行政机关不依法履行、未按照约定履行或者违法变更、解除政府特许经营协议、土地房屋征收补偿协议等协议的。

（12）认为行政机关侵犯其他人身权、财产权等合法权益的。

8.5.4　行政复议的申请、受理和决定的有关规定

1. 行政复议申请

（1）公民、法人或者其他组织认为具体行政行为侵犯其合法权益的，可以自知道该具体行政行为之日起 60 日内提出行政复议申请；但法律规定的申请期限超过 60 日的除外。因不可抗力或者其他正当理由耽误法定申请期限的，申请期限自障碍消除之日起继续计算。

（2）依法申请行政复议的公民、法人或者其他组织是申请人。作出具体行政行为的行政机

关是被申请人。申请人可以委托代理人代为参加行政复议。申请人申请行政复议，可以书面申请，也可以口头申请。

（3）对于行政复议，根据《行政复议法》的规定，对履行行政复议机构职责的地方人民政府司法行政部门的行政行为不服的，可以向本级人民政府申请行政复议，也可以向上一级司法行政部门申请行政复议。

（4）申请行政复议，凡行政复议机关已经依法受理的，或者法律、法规规定应当先向行政复议机关申请行政复议、对行政复议决定不服再向人民法院提起行政诉讼的，在法定行政复议期限内不得向人民法院提起行政诉讼。公民、法人或者其他组织向人民法院提起行政诉讼，人民法院已经依法受理的，不得申请行政复议。

2. 行政复议受理

（1）行政复议机关收到行政复议申请后，应当在 5 日内进行审查，依法决定是否受理，并书面告知申请人。

（2）对符合行政复议申请条件，但不属于本机关受理范围的，应当告知申请人向有关行政复议机关提出。

《行政复议法》

（3）在行政复议期间，行政机关不停止执行该具体行政行为，但有下列情形之一的，可以停止执行。

1）被申请人认为需要停止执行的。

2）行政复议机关认为需要停止执行的。

3）申请人申请停止执行，行政复议机关认为其要求合理，决定停止执行的。

4）法律规定停止执行的。

3. 行政复议决定

行政复议原则上采取书面审查的办法，但申请人提出要求或者行政复议机关负责法制工作的机构认为有必要时，可以向有关组织和人员调查情况，听取申请人、被申请人和第三人的意见。行政复议决定作出前，申请人要求撤回行政复议申请的，经说明理由，可以撤回；撤回行政复议申请的，行政复议终止。

行政复议机关应当在受理行政复议申请日起 60 日内作出行政复议决定，其主要类型如下。

（1）对于具体行政行为认定事实清楚，证据确凿，适用依据正确，程序合法，内容适当的，决定维持。

（2）对于被申请人不履行法定职责的，决定其在一定期限内履行。

（3）对于具体行政行为有下列情形之一的，决定撤销、变更或者确认该具体行政行为违法。

1）主要事实不清、证据不足的。

2）适用依据错误的。

3）违反法定程序的。

4）超越或者滥用职权的。

5）具体行政行为明显不当的。

对于决定撤销或者确认该具体行政行为违法的，可以责令被申请人在一定期限内重新作出具体行政行为。申请人在申请行政复议时可以一并提出行政赔偿请求，行政复议机关对符合《国家赔偿法》有关规定应当给予赔偿的，在决定撤销、变更具体行政行为或者确认具体行政行为违法时，应同时决定被申请人依法给予赔偿。

知识链接

根据《行政复议法》的规定，有下列情形之一的，申请人应当先向行政复议机关申请行政复议，对行政复议决定不服的，可以再依法向人民法院提起行政诉讼。

（1）对当场作出的行政处罚决定不服。

（2）对行政机关作出的侵犯其已经依法取得的自然资源的所有权或者使用权的决定不服。

（3）认为行政机关存在本法第十一条规定的未履行法定职责情形。

（4）申请政府信息公开，行政机关不予公开。

（5）法律、行政法规规定应当先向行政复议机关申请行政复议的其他情形。

8.5.5 行政诉讼的法院管辖、起诉和受理

1. 行政诉讼管辖

行政诉讼管辖是指不同级别和地域的人民法院之间在受理第一审行政案件的权限分工。

（1）级别管辖。行政诉讼案件一般都由基层人民法院管辖，有下列情形之一的，应当由中级人民法院管辖第一审行政案件。

《行政诉讼法》

1）确认发明专利权的案件、海关处理的案件。

2）对国务院各部门或省、自治区、直辖市人民政府所做的具体行政行为提起诉讼的案件。

3）本辖区内重大、复杂的案件。

高级人民法院和最高人民法院只管辖本辖区范围内重大、复杂行政诉讼案件。

（2）一般地域管辖。行政案件由最初作出具体行政行为的行政机关所在地人民法院管辖。经复议的案件，复议机关改变原具体行政行为的，也可以由复议机关所在地人民法院管辖。对限制人身自由的行政强制措施不服提起的诉讼，由被告所在地或者原告所在地人民法院管辖。因不动产提起的行政诉讼，由不动产所在地人民法院管辖。两个以上人民法院都有管辖权的案件，原告可以选择其中一个人民法院提起诉讼。原告向两个以上有管辖权的人民法院提起诉讼的，由最先立案的人民法院管辖。

2. 行政诉讼起诉

提起诉讼应当符合下列条件。

（1）原告是认为具体行政行为侵犯其合法权益的公民、法人或者其他组织。

（2）有明确的被告。

（3）有具体的诉讼请求和事实根据。

（4）属于人民法院受案范围和受诉人民法院管辖。

公民、法人或者其他组织不服复议决定的，可以在收到复议决定书之日起 15 日内向人民法院提起诉讼。复议机关逾期不作决定的，申请人可以在复议期满之日起 15 日内向人民法院提起诉讼。法律另有规定的除外。公民、法人或者其他组织直接向人民法院提起诉讼的，应当自知道或者应当知道作出行政行为之日起 6 个月内提出。法律另有规定的除外。

因不动产提起诉讼的案件自行政行为作出之日起超过 20 年，其他案件自行政行为作出之

日起超过 5 年提起诉讼的，人民法院不予受理。公民、法人或者其他组织申请行政机关履行保护其人身权、财产权等合法权益的法定职责，行政机关在接到申请之日起两个月内不履行的，公民、法人或者其他组织可以向人民法院提起诉讼。法律、行政法规对行政机关履行职责的期限另有规定的，从其规定。

3. 行政诉讼受理

人民法院接到起诉状，经审查，应当在 7 日内立案或者作出裁定不予受理。原告对裁定不服的，可以提起上诉。

8.5.6　行政诉讼的审理、判决和执行

1. 行政诉讼审理

根据《行政诉讼法》的规定，行政诉讼期间，除该法规定的情形外，不停止具体行政行为的执行。法院审理行政案件不适用调解。除涉及国家秘密、个人隐私和法律另有规定的外，人民法院公开审理行政案件。

 知识链接

根据《行政诉讼法》的规定，诉讼期间，不停止行政行为的执行。但有下列情形之一的，裁定停止执行。

(1) 被告认为需要停止执行的。

(2) 原告或者利害关系人申请停止执行，人民法院认为该行政行为的执行会造成难以弥补的损失，并且停止执行不损害国家利益、社会公共利益的。

(3) 人民法院认为该行政行为的执行会给国家利益、社会公共利益造成重大损害的。

(4) 法律、法规规定停止执行的。

当事人对停止执行或者不停止执行的裁定不服的，可以申请复议一次。

人民法院审理行政案件，以法律和行政法规、地方性法规为依据。地方性法规适用于本行政区域内发生的行政案件；审理民族自治地方的行政案件，并以该民族自治地方的自治条例和单行条例为依据。人民法院审理行政案件，参照国务院部、委根据法律和国务院的行政法规、决定、命令制定、发布的规章及省、自治区、直辖市和省、自治区的人民政府所在地的市和经国务院批准的较大的市的人民政府根据法律和国务院的行政法规制定、公布的规章。

经人民法院两次合法传唤，原告无正当理由拒不到庭的，视为申请撤诉；被告无正当理由拒不到庭的，可以缺席判决。

2. 行政诉讼判决

法院对行政诉讼的一审判决有以下几种。

(1) 认为具体行政行为证据确凿，适用法律、行政法规正确，符合法定程序的，维持判决。

(2) 行政行为有下列情形之一的，人民法院判决撤销或者部分撤销，并可以判决被告重新作出行政行为。

1) 主要证据不足的。

2) 适用法律、行政法规错误的。

3）违反法定程序的。

4）超越职权的。

5）滥用职权的。

6）明显不当的。

（3）认为被告不履行或拖延履行法定职责，判决其在一定限期内履行。

（4）认定行政处罚显失公正（同类型的行政处罚畸轻畸重，明显的不公正）的，可以判决变更。

（5）认为原告的诉讼请求依法不能成立，直接判决否定原告的诉讼请求。

（6）通过对被诉具体行政行为的审查，确认被诉具体行政行为合法或违法的判决。

我国实行两审终审制。当事人不服人民法院第一审判决的，有权在判决书送达之日起15日内向上一级人民法院提起上诉；不服人民法院第一审裁定的，有权在裁定书送达之日起10日内向上一级人民法院提起上诉。逾期不提起上诉的，人民法院的第一审判决或者裁定发生法律效力。

第二审人民法院在二审程序中对上诉案件进行审理，并依法作出驳回上诉、维持原判，或者撤销原判、依法改判，或者裁定撤销原判，发回原审人民法院重审。

当事人对已经发生法律效力的判决、裁定，认为确有错误的，可以向原审人民法院或者上一级人民法院提出申诉，但判决、裁定不停止执行。

3. 行政诉讼执行

当事人必须履行人民法院发生法律效力的判决、裁定、调解书。公民、法人或者其他组织拒绝履行判决、裁定、调解书的，行政机关或者第三人可以向第一审人民法院申请强制执行，或者由行政机关依法强制执行。

行政机关拒绝履行判决、裁定、调解书的，第一审人民法院可以采取下列措施。

（1）对应当归还的罚款或者应当给付的款额，通知银行从该行政机关的账户内划拨。

（2）在规定期限内不履行的，从期满之日起，对该行政机关负责人按日处50元至100元的罚款。

（3）将行政机关拒绝履行的情况予以公告。

（4）向监察机关或者该行政机关的上一级行政机关提出司法建议。接受司法建议的机关，根据有关规定进行处理，并将处理情况告知人民法院。

（5）拒不履行判决、裁定、调解书，社会影响恶劣的，可以对该行政机关直接负责的主管人员和其他直接责任人员予以拘留；情节严重，构成犯罪的，依法追究刑事责任。

公民、法人或者其他组织对行政行为在法定期限内不提起诉讼又不履行的，行政机关可以申请人民法院强制执行，或者依法强制执行。

8.5.7　行使行政职权时侵权的赔偿责任

根据《国家赔偿法》的规定，行政机关及其工作人员在行使行政职权时有下列侵犯人身权情形之一的，受害人有取得赔偿的权利。

（1）违法拘留或者违法采取限制公民人身自由的行政强制措施的。

（2）非法拘禁或者以其他方法非法剥夺公民人身自由的。

（3）以殴打、虐待等行为或者唆使、放纵他人以殴打、虐待等行为造成公民身体伤害或者死亡的。

《国家赔偿法》

（4）违法使用武器、警械造成公民身体伤害或者死亡的。

（5）造成公民身体伤害或者死亡的其他违法行为。

根据《国家赔偿法》规定，行政机关及其工作人员在行使行政职权时有下列侵犯财产权情形之一的，受害人有取得赔偿的权利。

（1）违法实施罚款、吊销许可证和执照、责令停产停业、没收财物等行政处罚的。

（2）违法对财产采取查封、扣押、冻结等行政强制措施的。

（3）违法征收、征用财产的。

（4）造成财产损害的其他违法行为。

根据《国家赔偿法》规定，属于下列情形之一的，国家不承担赔偿责任。

（1）行政机关工作人员与行使职权无关的个人行为。

（2）因公民、法人和其他组织自己的行为致使损害发生的。

（3）法律规定的其他情形。

案例应用8-5

▶案例简介

某市交通局对某道路建设项目进行招标，甲、乙、丙三人合伙承包了该项目。然而，在施工过程中，甲因个人原因退出合伙，并将自己的股份转让给了丁。此后，甲与合伙人的关系结束。然而，在项目竣工后，交通局认为甲的股份转让未经批准。因此，拒绝支付甲、乙、丙三人应得的工程款。三人不服，遂向市交通局申请行政复议，要求撤销交通局的决定。

市交通局认为，甲的股份转让未经批准，因此其与合伙人的关系已经结束，无权再向交通局申请行政复议。因此，市交通局驳回了三人的行政复议申请。

此后，三人又向法院提起行政诉讼，要求法院撤销市交通局的决定。法院经过审理后认为，市交通局的决定是合法的，因为甲的股份转让未经批准，所以其与合伙人的关系已经结束，无权再向交通局申请行政复议。因此，法院驳回了三人的诉讼请求。

▶案例评析

此案例表明了行政复议和行政诉讼制度的重要性。在这个案例中，如果甲的股份转让得到了批准，那么他就可以通过行政复议或行政诉讼来维护自己的合法权益。但是，他的股份转让未经批准，因此他无法通过行政复议或行政诉讼来维护自己的合法权益。在建设工程实践中，当事人应该了解行政复议和行政诉讼制度的相关规定，以便在遇到类似问题时能够及时采取措施维护自己的合法权益。

小结

在建设工程领域，较为普遍和重要的民事纠纷主要是合同纠纷、侵权纠纷。民事纠纷的法律解决途径主要有和解、调解、仲裁、诉讼四种。行政纠纷的法律解决途径主要有行政复议和行政诉讼两种。我国法院有四级，分别是基层人民法院、中级人民法院、高级人民法院和最高人民法院，每一级均受理一审民事案件。狭义的民事诉讼当事人包括原告和被告。广义的民事诉讼当事人包括原告、被告、共同诉讼人和第三人。在建设工程领域，最常见的是委托诉讼代理人。民事诉讼证据的种类有书证、物证、视听资料、证人证言、当事人陈述、鉴定结论、勘验笔录、电子数据。当事人依据《民事诉讼法》的规定向人民法院申请保全证据的，不得迟于举证期限届满前7日。诉讼时效期间自权利人知道或者应当知道权利受到损害及义务人之日起算。掌握民事诉讼的审判程序和执行程序。仲裁条款是最常见的仲裁协议形式，熟悉仲裁协议的申请、受理、开庭和裁决。调解可分为人民调解、行政调解、仲裁调解、法院调解、专业机构调解。和解有诉讼前的和解、诉讼中的和解、执行中的和解、仲裁中的和解等类型。采用争议评审的，发包人和承包人应在开工日后的28日内或在争议发生后，协商成立争议评审组。争议评审组由有合同管理和工程实践经验的专家组成。行政许可包括普通许可、特许、认可、核准、登记5种。行政许可的法定程序是申请与受理；审查与决定；期限；听证；变更与延续。行政强制的种类包括行政强制措施和行政强制执行。公民、法人或者其他组织自知道或者应当知道该行政行为之日起60日内提出行政复议申请。申请人申请行政复议，可以书面申请，也可以口头申请。对于行政复议可以向本级人民政府申请行政复议，也可以向上一级司法行政部门申请行政复议。行政复议机关收到行政复议申请后，应当在5日内进行审查，依法决定是否受理，并书面告知申请人。人民法院接到起诉状，经审查，应当在7日内立案或者作出裁定不予受理。原告对裁定不服的，可以提起上诉。当事人必须履行人民法院发生法律效力的判决、裁定、调解书。公民、法人或者其他组织拒绝履行判决、裁定、调解书的，行政机关或者第三人可以向第一审人民法院申请强制执行，或者由行政机关依法强制执行。

巩固训练

一、单项选择题

1. 下列关于民事诉讼执行程序的说法中正确的是（　　）。
   A. 具有执行力的裁判文书只能由作出该裁判文书的法院负责执行
   B. 执行可以采取查封、扣押、冻结等措施
   C. 执行异议审查和复议期间，暂停执行
   D. 执行申请人只能是诉讼当事人

2. 甲建设单位拖欠乙施工企业工程款，乙发函催告甲还款。乙的催告行为在提起诉讼时产生的效果是（　　）。
   A. 诉讼时效的中止　　　　　　　　B. 诉讼时效的延长
   C. 诉讼时效的中断　　　　　　　　D. 改变法定时效期限

3. 下列法律文书中不具强制执行效力的是（　　）。
   A. 由行政主管部门主持达成的调解书
   B. 仲裁委员会在仲裁程序中形成的调解书
   C. 人民法院在民事案件审理中制作的调解书
   D. 由人民调解委员会调解达成的并经人民法院司法确认的调解协议

4. 在执行过程中，人民法院应当裁定中止执行的情形是（　　）。
   A. 据以执行的法律文书被撤销的
   B. 作为被执行人的公民因生活困难无力偿还借款，无收入来源，又丧失劳动能力的
   C. 追索赡养费、抚养费、抚育费案件的权利人死亡的
   D. 案外人对执行标的提出确有理由的异议

5. 下列关于仲裁协议效力确认的说法中正确的是（　　）。
   A. 当事人对仲裁协议效力有异议的，应当在仲裁裁决作出前提出

B. 当事人既可以请求仲裁委员会作出决定，也可以请求人民法院裁定

C. 当事人对仲裁委员会就仲裁协议效力作出的决定不服的，可以向人民法院申请撤销该决定

D. 当事人向人民法院申请确认仲裁协议效力的案件，只能由仲裁协议约定的仲裁委员会所在地的中级人民法院管辖

6. 下列关于仲裁裁决效力说法，正确的是（　　）。

A. 仲裁裁决具有强制执行力，一方当事人不履行，对方当事人可以向仲裁委员会申请强制执行

B. 在《纽约公约》缔约国或地区，仲裁裁决不能直接承认和执行

C. 当事人向人民法院申请撤销裁决的，该裁决书不发生法律效力

D. 仲裁裁决作出后，当事人不得就已经裁决的事项再行申请仲裁，也不得就此提起诉讼

7. 下列关于仲裁裁决不予执行和撤销说法中正确的是（　　）。

A. 仲裁的程序违反法定程序的，当事人只能申请撤销仲裁裁决，不得申请不予执行仲裁裁决

B. 当事人申请撤销仲裁裁决的，应当在收到裁决书之日起3个月内提出

C. 当事人可以向仲裁委员会所在地的中级人民法院申请撤销仲裁裁决

D. 仲裁裁决被人民法院依法撤销后，当事人就该纠纷不得再行申请仲裁，只能向人民法院起诉

8. 甲公司与乙公司就买卖合同纠纷在中国某仲裁委员会仲裁，乙申请财产保全，要求扣押甲在中国某港口的一批设备，仲裁委员会对乙的申请进行处理，下列说法正确的是（　　）。

A. 将乙的申请提交港口所在地的中级人民法院裁定

B. 不予受理，告知乙直接向有关法院提出申请

C. 将乙的申请提交甲所在地的基层法院裁定

D. 审查后，直接作出裁定，由设备所在地的法院执行

9. 根据《标准施工招标文件》的规定，关于建设工程争议评审的说法中下列正确的是（　　）。

A. 当事人协议采用争议评审方式后，如果不接受评审组的建议或者裁决，也不能再通过仲裁或者诉讼的方式解决争议

B. 在争议评审期间，争议双方按总监理工程师的确定执行

C. 争议评审制度是法定的争议解决方式

D. 采用争议评审的，发包人和承包人应当在开工日后的14日内或者争议发生后，协商成立争议评审组

10. 下列事项中不能提起行政复议的是（　　）。

A. 认为行政机关违法摊派费用的

B. 认为行政机关未依法颁发许可证的

C. 对行政机关撤销资质证书的决定不服的

D. 当事人不服行政机关的人事处理决定的

11. 某市建委的下列行为中，当事人不服，但不能申请行政复议的是（　　）。

A. 对某建筑公司罚款2 000元　　　　　B. 没收该公司违法所得8万元

C. 责令某建筑公司停产停业　　　　　　D. 对某施工合同纠纷进行调解

12. 某工地施工扬尘严重，市环保局接到群众举报并进行查实后，依法判其作出停工整改并处以3万元罚款的行政处罚，施工企业认为处罚过高，向（　　）申请行政复议。
    A. 市环保局　　　　　　　　　　　　B. 省建设厅
    C. 市人民政府　　　　　　　　　　　D. 省级人民政府

13. 施工企业因下列情形提起行政诉讼，人民法院不予受理的是（　　）。
    A. 认为某省人民政府制定的规章违法的　　B. 对吊销其资质证书不服的
    C. 对查封其财产不服的　　　　　　　　D. 认为行政机关侵犯其中标权利的

14. 行政复议机关应当自受理之日起（　　）日内作出行政复议决定。
    A. 30　　　　　　　B. 60　　　　　　C. 10　　　　　　D. 90

15. 甲省人民政府作出了批准该省乙市人民政府在乙市某村征用土地的批复。其后，乙市规划建设局授予丙公司拆迁许可证，拆除该村一组住户的房屋。住户不服，欲请求法律救济。下列说法中正确的是（　　）。
    A. 住户不得对乙市规划建设局授予拆迁许可证的行为提起诉讼
    B. 住户对甲省人民政府征用土地的批复不服，应当先申请复议再提起诉讼
    C. 住户可以对乙市人民政府征用补偿决定提起诉讼
    D. 住户不得请求乙市人民政府撤销乙市规划建设局授予丙拆迁许可证的行为

16. 行政诉讼适用于一般地域管辖。对于两个以上人民法院都有管辖权的案件，下列说法中错误的是（　　）。
    A. 由被告选择其中的一个人民法院提起诉讼
    B. 由原告选择其中的一个人民法院提起诉讼
    C. 向两个以上法院起诉的，由最先收到诉状的人民法院管辖
    D. 不能由两个法院同时接受诉讼

二、多项选择题

1. 下列有关涉外仲裁的说法中不正确的有（　　）。
   A. 如双方当事人均是外国企业，则不能在我国内地仲裁
   B. 国内的仲裁机构不能受理涉外仲裁申请
   C. 涉外委员会作出的发生法律效力的仲裁裁决，如果被执行人或者财产不在我国境内，则由作出仲裁裁决的仲裁机构向外国法院申请承认
   D. 我国与某一国，既是《承认及执行外国仲裁裁决公约》的缔约国，双方之间又签订了双边的有关仲裁确认的协议，则应按双边条约执行
   E. 我国与某一国既不是《承认及执行外国仲裁裁决公约》的缔约国，双方之间也无相关双边协议，则在我国作出的仲裁，在该国内不被认可

2. 下列关于和解的说法中正确的有（　　）。
   A. 当事人申请仲裁后，达成和解协议的，可以撤回仲裁申请
   B. 和解协议具有强制执行力
   C. 民事诉讼第一审普通程序中，当事人达成和解协议的，应继续进行诉讼程序
   D. 民事诉讼第二审人民法院审理上诉案件，不适用和解
   E. 当事人申请仲裁后，达成和解协议的，可以请求仲裁庭根据和解协议作出裁决书

3. 下列情形中属于我国法律规定的行政诉讼受案范围的有（　　）。

　　A. 认为行政机关侵犯其财产权的

　　B. 公安、国家安全等机关依照刑事诉讼法的明确授权实施的行为

　　C. 认为行政机关侵犯法律规定的经营自主权的

　　D. 行政机关工作人员对奖惩决定不服的

　　E. 行政机关针对信访事项作出的登记、受理、交办、转送、复查、复核意见等行为

4. 申请人向仲裁委员会提出仲裁申请后，被申请人拒不提交答辩书但提出仲裁反请求，则仲裁委员会应（　　）。

　　A. 中止仲裁程序　　　　　　　　　　B. 不予受理反请求

　　C. 审查反请求是否符合受理条件　　　D. 将案件移送相关人民法院

　　E. 继续审理原仲裁申请

5. 下列关于行政许可设定权限的说法中正确的有（　　）。

　　A. 地方性法规一般情况下不得设定行政许可

　　B. 省、自治区、直辖市人民政府规章不得设定行政许可

　　C. 部门规章可以设定临时性行政许可

　　D. 国务院可以采用发布决定的方式设定行政许可

　　E. 地方性法规不得设定企业或者其他组织的设立登记及其前置性行政许可

三、简答题

1. 建设工程行政行为的主要类型及内容有哪些？

2. 什么是地域管辖？地域管辖主要包括哪些类型？

3. 什么是诉讼时效？不适用于诉讼时效的情形有哪些？诉讼时效期间的起算有哪些规定？

4. 仲裁审理的法定程序是什么？仲裁裁决的不予执行情形有哪些？

5. 涉外仲裁的基本类型有哪些？涉外仲裁机构包括哪些？

6. 人民调解的原则和程序各是什么？

7. 什么是诉讼和解？和解的类型有哪些？

8. 什么是行政许可？它的种类有哪些？

9. 行政强制的法定程序是什么？

10. 行政机关拒绝履行判决、裁定、调解书的，第一审人民法院可以采取哪些措施？

四、案例分析题

➤案例简介

在某住宅小区的建设工程中，开发商和承包商因为建设工程质量问题发生了纠纷。承包商在施工过程中使用了质量不合格的建筑材料，导致建设工程质量出现问题。开发商要求承包商进行修复和赔偿，但承包商拒绝承担责任。

➤问题

1. 在这种情况下，开发商可以采取哪些措施维护自己的权益？

2. 在诉讼过程中，开发商需要提供的证据有哪些？

案例评析

参考文献

[1] 陈辉玲，陆婷. 建设工程法规 ［M］. 3 版. 长沙：中南大学出版社，2022.

[2] 皇甫婧琪. 建设工程法规 ［M］. 3 版. 北京：北京大学出版社，2018.

[3] 邬宏，张国华. 建设工程法规 ［M］. 北京：机械工业出版社，2014.

[4] 周忠浩. 建设工程法规 ［M］. 北京：中国建筑工业出版社，2023.

[5] 陈会玲，郭海虹. 建设工程法规 ［M］. 3 版. 北京：北京理工大学出版社，2022.

[6] 徐勇戈. 建设法规 ［M］. 2 版. 西安：西安交通大学出版社，2022.

[7] 王维. 建设工程法规 ［M］. 北京：清华大学出版社，2019.

[8] 李海霞，何立志，曾欢. 建设工程法规 ［M］. 3 版. 南京：南京大学出版社，2021.

[9] 刘钦. 工程招投标与合同管理 ［M］. 4 版. 北京：高等教育出版社，2021.

[10] 刘文锋. 建设法规教程 ［M］. 3 版. 北京：中国建材工业出版社，2020.

[11] 朱宏亮. 建设法规教程 ［M］. 2 版. 北京：中国建筑工业出版社，2019.

[12] 陈晋中，杨斌，王素琴. 建设工程法规 ［M］. 2 版. 北京：重庆大学出版社，2018.

[13] 何红锋. 建设法规教程 ［M］. 4 版. 北京：中国建筑工业出版社，2018.

[14] 危道军. 招投标与合同管理实务 ［M］. 4 版. 北京：高等教育出版社，2018.

[15] 全国二级建造师执业资格考试用书编写委员会. 建设工程法规及相关知识（2024 年版全国二级建造师执业资格考试用书）［M］. 北京：中国建筑工业出版社，2024.

[16] 全国一级建造师执业资格考试用书编写委员会. 建设工程法规及相关知识（2024 年版全国一级建造师执业资格考试用书）［M］. 北京：中国建筑工业出版社，2024.

[17] 中国建设监理协会. 建设工程监理概论（2024 年全国监理工程师执业资格考试用书）［M］. 北京：中国建筑工业出版社，2023.

[18] 中国建设监理协会. 建设工程合同管理（2024 年全国监理工程师执业资格考试用书）［M］. 北京：中国建筑工业出版社，2023.